普通高校"十三五"规划教材·物流学系列

物流系统规划与设计

傅莉萍 ◎ 编著

清华大学出版社

北京

内容简介

本书吸收了物流规划与设计领域近年来的新成果，运用现代物流技术方法和手段进行各种物流系统的规划、设计、管理与控制。本书主要内容有：物流系统规划与设计概述、物流系统分析、物流系统战略规划、物流设施规划与设计、物流存储系统规划与设计、配送运输规划与设计、物流调运规划与设计、配送中心规划与设计、物料搬运系统规划与设计、物流系统网络规划与设计及物流信息系统规划、设计与仿真。

本书内容丰富，注重理论与实践相结合，既可作为高等院校物流管理、工商管理、物流工程、企业管理、系统工程等有关专业本科学生和研究生的学习教材，也可作为物流从业者的工作参考用书。

本书封面贴有清华大学出版社防伪标签，无标签者不得销售。
版权所有，侵权必究。举报：010-62782989，beiqinquan@tup.tsinghua.edu.cn。

图书在版编目（CIP）数据

物流系统规划与设计 / 傅莉萍编著. —北京：清华大学出版社，2018（2024.2 重印）
（普通高校"十三五"规划教材. 物流学系列）
ISBN 978-7-302-50209-8

Ⅰ.①物… Ⅱ.①傅… Ⅲ.①物流－系统工程－高等学校－教材 Ⅳ.①F252

中国版本图书馆CIP数据核字（2018）第100775号

责任编辑：陆浥晨
封面设计：汉风唐韵
责任校对：宋玉莲
责任印制：丛怀宇

出版发行：清华大学出版社
网　　址：https://www.tup.com.cn, https://www.wqxuetang.com
地　　址：北京清华大学学研大厦A座　　　　邮　编：100084
社 总 机：010-83470000　　　　　　　　　　邮　购：010-62786544
投稿与读者服务：010-62776969，c-service@tup.tsinghua.edu.cn
质量反馈：010-62772015，zhiliang@tup.tsinghua.edu.cn
课件下载：https://www.tup.com.cn, 010-62770175 转 4506
印 装 者：三河市龙大印装有限公司
经　　销：全国新华书店
开　　本：185mm×260mm　　印　张：20　　字　数：465千字
版　　次：2018年6月第1版　　印　次：2024年2月第6次印刷
定　　价：49.00元

产品编号：077113-01

前 言

近年来,物流业在全国范围内蓬勃发展,形成了对物流人才的巨大需求。我国物流业起步较晚,物流教育相对滞后,迫切需要在借鉴国外物流教育经验的基础上,建立起符合我国现实需求的合理的知识架构,培养出适合我国物流业发展需要的合格人才。

因此,如何加强物流教材体系的建设、完善应用型本科物流管理专业教学内容体系,已成为各高校物流专业教学普遍关心的问题。推进课程改革、加强教材建设、开发一批精品教材和精品课程已成为新时期物流本科教育教学改革的一项重要内容。在此背景下,要求教材既能寓基本原理于其中,又能紧跟时代前沿;既紧密结合物流系统规划与设计实践的现实,又有助于培养物流系统规划与设计的思维和个性。这些特点综合在一起,使我们当前的物流系统规划与设计教材内容越来越丰富,篇幅越来越大,以至于对许多初学者来说,不仅望而生畏,又茫然而难领其魅力。然而,要想撰写一本既能体现物流系统规划与设计原理、思维和实践又不至于太庞杂的物流系统规划与设计教材谈何容易。展现在读者面前的这本《物流系统规划与设计》斗胆在这方面做一尝试。结合多年的物流系统规划与设计课程的教学实践,本书力求以就业为导向,在兼顾理论和实践的同时,避免"全"而"深"的面面俱到。基础理论以应用为目的,以必要、够用为度,尽量体现新知识、新技术、新方法,以利于学生综合素质的形成和科学思维方式与创新能力的培养,使学生能够边学习、边吸收、边掌握。本书在结构安排上设置了"学习目标""引导案例""小知识""本章小结""思考与练习"等板块,使学习更有针对性和趣味性,让学生更好地将理论知识运用于实践,以增强其应用能力。教材力求在为读者打开一扇物流系统规划与设计之窗,尽显其风采的同时,尽可能追求较强的可读性和易引导性,做到好读易教。

本书力求将现代物流系统规划与设计的知识体系进行整合与优化,从物流系统规划与设计工作过程的实际出发,立足企业实际运作模式,基于物流系统规划与设计业务流程,对学习内容进行了重新编排,达到知识点"全面而精准"的效果,并以培养学生操作能力为主线,以工作过程为导向进行内容设计,从"理论—方法—操作"等维度,系统地对知识体系进行设计。使物流系统规划与设计的内容更具有完整性,教学组织更贴近实际工作过程。本书主要内容包括:物流系统规划与设计概述、物流系统分析、物流系统战略规划、物流设施规划与设计、物流存储系统规划与设计、配送运输规划与设计、物流调运规划与设计、配送中心规划与设计、物料搬运系统规划与设计、物流系统网络规划与设计及物流信息系统规划、设计与仿真。在介绍模块知识点时增加难点例释,增强了本书的可读性。实践教学体现在物流系统规划与设计作业各环节,每章后面设计了对应的知识技能应用解决工作中实际问题的案例分析,重视技术工具的熟练使用,培养学生的实践动手能力。本书为各章的教学要点和技能要点设计了丰富习题和实际操作训练内容,以供学习者练习和训练使用,便于初学者把握学习的精髓;提供了大量不同类型物流系统规划与设计案例、丰富的相关资料,以供读者阅读,教材内容直观简洁,注重理论联系实际,体现行业标准和操作规范,适应高等院校物流管理及相关专业教学需要,便于教师教学和对学生所学知识的巩固与物流实操能力的培养。

本书的特色如下。

(1) 强化了实践性与应用性。本书不仅在各章前后分别安排引导案例、分析案例,还在理论讲解部分穿插了大量阅读或案例分析供学习者研读;每章后附有填空题、判断题、选择题、简答题,以及结合实际考查学生观察与思考能力的案例分析题,以便于学生课后复习和巩固。

(2) 增加了趣味性。为了便于学生对知识的掌握及扩展,本书不仅在每章前后附有教学目标、关键术语,还通过资料卡、小知识、小贴士、提醒您、难点例释等形式引入大量背景资料、常用知识,以扩展学生的知识范围;并在讲解过程中,通过知识拓展的方式来加深或扩展知识,便于学生对所学知识的掌握与应用。

(3) 确保了准确性、系统性和统一性。本书取材翔实,概念定义准确,推理逻辑严密,数据可靠准确;体系清晰,结构严谨,层次分明,条理清楚,规范统一;全书名词、术语前后统一,数字、符号、图、表、公式书写统一,文字与图、表、公式配合统一。

本书共分11章。为了便于教师安排教学进度,作者给出了专业必修课与相关专业选修课的课时建议(见下表)。

章 节	必修课		选修课	
	理论课时	实验课时	理论课时	实验课时
第1章 物流系统规划与设计概述	3		2	
第2章 物流系统分析	3	2	2	2
第3章 物流系统战略规划	3	2	4	2
第4章 物流设施规划与设计	4	2	4	2
第5章 物流存储系统规划与设计	4	2	4	2
第6章 配送运输规划与设计	4	2	4	2
第7章 物流调运规划与设计	4	2	4	2
第8章 配送中心规划与设计	4	2	4	2
第9章 物料搬运系统规划与设计	4	2	2	2
第10章 物流系统网络规划与设计	4	2	2	
第11章 物流信息系统规划、设计与仿真	3	2	2	
合 计	40	20	34	14
	60		48	

本书吸收了国内外物流系统规划与设计理论和技术的最新成果,可作为普通高等院

校物流管理、工商管理、物流工程、企业管理、系统工程以及相关专业的教材，也可作为企业管理人员及从事物流管理工作专业人员的参考用书。

本书由广东培正学院傅莉萍主编和统稿，廖敏、江展鹏、赵永斌、冷汗青、陈玮英、丘惠翠参编。本书在编写过程中参阅了国内外许多同行的学术研究成果，参考和引用了所列参考文献中的某些内容，作者尽可能详尽地在参考文献中列出，谨向这些文献的编著者、专家、学者致以诚挚感谢！对可能由于工作疏忽或转载原因没有列出的，在此也表示万分歉意。

本书编写过程中，由于时间紧迫，编写力量有限，加之物流科学技术日新月异，本书难免有不足、缺点和问题，恳请同行、读者给予批评和指正。以便再版时改正，hzne999888@163.com，欢迎与我们联系交流。

编　者

目 录

第1章 物流系统规划与设计概述..1
    1.1 系统与物流系统的概念..2
    1.2 物流系统的基本构成与分类..6
    1.3 物流系统规划设计目的、原则与内容......................................12
    1.4 物流系统规划设计的要求与步骤..17
    本章小结..20
    思考与练习..21

第2章 物流系统分析..24
    2.1 物流系统分析概述..25
    2.2 物流系统分析基础..30
    2.3 物流系统分析过程与方法..34
    2.4 物流系统分析案例..37
    本章小结..44
    思考与练习..44

第3章 物流系统战略规划..47
    3.1 物流系统战略规划概述..48
    3.2 物流系统战略制定..54
    3.3 物流系统战略选择..59
    3.4 物流系统战略规划的控制..63
    本章小结..68
    思考与练习..68

第4章 物流设施规划与设计..72
    4.1 设施选址规划..73
    4.2 设施选址规划方法..78
    4.3 物流设施布局规划..86
    4.4 物流设施布局案例..94
    本章小结..97
    思考与练习..97

第5章 物流存储系统规划与设计..102
    5.1 存储系统概述...103
    5.2 存储系统分析...107

5.3 仓储系统规划与设计 113
5.4 库存控制 127
本章小结 133
思考与练习 133

第6章 配送运输规划与设计 137
6.1 配送运输战略概述 138
6.2 配送运输车辆调度 144
6.3 配送车辆积载规划 154
6.4 配送车辆优化设计 158
本章小结 168
思考与练习 169

第7章 物流调运规划与设计 171
7.1 物流调运规划概述 172
7.2 物流调运设计 179
7.3 物流资源分配规划与设计 186
7.4 物流服务系统配置规划 191
本章小结 194
思考与练习 194

第8章 配送中心规划与设计 199
8.1 配送中心规划与设计概述 200
8.2 配送中心的选址规划 206
8.3 配送中心功能与设施规划 211
8.4 配送中心的内部布局设计 219
本章小结 229
思考与练习 229

第9章 物料搬运系统规划与设计 232
9.1 物料搬运系统概述 233
9.2 物料搬运系统分析 236
9.3 物料搬运系统设计 238
9.4 物料搬运设备规划 249
本章小结 254
思考与练习 255

第10章 物流系统网络规划与设计 260
10.1 物流系统网络的内涵和构成要素 261
10.2 物流系统网络的结构 264
10.3 物流系统网络规划设计 266
10.4 物流系统网络的组织设计 271
本章小结 274

思考与练习 274
第 11 章　物流信息系统规划、设计与仿真 277
　11.1　物流信息系统规划概述 278
　11.2　物流信息系统设计 285
　11.3　系统仿真与计算机仿真基础 294
　11.4　计算机仿真技术 300
　　本章小结 303
　　思考与练习 303

第 1 章

物流系统规划与设计概述

学习目标

通过本章的学习，熟悉物流系统的概念、目标、特点，以及物流系统的构成要素和基本分类；掌握物流系统规划与设计的原则、类型和基本框架；了解物流系统规划设计的目的；建立物流系统规划设计的整体概念；树立系统观点进行物流系统规划设计的基本思路。

关键术语

物流系统　系统模式　物流系统规划

惠普库存管理的系统化思想

惠普是全球领先的打印机供应商。惠普公司每年在全球范围的库存资金达 30 多亿美元。惠普在华盛顿、温哥华的分支机构负责在世界范围内生产及配送 Deskjet Plus 打印机。公司有 3 个配送中心，分别设在北美、欧洲和亚洲。

惠普公司面临的一个问题是，大约需要 7 周的存货才能满足欧洲 98%的服务目标。之所以有这么高的存货，部分原因是不同国家有不同的电源和变压器要求，且需要不同语言的说明书。最初，满足不同需要的打印机是由温哥华的工厂来完成。惠普面临的选择是：维持较高库存费用，还是降低客户服务水平。很显然，哪一个方案都不是最佳的。

惠普在温哥华的管理者考虑了许多在维持现有客户服务水平的情况下，减少库存的方法。他们设想，可以通过减少运输种类来改进物流系统，例如，使用航空运输这种较快的运输方式，以减少运输在途时间，进而降低库存成本。但是，最后证明费用还是太高。

然而，如果惠普将整个系统看成一个整体，就能找到更好的解决办法。惠普在收到订单前，先不考虑电源规格和语言方面的特殊要求。这就可使惠普在维持98%的客户服务水平下，将存货减少到 5 周。这样，每年可节约费用约 3 000 万美元。另外，通用的打印机可以大量运输，与向不同国家分运相比，可减少数百万美元的运输费用。

由于惠普将系统看成一个整体，并认识到其中的联系，所以他们能开发出这种创新性的物流解决方案。

资料来源：http://www.cnki.com.cn/Article/CJFDTotal-SAHG200709045.htm。

思考

惠普库存管理的系统化思想。

1.1　系统与物流系统的概念

1.1.1　系统基本理论

追根溯源，近代比较完整地提出"系统"概念的是亨德森，后来发展为贝塔朗菲的一般系统论。1948年，诺伯特·维纳创立了"控制论"。美国经济学家肯尼思·博尔楔又尝试把控制论与信息论结合起来，并于1956年发表题为《一般系统论：一种科学的框架》的文章。1968年，贝塔朗菲出版的《一般系统理论的基础、发展和应用》一书，更加全面地阐述了动态开放系统的理论，被公认为一般系统论的经典著作。

一般系统论认为，系统是由相互联系、相互作用的若干要素结合而成的、具有特定功能的有机整体。系统不断地同外界进行物质和能量的交换，而维持一种稳定的状态。一般系统理论建立以后，西方有些学者把它应用于工商企业的管理，形成系统管理学派。这一学派的主要代表人物是约翰逊、卡斯特和罗森茨韦克。1963年，他们三人共同出版了《系统理论和管理》一书，从系统概念出发，建立了企业管理新模式，成为系统管理的代表作。他们认为，系统观点、系统分析和系统管理是既有联系又有区别的三个方面。

1. 系统的含义

系统是由两个以上相互区别或者相互作用的单元有机结合起来、完成某一个功能的综合体。因此，系统由两个或者两个以上要素组成；各要素间相互联系，使系统保持稳定；系统具有一定结构，保持系统的有序性，从而使系统具有特定的功能。

系统一般具备四个基本特性，即整体性、相关性、目的性和环境适应性。系统的整体性是指各个部分结合在一起表现出来的整体功能要大于各个组成部分功能的简单叠加。相关性是指系统的各个组成部分存在一定的内在联系。目的性是指系统具有将各个要素集合在一起的共同目的。环境适应性是指系统与环境是相互依存的，系统必须适应外部环境的变化。

系统是相对于外部环境而言的，外部环境向系统提供劳力、手段、资源、能量、信息等，称为"输入"。系统应用自身所具有的功能，对输入的元素进行转换处理，形成有用产品，再"输出"到外部环境供其使用。输入、转换、输出是系统的三要素。另外，由于受外部环境的影响，系统的输出结果可能偏离预期目标，所以系统还具有将输出结果的信息反馈给输入的功能。系统的一般模式如图1-1所示。

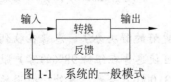

图1-1　系统的一般模式

按照一般系统运作模式，一个完整的系统是由输入部分、输出部分、转换过程（将系统的输入转换成输出）和系统运行过程中的信息反馈环节构成的。系统的有效运行是以诸环节各自的顺畅、高效运作，以及相互之间的高度协同效果为前提的。在系统运行过程中，或当系统循环周期结束时，会有外界信息反馈回来，为原系统的完善提供改进信息，使下一次系统运行得到改进。如此循环往复，便可实现系统有序的良性循环。

2．系统的分类

按照不同的标准，可以将系统分成如下多种类别。

（1）自然系统和人工系统。自然系统与人工系统的界限是模糊的。大多数系统是自然系统和人工系统的混合系统，是经过人工改造的自然系统。

（2）实体系统和概念系统。实体系统具有物质实体，如机械系统。概念系统是由概念、原理、程序等观念化的实体组成的系统，如法律系统、信息系统等。

（3）封闭系统和开放系统。封闭系统是指与外界环境不发生任何形式交换的系统，如封存的仪器系统。开放系统是指系统内部与外部环境有能量、物质、信息交换的系统，如大部分人工系统。

（4）静态系统和动态系统。这种划分是依据系统状态参数是否随时间改变而决定的，如平面布置系统一般属于静态系统，而生产系统一般属于动态系统。

（5）对象系统和行为系统。对象系统是按照具体研究对象进行区分确定的系统，如库存系统。行为系统是以完成目的行为为组成要素的系统，如管理系统。

（6）控制系统和因果系统。控制系统是具有控制功能和手段的系统。因果系统是输出完全决定于输入的系统，如测量系统。

3．系统分析

系统理论观点认为，整体是主要的，而其各个部分是次要的；系统中许多部分的结合是它们相互联系的条件；系统中的各个部分组成一个不可分割的整体；各个部分围绕着实现整个系统的目标而发挥作用；系统中各个部分的性质和职能，由它们在整体中的地位决定，其行为则受到整体的制约；整体是一种力的系统、结构和综合体，是作为一个单元来行事的；一切都应以整体作为前提条件，然后演变出各个部分之间的相互关系；整体通过新陈代谢使自己不断地更新；整体保持不变和统一，其组成部分则不断改变。

所谓系统分析，就是对一个系统内的基本问题，用逻辑推理、科学分析的方法，在确定条件与不确定条件下找出各种可行的方案。或者说，系统分析就是以系统的整体最优为目标，对系统的各个主要方面进行定性和定量的分析，是一个有目的、有步骤的探索性分析过程，以便给决策者提供直接判断和决定最优方案所需要的信息与资料。系统分析要求有严格的逻辑性。在进行系统分析时，首先，应紧密围绕建立系统的目标；其次，应从系统的整体利益出发，使局部利益服从整体利益，既要考虑当前利益，又要考虑长远利益，还要做到抓住关键问题，采用定量分析和定性分析相结合的方法。

1.1.2 系统管理

系统管理理论兴盛于20世纪60年代，提出了有关整体和个体组织及其运营的观念体系：①组织是由人建立起来的，是相互联系着的，并由共同运营的要素（子系统）构成的系统；②任何子系统的变化均会影响其他系统的变化；③系统具有半开放特性——既有自己的特性，又有与外界沟通的特性。

系统管理有四个特点：①以目标为中心，始终强调系统的客观成就和客观效果；②以整个系统为中心，强调整个系统的最优化而不是子系统的最优化；③以责任为中心，分配给每个管理人员一定的任务，而且要能衡量其投入和产出；④以人为中心，每个员工都被安排做具有挑战性的工作，并根据其业绩支付报酬。同时，在系统管理中，有四个紧密联系的阶段：创建系统的决策、系统的设计、系统的运转和控制，以及系统运转结果的检查和评价。

系统管理从系统观点来考察和管理企业有助于提高企业的效率与效益。首先，这使企业管理人员不至于因为只注重一些专门领域的特殊职能，而忽略企业的总目标，也不至于忽略本企业在更大系统中的地位和作用。企业的系统管理就是把信息、能源、材料和人员等没有联系的资源，结合成一个为达到一定目标的整体系统。其次，按系统观点组织资源的企业，并不会消除企业的各项基本管理职能，但能把企业中的各个子系统和有关部门的关系网络看得更清楚。计划、组织、控制和信息联系等基本职能不是孤立的，而是围绕着系统及其目标而发挥作用的。

系统动态学是系统管理学说的进一步发展，并且把系统管理的范围扩大到整个社会和整个世界。系统动态学强调政策，而且通过计算，把政策和其他系统因素结合起来构成实际模型，并分析系统的管理过程，进而说明管理对于系统动态特性的影响。

1.1.3 物流系统的概念

物流系统是指在一定的空间和时间里，物流活动所需的机械、设备、工具、节点、线路等物质资料要素相互联系、相互制约的有机整体。它是由物流各要素组成的，要素之间存在有机联系并具有使物流总体合理化功能的综合体。物流系统是社会经济大系统的一个子系统或组成部分。

"物流"一词的来源

"物的流通"这个词最初是由英语"physical distribution"翻译而来的，开始时只在政府的有关部门中使用，后来逐步流传到民间。

而将"物的流通"简称为"物流"并在企业界广泛使用，则已经是20世纪六七十年代的事了。

物流系统和其他系统一样，具有输入、转换和输出三大功能，通过输入和输出使系统与社会环境进行交换，使系统和环境相依而存，而转换则是这个系统带有特点的系统功能。另外，物流系统还具有信息反馈功能，并通过相关调控机构进行调控，以期取得预期的目标。因此可以说，物流系统是"为有效地达到某种目的的一种机制"，也就是为了达成某一目的，把人力、物力、资金、信息等资源作为指令输入使它产生某种结果的功能。

物流系统是人参与决策的人工系统，人是系统结构中的主体，直接或间接地影响着系统或子系统的形成。物流系统的基本模式如图1-2所示。

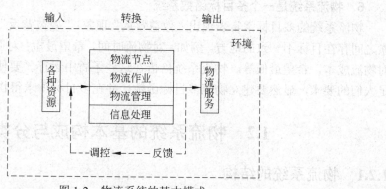

图 1-2 物流系统的基本模式

1.1.4 物流系统的特点

物流系统除具有一般系统共有的整体性、相关性、目的性、环境适应性的特点外，还具有以下特点。

1．物流系统是一个"人机系统"

物流系统是由人和形成劳动手段的设备、工具组成的。在物流活动中，人是系统的主体。因此，在研究物流系统各个方面的问题时，应把人和物有机地结合起来，作为不可分割的整体加以考察和分析，并且始终把如何发挥人的主观能动作用放在首位。

2．物流系统是一个大跨度系统

物流系统的大跨度体现在地域跨度大，通常会跨越地区界线；时间跨度性大，有些商品在产需的时间方面存在很大差异。

3．物流系统是一个可分系统

物流系统无论其规模多么庞大，都可以分解成若干个相互联系的子系统。这些子系统的多少和层次的阶数，是随着人们对物流的认识和研究的深入而不断扩充的。系统与子系统之间、子系统与子系统之间，存在着时间上和空间上及资源利用方面的联系，也存在总的目标、总的费用以及总的运行结果等方面的相互联系。

4．物流系统是一个动态系统

由于物流系统一端连接着生产者，另一端连接着消费者，系统内的各个功能要素和系统的运行会随着市场需求、供应渠道和价格变化而经常发生变化，这就增加了系统优化和可靠运行的难度。物流系统是一个具有满足社会需要、适应环境能力的动态系统。经常变化的社会环境使人们必须对物流系统的各组成部分不断地修改、完善，这就要求物流系统具有足够的灵活性与可改变性。

5．物流系统是一个复杂的系统

物流系统运行对象——"物"遍及全部社会物质资源，资源的大量化和多样化带来了物流的复杂化。物流系统的范围横跨生产、流通、消费三大领域，这些人力、物力、财力资源的组织和合理利用，是一个非常复杂的问题。在物流活动的全过程中，始终贯穿着大量的物流信息。物流系统要通过这些信息把相关子系统有机地联系起来。如何把信息收集全、处理好，并使之指导物流活动，亦是非常复杂的事情。

6. 物流系统是一个多目标函数系统

物流系统的多目标常常表现出"效益背反"现象。"效益背反"是指物流系统的各要素之间存在目标不一致的地方。例如，对物流时间，希望最短；对服务质量，希望最好；对物流成本，希望最低等。物流系统恰恰在这些矛盾中运行。要使物流系统在各方面满足人们的要求，显然要建立物流多目标函数，并在多目标中求得物流的最佳效果。

1.2 物流系统的基本构成与分类

1.2.1 物流系统的结构

1. 物流系统的网络结构

物流节点和线路结合在一起，构成了物流的网络结构。节点与线路的相互关系和配置形成了物流系统的比例关系，这种比例关系就是物流系统的结构。

1）物流节点

物流的过程，如果按其运动的程度即相对位移大小观察，它是由许多运动过程和许多相对停顿过程组成的。一般情况下，两种不同形式的运动过程或相同形式的两次运动过程中都要有暂时的停顿，而一次暂时停顿也往往连接两次不同的运动。物流过程便是由这种多次的运动—停顿—运动—停顿组成的。物流节点是指物流网络中连接物流线路的结节之处。物流过程按其运动的状态来看，有相对运动的状态和相对停顿的状态。货物在节点处于相对停顿的状态，在线路处于相对运动的状态。

物流节点包括仓库、车站、空港、港口、码头、货运站、包装公司、加工中心、配送中心、物流中心等。这些节点都以一定的节点形态而存在，在物流系统中发挥着不同的作用。按照节点的功能，大致可分为转运型节点、储存型节点、集散型节点、配送型节点、综合型节点。

现在物流系统中的物流节点是物流网络的中枢和纽带，它不仅实现着一般的物流功能，而且越来越多地实现着指挥调度、信息等神经中枢的功能。因此，物流节点是物流系统的灵魂所在。具体来讲，物流节点在物流系统中具有联结、信息、管理等功能。

2）物流线路

物流线路是运输工具的载体和通过的途径。物流活动中货物的空间转移，是通过运输工具在线路上的移动实现的，没有线路物流就成为空中楼阁。因此，线路是运输功能实现的客观条件。

线路在物流系统中具有十分重要的意义。首先，线路决定着物流系统的结构。节点是伴随线路的产生而存在的，没有线路也不会有节点。不同类型线路的比例关系，在很大程度上决定着节点的配置，线路和节点结合起来形成物流系统的网络结构。其次，线路决定着物流的范围和能力。物流范围的发展是随着线路的延伸而扩大的，线路延伸到哪里物流才能随之扩展到哪里。同时，线路的长度、密度及质量还决定着运输的能力和效率，从而也决定着物流的能力和效率。

按照线路存在的物质形态来看，包括公路、铁路、水路、空路和管道五种线路。

2. 物流系统的流动结构

物流系统有五个流动要素：流体、载体、流向、流量、流程。物流系统样本都要具备这五要素，缺一不可，只是具体内容不尽相同。

在任何一个物流系统样本内，这五个要素都是相关的：流体的自然属性决定载体的类型和规模，社会属性决定流向、流量和流程；流体、流量、流向和流程决定载体的属性；载体对流向、流量和流程有制约作用，载体状况会影响流体的自然属性和社会属性。因此，对一个物流系统来说，可以根据流体的自然属性和社会属性确定流向、流程的远近及具体运行路线，根据流量的大小与结构来确定载体的类型和数量。

网络型物流系统中，在一定的流体从一点到另一点转移的过程中，经常会出现载体的变换、流向的变更、流量的分解与合并、流程的调整等变化，这在某些情况下是必要的，但应尽量减少变换的时间、环节，降低变换的成本。

3. 物流系统的功能结构

对一个完整的物流系统来说，其基本功能要素包括：运输、仓储、包装、配送、装卸搬运、流通加工和物流信息处理。这些基本要素有效地组合、连接在一起，形成了系统总功能，构成了能合理、有效地实现系统总目标的物流系统。

物流系统功能结构如图 1-3 所示。

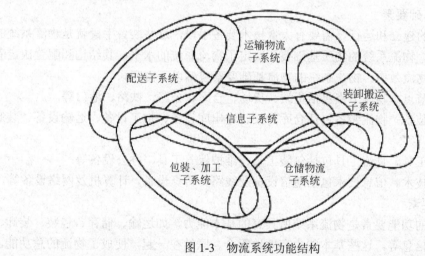

图 1-3 物流系统功能结构

一般而言，物流链各阶段的必备功能首先是运输，然后是仓储。装卸搬运功能随着运输方式或运输工具的变换（如从公路运输换装到铁路运输）、物流作业功能的转换（如从运输作业转换到仓储作业）而产生。包装功能、流通加工功能是在流通过程中发生的，但并不是每个物流系统都一定要进行的。

物流系统的功能结构取决于它的生产、流通模式。直销模式的物流系统比较简单，它省略了大量中间仓库和以仓库为基础进行的各种物流作业，但因为没有中间库存可以缓冲，承诺的送达期限必须遵守，所以对时间的要求也就很高。因此，直销系统中必须提高运输的集约程度，路线规划、货物组配等物流管理作业也是必不可少的。而以中间商为基础进行生产销售的传统模式的物流系统，由于环节的增加导致中间作业增加，物流效率受到影响,同时,它的功能结构也更加复杂,在环节转换中需要进行运输、仓储、包装、配送、装卸搬运、物流信息处理等作业,在最后一个环节还可能要进行流通加工作业。

在特殊情况下,系统功能结构还受其所用物流载体的影响。例如,在一些直销广告的发运条款中会有"某些地区的用户需加收340元的运费"之类的话,"某些地区"就是指交通不方便或订单很少的偏远地区。这类地区的订货必须与邻近城市的其他订货一起组配发运,先到达邻近城市,再经其他运输方式将订货送到用户手中,或是从发货地点直接委托速递公司送货到收件人手中,这两种方式都会改变公司原有的作业系统结构。

从以上功能结构来分析,不同的物流系统需要进行的作业是大同小异的。从生产和流通企业的角度来看,物流作业进行得越少,物流系统就越好。所以,判断物流系统功能发挥是否合理,不是取决于系统中进行了多少作业,而是取决于它为生产和销售降低了多少成本。由此可知,生产和销售系统决定了物流系统所要进行的物流作业,所以,应该将物流系统与生产、销售系统集成,在保证实现生产和销售目标的前提下,尽量进行较少的物流作业,降低作业总成本。

1.2.2 物流系统要素

1. 物质基础要素

物流系统的建立和运行,需要有大量技术装备手段,这些装备手段就是物流系统的物质基础要素。物流系统的物质基础要素决定了物流系统的水平,其结构和配置决定着物流合理化及物流效率。物流系统的物质基础要素包括以下内容。

(1) 物流节点。物流节点包括货站、货场、仓库、公路、铁路、港口等。

(2) 物流装备。物流装备包括仓库货架、进出库设备、加工设备、运输设备、装卸机械等。

(3) 物流工具。物流工具包括包装工具、维护保养工具、办公设备等。

(4) 信息技术。信息技术包括通信设备及线路、传真设备、计算机及网络设备等。

2. 功能要素

物流系统的功能要素是物流系统所具有的基本能力,如运输、储存、包装、装卸、加工、配送、信息等。这些基本能力有效地组合、联结在一起,便成了物流的总功能,便能合理、有效地实现物流系统的总目的。物流系统的功能要素主要包括以下内容。

(1) 包装功能要素。包装功能要素包括产品的出厂包装,生产过程中在制品、半成品的包装以及在物流过程中换装、分装、再包装等活动,对包装活动的管理,根据物流方式和销售要求来确定。

(2) 装卸功能要素。装卸功能要素包括对输送、保管、包装、加工等物流活动进行衔接活动,以及在保管等活动中为进行检验、维护、保养所进行的装卸活动。伴随装卸活动的小搬运,一般也包括在这一活动中。

(3) 运输功能要素。运输功能要素包括供应及销售物流中的车、船、飞机等方式的运输,生产物流中的管道、传送带等方式的运输。对运输活动的管理,要求选择技术经济效果最好的运输方式及联运方式,合理确定运输路线,以达到安全、迅速、准时、价廉的要求。

（4）储存功能要素。储存功能要素包括堆存、保管、保养、维护等活动。正确确定库存数量，明确仓库以流通为主还是以储备为主，合理确定制度和流程，提高效率，降低损耗，加速周转。

（5）加工功能要素。加工功能要素是在物流过程中进行的辅助加工活动。为满足客户的需求，按照客户的要求，进行这种加工活动。

（6）配送功能要素。配送功能要素是配送集经营、服务、社会集中库存、分拣、装卸搬运于一身，是物流系统重要的功能要素。

（7）信息功能要素。信息功能要素包括进行与上述物流活动有关的计划、预测、动态（运量、收、发、存数）的信息，要求正确选择信息，做好信息的收集、汇总、统计、使用，并保障信息的可靠性和及时性。

3．支撑要素

物流系统的建立需要有许多支撑手段，确定物流系统的地位，协调与其他系统的关系。物流系统的支撑要素主要包括以下内容。

（1）体制、制度。物流系统的体制、制度决定物流系统的结构、组织、管理方式，是物流系统的重要保障。

（2）法律、规章。物流系统的运行，必须遵守限制和规范物流系统活动的法律、规章，责任的确定也要依据法律、规章。

（3）组织及管理。物流系统的组织及管理起着联结调运、协调、指挥各要素的作用，以保障物流系统目的的实现。

（4）标准化。物流系统标准化是保障物流环节协调运行，保障物流系统与其他系统在技术上实现联结的重要支撑条件。

1.2.3　物流系统要素集成的结果

物流要素集成的结果可归纳为以下几种形式。

1．要素一体化，即纵向一体化

要素一体化是指将物流系统需要的要素纳入一个资本的控制之下，由该资本对物流系统进行规划、设计，并对这些要素进行经营管理（这在需要大量关系性、专用性资源的物流系统中是非常必要的），同时还应实现专业化经营，通过并购或内含式自我扩张来达到要素集成的最高形式。

2．建立战略联盟，即建立供应链的方式

物流系统中有许多专用性资源，如专门处理某一类商品的车辆、仓库、信息系统等，这些要素分属于多个所有者，它们可以通过互相投资、参股、签订长期的战略联盟协议等方式建立供应链从而实现集成。

3．资源共享

资源共享有两种形式：第一种，就是通常所说的在不同企业之间进行的横向一体化联合，即在不改变要素产权关系的情况下，将企业各自拥有的物流资源向物流要素集成者开放，并与其他要素的所有者开展物流业务合作，共同利用这些资源。例如，共用车辆和仓库等,在实现内部资源要素共享的同时也实现了物流资源与其他物流要素的集成。第二种,即在企业内部不同部门之间进行的纵向一体化联合。企业不同部门之间都有物流资源,如生产企业内部的各个部门都有仓库,这些部门之间在物流资源的共同利用上也是很有潜力的。

1.2.4 物流系统的分类

物流系统可以从不同角度进行分类。按照物流功能或流转环节来分是较为常见的两种方法。

1. 按照物流功能分类

按照物流功能的不同,物流系统可以分为不同的子系统。

(1) 运输物流子系统。运输物流子系统是指承担着商品物流位移功能的系统,通过空间变换帮助商品完成市场价值交换并实现商品增值,完成商品由生产者向消费者转移的传递过程。

(2) 仓储物流子系统。仓储物流子系统是承担商品储运、保管职能,通过时间变换帮助商品实现其价值甚至实现价值增值的物流系统。

(3) 装卸搬运子系统。装卸搬运子系统是在物流节点上承担货物装卸搬运职能的物流系统。装卸搬运子系统的装备水平和工作效率影响着企业的市场竞争力和经济效益。

(4) 包装、加工子系统。包装、加工子系统已被称为现代物流系统的重要组成部分。在物流领域对商品进行必要的加工和包装能够提高消费者满意度与对商品的认同感,从而提高市场占有率。

(5) 配送子系统。配送子系统从客户的需要出发,依托现代信息技术,把选货、配货和送货结合起来,通过迅速、准确、周到的服务提高客户满意度并实现业务增值。

(6) 信息子系统。信息子系统是整个物流系统的神经中枢和指挥中心,是提高整个物流系统运行效率的基础条件,也是各子系统之间衔接和配合的桥梁与纽带,是整合全社会物流资源的关键所在。

2. 按照物流活动的范围和业务性质分类

按照物流活动的范围和业务性质,物流系统分为五种类型。

(1) 生产物流系统。生产物流是从原材料的采购、运输、储存、车间送料、装卸、半成品的流转、分类拣选、包装,成品入库,一直到销售过程的物流。

(2) 供应物流系统。供应物流是物资(这里主要指生产资料)的生产或持有者,经过物资采购、运输、储存、加工、分类或包装、装卸搬运、配送,直到用户收到物资的物流过程。

(3) 销售物流系统。销售物流是指生产工厂或商业批发、物流企业或零售商店,从商品采购、运输、储存、装卸搬运、加工或包装、拣选、配送、销售,到客户收到商品过程的物流。

(4) 回收物流系统。回收物流是伴随货物运输或搬运中的包装容器、装卸工具及其他可用的旧杂物等,通过回收、分类、再加工、再使用过程的物流。

(5) 废弃物流系统。废弃物流是对伴随某些厂矿产品共生的副产物(如钢渣、煤矸石等）以及消费中产生的废弃物（如垃圾）等进行收集、分类、处理过程的物流。

1.2.5 物流系统之间的相互关系

物流系统的关系包括物流系统内部各要素之间的关系、物流系统与外部环境的关系等。

1. 物流系统内部各要素之间的关系

在物流过程中，主要环节是物品的储存保管和运输，其他各构成要素都是围绕这两项活动进行的。首先，根据订货信息，对物品进行订货采购活动，然后经过验收进行储存保管，待发送运输，或组织配送，送往消费者，达到最终服务的目的。为了保证运输、储存保管的质量，物品需要进行包装，或进行集中单元处理，以方便装卸搬运、输送和储存保管。同时，为使物品从生产所在地向消费所在地迅速移动、降低物流费用、提高物流服务质量，就必须充分利用运输能力，实行经济运输，对储存物品进行定量控制，发挥仓储调控作用，以便提高物流系统的空间效益和时间效益。由于整个物流系统的正常运转依赖于物流信息的指挥、调节作用，因此，在物流系统内部各要素之间存在着相互依赖、相互作用和互为条件的关系。

2. 物流系统与外部环境的关系

物流系统不是一个孤立的系统，而是一个与社会环境紧密相连的开放型系统。物流产品的社会需要量、供应量、运输量和资金拥有量等方面制约着物流系统活动，并与其他社会、经济、政策以及科学技术等因素，共同构成了一个复杂的社会环境关系。

作为物流功能的运输，与运输量多少有很大关系，而运输量的多少受运输设备能力、输送能力和收容能力等因素的直接影响。也就是说，运力是物流系统的约束条件之一。供应量是指在社会再生产过程中，能够提供的物质产品的数量，它是物流活动的物质基础，是物流系统的直接对象。也就是说，没有足够数量的物质产品供应，就难以保障生产和生活消费的需要，物流系统的功能也就无法实现。因此，供应的物品从数量、质量、品种规格、配套性和及时性方面制约着物流系统功能的发挥。需求量是反映社会对物质产品的需要情况，做好社会需求的科学预测，是保障物流系统得以正常运行的一个基本条件，影响着物流系统满足社会需求作用的实现。资金拥有量体现着物流系统本身能量的大小，它是影响物流系统功能大小的物质技术条件。同时，社会、经济、政策以及科学技术等外部因素，也是影响物流系统功能发展的约束条件。

物流系统与外部环境的这种复杂关系，使物流系统涉及的方面十分广泛，因而增加了研究的难度和广度。物流系统与外界环境的联系，是通过从生产厂家的产品输入，经过转换又向消费市场输出，并以信息反馈的形式与外界环境发生"交换"关系。同时，外部环境的各种约束条件也不时地对物流系统加以"干扰"，使物流系统内部原本相对平衡的状态受到破坏，产生产销脱节现象，或供大于求形成积压，或求大于供形成脱销。为了恢复、保障系统的平衡状态，必须协调供、产、运、销，克服外界干扰，对物流系统实行有效管理，不断提高系统的应变能力，增强系统的生命力。

1.3 物流系统规划设计目的、原则与内容

1.3.1 物流系统规划设计的目的

物流系统规划设计的核心就是用系统的思想和方法对物流的各个功能进行优化整合，从而保障物流系统的良性、健康、有序发展。物流系统规划设计的目的可以概括为"三大一小"四个方面：最大服务、最大利润、最大竞争优势、最小的资产配置。每个目标战略通常要求独特的物流系统设计。

1．最大服务

物流系统规划设计提供具有更高运行效率的配送服务，以确保用户需求。该战略虽然服务较好，但对降低成本不利，多是用于某些特殊的商品，如价格极高，而体积和面积均很小，或是为某些产品开拓市场空间时加以采用。最大服务战略很难实施，原因是提供最大服务的系统试图每 2~4 小时持续地发送商品,这样的系统将设计重点从成本转移到可用性和发送绩效。最大服务每个节点服务的面积取决于所要求发送的能力,受运输线路布局的影响。服务于同一个客户的最小成本和最大服务系统之间的总成本变化是相当大的。

2．最大利润

以追求物流系统利润的最大化为努力目标,在物流系统规划设计中达到利润最大化。理论上,每个仓库的服务领域是由向距节点不同距离的客户提供的最小利润决定的。如果客户得到改进的服务,客户有可能购买更多的由公司提供的产品类别。概念上,附加的服务将被引入边际收益等于边际成本上。在这一理论的平衡点上,没有附加的服务被认为是合理的。需要的服务最好是由利用直接或双重分销的补发系统提供的。

3．最大竞争优势

物流系统规划设计的最优良的战略也许是寻求最大的竞争优势,要把主要注意力集中在如何保障最有利的用户,使之得到最好的服务。同时,必须考虑物流服务成本的合理性,协调物流节点能力与市场营销要求之间的关系,降低成本,以获取最大的竞争优势。

4．最小的资产配置

物流系统规划设计是期望投入物流系统的资产最小化。如果该系统能力基本稳定,系统在为广大用户提供客户满意服务的前提下,力图使物流系统总成本最小,达到最小投入获得最大产出。

1.3.2 物流系统规划设计的原则

物流系统规划设计必须以物流系统整体的目标作为中心。物流系统整体的目标是使人力、物力、财力和人流、物流、信息流得到最合理、最经济、最有效的配置和安排，即要确保物流系统的各方面参与主体功能，并以最小的投入获取最大的效益。

1. 系统性原则

系统性是指在物流系统规划设计时，必须综合考虑、系统分析所有对规划有影响的因素，以获得优化方案。首先，从宏观上来看，物流系统在整个社会经济系统中不是独立存在的，它是社会经济系统的一个子系统。物流系统与其他社会经济子系统不但存在相互融合、相互促进的关系，而且它们之间也存在相互制约、相互矛盾的关系。因此，在对物流系统进行规划设计时，必须把各种影响因素考虑进来，达成整个社会经济系统的整体最优。其次，物流系统本身又由若干个子系统（如运输系统、存储系统、信息系统等）构成。这些物流子系统之间既相互促进，也相互制约，即存在着大量的"背反"现象，这要求我们在进行物流系统规划设计时对物流系统内部也要系统考虑。因此，在进行物流系统规划设计时，必须坚持发挥优势、整合资源、全盘考虑、系统最优的系统性原则。

2. 可行性原则

可行性原则指的是在物流系统规划设计过程中必须使各规划要素满足既定的资源约束条件。也就是说，物流系统规划设计必须考虑现有的可支配资源情况，必须符合自身的实际情况，无论从技术上，还是从经济上都可以实现。为了保证可行性原则，在进行物流系统规划设计时，要与总体的物流发展水平、社会经济的总体水平及经济规模相适应，既要体现前瞻性和发展性，又不能超越企业本身的整体承受能力，以保障物流系统规划设计的实现。

3. 经济性原则

经济性原则是指在物流系统的功能和服务水平一定的前提下，追求成本最低，并以此实现系统自身利益的最大化。显然，经济性也是物流系统规划追求的一个重要目标。经济性原则具体体现在以下几个方面。

（1）物流系统的连续性。良好的系统规划设计和节点布局应该能保证各物流要素在整个物流系统运作过程中流动的顺畅性，消除无谓的停滞，以此来保障整个过程的连续性，避免无谓的浪费。

（2）柔性化。在进行系统规划设计时，要充分考虑各种因素的变化对系统带来的影响，便于以后的扩充和调整。

（3）协同性。在进行物流系统规划设计时，要考虑物流系统的兼容性问题，或者说是该物流系统对不同物流要素的适应性。当各种不同的物流要素都能够在一个物流系统中运行时，该物流系统的协同性好，能够发挥协同效应，降低整体物流成本。

（4）资源的高利用率。物流系统的主体投资在于基础节点与设备，属于固定资产范畴，也就是说，不管资源的利用率如何，固定成本是不变的。因此，提高资源的利用率就可以降低物流成本。

4. 社会效益原则

社会效益原则是指物流系统规划设计应该考虑环境污染、可持续发展、社会资源节约等因素。一个好的物流系统不仅在经济上是优秀的，在社会效益方面也应该是杰出的。物流的社会效益原则也越来越受到政府和企业的重视，中国目前正倡导循环经济，绿色物流是其中的重要组成部分。另外，政府在法律、法规上将会对物流系统的社会效益问题做出引导和规定。例如，要求生产某些电子产品的厂家回收废旧产品，就是一个逆向物流的问题。

1.3.3 物流系统规划设计的影响因素

物流系统的规划设计是为了更好地配置系统中的各种物流要素，形成一定的物流生产能力，使之能以最低的总成本完成既定的目标。因此，在进行物流系统规划设计时，有必要考察分析影响物流系统绩效的内在和外在因素，做出合理的物流规划设计方案。影响物流系统规划设计的因素有以下几点。

1. 物流服务需求

物流服务项目是在物流系统规划设计的基础上进行的。物流服务需求包括服务水平、服务地点、服务时间、产品特征等多项因素，这些因素是物流系统规划设计的基础。由于物流市场和竞争对手都在不断地发生变化，为了适应变化的环境，必须不断地改进物流服务条件，以寻求最有利的物流系统支持市场发展前景良好的物流服务项目。

2. 行业竞争力

为了成为有效的市场参与者，应对竞争对手的物流竞争力做详细分析，掌握行业基本服务水平，寻求自己的物流市场定位，从而发展自身的核心竞争力，构筑合理的物流系统。

3. 地区市场差异

物流系统中物流节点的结构直接同客户的特征有关，如地区人口密度、交通状况、经济发展水平等都影响着物流节点规划设计的决策。

4. 物流技术发展

信息和网络技术等对物流发展具有革命性的影响，及时、快速、准确的信息交换可以随时掌握物流动态，不但改进了物流系统的实时管理控制及决策，而且为实现物流作业一体化、提高物流效率奠定了基础。

5. 流通渠道结构

流通渠道结构是由买卖产品的关系组成的。一个企业必须在渠道结构中建立企业间的商务关系，而物流活动是随着一定的商务关系而产生的。因此，为了更好地支持商务活动，物流系统的构筑应考虑流通渠道的结构。

6. 经济发展

经济发展水平、居民消费水平、产业结构直接影响着物流服务需求的内容、数量、质量。集货、运输、配载、配送、中转、保管、倒装、装卸、包装、流通加工和信息服务等是构成现代物流活动的主要内容。为此，物流系统应适应物流服务需求的变化，不断拓展其功能，以满足经济发展的需要。

7. 法规、财政、工业标准等

运输法规、税收政策、行业标准等都将影响物流系统的规划设计。

1.3.4 物流系统规划设计的内容

1. 管理系统的规划设计

管理系统是指物流系统的计划、控制、协调、指挥与作业等所组成的系统,它是整个物流系统的支柱。

管理系统规划设计具体包括以下内容。

1)物流系统战略目标的规划设计

物流系统战略目标的规划设计主要根据所服务的对象、顾客的性质与地理位置等,对所提供的物流服务进行规划与设计。在规划设计前,常采用网上调研、图书资料调研与现场调研等方法,收集物流系统的内部条件、外部条件及潜在客户信息,调查物流服务的供需状况、物流行业的发展状况等。然后,以此为基础,进行资料整理和数据分析,研究确定出物流系统的战略目标。

2)物流能力的规划设计

物流能力的规划设计主要确定物流系统所达到的目标,而物流能力的大小主要取决于企业投入的人、财、物数量及管理水平等。因此,这一阶段主要考察人员能否胜任,财力、物力是否充足等。

3)物流需求预测的规划设计

管理系统的另一个主要职能是对市场进行预测分析,以掌握和了解未来客户物流需求的规模及种类,做好物流工作。另外,是通过网络广泛收集用户的需求,开展促销业务,以提供高效率、低成本和高质量的系统服务满足物流需求。

4)物流过程管理规划设计

物流过程管理规划设计是对物流过程管理的关键要素进行规划与设计,并建立相应的标准体系,这些关键要素包括物流过程管理中的任务说明、培训、设施设备、书面程序、商品养护、记录、信息管理、顾客的意见、评估与完善、合同商等事项。

5)作业管理规划设计

作业管理规划设计是指对物流作业运行的组织与管理进行规划设计,主要包括货物的接收、装卸搬运、存货、运输、配送等。

6)管理信息系统的规划设计

管理信息系统的规划设计是指对信息的接收、传输与处理进行规划和设计。在规划设计时,应重点考虑以下几个信息系统的构建。

(1)电子订货系统。电子订货系统即利用企业内终端电脑、依据货架或台账输入欲订购的货物,经网络传送到总部物流中心或供应商,完成订购手续,验收货物。

(2)仓储配送管理系统。仓储配送管理系统即用来管理储存仓库或配送中心内部的人员、库存、工作时间、订单和设备的软件系统。

(3)运输管理系统。运输管理系统即对运输单元的所有资源进行实时的调度和跟踪,并能够合理安排驾驶员、车辆、任务三者间的关系,提供对货物的分析、配载的计算以及最佳运输路线的选择。

(4) 销售时点管理系统。销售时点管理系统即通过自动读取设备在销售商品时直接读取商品销售信息,并通过通信网络和计算机系统传递至有关部门或企业(包括物流与生产部门或企业)进行分析加工以提高经营效率的系统。

(5) 电子数据交换系统。电子数据交换系统即在不同的计算机应用系统之间依据标准文件格式交换商业单证信息。对于物流企业以及需要进行物流的企业来说,在互联网上进行物流单证信息的传输不仅可以节约大量的通信费用,还可以有效地提高工作效率。

(6) 附加价值通信网。附加价值通信网即利用电信通信业的线路,将不同企业不同类型的计算机联系在一起,构成共同的信息交流中心。

2. 设施系统的规划设计

物流设施系统的规划设计包括物流中心、配送中心、仓库、货场、码头、集装箱中转站等物流节点的规划设计。

(1) 物流中心是为了实现物流系统化、效率化而设置的开放型的物品储存、运输、包装、装卸等综合性的物流业务基础设施,是组织、衔接、调节、管理物流活动的较大的物流据点。物流中心的规划设计包括物流中心的选址、设计方案的优化等。

(2) 配送中心是接受供应者所提供的多品种、大批量的货物,通过储存、保管、分拣、配货以及流通加工、信息处理等作业后,将按需要者订货要求配齐的货物送交顾客的组织机构和物流设施。配送中心的规划设计包括配送中心总体规模设计、配送中心作业功能规划、配送中心设施规划等。

(3) 仓库是保管、存储物品的建筑物和场所的总称。仓库设计的内容包括仓库选址、仓库类型选择、仓库的结构设计、存货分类方法和合理库存量的确定与管理等。

(4) 集装箱中转站是暂时堆存和保管集装箱的场所。根据集装箱堆存量的大小,集装箱中转站可分为混合型和专用型两种形式。集装箱中转站的设计包括站区选址、结构和布局设计等。

3. 输入输出环境系统分析

任何一个系统都处于一个比它更大的环境系统中。外界环境通过向系统提供劳动力、劳动手段、指令、资源、信息对系统发生作用(影响),这一作用为外部环境对该系统的"输入"。系统以其本身所拥有的各种手段和特定功能,在外部环境的某种影响下,对环境的输入进行必要的转化处理活动,使之成为对环境有用的产品,提供给外部环境使用,即所谓的系统的"输出"。因此,物流系统的输入输出环境即物流活动所处的外部环境与内部环境。

外部环境包括宏观环境和微观环境即行业环境。其中,宏观环境包括社会经济状况与发展水平、人口与消费状况;国家的方针、政策、制度等;物流基础环境;区位环境;通信环境、网络环境等。微观环境包括供应商与商品供应情况、用户与商品的销售状况、竞争环境等。

内部环境主要是指一个物流系统设计对象的内部条件,包括人、财、物以及物流战略与模式;现有设施;物流各作业环节;物流费用与物流效率;客户服务与产品等。

物流环境对物流活动有着至关重要的影响,所以在进行物流系统规划设计时,首先要考虑物流环境对物流系统的影响范围、程度，这样才不至于因为设计的盲目，带来物流系统规划和设计的风险。

1.4　物流系统规划设计的要求与步骤

1.4.1　物流系统规划设计的要求

物流系统规划设计是根据物流系统的功能要求，以提高系统服务水平、运作效率和经济效益，制定各要素的配置方案。物流系统规划设计一是要以最经济的方式将规定数量的货物按照规定的时间、规定的要求送达规定的目的地；二是要合理配置物流节点，维持适当的库存；三是要实现装卸、保管、包装等物流作业的最优效率和效益；四是要在不影响物流各项功能发挥的前提下，尽可能地降低各种物流成本支出；五是要实现物流与信息流的有机结合，保证物流全过程的信息顺畅。

为实现这一要求，物流系统规划设计应体现：

（1）开放性。物流系统的资源配置需要在全社会范围内寻求。

（2）要素集成化。物流要素集成化是指通过一定的制度安排，对物流系统功能、资源、信息、网络等要素进行统一规划、管理、评价，通过要素间的协调和配合使所有要素能够像一个整体在运作，从而实现物流系统要素间的联系，达到物流系统整体优化的目的。

（3）网络化。网络化是指将物流经营管理、物流业务、物流资源和物流信息等要素，按照网络方式在一定市场区域内进行规划、设计、实施，以实现物流系统快速反应和最优总成本等要求的过程。

（4）可调整性。可调整性是指物流系统应能够及时应对市场需求的变化及经济发展的变化。

1.4.2　物流系统规划设计的阶段

满足一定服务目标的物流系统往往由若干子系统组成。物流系统设计包含了众多可能的选择，从物流网络构筑到仓库内部布局等，需要对每一个子系统或环节进行规划设计。每一个子系统的设计需要与其他子系统和整个物流系统相互协调、相互平衡。因此，需要形成一个总框架，在总框架的基础上采用系统分析的方法，对整个系统的各个部分进行规划设计。

物流系统规划设计流程大致可分为四个阶段，如图1-4所示。

1. 建立目标和约束条件

在整个物流系统规划设计的过程中，首先，最重要的是确定物流系统规划设计的目标。目标定位直接决定着物流系统的组成部分。例如，对于企业物流系统规划设计来说，资金成本降低旨在使物流系统中总投资最小，相对的物流系统规划设计方案往往是减少物流节点的数量，直接将货物送达客户或选择公共仓库而不是企业自建仓库；运营成本最低的目标往往需要利用物流节点实现整合运输；客户服务水平最高，往往需要配置较多的物流节点，较好的物流信息系统等。其次，解决系统内部目标不一致问题的依据是

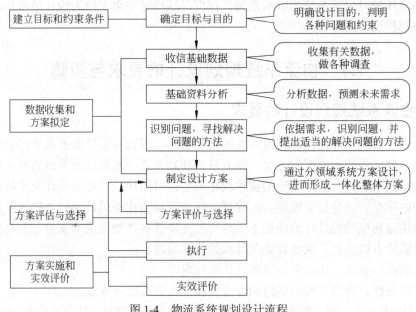

图 1-4 物流系统规划设计流程

考虑以下几个因素：资源可得性、物流系统规模、物流系统各组成部分的相对重要性、系统费用、系统整合程度。最好的方法是考虑整个系统。然而在某些条件下，系统输入条件的改变和系统的每个部分联系不大、时间有限及物流系统太大等不能作为整个系统来解决，那么一个比较实际的方法是分步考虑问题，设计独立部分，最后再把它们结合起来。

由于物流系统的庞大而繁杂，各子系统之间相互影响和相互制约也很明显，而且系统受外部条件的限制也很多，因此，在物流系统规划设计时就需要判明各种问题和约束，特别是那些暂时无法改变的系统制约因素。

2. 数据收集和方案拟定

在物流系统规划设计中，要进行大量的相关基础资料的调查和收集工作，作为系统设计的参考依据。一个物流系统规划设计方案的有效性依赖于调查获得的基础资料的准确程度和全面程度。调查的内容根据规划设计目标、调查对象来确定。一般物流系统规划设计需要调查的基础资料包括以下几个方面。

（1）物流服务需求。包括：①服务水平，如缺货率、送货时间、服务费用等；②客户分布，如现有的和潜在的客户分布等；③产品特征，如产品尺寸、重量和特殊的搬运需求；④需求特征，如客户的订单特征，客户订货的季节性变化，客户服务的重要性等；⑤需求规模，如 OD 流量等；⑥需求服务内容，如需要提供的服务；⑦其他。

（2）物流资源状况。调查分析的项目包括：①物流节点设备状况，如物流节点分布、规模、功能、交通网络、运输设备、仓储设备、信息系统等；②物流系统的基本运营状况，如组织管理体系、服务模式、营业状况、服务种类、作业方式、单据流程、作业流程等。

（3）社会经济发展。主要调查、分析物流服务区域的社会经济发展状况，具体包括经济规模、发展前景、产业构成、空间布局等。

(4) 竞争状况。调查竞争对手的物流资源配置、网络布局、服务方式、营业状况等。

调查方法主要有：访谈调查，问卷调查，查找相关统计资料，现场调查，计算机检索等。在完成数据收集之后，提出异常数据，确定数据样本容量，对数据分类归并、计算整理分析，配合系统目标制定物流系统初步方案。

3．方案评估与选择

对物流系统进行方案评估的目的就是针对备选方案的经济、技术、操作等层面的可行性做出比较与评价，从而帮助决策者选择最优或最满意的方案。主要的评估方法有程序评估法、因素评估法和目标设计法。

（1）程序评估法。程序评估法着重于设计过程的评价，目的在于确保能够得到正确且合乎基本条件的设计结果。程序评估法通过对物流系统设计的各个环节进行评估，以判别整个设计过程是否合理。评估过程需要根据不同的物流系统设计项目制定评价表，一般来说，评价的内容主要依据项目设计的过程或程序而定。

通常，对物流系统设计的四个阶段进行评价，应注意以下三点：①判定物流系统设计的目标定位是否正确，这就需要考察物流系统设计人员是否与相关人员进行充分沟通，是否在系统目标上达成一致；②检验资料收集和分析程序是否合理且有效，确保系统设计的基础依据的可靠性；③探讨设计方案产生过程是否符合系统分析设计原则，是否将第一阶段的目标定位和第二阶段的资料分析结果融入设计方案之中。

下面给出一个实例，表 1-1 是物流中心内部节点设计的程序评估表。

表 1-1 物流中心内部节点设计的程序评估表

阶段	检核项目	得分	改进方法
目标定位阶段	节点的目标定位是否明确		
	节点的目标定位是否和企业发展目标相协调		
	节点的目标定位是否和市场定位相协调		
	节点的目标定位是否得到各方认可		
	节点概念设置和服务需求是否匹配		
	节点目标客户和服务项目是否相一致		
资料收集与分析阶段	对客户需求是否明确		
	对进入物流中心的产品品类是否了解		
	作业流程是否清楚地进行了划分		
	收集资料是否具有完整性		
	需求预测方法是否切实可行		
	采用的分析方法与已收集资料特点是否一致		
方案产生阶段	方案产生过程是否遵循系统分析设计的原则与理论		
	节点的布局是否配合作业流程		
	设备的选用是否配合作业流程		
	设备的选用是否符合节点作业要求		
	设备的容量是否满足需求预测需要		

(2) 因素评估法。因素评估法是针对方案建立一个完整的且具有逻辑架构的能够衡量方案成效的评价指标体系,并依照指标属性,将各指标因素分成不同的群组,进行综合分析,对方案给予总效果评估,以作为决策者选择的依据。因素评估法中评价方案优劣的因素可分为定量因素和定性因素。定量因素评估法中以经济评价法最为常用,主要是分析项目发生的费用与产生的经济效益等方面的经济特性。常选用的定量因素有成本、净现值、内部收益率、投资回收期、投资利润率等。

(3) 目标设计法。目标设计法是美国在交通规划评价中常用的方法。该方法也可以用于物流系统规划与设计的评价。目标评价法的框架由价值(value)、目标(goal)、任务(objective)、指标(measure of effectiveness)、标准(standard)五个层次组成。其中,价值是服务对象的定位,目标是价值的定性描述,任务是目标的具体分解,指标是任务的定量描述,标准是指标的数值界定。

一般情况下,目标、任务、指标都可以是多个,而每个指标都对应一个标准,或分别表示现状值和目标值的两个标准。在进行方案评估时,可利用评价矩阵进行评价。

4. 方案实施和实效评价

物流系统方案的实施过程是相当复杂的,方案设计的实际可操作性将在这里得到验证。这就要求实施者根据决策者选出的最优设计方案,严格按照方案设计的要求逐步实施。在这个过程中,可能会遇到各种实际问题,有些是设计者并未事先预料到的。因此在方案实施过程中,实施者首先要充分领会设计者的整体思路和设计理念,在遇到问题时尽可能最大限度地满足设计要求。如果确有无法满足的部分,需要对设计方案做必要调整,但要保证不影响物流系统整体目标的实现。

方案评估是一个在没有实施方案的前提下,凭借专家、实践者的经验预先检验模拟效果并加以评价,因此这最后阶段的实效评价就是实际方案实施结果的评价。实效评价方法和方案评估方法基本是一致的。最常用的评价方法是因素评估法和目标评价法。其中,对评估过程中指标打分的过程不再是专家经验的主观判断,而是实际结果的客观评判。实效评价的目的是实际检验方案设计的优劣,将作为今后物流系统规划设计的参考和借鉴。

本 章 小 结

物流系统是在一定的空间和时间里,物流活动所需的机械、设备、工具、节点、线路等物质资料要素相互联系、相互制约的有机整体。它是由物流各要素组成的、要素之间存在有机联系并具有使物流总体合理化功能的综合体。物流系统是一个大跨度系统,除了具有一般系统共有的整体性、相关性、目的性、环境适应性外,还具有规模庞大、结构复杂、目标众多等大系统所具有的特征。

与一般系统一样,物流系统是由人、财、物、设备、信息和任务目标等要素组成的有机整体。由于物流系统的特点,物流系统的要素可具体分为功能要素、支撑要素、物质基础要素等。

按照物流功能的不同,物流系统可以划分为运输物流子系统,仓储物流子系统,装卸搬运子系统，包装、加工子系统，配送子系统，物流信息子系统；按照物流活动的范围和业务性质，物流系统可以划分为生产物流系统、供应物流系统、销售物流系统、回收物流系统、废弃物流系统。

物流系统规划设计应按照以下程序来进行。第一阶段，建立目标和约束条件；第二阶段，数据收集和方案拟定；第三阶段，方案评估与选择；第四阶段，方案实施和实效评价。

思考与练习

一、填空题

1. 一般系统论认为，_____、_____、具有特定功能的有机整体。
2. 按照一般系统运作模式，一个完整的系统是由_____、_____、_____和系统运行过程中的信息反馈环节构成的。
3. _____具有物质实体，如机械系统。_____是由概念、原理、程序等观念化的实体组成的系统，如法律系统、信息系统等。
4. _____从系统观点来考察和管理企业有助于提高企业的效率与效益。
5. 外界环境通过向系统提供_____、_____、_____、_____、_____对系统发生作用（影响），这一作用为外部环境对该系统的"输入"。

二、判断题

1. 系统一般具备四个基本特性，即整体性、相关性、目的性和环境适应性。（   ）
2. 大多数系统是人工系统，是经过人工改造的自然系统。（   ）
3. 封闭系统是指系统内部与外部环境有能量、物质、信息交换的系统，如大部分人工系统。（   ）
4. 行为系统是按照具体研究对象进行区分确定的系统，如库存系统。（   ）
5. 所谓对象，就是对一个系统内的基本问题，用逻辑推理、科学分析的方法，在确定条件与不确定条件下找出各种可行的方案。（   ）
6. 系统动态学是系统管理学说的进一步发展，并且把系统管理的范围扩大到整个社会和整个世界。（   ）
7. 物流系统是自然形成的，直接或间接地影响着系统或子系统的形成。（   ）
8. 管理系统是指物流系统的计划、控制、协调、指挥与作业等所组成的系统，它是整个物流系统的支柱。（   ）
9. 在整个物流系统规划设计的过程中，首要的是确定物流系统规划设计的功能。（   ）
10. 在物流系统规划设计中期，要进行大量的相关基础资料的调查和收集工作，作为系统设计的参考依据。（   ）

三、简答题

1. 解释系统的定义。
2. 举例说明物流系统的主要特征有哪些？

3. 物流系统规划的目标有哪些？
4. 物流系统的构成要素有哪些？
5. 物流系统的基本功能有哪些？
6. 按物流功能的不同，物流系统分为哪几个子系统？
7. 物流系统规划设计的主要阶段有哪些？

四、论述题
1. 简述物流系统的结构与功能间的关系。
2. 简述物流系统规划设计的基本原则和基本内容。
3. 简述影响物流系统规划设计的主要因素。

五、案例分析

系统观念在神龙汽车公司物流领域的应用

1. 公司对物流系统的重视

神龙汽车有限公司是中国东风汽车公司和法国PSA集团雪铁龙汽车公司合资，投资上百亿而建立的。

公司设立了内部生产物流系统管理部门，负责物料在仓库与车间之间、车间与车间之间、工序与工序之间各个环节的运行，确定物流运行组织控制方式。公司的外部物流涉及供应和销售两个子系统。由采购部储运分部负责管理供应物流，将原材料、机械设备、工具、外协零部件等通过国内及国际采购和运输，输入神龙公司；由市场部储运分部负责管理销售物流，将神龙公司产成品（整车、发动机、变速箱、备件等）输出，经运输商发往全国各销售网点和国外代销商，最终送到用户手中。

在物流管理现代化中，运输、装卸、仓储、包装、废弃物处理、标准化、信息管理等方面都采用了各种先进工具和方法。

神龙公司的物流管理者认识到，整个物流系统是一个有机的整体，各组成要素之间存在有机的联系，必须运用系统观点和优化方法对物流系统进行分析、设计和运行管理，合理地建立起系统模型，并对其进行全面的分析和评价，最终完成物流系统的优化。下面就是公司运用系统工程方法解决物流问题的实例之一。

2. 卸货站台过渡平台的选择

货物装卸口即站台，是物流大系统的一个"瓶颈"部位，此处的物流能否通畅直接影响物流大系统的正常运转。站台过渡平台是集装箱平板车与零部件仓库之间的一个物流环节。这个设备的正确选择关系物流大系统的"瓶颈"消除，从而保证物流大系统的通畅。为了保证集装箱平板车的掏箱作业，需要配置4台站台过渡平台安装在后卸货站台处，以调节站台和集装箱平板车的高差，使叉车平稳、安全地掏箱卸货。

通过对国内、国外站台过渡平台设备的了解和分析，公司于1996年购置了德国Hafa Stekvn 3500型液压式站台过渡平台，使用后证明这种设备使用性能好，但价格稍高。于是，再次增加设备时，改选了法国Auto Manu 30.2410型机械式站台过渡平台，设备单价降低了3.5万元人民币。

德国Hafa Stekvn 3500型液压式站台过渡平台为液压控制，随动性好，与集装箱平板车搭接平滑可靠，台体可以镶嵌在厂房内，具有良好的工作环境，自动化程度高，操作简便。但其维修保养的难度大于机械方式。法国 Auto Manu 30.2410 型机械式站台过渡平台为全机械控制，靠重力压缩弹簧和机械锁定完成与集装箱平板车的搭接，搭接的平滑性差。台体置于厂房外，集装箱平板车定位困难、工作环境差、安全性差，但维护保养方便。国产机械式站台过渡平台属仿制产品，试用后证明其可靠性差，故障较多，开动率较低。

三种站台过渡平台的性能和价格比较如表 1-2 所示。

表 1-2 三种站台过渡平台的性能和价格比较　　　　　单位：万元

性能和价格比较	法国机械式	德国液压式	国产机械式
设备交货状态	需重新改造，增加附加装置	即可投入使用	仍需不断调试
工作条件	在室外，环境差	在室内，环境良好	在室外，环境艰苦
设备单价	9.5	13	
雨棚单机价	3	0	
安全台单机价	0.15	0	
人力资源单机价	0.875	0	
单台设备总投入	13.525	13	
4 台设备总价	54.1	52.0	

3. 结论

由表 1-2 可知，从系统的观念来分析，配置 4 台站台过渡平台，选择液压式站台过渡平台，总投入会减少约 2.1 万元人民币，且设备整体性能好，工作安全可靠。而选择机械式，尽管设备首次采购价格低于液压式，但后期的设备改造费和人力投入费较高，而且机械式的使用效果较差，安全可靠性也差，设备的整体性被破坏，厂房外观易受损害。

如果把使用情况、厂房环境、安全条件、设备功能和设备价格综合起来考虑，把站台过渡平台看成从货源到零部件仓库这个系统中的环节来考虑，选择液压式平台才是合理的。

资料来源：http://www.examw.com/wuliu/siji/1 167 34.htm.

讨论
1. 讨论企业物流系统对企业经营大系统的重要作用。
2. 站台过渡平台选择的实例反映了系统的哪些特征？

第 2 章

物流系统分析

学习目标

通过本章的学习,领悟系统分析内涵。熟悉物流系统分析的概念、要素及准则、要点,以及物流系统分析的步骤;熟悉生产物流系统分析、生产能力分析、生产类型分析;熟悉物料搬运系统分析;掌握物流系统分析技术方法;了解解决物流问题的不同方法。

关键术语

物流系统分析　生产物流系统　物料搬运系统

石油运输技术方案的产生

美国在阿拉斯加东北部的普拉德霍湾油田解决向本土运输原油的问题是一个具有戏剧性却又耐人寻味的真实故事。

问题背景:油田每天有 200 万吨原油要运回美国本土,油田处于北极圈内,海湾常年处于冰冻状态,最低气温在-50℃以下。一开始很自然地产生了两个方案:方案一,由海路用油轮运输;方案二,用带加温设备的油管输送。

对于方案一,其优点是运价比较低。存在的问题是油轮需要破冰船的引航才能航行,破冰船本身增加了费用,而可靠性与安全性方面的问题很突出(可以想象万一破冰船出故障整个船队的困境);在起点与始点都要建造大型油库,估算油库规模需达到油田日产量的十倍。

对于方案二,其优点是管道输油在技术上已经成熟。然而由于特殊的气候环境,加温系统的管理及加温能源的输送又是棘手的问题;另外,带有加温系统的管道不能直接铺设在冻土里,因为冻土层受热融化无法固定管道,估算有一半管道需用底架支撑,这样架设管道的成本是铺设地下管道的三倍。

决策人员面对这种情况做出了相当耐人寻味的决定:把方案二作为参考方案做进一步细致研究,并拨经费继续研究竞争方案(实际上体现了决策人员引导寻找新方案的方向)。

方案三的出台：其原理是把一定量的海水加入原油中，使低温下原油与海水的混合物成乳状液态，仍能在管道内畅流，这样就可能避免加温系统的问题。该方案获得了好评，并申请了专利。就其原理而言，加盐水降低液体的固化点并不新鲜，然而该方案的创造性在综合运用中得以体现。

后来，由马斯登和胡克等人提出的方案四成了这一问题的终结者。两位有丰富石油知识的专家注意到地下石油是油气合一的，这种混合物的熔点很低，他们提出将天然气转换成甲醇，甲醇再与石油混合，以降低混合物的固化点，增加流动性。这个方案尽管原理上与第三方案类同，但更加完美。

资料来源：张丽. 物流系统规划与设计[M]. 2版. 北京：清华大学出版社，2014.

思考

结合身边的例子谈谈你对系统和系统分析的理解。

2.1 物流系统分析概述

2.1.1 系统分析概述

1. 系统分析的必要性

物流系统分析是确立方案、建立系统必不可少的一个环节，是物流系统的综合、优化及设计的基础。无论是设计一个新系统还是改造一个老系统，都需要对物流系统进行分析，即通过了解物流系统内部各部分之间的相互关系，把握物流系统运行的内在规律，从全局的观点出发，合理安排好每一个局部，使每个局部都服从一个整体目标，最终求得整体上的最优规划、最优管理和最优控制。物流系统分析所涉及的问题范围很广，如搬运系统、系统布置、物流预测、生产库存等各种信息，要应用多种数理方法和计算机技术，这样才能分析、比较实现不同系统目标和采用不同方案的效果，为系统评价和系统设计提供足够的信息与依据。

物流运作是十分复杂的，它贯穿于企业生产和运作各个方面。企业必须对与物流相关的作业系统及活动进行必要的分析与规划，才能使物流系统有效运行。

对物流系统进行物流分析，要了解物流系统各部分之间的内在联系，把握物流系统行为的内在规律，从整体观点出发，使每个局部都服从一个整体目标，发挥物流系统整体的优势。

为了实现最优化设计，通常构造多种模型来模拟同一物流系统的功能，通过对模型的分析和比较，从中选出物流系统的最优结构，再对物流系统进行全面的分析，确定最优的结构形式，形成各功能之间有内在联系的功能体系，从而为系统的设计、开发提供条件。物流系统的分析具有科学性，但同样也是一门技艺。不同的分析者对同一个问题可能会采取不同的分析方法，或采取相同的分析方法却产生不同的结论。

2. 物流系统分析概念

物流系统分析是针对物流系统内部所存在的基本问题，采用系统的观点、理论和方法，进行定性与定量相结合的分析，对所研究的问题提出各种可行方案或策略，通过分析对比、全面评价和协调，为达到物流系统的预期目标选出最优方案，实现其空间和时间的经济效益，以辅助领导者做出科学决策的一种技术经济方法。

2.1.2 物流系统分析的要素

物流系统分析的要素是指物流系统分析的项目，具体有目标、备选方案、费用和效益、模型、评价标准和结论。

1. 目标

目标的确定是系统分析的出发点和基础，全面、正确地理解和掌握所建系统的目标与要求，是系统分析重要的第一步。

2. 备选方案

备选方案是指为达到目标可采用的各种途径、手段和措施。当各种方案各有利弊时，究竟采用哪种方案，就要对这些方案进行分析和比较。这正是系统分析所要解决的问题。

3. 费用和效益

各备选方案为实现系统目的所需投入或消耗的全部资源折算成货币形式，就是费用。简单地讲，费用就是实施方案的实际支出，而效益是指方案实施后获得的成效，可统一折算成货币尺度。建立一个系统要有投资，系统建成后要有效益。费用和效益是对方案的约束条件，只有效益大于费用的设计才是可取的。不同的方案必须采用同样的方法估计费用和效益，才能进行有意义的比较。

4. 模型

常用模型有实物模型、图式模型、模拟模型、数学模型。对复杂问题模型化便于对问题进行处理，也可在决策前预测出问题的结果，因此模型是系统分析的主要工具。

5. 评价标准

评价标准是系统目的的具体化，不同系统应建立不同的评价标准，对各种备选方案进行综合评价，从而确定出方案的优劣顺序。常见的评价标准是由一组评价指标组成的。

6. 结论

结论是系统分析得到的结果，具体形式有报告、建议或意见等。结论只是阐明问题、提出处理问题的意见和建议，只有领导者决策后方可付诸行动，发挥其社会和经济效益。

物流系统分析的准则包括物流系统内部与物流系统环境相结合、局部效益与整体效益相结合、当前效益与长远利益相结合以及定量分析与定性分析相结合四个方面的内容。

2.1.3 物流系统分析要点及步骤

1. 系统分析要点

当要对某个系统任务进行开发时，首先要对该系统进行分析，即先设定一系列问题，然后对这些问题进行研究，直至找到满意的解决问题的对策。此时只要拟出几个"为什么"，就很容易抓住问题的要点，找到解决问题的关键。物流系统分析的要点为解决问题的"5W1H"，即 what，why，when，who，where，how。

（1）项目的对象是什么？即要干什么。（what）

(2) 这个项目何以需要？即为什么这样干。（why）
(3) 它在什么时候和在什么样的情况下使用，即何时干。（when）
(4) 使用的场所在哪里？即在何处干。（where）
(5) 是以谁为对象的物流系统？即谁来干。（who）
(6) 怎样做才能解决问题？即如何干。（how）

简言之，就是在明确目标的基础上，什么人在什么时间和什么地点采用什么方法完成什么事，直至得到圆满的答案。

2. 物流系统分析步骤

(1) 现状分析。在实际的物流分析中，只有通过准确的现状分析才能够反映出存在的主要问题，随后才能提出恰当的解决方案。开始分析一个物流系统时，常常会觉得它非常复杂。因为它可能包含很多子系统，每个子系统又由许多元素组成，元素间的关系也是错综复杂的。但无论多复杂的物流系统，总是可以从物质实体的实际流动、支撑物质实体移动的信息流和信息系统以及控制整个物流系统的组织和管理结构三个方面入手。

物质实体的实际流动是物流系统中最明显的一个方面。在分析绝大多数物流系统时，绘制物流实体从起始到终点流动的示意图是一个很好的分析起点。

信息流是随着物流实体的实际移动而经过整个系统的，它也是现状分析中应该考虑的一个重要内容。

物流运作由不同的功能部门分别管理的现象也是非常普遍的。例如，原材料仓储和厂内运输可能是由生产部门负责，成品仓储和出厂运输往往是由配送部门负责。而且整个物流系统中各个功能部门之间的关系也非常复杂，对这些功能部门进行很好的组织和管理就十分重要，因而，整个物流系统的组织和管理结构也就成为一个重要的分析内容。

(2) 问题构成与目标确定。构成问题不仅仅是物流系统中十分困难的部分，也是至关重要的部分。系统分析，首先要明确所要解决的问题，以及问题的性质、重点和关键所在，恰当地划分问题的范围和边界，了解该问题的历史、现状和发展趋势，并在此基础上确定系统的目标。

(3) 收集资料探索可行方案。在问题构成之后，就要根据当前物流系统运作过程中所产生问题的性质以及预期目标的要求，建立起抽象、简洁而又充分体现物流系统相关特性的若干方案。良好的备选方案是进行良好系统分析的基础。

(4) 建立模型。系统工程的模型常常是推测式的，模型的精度不能与具有严密理论基础的数学模型相提并论。另外，模型也难以试验。

(5) 综合评价。对比物流系统各可行性方案，详细考虑成本、效益等因素，权衡各方案的利弊得失，由此选出最优方案。物流系统分析是一个需要在信息反馈的基础上不断反复、不断调整的过程。

2.1.4 物流系统的优化

下面介绍物流系统优化的 5S 目标。

(1) 优质服务（service）。优质服务是指无缺货、无损伤和丢失现象，且费用便宜。对整体物流系统设计和全部物流业务活动的要求来说，必须强调其服务性。无论是运输、包装、配送还是每日每项物流活动，都要尽量使顾客满意。并要不断研究新问题，开发新技术，增加新的服务项目，为社会提供高质量的服务。

（2）迅速及时（speed）。迅速及时是指按用户指定的时间和地点迅速送达。这是物流系统的主要功能之一。即根据货主的要求，及时运输和配送，按顾客提出的时间和地点，把商品迅速运送到收货地，以赢得信誉。这也是衡量物流企业服务质量的一个重要标准。因此，在进行物流系统管理时，必须很好地考虑运输、配送的功能，如运输工具的配备、运输路线的选择、运输环节的安排等。

（3）节约空间（space saving）。节约空间是指发展立体设施和有关的物流机械，以充分利用空间和面积，缓解城市土地紧缺的问题。

（4）规模适当（scale optimization）。规模适当是指物流网点的优化布局，合理的物流设施规模、自动化和机械化程度。对物流系统进行投资建设时，首先要确定其规模的大小。对其所处的地理位置、周围环境、服务对象，特别是物流量的多少，包括货物品名、数量、流向等，都要进行详细调查和预测，综合分析研究，以确定物流系统的规模。否则，物流系统规模设计大了，而物流量小了，必然要使一部分物流设施、技术装备闲置起来。反之，物流系统规模设计小了，物流量多了，与其业务活动不相适应，满足不了顾客的需要，同样也是不可取的。

（5）合理库存（stock control）。保持一定的合理库存，是物流企业的一项重要任务。对生产物流来说，工厂要储存一定数量的原材料，如果原材料供应不上，生产就中断了；反之，如果原材料储存过多，会造成积压，占用库房，浪费资金，影响企业的经济效益。从销售物流来看，批发企业或物流中心必须保持一定的合理库存量，不然，商品储存过多，会造成积压、占压资金；而储存过少，又要脱销，并失去销售机会，影响企业的经济效益。因此，物流系统必须做到及时反馈，实时调整库存，多则停止进货，少则补充库存，充分发挥其调节的功能。

2.1.5 物流系统分析

1. 企业物流中心

物流中心扮演了流通业经营效率的决定性角色，它不再是从事作业性功能的仓储、搬运作业，而是被提升为具有决策性使命的事业体。随着自动化搬运、储存设备的发展及信息网络应用的日益普及，物流中心对自动化程度的规划要求也逐渐提高。

2. 企业物流中心形态及作业流程分析

企业物流中心形态包括以下四种。

（1）MDC。由制造厂商所成立的物流中心，用于产品货物的管理。

（2）WDC。由批发商或代理商所成立的物流中心，用于客户订单的管理。

（3）REDC。由零售商向上整合所成立的物流中心，用于销售点的管理。

（4）TDC。由货运公司所成立的物流中心，用于储位的管理。

针对各种类型的物流中心及可能的发展阶段，规划建设一个物流中心的系统作业流程分析，包括计划筹建准备阶段、系统规划设计阶段、方案评估阶段、细节规划设计阶段及计划执行阶段五个主要阶段。

3. 计划筹建准备阶段

1）计划开始时的组成

在计划开始时，需要筹建"物流中心筹建规划委员会"这样的专门组织。组织的成员应包括相关部门的主管或成员，并由高级经营者担任总负责人。

2）基础规划资料收集

规划资料的收集过程分为两个阶段。

（1）现时作业资料收集。包括基本运营资料、商品资料、订单资料、物品特性资料、销售资料、作业流程、事务流程与使用单据、厂房设施资料、人力与作业工时资料、物料搬运资料以及配送据点与分布。

（2）未来规划需求资料收集。包括运营策略与中长程发展计划、商品未来需求预测资料、产品数量的变动趋势、可能的预定厂址与面积、作业实施限制与范围、附属功能的需求、预算范围与经营模式、日程限制、预期工作时数与人力以及未来扩充的需求。

3）系统规划策略目标的制定

（1）物流策略的制定。包括流通渠道策略、供应链位置策略、顾客服务水平策略及系统整合策略的制定。

（2）物流中心目标制定的阶段。

4. 系统规划设计阶段

1）基础规划资料分析

（1）订单变动趋势分析。在物流中心的规划过程中，首先须针对历史销售或出货资料进行分析，以了解销货趋势。如能找出各种可能的变动趋势或变化周期，则有利于后续资料的分析。常见的变动趋势有：长期趋势、季节变动、循环变动、偶然变动。

（2）订单商品品种与数量分析。包括订单出货资料的分析、订单出货资料的取样、资料统计分析以及图表数据判读与分析四个步骤。

（3）物品特性与储运单位分析。在进行订单商品品种与数量分析时，要配合相关商品性质、包装规格及储运单位等因素，进行关联及交叉分析，以便更容易地对仓储及拣货区域进行规划。结合订单出货资料与物品包装储运单位（托盘、箱子、单品）的分析，即可将订单资料以单位加以分类，再依各分类的资料进行个别分析。

（4）物流与信息流分析。主要包括作业流程分析、事务流程分析、作业时序分析、人力需求与素质分析及自动化水平分析。

2）规划条件的设定

（1）基本储运单位规划。决定物流中心内基本储运的负载单位，使储运单位易于量化及转换。

（2）基本运转能力规划。包括进货区、仓储区、拣货区、出货区的基本运转能力的评估及规划。除需要考虑基本作业需求量以外，也须配合作业弹性及未来增长趋势。

（3）自动化程度规划。配合自动化程度、作业时数及基本运转能力的规划，各作业阶段所需设备的自动化程度，须在此时做出界定，以利于后续物流系统设备的选用。

3）作业需求功能规划

一个物流系统的规划过程，包括作业流程、设备与工作空间的组合。物流中心各类作业区基本可分为一般性物流作业区域、退货物流作业区域、换货补货作业区域、流通加工作业区域、物流配送作业区域、仓储管理作业区域、厂房使用配合作业区域、办公事务区域、计算机作业区域、劳务性质活动区域及厂区相关活动区域。

4）设施需求规划与选用

（1）物流作业区域设施。物流中心的主要作业活动，基本都与物流仓储、搬运、拣取等作业有关，因此在系统规划时，物流设备的规划选用与设计程序就成为规划设计的重点。

（2）辅助作业区域设施。在物流中心的营运使用过程中，除了主要的物流设备以外，其他各项配合的支援性设施，在规划过程中也需要逐步进行分析规划。

（3）厂房建筑周边设施。为配合整体物流中心运作与使用，包括厂房建筑结构的主要形式，所需相关水电、动力、土木、空调及安全消防等厂房建筑的周边设施等。

5）信息系统功能

信息系统主要包括采购进货管理系统、销货出货管理系统、库存储位管理系统、财务会计系统、运营绩效管理系统及决策支持系统。

6）方案评估阶段

方案评估阶段的主要方法有优缺点列举法、因素分析法（或点评估法）、权重分析法、成本比较法及以 AHP 为基础的方案评估方法等。

2.2　物流系统分析基础

2.2.1　物流系统的特性

物流系统既有一般系统的性质，又有区别于其他系统的显著特性。

（1）物流过程的连续性，决定了物流的方向同生产过程相一致。生产过程如何进行，物流就如何流动，物流不能脱离生产流程而存在。

（2）生产过程的平行性决定了物流系统的空间结构。通常一个企业生产多种产品，每一种产品又包含多种零部件，在组织生产时，需将各个零件分配在不同的工序上生产，因此，要求各个支流平行流动，如果有一条支流滞留或阻断，整个物流都会受到影响。

（3）生产过程的节奏性决定了物流在时间上的规律性。生产中各种物料在每个工序的停留时间，以及所经过的工序，数目不尽相同，但在最后形成产品时，要求相关的物料同时到达，这也就形成了物流的时间结构。

（4）物流过程的比例性决定了物流量的强度，生产量大，物流量也大。物流系统是为生产服务的，生产过程对物流系统的限制和约束也是自然的、必要的。但在最后形成产品时，要求相关的物料同时到达。

（5）物流过程的适应性。当企业的产品品种发生变化时，要求生产过程有较强的应变能力，即短时间内，由一种产品转为另一种产品的生产能力。物流过程要与生产过程相适应。

不管是生产系统还是服务系统，它们的规划分析都必须有基本的信息和数据。规划设计人员、小组或团队要做大量的调查研究,要进行有效的物流分析,就必须了解企业分散在不同部门(如营销部门、产品开发设计部门、制造部门、工艺部门等)中的各种产品、产量、工艺、路线等信息。例如,了解企业的生产纲领文件、产品结构文件(bill of materials, BOM)、工艺路线图(route chart)、装配程序图(assembly chart)和工艺过程图(operations process chart)、流程图(precedence diagrams)等。另外,在形成一个新的设施规划之前,下面这五个问题是必须要考虑清楚的。

(1) 生产什么?
(2) 产品如何生产?
(3) 什么时候生产?
(4) 每种产品生产多少?
(5) 生产该产品的周期是多长?

这五个问题分别由纲领设计(program design)、产品设计(product design)、工艺过程设计(process design)来回答,并提供有关资料。

2.2.2 生产纲领的内容

纲领设计规定产品方案、生产数量、建设规模,由可行性研究人员根据市场预测和企业战略规划提出,决策层批准。纲领设计对场址选择、工厂布置等都有直接影响,设施规划人员必须积极参与。有时,纲领设计要在对原有设施条件分析的基础上进行,这就更需要设施规划人员的紧密配合。

对于工业项目,纲领设计的任务是确定企业的生产纲领。生产纲领是指在规定时期内(如年)制造的主要产品的品种、规格及数量。生产纲领决定着企业的专业方向、生产性质、规模等级、工厂组成和工艺技术要求。一般要从众多的产品中选定设计的代表产品。选定代表产品主要考虑三个因素:代表产品与被代表产品应是同类产品,基本结构应尽可能相似;选定的代表产品应是该工业设施建成后数量较多的产品;同类产品中如果年产量相差不多,应选中等尺寸者为代表产品。

选定代表产品后须将被代表产品的数量折合为代表产品的当量数,作为设计的依据。总生产纲领即代表产品年产量加上被代表产品的折合年产量之和。

产品的生产纲领即产品的生产规模,亦即产品的年产量。零件的年生产纲领可按下式计算:

$$N=Qn(1+a+b)$$

式中,N 为零件的年生产纲领(件/年);Q 为产品的年生产纲领(台/年);n 为每台产品中该零件的数量(件/台);a 为备品的百分率;b 为废品的百分率。

生产纲领的大小对生产组织形式和零件加工过程起着重要的作用,它决定了各工序所需专业化和自动化的程度,也决定了所应选用的工艺方法和工艺装备。

生产类型不同,产品制造的工艺方法、所用的设备和工艺装备以及生产的组织形式等均不同。大批大量生产应尽可能采用高效率的设备和工艺方法,以提高生产率;单件小批生产应采用通用设备和工艺装备,也可采用先进的数控机床,以降低生产成本。各类生产类型的工艺特点见表 2-1。

表 2-1　生产纲领与生产类型的关系

生产类型	零件的年生产纲领/件		
	重型零件	中型零件	轻型零件
单件生产	<5	<10	<100
小批生产	5~100	10~200	100~500
中批生产	100~300	200~500	500~5 000
大批生产	300~1 000	500~5 000	5 000~50 000
大量生产	>1 000	>5 000	>50 000

2.2.3　生产能力分析

生产系统的生产能力是指生产性的固定资产在一定时期内所能生产一定种类产品或服务的最大数量。在确定生产纲领时要对生产能力进行分析。

设计生产能力是指一个新的生产系统，根据既定产品和工艺过程的特点与要求建设的厂房、建筑物、生产设备、运输装置等固定资产形成的综合生产能力。

生产系统建成以后，经过一段时间的调试和试生产，进入稳定的运行期间，应该达到生产纲领规定的年产量。

纲领设计应该在确定产品选型、市场调查和需求预测的基础上，分析经济规模的界限，确定最合理的生产规模。

在确定最适宜的生产规模的同时，还应研究这种生产规模的可行性。

2.2.4　生产类型分析

正确划分企业的生产类型对选择合理的生产组织形式、生产方式、管理方式都有重要意义。按生产的成批性划分生产类型，是制造工业的工厂设计必须涉及的问题。而生产类型的划分既然取决于企业的产品品种、产量，也就取决于企业的生产纲领。

企业（或车间、工段、班组、工作地）生产专业化程度的分类称为生产类型。生产类型一般可分为大量生产、成批生产和单件生产三种类型。

1. 大量生产

大量生产的基本特点是：产量大、品种少，大多数工作地长期重复地进行某个零件的某一道工序的加工。例如，汽车、拖拉机、轴承等的制造都属于大量生产。

2. 成批生产

成批生产的基本特点是：分批地生产相同的产品，生产呈周期性重复。如机床制造、电机制造等属于成批生产。成批生产又可按其批量大小分为小批生产、中批生产、大批生产三种类型。其中，小批生产和大批生产的工艺特点分别与单件生产和大量生产的工艺特点类似；中批生产的工艺特点介于小批生产和大批生产之间。

3. 单件生产

单件生产的基本特点是：生产的产品种类繁多，每种产品的产量很少，而且很少重复生产。例如，重型机械产品制造和新产品试制等都属于单件生产。

生产类型的划分除了与生产纲领有关外，还应考虑产品的大小及复杂程度。表 2-2 所列为生产类型与生产纲领的关系，可供确定生产类型时参考。

表 2-2　各种生产类型的工艺特点

工艺特点	生产类型		
	单件小量	中批	大批大量
零件的互换性	用修配法，钳工修配，缺乏互换性	大部分具有互换性。装配精度要求高时，灵活应用分组装配法，同时还保留某些修配法	具有广泛的互换性。少数装配精度要求较高时，采用分组装配法和调整法
毛坯的制造方法与加工余量	木模手工制造或自由锻造。毛坯精度低，加工余量大	部分采用金属模铸造或模锻。毛坯精度和加工余量中等	广泛采用金属模机器造型、模锻或其他高效方法。毛坯精度高，加工余量小
机床设备及其布置形式	通用机床。按机床类别采用机群式布置	部分通用机床和高效机床。按工件类别分工段排列设备	广泛采用高效专用机床及自动机床。按流水线和自动线排列设备
工艺工装	大多采用通用夹具、标准附件、通用刀具和万能量具。靠划线和试切法达到精度要求	广泛采用夹具，部分靠正装夹，达到精度要求。较多采用专用刀具和量具	广泛采用专用高效夹具、复合刀具、专用量具或自动检验装置。靠调整法达到精度要求
对工人技术要求	需技术水平较高的工人	需一定技术水平的工人	对调整工的技术水平要求高，对操作工的技术水平要求较低
工艺文件	有工艺过程卡，关键工艺要有工序卡	有工艺过程卡，关键零件要有工序卡	有工艺过程卡和工序卡，关键工序要有调整卡和检验卡
成本	较高	中等	较低

生产类型不同，产品制造的工艺方法、所用的设备和工艺装备以及生产的组织形式等均不同。大批量生产应尽可能采用高效率的设备和工艺方法，以提高生产率；单件小批生产应采用通用设备和工艺装备，也可采用先进的数控机床，以降低生产成本。各类生产类型的工艺特点见表 2-2。

2.2.5　产品设计分析

产品设计过程详细说明了产品的结构、尺寸、材料和包装等信息，产品设计是工艺过程设计的前提，而工艺过程设计是"龙头"。

1. 产品设计的任务

在进行设施规划和布置时，要求根据产品加工工艺的柔性来重视布置和设施规划的柔性。生产所需要的设备、外部的经济因素、现有的人力和物力资源、所面临的竞争、设备更新的快慢等问题都应该根据假定的生产目标，在进行设施布置前确定下来。

2. 产品设计信息

对于一个设施规划来说，详细的操作说明书、图示说明、产品原型的说明都是十分重要的信息。这些信息包括：爆炸装配图（exploded assembly drawing）、零件图（component paIt drawing）、零件明细表（parts list）、物料清单（产品结构文件）等。

2.2.6 工艺过程设计分析

工艺过程设计决定产品将怎样生产，零件是自制还是外购，采用什么工艺和设备，需要多长时间。它是工厂物流系统设计和工厂布置的重要依据。

1. 自制或外购决策

自制或外购决策是企业典型的决策，主要以成本作为衡量标准，同时还要考虑工程技术、市场、工艺、采购，甚至包括人力资源等其他因素，并根据具体的项目和工程实践灵活地考虑和安排。

2. 工艺分析与选择

在进行工艺分析和产品的装配时，首先应确定自制零件的加工工艺方法，其次再确定加工所需要的机器、设备。

3. 工艺流程分析

工艺流程分析主要是分析把原材料变成成品的加工装配流程。

2.3 物流系统分析过程与方法

企业物流系统分析是针对企业物流系统的环境、输入输出情况、物料性质、流动路线、系统状态、搬运设备与器具、库存等进行全面和系统的调查与分析，找出问题，求得最佳系统设计方案。

2.3.1 系统分析过程

物流系统分析过程如图 2-1 所示。

1. 外部衔接分析

首先确定研究对象的系统边界。在此基础上研究物料输入与物料输出系统的方式，如搬运设备、入口、出口、时间、频率、道路及环境情况，均应列表说明。

2. 输入因素 P、Q、R、S、T

SLP（系统布置设计）中，P、Q、R、S、T 作为布置设计工作的基本出发点，被称为解决布置问题的钥匙，其各自的含义如下。

（1）P（products）表示系统物料的种类。

（2）Q（quantity）表示数量。

（3）R（routing）表示路线。包括工艺路线、生产流程、各工件的加工路线以及形成的物流路线。

（4）S（service）表示辅助生产与服务过程的部门。

（5）T（timing）表示物料流动的时间。

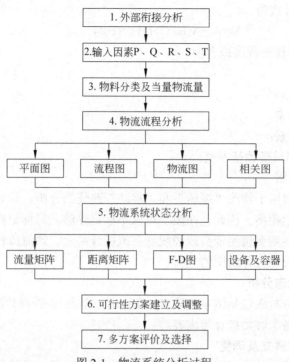

图 2-1 物流系统分析过程

3. 物料分类及当量物流量

当比较不同性质的物料搬运状况时,各种物料的物流强度大小应酌情考虑物料搬运的困难程度,采用当量物流量和玛格数等来计量。

(1) 物料分类。将物料分类主要是为了方便管理,能迅速掌握正确的物料信息,利于选择合适的物料搬运系统。

(2) 当量物流量与玛格数。物流强度也称物流量,是指一定时间内通过两个物流节点间的物料数量。在一个给定的物流系统中,物料从几何形状到物化状态都有很大差别,其可运性或搬运的难易程度相差很大,简单地用重量作为物流量计算单位并不合理。因此,必须有一个标准,才能进行比较、分析和运算。当量物流量是指物流运动过程中一定时间内按规定标准修正、折算的搬运和运输量。这种修正与折算充分考虑了物料在搬运或运输过程中实际消耗的搬运和运输能量等因素。其计算公式为

$$f = qn \tag{2.1}$$

式中:f——当量物流量;

q——一个搬运单元的当量重量;

n——单位时间内流经某一区域或路径的单元数。

玛格数(magnitude)来源于美国,是一种不太成熟的当量物流量计算方法,是为度量各种不同物料可运性而设计的一种度量单位,用来衡量物料搬运难易程度。物料玛格数的计算步骤是:①计算物料体积;②确定玛格数基本值;③确定修正参数;④确定玛格数。

玛格数的计算公式为

$$M=A+A(B+C+D+E+F)/4 \tag{2.2}$$

式中：B——物料的松密程度或密度；

C——形状；

D——损伤危险性；

E——其他因素；

F——价值因素；

A——物料的玛格数基本值。

4．物流流程分析

流程线路图主要用于物流"搬运"和"移动"路线的分析，研究怎样从工作站或设备的布置上缩短搬运距离。因此，在图上可以不标记停滞，只标记操作、检验、储存三项的位置，对于搬运则直接用箭头或箭线画在流程线路上。物流流程分析包括对物流路径图、物流流程图及相关分析图的分析。

5．物流系统状态分析

物流系统状态分析应包括流量矩阵 F（或称从一至表）、距离矩阵 D、F-D 图（流量距离图）及搬运设备、容器统计等内容。

6．可行性方案建立及调整

在对生产物流系统的分析中，当完成了当量物流量分析、物流流程分析及物流系统状态分析之后，应尽量搞清楚占主要地位的要素、各自的特点、规律及它们之间的联系，寻找解决问题的各种可行方案，并进行初步筛选。建立良好的可行性方案是进行良好企业物流系统分析的基础。

7．多方案评价及选择

多方案评价及选择是指在定量预计各种方案在不同环境下所产生的效果的基础上，考虑各种有关的定性因素，并运用已经确定好的评价准则,将多个方案进行比较和评价，显示出每一个方案的利弊得失和效益成本，从而获得对所有可行方案的综合评价结论。

2.3.2　物流系统分析的技术和方法

所谓系统分析方法，就是按照事物本身的系统性把对象放在系统的形式中加以考察的一种分析方法。即从系统的观点出发，始终着重从整体与部分之间，从整体与外部环境的相互联系、相互作用、相互制约的关系中综合地、精确地考察对象，以达到最佳地处理问题的一种方法。

基本的系统分析方法主要有以下几种。

1．网络方法

网络方法是一种统筹安排、抓住关键的系统方法。一个企业内有多种不同的业务部门，如何协调工作；一个产品的生产过程有许多工序，如何最合理地调配人力、物力和安排进度，以确保产品生产顺利完成；一个工程项目也有类似的问题，即如何合理安排整个工程项目中的各项工作，使工程以最快的进度顺利完工。为了解决这一类问题，美国在 1956—1958 年发展了两种方法，即 CPM 和 PERT 法。CPM 法是 critical path method

的简称，又称关键路径法。PERTP 法是 program evaluation and review technique 的简称，又称计划评审技术，它注重于对各项任务安排的评价和审查。这两种方法最先由数学家华罗庚引入我国，并称为"统筹法"。

2. 数学规划法

数学规划法是指在一定的约束条件下，寻求最优目标的一大类数学方法。这里的约束条件主要包括资源约束（如人力、物力、财力、时间等）以及必须满足的一些客观规律。所谓寻求最优目标就是求目标函数的极值。这一类优化方法包括四大规划——线性规划、整体规划、动态规划、非线性规划。线性规划是解决目标函数和约束条件都是自变量的一次函数的这类问题；整体规划是解决对于最优解要求必须是整数的这类问题；动态规划是解决多阶段决策过程的最优化这类问题；非线性规划是解决目标函数和约束条件中有一个或多个自变量的非线性函数这类问题。

3. 综合评价法

综合评价法就是对系统的各种可行方案，从功能、质量、投资、效益、能耗、使用寿命等各方面进行全面分析比较，综合考虑，从而选择整体效果最优的方案予以实施。综合评价法的关键在于选择适当的评价项目和评价的定量计算方法。

4. 系统模拟方法

系统模拟方法就是通过建立系统模型进行各种试验，以弄清模型所代表的实际系统的特性，以及各种因素间的关系，从而便于对现有系统进行分析，使之不断改进和完善；或者为未来系统选择最优方案的决策提供科学依据；或者对系统今后的发展趋势做出预测等。

5. 大系统理论

大系统理论是指规模庞大、结构复杂、包括的子系统数目多、系统的功能多、目标也多、系统内的因素多、变量多的综合性系统。大系统与一般系统的研究方法是不同的，对于大系统、演绎法和靠建立单一的数学模型来求解的方法都不适用了。一般地，对于大系统，比较多地采用"分解—协调"方法，就是按照不同原则把大系统划分成若干子系统，先分别对各子系统进行分析与综合，这可以采用常规的分析方法来做，分别使各子系统的状态最优，这叫局部最优。但局部最优并不等于整体最优，这就需要再根据大系统的总任务和总目标，使各个小系统之间相互协调，为了总任务和总目标，有时可能会使某些子系统不是局部最优，但局部应服从于整体，最后实现大系统的整体最优化。

2.4 物流系统分析案例

2.4.1 解决物流问题的不同方法

传统意义上的物流问题是这样解决的，收集尽可能多的详尽信息，编写数学程序，输入相关的各种信息，通过多决策变量法来确定具体的解决方案，最后利用计算机对该数学难题进行分类整理。但是，由于数据采集的工作量是很繁重的，有时解决方案并没有做系统分析。在其他情况下，数值优化是一个 NP 难题（在问题不能简化表达时，就很难获得好的解决方法），决策是通过启发式算法来进行的，但不是特别深刻。

后面介绍另一种物流系统分析的方法，该方法将详细数据通过简化汇总代替，数值研究方法则由分析模型取代。没有了细密烦琐的数据信息，分析模型可以被精确求解，使从许多方案中近似求出总体最佳值成为可能。然后，这些逼近最佳的解决方案就被用于形成准则，从而设计出可以具体实施的手段，也就是说，方案满足了所有在分析中忽略的细节要求。最后的微调阶段可以借助于一个优化的（更传统的）计算机程序来实现。

2.4.2 系统分析案例

一个假定的计算机、无线电设备、电视机制造商在全美拥有三家工厂和 100 个货物配送中心。这三家工厂分别位于格林湾（计算机模块）、印第安纳波利斯（电视、显示器和键盘）、丹佛（控制台）。其中的一些组件需要产品出售前被组装好，组装可以在配送中心或者在印第安纳波利斯附近的某个中心地域进行，即仓库（warehouse）。在这里，要求寻找一种每年使运输费和库存费最小化的货物集散策略。

计算机模块 300 美元，重 5 磅；电视机（也包括显示器与键盘）400 美元，重 10 磅；控制台 100 美元，重 30 磅。公路货运汽车有 30 000 磅的载货量，含司机租价为 1 美元/英里（实际中的成本费用会更高，因为非载重空间占用会减少载重量）。

此外，由于货物是等待运输或消费的，还应考虑每天的间接仓库存货罚款（inventory penalty）。罚金为产品每一个等待工作日费用的 0.06%，相当于利率 15%（每年 250 个工作日）。三个工厂的产品特征以及至其他各目的地的距离见表 2-3、表 2-4、表 2-5。

表 2-3　三个工厂的产品特征

工厂	格林湾	印第安纳波利斯	丹　佛
价格（$）	300.00	400.00	100.00
重量（磅）	5.00	10.00	30.00
货物单位，年	250 000.00	500 000.00	250 000.00

表 2-4　三个工厂之间的距离　　　　　　　　　　　　单位：英里

	格林湾	印第安纳波利斯	丹　佛
格林湾	0.00	400.00	1 100.00
印第安纳波利斯	400.00	0.00	1 100.00
丹佛	1 100.00	1 100.00	0.00

表 2-5　三个工厂至 100 个配送中心的距离　　　　　　单位：英里

中心编号	格林湾	印第安纳波利斯	丹　佛
1.00	584.71	648.56	515.29
2.00	1 409.37	1 409.37	309.37
3.00	2 119.45	2 119.45	1 019.45
4.00	341.21	354.30	1 441.21

续表

中心编号	格林湾	印第安纳波利斯	丹 佛
5.00	861.41	1 261.41	473.65
6.00	1 363.68	1 363.68	444.09
7.00	857.30	570.52	1 357.30
8.00	937.19	537.19	1 437.19
9.00	1 222.73	1 588.18	688.18
10.00	1 875.46	1 875.46	775.46
11.00	1 385.30	1 785.30	885.30
12.00	2 070.18	2 070.18	970.18
13.00	860.75	860.75	239.25
14.00	2 214.84	2 214.84	1 114.84
15.00	526.86	526.86	966.51
16.00	1 707.24	1 707.24	607.24
17.00	152.37	247.63	958.95
18.00	1 294.24	1 659.63	759.63
19.00	641.85	641.85	774.15
20.00	845.44	845.44	952.46
21.00	1 655.95	2 055.95	1 155.95
22.00	1 513.14	1 513.14	413.14
23.00	399.68	350.98	1 450.98
24.00	1 348.81	1 348.81	655.88
25.00	407.64	253.78	1 353.78
26.00	1 001.02	1 401.02	501.02
27.00	997.20	997.20	755.62
28.00	443.71	58.19	1 041.81
29.00	168.69	231.31	1 148.58
30.00	501.99	501.99	853.83
31.00	1 010.97	610.97	1 510.97
32.00	571.78	971.78	542.24
33.00	795.88	841.63	304.12
34.00	2 171.06	2 171.06	1 071.06
35.00	546.46	946.46	743.50
36.00	697.64	660.46	1 197.64
37.00	231.72	231.72	1 331.72
38.00	1 363.63	963.63	1 863.63
39.00	1 964.34	1 964.34	864.34
40.00	112.04	307.45	987.96

续表

中心编号	格林湾	印第安纳波利斯	丹 佛
41.00	820.00	820.00	1 920.00
42.00	1 146.20	1 146.20	198.53
43.00	1 963.72	1 963.72	836.72
44.00	888.51	488.51	1 586.05
45.00	362.96	326.04	1 426.04
46.00	1 627.74	2 027.74	1 127.74
47.00	911.78	911.78	1 048.26
48.00	1 615.09	2 015.09	1 115.09
49.00	1 262.57	862.57	1 762.57
50.00	2 170.74	2 170.74	1 070.74
51.00	924.65	524.65	1 424.65
52.00	99.92	499.92	1 178.72
53.00	710.23	1 110.23	628.25
54.00	1 677.30	2 077.30	1 177.30
55.00	827.57	427.57	1 327.57
56.00	1 327.32	1 727.32	827.32
57.00	647.77	1 047.77	739.44
58.00	320.38	418.26	779.62
59.00	1 641.10	1 783.92	883.92
60.00	657.25	657.25	669.32
61.00	800.39	800.39	1 202.51
62.00	968.10	1 290.45	390.45
63.00	2 377.68	2 377.68	1 277.68
64.00	1 443.41	1 601.62	701.62
65.00	1 402.79	1 802.79	902.79
66.00	1 853.90	1 853.90	753.90
67.00	1 556.15	7 852.01	952.01
68.00	2 000.05	2 000.05	900.05
69.00	915.23	915.33	612.42
70.00	1 235.29	123.29	422.84
71.00	1 116.23	1 116.23	664.63
72.00	923.32	523.32	1 466.74
73.00	1 241.57	1 284.57	384.57
74.00	1 036.80	636.88	1 536.80
75.00	836.46	836.46	306.70
76.00	942.68	1 342.68	442.68

对于一个给定的集散策略，如果逐项地知道配送中心的方位和物流目的地的产品年需求量，那么就可计算成本。

表 2-3、表 2-4、表 2-5 包含了 300 个报关手续，并以英里为单位假定了从每个工厂到每个目的地中心的距离。这些中心的位置是随机独立产生的，并均匀分布于一个统一的长宽平行于坐标轴线的 2 500×1 000 英里的矩形区域。距离计算以坐标点之间的绝对距离为准。

为便于说明，将假设每一个中心每一个工作日卖出 10 台电视机或者控制台和 10 台计算机（包括一个模块、显示器和键盘）。先考虑下面两个策略。

策略 1：跳过仓库，不作任何中间停靠，所有货物由卡车满载从工厂直接运到配送中心；

策略 2：所有的组件都在仓库组装完毕，卡车仍不停靠地满载运输，从工厂直到仓库，从仓库直到中心。

按照策略 1，每年运输总费用由一辆典型卡车的行程费用（1 000 美元）和卡车年总行程数获得。表 2-3 中，共计 100 个配送中心，而每年每个中心需求量为：丹佛和格林湾的工厂 2 500，印第安纳波利斯工厂 5 000。这相当于每年起于丹佛的旅程数是 2 500×(30/30 000)= 2.5，起于格林湾的是 0.417，起于印第安纳波利斯的是 1.667。所以，每年运输总费用是 100×(2.5+ 0.417+1.667)×1 000= 4.6×10^5 美元。

该策略可以最小化运输费用，因为每一次运输行程都是尽可能地满载且取最近行使距离，所以这样就表现出了库存费用过高的弊端。因为一辆卡车从格林湾到访某一个中心每 1/0.417 年仅一次，而来自格林湾的货物在该中心平均要消耗大约 2/0.417 年的等待时间，同样还要消耗大致相当的时间来等待装载。假设为所有工厂同步补货，那么后续计算就可以被简化。这个简化通常被采用，因为严格意义上讲没有改变性质结论。由此可以看出，由现行策略所带来的长时间货物等待并不可行，而且也直接导致了高额的库存费用。假设有 0.417^{-1} 年的等待时间，来自格林湾运的货物每单位的库存费用是 300×0.15×0.417^{-1}= 108 美元，来自丹佛和印第安纳波利斯工厂的货物每单位库存费用是 6 美元和 36 美元（假设印第安纳波利斯的船同时运输电视机以及监视器和键盘组件）。这样一来，年库存费用是 2 500×100×(108+6+2×36)=46.5×10^6 美元，将使年总费用达到 4 700 万美元。

策略 2 则增加了运输费用，这是由于仓库集运导致货物需要更远的行程。同时，可以减少库存费用，因为所有配送中心是由仓库提供服务的，而满足其增加的高容量，就需要运送次数相应增加。既然所有的运输行程距离都是 103 英里的量级，那么从仓库到中心的交通运输总费用应该是和策略 1 相同的，即 4.6×10^5 美元 / 年。类似地，从工厂到仓库之间的运输总费用和策略 1 也是一样的，大约是 100×(2 500+417)=3×10^5 美元/年。那么，全部运输费用就是 7.6×10^5 美元 / 年。

库存费用需要考虑三项滞留费用，即格林湾和印第安纳波利斯之间、丹佛和印第安纳波利斯之间，以及印第安纳波利斯（仓库）和各个中心之间（假设印第安纳波利斯工厂和仓库之间的货物运输不发生库存费用）的滞留费。

格林湾每年运送 1.25×10^6 磅货物，每年需要 41 个卡车运输行程数，那么每单位货物要产生 1.1 美元的库存费用，即 $300 \times 0.15 \times 41^{-1} = 1.1$ 美元。从丹佛出发，到仓库的货物旅程数显然要多出 6 倍，因为控制台比计算机模块要重 6 倍，同时又要便宜 30%，那么每单位的库存费用要少 18 倍，即 0.06 美元。以年为基础，入库货物的库存费用为$(1.1+0.06) \times 2\,500 \times 100 = 2.9 \times 10^5$ 美元。

每年每个中心的货物吞吐量为 $2\,500 \times (15+40)$ 磅，导致每卡车的年驶入量为先前的 4.6 倍。运送每台计算机产生的库存费用为$(300+400) \times 0.15 \times 1/4.6 = 23$ 美元。对于电视机来说，此费用为 16 美元。因为每年要处理每种型号产品为 250 000 台（套），出库货物的库存费用为$(23+16) \times 250\,000 = 98 \times 10^5$ 美元/年。

策略 2 的总库存费用为 10.1×10^6 美元/年。相对于策略 1，库存费用的大量减少足以补偿运输费用的小幅增长，总费用减少了 4 百万～10.9 百万美元/年。假如是策略 1 的结果，自然要通过频繁增加卡车的满载量来谋求库存成本的节约。这样做无疑将会增加交通运输费用。但是如果送货频次的安排几近合理，就会使总成本费用减少的目的成为可能。

计算合理费用的方法：考虑有三个参变量的函数，包括每次运输的货运比率 R（美元），起点至终点的流量 F（磅/年），货物价值 V（美元/磅）

$$每年费用 = 2 \times (0.15 \times R \times F \times V)^{1/2} \tag{2.3}$$

应用如上分析方法，由策略 1 和策略 2 发展出策略 3、策略 4 和策略 5，其中最优装车频率被应用到所有的交通路线中。使用式（2.3）计算，对所有运输距离，每辆卡车的运输行程估值都为 10^3 英里，可以很容易验证策略 3 的年总成本费用，即 680 万美元。

同样，策略 4 的年总成本费用为 460 万美元。

采用策略 1、策略 2、策略 3、策略 4 和策略 5 分析方法，对表 2-3、表 2-4、表 2-5 分析求得最优装运频次及其相对应的成本费用汇总后得出表 2-6。

表 2-6 案例结果汇总　　　　　　　　单位：百万美元/年

配送策略	预计总费用	现实总费用
（1）直接，满车	47	47
（2）仓库，满车	10.9	10.8
（3）直接，最优频率	6.8	6.7
（4）仓库，最优频率	4.6	4.5
（5）半直接，半仓库	5.5	5.4

表 2-6 汇集了总成本费用。表中两栏的结果非常接近，因为库存费用是两种策略总费用的主要部分，而且由汇总数据精确给出。即使消费率随着不同目的地发生改变，这种近似性也会发生。随着消费率的不同，对于剩下方案的费用值可能会有偏差，但是它们的排列次序会保持不变。如果汇总数据出现错误，这个排序依然成立。例如，平均运输行程出现了 25% 的偏差，那么策略 1～策略 5 的年费用额以百万计分别为：47、11、7.6、5.0、6.0。显然，用简化法做出的策略决定，即使年总费用不是确切清楚时，也是有效的。

如果要验证这条排序结果，那么 100 个目的地中的每一个都要分别予以考虑。这显得烦琐，很像"现实生活"细节数值分析中所需的数据准备工作（为了分析一个策略执行时允许卡车运输途中多次停靠，分析人员需要处理 103^2 个运输距离，就是要保证将每两个可能建立联系的点之间距离都考虑进去）。

2.4.3 案例方法优缺点分析

上述案例所提方法的优点，包括两个方面，即灵活性和精确性。

1. 灵活性

前面已经指出，在权衡利弊、提出决策时，简化模型具有清楚、直接的特点。如果解决方案可以仅仅根据一些数据汇总来表达时，这就显得尤为正确。在实际中，对决策的原因进行深入理解是非常有用的，因为：

（1）在做出行动决策时，简化模型是数据分析人员和决策者之间具有说服力的沟通桥梁。

（2）相比于那些由原始公式为基础的模型，它可以得到更好的解决方案。

仓库的货物转载取消了将近 1/3 的车辆运输，并且增加了线路流量，大幅度降低了每条线路的单位货物费用。结果，即使每项物品都运输了原先两倍的距离，但是策略 2 和策略 4 仍显出更低的总体费用。因为这就像急剧上升的超载运输罚款，我们仍有权质疑那种罚金少而缺乏集运的方式是否具有更高的经济性。如果用策略 2 而不是策略 3，那么我们不禁要问：物流量迅猛增加，而运输距离没有明显提高，会怎么样？思考表明可以通过使用三个仓库（每个工厂附近一个），允许不同配送中心由最便捷的区域仓库提供货物这个办法来达到这一目的。这一认识表明原先的问题设计应重新考虑。

前面提到过，分析过程中的见解，特别是能用简单公式表达时，可以一下子就揭示出最优方案如何适应基本条件的改变。该见解在条件突变的决策环境中是非常有用的。在案例中，格林湾工厂的产品价值高而重量轻，那么低流量带来的低效率对其影响尤其明显，而对于丹佛工厂则就小得多。因此，如果对于电视的需求量更大（这将增加对来自丹佛和印第安纳波利斯的物流量的需求而不是格林湾），则将希望策略 5 中标胜出。产自格林湾的小型高值产品将会便捷地并入来自印第安纳波利斯的现有大流量，而且丹佛的大型产品则直接发货。如果其他参数发生变化，如库存率、运输率、货物价值、需求率等，如何调整最佳配送模式是不难发现的，而这也不需要任何烦冗的计算。

2. 精确性

案例中，费用大幅下降（从策略 1 到策略 2）是由于最简化的决策（如把货物都集中在仓库），而这种决策需要的信息和分析是很少的。因此，在谈论精确性之前，这是没有意义的。在信息、计算、执行难度方面追求更深远的进步变得越来越困难。在许多典型应用场合，这种模式强调两个相关的事实：①缺乏精确的细节数据不应该成为逃避分析的借口，②精确性不应该在所有的费用方面都被追求。以此为前言，现在讨论传统方法和所提方法的精确性。

3. 缺点

所提方法的不足主要来自对数据的简化处理，而传统方法的缺陷主要来自确定解决方案的算法的失败。因此，某种程度上不得不对此做出选择：是对基于近似数据模型进行精确求解,还是对精确模型进行近似求解。在前一种情况下,近似法是明确的,而且容易解释,因为那些非基本的信息在开始时就被删除了,还没有混淆手头的问题。

除了上述原因,另一种造成差错的原因源自数据(细节数据或汇总数据)本身,它们直接决定了最终方案的选择。数据汇总的错误可以很容易地影响到最终方案,而对于构建模型需要大量精确数据,这比较困难。所以数据中的错误对细节模型与简化模型所引起的影响很大。

上面的讨论并不意味着就应当提倡使用细节模型。相反,必须强调的是,这两种方法在物流系统分析中都有自己比较适合的应用场合。

本 章 小 结

本章首先介绍系统分析概念、系统分析要点及步骤;分析了系统分析的基础要素,然后对物流系统分析过程与方法进行描述;分析了解决物流问题的不同方法,最后用实际案例介绍另一种物流系统分析的方法。该方法将详细数据通过简化汇总代替,数值研究方法则由分析模型取代。没有了细密烦琐的数据信息,分析模型可以被精确求解,使从许多方案中近似求出总体最佳值成为可能;然后,这些逼近最佳的解决方案就被用于形成准则,从而设计出可以具体实施的手段,也就是说,方案满足了所有在分析中忽略的细节要求;最后的微调阶段可以借助于优化的(更传统的)计算机程序来实现。

思考与练习

一、填空题

1. 物流系统分析是_____、_____必不可少的一个环节,是物流系统的综合、优化及设计的基础。

2. 物流系统分析的要素是指_____、_____、_____、_____模型、评价标准和结论等。

3. 物流系统分析的要点为解决问题的"5W1H",即_____、_____、_____、_____、_____。

4. 系统分析,首先要明确所要解决的问题,_____、_____、_____了解该问题的历史、现状和发展趋势,并在此基础上确定系统的目标。

5. 在进行设施规划和布置时,要求根据产品加工工艺的柔性来重视布置和设施规划的柔性。_____、_____、_____、_____、设备更新的快慢等问题都应该根据假定的生产目标,在进行设施布置前确定下来。

二、判断题

1. 系统分析是系统目的的具体化,不同系统应建立不同的评价标准,来对各种备选方案进行综合评价,从而确定出方案的优劣顺序。 ( )

2. 优质服务是指按用户指定的时间和地点迅速送达。这是物流系统的主要功能之一。
( )

3. 节约空间是指物流网点的优化布局，合理的物流设施规模、自动化和机械化程度。（ ）

4. 对生产物流系统来说，批发企业或物流中心必须保持一定的合理库存量，不然，商品储存过多，会造成积压，占压资金；而储存过少，又要脱销，并失去销售机会，影响企业的经济效益。（ ）

5. WDC。由批发商或代理商所成立的物流中心，用于客户订单的管理。（ ）

6. 现时规划需求资料收集。包括运营策略与中长程发展计划、商品未来需求预测资料、产品数量的变动趋势、可能的预定厂址与面积、作业实施限制与范围、附属功能的需求、预算范围与经营模式、日程限制、预期工作时数与人力以及未来扩充的需求。
（ ）

7. 在储位数量分析时，要配合相关商品性质、包装规格及储运单位等因素，进行关联及交叉分析，以便更容易地对仓储及拣货区域进行规划。（ ）

8. 基本运转能力规划。决定物流中心内基本储运的负载单位，使储运单位易于量化及转换。（ ）

9. 基本储运单位规划。包括进货区、仓储区、拣货区、出货区的基本运转能力的评估及规划。除需要考虑基本作业需求量以外，也须配合作业弹性及未来增长趋势。
（ ）

10. 物流过程的平行性，决定了物流的方向同生产过程相一致。生产过程如何进行，物流就如何流动，物流不能脱离生产流程而存在。（ ）

三、简答题

1. 什么是物流系统分析？它包括哪些要素？
2. 物流系统优化的 5S 目标的内容是什么？
3. 物流系统分析的目的是什么？
4. 物流系统分析的要点是什么？
5. 物流系统分析易犯的错误是什么？
6. 生产物流系统的特性有哪些？
7. 物流流程分析技术及物流系统规划设计的基本元素有哪些？

四、论述题

1. 简述各种生产类型的工艺特征及工艺过程设计的主要内容。
2. 简述物流系统分析的过程及步骤。
3. 通过本章的学习，试利用学到的知识对运输系统的特征进行分析。

五、案例分析

沃尔玛 SWOT 分析

1. 优势（strengths）

沃尔玛是著名的零售业品牌，它以物美价廉、货物繁多和一站式购物而闻名。沃尔玛的销售额在近年内明显增长，它在全球范围内进行扩张（例如，收购了英国的零售商 ASDA）。

沃尔玛的一个核心竞争力是由先进的信息技术所支持的国际化物流系统。例如，在该系统的支持下，每一件商品在全国范围内的每一间卖场的运输、销售、储存等物流信息都可以清晰地看到。信息技术也加强了沃尔玛高效的采购过程。

沃尔玛的一个焦点战略是人力资源的开发和管理。优秀的人才是沃尔玛在商业上成功的关键因素，为此它投入时间和金钱对员工进行培训并建立忠诚度。

2. 劣势（weaknesses）

沃尔玛建立了世界上最大的食品零售帝国。尽管它在信息技术上拥有优势，但由于其巨大的业务拓展，可能导致它对某些领域的控制力不够强。因为沃尔玛的商品涵盖了服装、食品等多个部门，所以它可能在适应性上更加专注于某一领域的竞争对手存在的劣势。该公司是全球化的，但是目前只开拓了少数几个国家的市场。

3. 机会（opportunities）

沃尔玛采取收购、合并或者战略联盟的方式与其他国际零售商合作，专注于欧洲或者大中华区等特定市场。沃尔玛的卖场当前只开设在少数几个国家内，因此，拓展市场（如中国、印度）可以带来大量的机会。

沃尔玛可以通过新的商场地点和商场形式来获得市场开发的机会。接近消费者的商场和建立在购物中心内部的商店可以使过去仅仅是大型超市的经营方式多样化。

沃尔玛的机会存在于对现有大型超市战略的坚持。

4. 威胁（threats）

沃尔玛在零售业的领头羊地位使其成为所有竞争对手的赶超目标。它的全球化战略使之可能在其业务国家遇到政治上的问题。

多种消费品的成本趋向下降，原因是制造成本的降低，而造成制造成本降低的主要原因是生产外包（外包给世界上的低成本地区）。这就导致了价格竞争，并在一些领域内造成了通货紧缩，而恶性价格竞争是沃尔玛面临的一个威胁。

资料来源：SWOT 分析模型. http://wiki.mbalib.com.

讨论

应用 SWOT 矩阵，对沃尔玛的经营环境进行分析，并提出适应其发展的相关战略。

第 3 章

物流系统战略规划

学习目标

通过本章的学习,掌握企业物流系统战略规划的内容、方法;熟悉物流战略内容;熟悉企业物流发展的主要战略;了解企业物流战略规划特征、原则、内容;了解企业物流系统规划和设计的流程、步骤;熟悉企业物流战略制定;熟悉物流系统战略规划的控制。

关键术语

物流战略　战略规划　物流系统规划控制

济南汽运总公司成功实施物流战略规划

济南汽运总公司作为山东省经贸委指定的"优化企业物流管理试点单位",近年来遵循物流业的发展规律,不断追踪业界新动态,在基础设施建设、网络建设、信息管理等方面都取得了长足的进步与发展,并以规范的管理、优质的服务赢得了众多大客户的青睐。在确定发展物流战略之前,济南汽运总公司还在为日益萎缩的货运市场愁眉不展。为了探求新的发展道路,济南汽运总公司较早地接触并引进了物流经营管理理念。在南开大学物流专家组对公司进行了全面的系统调研之后,双方共同研究制定了《济运物流发展战略研究报告》,完全突破了"以货物位移为主"的传统货运经营思路束缚,提出了"以代理为龙头、以网络为基础、以场站为依托、以运力为配套、以多种方式联运为方向,向现代物流企业发展的指导思想"。与此同时,公司加快了物流经营的基础设施建设。

济南汽运总公司通过承运山东松下影像产业有限公司的产品,结识了松下物流公司(松下株式会社的专业物流子公司),并以优质的服务给对方留下了深刻的印象。在与日本松下物流公司的合作过程中,济南汽运总公司坚持将学习融于服务,积极采纳、借鉴外方先进的管理经验,并根据自己的发展战略,积极开拓国际市场、加强网络建设和发展现代科技,在努力为松下物流公司提供优质服务的同时,有力地拓展了服务空间,提高了自身的竞争力。济南汽运总公司还力图进入国际市场,并于1998年组建了山东贸通国际货运代理有限公司,经国家外贸部审验批准取得了国际货运一级代理权,可独立承办进口物资的制单、报关等多种业务。在网络建设方面，济南汽运总公司在山东省内建立了以强大的客运网络体系为依托的快运配送网络，主要以高时效、批量小、高附加值的小件货物为服务对象，在省外则致力于将原有的联运网络、零担货运网络改造为物流服务网络，并参加了中国物流联盟，与24家物流企业建立了稳定的合作关系。

面对飞速发展的信息技术，济南汽运总公司于1999年投资40万元与西安亚桥公司合作，开发了山东省内第一套专业物流管理信息系统，实现了对受托、配送、过程查询、管理、结算等环节的全程控制和自动化管理，目前正着手构筑基于微软主流平台和互联网技术的第三方物流信息系统。2000年9月，汽运总公司在济南市高新技术开发区修建了物流交易大厅，交易中心引进了大屏幕、微机自动查询、自动报价等先进科技设备，成为山东省内最大的货运信息交易中心。

济南汽运总公司经过与松下公司近五年的携手合作，服务能力有了极大的提高：仓储面积由1996年年初的5 000平方米增加到20 000平方米，各种运输车辆达到100余部，并与国内外几十家客户建立了稳定的合作关系。济南汽运总公司与日本松下电器有限公司中国分公司正式签约，由济南汽运总公司全面代理其电器产品的整机、配件、样品机等货物品种的物流业务，负责在全国范围内为其提供多功能、一体化的综合性物流服务。这次新的合作，打破了以往以运输、仓储为主的单一服务模式，由济南汽运总公司根据松下公司需求自行设计服务方案，开始了真正意义上的物流运作。

资料来源：高举红. 物流系统规划与设计[M]. 2版. 北京：北京交通大学出版社，2015.

思考

济南汽运总公司确定了怎样的物流战略，为企业的发展起到了什么样的作用？

3.1　物流系统战略规划概述

3.1.1　物流系统战略规划概述及规划层次

1. 概念

物流系统战略是企业为实现其经营目标，通过对企业外部环境和内部资源的分析，寻求物流的可持续发展，针对企业物流系统目标以及达成目标的途径与手段而制定的具有长远性、全局性的规划与谋略。

物流系统战略规划是企业为实现长期经营目标，适应经营环境变化而制定的一种具有指导性的经营规划。是企业指导物流活动更为具体、可操作性更强的行动指南。

物流系统战略可划分为三个层次：公司级战略、事业部级战略和职能级战略。

物流系统战略属于职能级战略，它和企业的营销战略、财务战略以及生产运作战略等一样同属职能级战略，它们共同支持着企业的整体战略实现。

企业物流系统战略是企业物流管理决策层的一项重要工作。选择好的物流战略和制定好的企业战略一样，需要很多创造性过程，创新思维往往能带来更有力的竞争优势。

一般而言，企业物流系统战略具有四大特征。

（1）目的性。现代企业物流发展战略的制定与实施服务于一个明确的目的，那就是引导现代企业在不断变化着的竞争环境里谋求生存和发展。

（2）长期性。战略的长期性就是在环境分析和科学预测的基础上展望未来，为现代企业谋求长期发展的目标与对策。

（3）竞争性。现代企业物流发展战略必须面对未来进行全局性设计和谋划，所以应设计现代企业的竞争战略以保持企业竞争优势，从而使战略具有对抗性、战斗性。

（4）系统性。任何战略都有一个系统的模式，既要有一定的战略目标，又要有实现这一目标的途径和方针，还要制定政策和规划，企业物流发展战略构成了一个战略网络体系。

2. 物流系统战略规划的层次

物流系统战略规划可分为公司物流系统战略规划、物流经营战略规划、物流职能支持战略规划和物流运营战略规划。

（1）公司物流系统战略规划是企业最高管理当局的战略规划，涉及企业的所有经营活动。它的主要任务是：制定企业各种经营范围及其组合的规划，以便改进公司实绩；协调各种不同的经营活动；确定投资重点，分配公司各种经营活动的资源等。

（2）物流经营战略规划在于指导一个经营单位的管理行动。它着重考虑企业如何在特定的经营中进行竞争；在建立优势过程中，每个关键领域将发挥什么作用；对行业和竞争条件的变化做出的反应；控制经营单位内的资源配置。

（3）物流职能支持战略规划包括生产、营销、财务、研究与开发、人力资源等战略规划。职能支持战略规划的作用是落实经营战略，表明有关的职能领域对整个经营战略的贡献。各个职能战略的协调一致将会增加整个经营战略的力量。

（4）物流运营战略规划是部门经理或职能领域实施职能支持战略的行动规划。它是根据企业战略要求，为了有计划地完成具体职能活动而直接负责的职能部门主管制定的。

为了使各种战略有效地发挥作用，必须注意各个层次战略规划的相互衔接和协调，防止相互冲突的规划导致经营混乱，这一任务要在战略形成过程中完成。

3.1.2 物流系统战略目标与构成

1. 物流系统战略的目标

物流系统战略有三个目标：降低成本、减少资本和改进服务。

（1）降低成本是将与运输和存储相关的可变成本降到最低。通常要评估各备选的行动方案，比如，在不同的仓库位置或者在不同的运输方式中进行选择，以形成最佳战略。服务水平一般保持不变，与此同时，需要找出成本最低的方案。利润最大化是该战略的首要目标。

（2）减少资本是使物流系统的投资最小化。该战略的根本出发点是投资回报最大化。例如，为避免进行存储而直接将产品送达客户，放弃自有仓库选择公共仓库，选择适时供给的办法而不采用储备库存的办法，或者是利用第三方供应商提供物流服务。与需要高额投资的战略相比，这些战略可能导致可变成本增加；唯有如此，投资回报率才可能会得以提高。

（3）改进服务。战略一般认为企业收入取决于所提供的物流服务水平。尽管提高物流服务水平将大幅度提高成本,但收入的增长可能会超过成本的上涨。要使战略有效果,应制定与竞争对手截然不同的服务战略。

2. 物流系统战略的构成

物流系统战略的构成如图 3-1 所示。

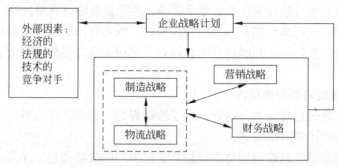

图 3-1　物流系统战略构成

3.1.3　物流系统战略的内容

物流系统战略主要解决四个方面的问题:客户服务需求的目标、设施选址战略、存货战略和运输战略。

1. 客户服务需求的目标

客户服务水平的决策比任何其他因素对系统设计的影响都要大。如果服务水平定得较低,可以在较少的存储地点集中存货,选用较廉价的运输方式;服务水平定得较高,则相反。但当服务水平接近上限时,物流成本的上升比服务水平上升更快。因此,物流战略计划的首要任务是确定客户服务水平。

2. 设施选址战略

存货地点及供货地点的地理分布构成物流计划的基本框架。其内容主要包括确定设施的数量、地理位置、规模并分配各设施所服务的市场范围,这样就确定了产品到市场之间的路线。好的设施选址应考虑所有的产品移动过程及相关成本,包括从工厂、供货商或港口经中途储存点,然后到达客户所在地的产品移动过程及成本。采用不同渠道满足客户需求,其总的物流成本是不同的,如直接由工厂供货,供货商或港口供货,或经选定的储存点供货等方法,物流成本是有差别的。寻求成本最低的配送方案或利润最高的配送方案是选址战略的核心。

3. 存货战略

存货战略是指存货管理的方式,基本上可以分为将存货分配(推动)到储存点与通过补货自发拉动库存的两种战略。其他方面的决策内容还包括产品系列中的不同品种分别选在工厂、地区性仓库或基层仓库存放,以及运用各种方法来管理存货的库存水平。由于企业采用的具体存货战略政策将影响设施选址决策,所以必须在物流战略规划中予以考虑。

4. 运输战略

运输战略包括运输方式、运输批量、运输时间以及路线的选择。这些决策受仓库与客户以及仓库与工厂之间距离的影响,反过来又会影响设施选址决策;库存水平也会通过影响运输批量影响运输决策。

客户服务需求的目标,选址战略、库存战略和运输战略是物流战略计划的主要内容,因为这些决策都会影响企业的盈利能力、现金流和投资回报率。其中,每个决策都与其他决策互相联系,计划时必须对决策彼此之间存在的权衡关系予以考虑。

3.1.4 物流系统战略框架

根据企业物流系统战略的内容和目标,专家提出了企业物流管理战略的框架,把企业物流系统战略划分为四个层次。

1. 全局性战略

物流管理的最终目标是满足用户需求,因此,用户服务应该成为物流管理的最终目标,即全局性战略目标。良好的用户服务可以提高企业的信誉,使企业获得第一手市场信息和用户需求信息,增加企业和用户的合力并留住顾客,从而使企业获得更大的利润。

要实现用户服务的战略目标,必须建立用户服务的评价指标体系,如平均响应时间、订货满足率、平均缺货时间、供应率等。虽然目前对用户服务的指标还没有统一的规范,对用户服务的定义也不同,但企业可以根据自己的实际情况建立提高用户满意度的管理体系,通过实施用户满意工程,全面提高用户服务水平。

2. 结构性战略

物流管理战略的第二层次是结构性战略,其内容包括渠道设计和网络分析。渠道设计是供应链设计的一个重要内容,包括重构物流系统、优化物流渠道等。通过优化渠道,企业能够提高物流系统的敏捷性和响应性,使供应链的物流成本最低。

网络分析是物流管理中另一项重要的战略工作,它为物流系统的优化设计提供参考依据。网络分析主要包括以下内容。

(1) 库存状况的分析。库存状况的分析是指通过对物流系统不同环节的库存状态分析,找出降低库存成本的改进目标。

(2) 用户服务的调查分析。用户服务的调查分析是指通过调查和分析,发现用户需求和获得市场信息反馈,找出服务水平与服务成本的关系。

(3) 运输方式和交货状况的分析。运输方式和交货状况的分析是指通过分析,使运输渠道更加合理化。

(4) 物流信息传递及信息系统的状态分析。物流信息传递及信息系统的状态分析是指通过分析,提高物流信息传递过程的速度,增加信息反馈,提高信息的透明度。

(5) 合作伙伴业绩的评估和考核。用于网络分析的方法主要有标杆法、调查分析法、多目标综合评价法等。

3. 功能性战略

物流管理第三层次的战略为功能性战略,内容包括物料管理、仓库管理和运输管理三个方面。

(1) 采购与供应、库存控制的方法与策略。

(2) 仓库的作业管理等。

（3）运输工具的使用与调度。

物料管理与运输管理是物流管理的主要内容，必须不断地改进管理方法，使物流管理向零库存这个极限目标努力。应降低库存成本和运输费用，优化运输路线，保证准时交货，从而实现物流过程适时、适量、适地的高效运作。

4．基础性战略

第四层次的战略是基础性战略，其主要作用是为保证物流系统正常运行提供基础性的保障，包括如下几个方面。

（1）组织系统管理。

（2）信息系统管理。

（3）政策与策略。

（4）基础设施管理。

信息系统是物流系统中传递物流信息的桥梁。库存管理信息系统、配送分销系统、用户信息系统、EDI/Internet 数据交换与传输系统、电子资金转账系统（EFT）、零售销售点终端（POS）信息系统等都对提高物流系统的运行起着关键的作用，因此，必须从战略的高度进行规划与管理，才能保证物流系统高效运行。

3.1.5 企业物流发展的主要战略

企业物流发展的主要战略见表 3-1。

表 3-1　企业物流发展的主要战略

战　　略	含　　义	内　　容
合理化战略	根据物流活动的客观规律和特征，组织各物流部门和物流环节采取共同措施，以最低的物流成本达到最佳的物流效益和最高的服务水平，从而充分发挥物流功能	表现为功能的合理化和作业标准化。企业物流的合理化就是要降低成本、提高效率。其一是建立规范的物流市场竞争机制；其二是实现物流各环节作业的标准化
信息化战略	为满足消费者快速变化和日趋个性化、多样化的需求，实现小批量、多品种、快速反应的生产或服务，必须具有掌握和利用信息的能力	在信息化战略的指导下，建立集成化的管理信息系统，以压缩流程时间，提高需求预测程度，并协调企业间关系，促进物流信息共享，推动企业物流的快速发展
品牌战略	实施品牌化战略成为在市场竞争条件下谋求发展的必然选择	物流发展要从未来发展方向、服务对象、服务模式等方面考虑，建立社会化、专业化、现代化的物流系统，形成全方位和供应链的物流服务模式，形成品牌优势，开发品牌资源
网络化战略	实质是在信息共享的基础上建立企业内外物流和信息流的统一网络。网络化战略主要包括：物流配送系统的计算机网络化和组织的网络化	关键是加强供应链管理和集成化物流管理的外部集成管理，建立企业与外部供应商、客户之间的战略合作伙伴关系，降低安全库存和物流成本，减少风险优化配置总体资源，提高整个集成化系统的运行效率，以获取更大的整体竞争优势

续表

战　略	含　义	内　容
国际化战略	物流发展需要着眼于全球，以国际化的视角进行思考，确立国际化战略	首先是供应链的全球化，这是供应链外延的扩展，即把全球有业务联系的供应商、生产商、销售商看成同一条供应链上的成员，要求企业间相互协作更加密切，在满足不同地区消费者的多样化需求上不断提升供应链综合物流管理协调能力。其次是组织全球物流，要求物流的战略构造与总体控制必须集中，以获得全球的最优成本，客户服务的控制与管理必须本地化以适应特定市场的需求

3.1.6　实现企业物流发展战略的基本途径

1. 从管理角度发展物流

现代物流是一项科学的系统管理方法，所以企业在发展物流的时候，必须从管理角度去发展物流。随着科学技术的日新月异，越来越多的新思想、新方法运用于企业经营的战略规划和管理作业，增强了企业应变市场的能力。在所有改进企业经营管理的措施当中，现代物流技术合理高效地参与，正愈加成为企业赢得市场优势的重要手段。在人们发现从降低生产成本和更新产品上无法再取得像从前那样的竞争优势时，物流变成了可以挖掘的新的利润源泉。它不仅可以降低生产和销售成本、提高服务水平，还有助于整个社会资源的合理配置与优化。

2. 企业物流战略规划原则

企业物流战略的研究制定、物流管理活动的组织开展、物流职能与其他职能的相互协调，必须有战略思想进行指导，我国企业物流发展规划首先必须坚持以下几个重要原则。

(1) 依托总体，协调发展。
(2) 长期规划，分段实施。
(3) 面向未来，适度超前。
(4) 管理创新，服务制胜。
(5) 一元规划，多元推进。

3. 确立物流在企业中的战略地位

企业内部物流系统和外部物流系统成为一个企业重塑竞争力的重要手段和方式。在激烈竞争的市场经济中，物流已经在企业战略中占有一席之地。《哈佛商业评论》的一篇文章"基于能力的竞争"中，作者分析了零售业巨人沃尔玛公司取得巨大成功的原因。在说明沃尔玛致力于通过天天低价和商品即得性来建立顾客忠诚时，作者断言沃尔玛之所以实现为顾客始终如一的优质服务的目标，关键是让企业补充存货的方法成为其竞争战略的核心部分。这种战略眼光在很大程度上以所谓的"过载"（cross—docking）这一无形的物流技术得以充分体现。

一项普通的物流策略竟然变成了世界零售巨头整个竞争战略的核心部分。沃尔玛的巨大成功就在于认识到有效的企业战略必然需要细节与整体之间的有力平衡,而物流贯穿所有关键的企业职能,自然要在维持该平衡中发挥战略作用。若"过载"这种专业技术对沃尔玛的成功至关重要的话,那是企业的高层管理者看到物流与企业战略有较大关联。当那些成百上千的个别部分被整合为一个完整的、管理良好的整体时,当那些活动被创造性地、及时准确而有条不紊地执行时,物流才能够在企业的核心能力和竞争力中起到战略作用。

4. 企业物流战略规划

贯穿于生产和流通全过程的物流,在降低企业经营成本,创造第三利润源泉的同时,也在全球的市场竞争环境下,发挥着举足轻重的作用,物流成为企业经营主角的时代已经到来。很多企业虽然认识到发展物流的潜力,但往往感到无从着手。所以,要获得高水平的物流绩效,创造顾客的买方价值和企业的战略价值,必须了解一个企业的物流系统的各构成部分如何协调运转与整合,并进行相应的物流战略规划与设计。

3.2 物流系统战略制定

3.2.1 企业物流环境分析

制定企业物流战略首先要分析企业的内、外部环境,因为它会限制物流战略的灵活性。在制定物流战略时,需要对企业内、外部环境变化进行观察与评价。通常观察与评价的环境因素主要有行业竞争性评价、地区市场特征、物流技术评价、渠道结构、经济与社会预测、服务业趋势和相关法规等。

企业现状分析包括内部、外部、竞争和技术的评估与分析。分析的目的是寻找改进的机会。每个部分需要检查所有的物流环节,尤其是对现有系统存在的缺陷做出评价。

具体来说包括以下分析内容。

1. 物流系统的内部分析

物流系统内部分析从客户服务、原材料管理、运输、仓储和库存五个层面进行分析,每一个层面均涉及物流管理流程、决策及其度量标准。

1) 客户服务

(1) 在物流环节程序中,需要考虑当前的信息如何流动,订单概况改变和订货程序。

(2) 决策环节针对订单是如何制定,当前库存不能满足订货需求时如何处理。

(3) 需要制定客户服务的关键度量标准。

2) 原材料管理

(1) 物流环节程序需要考虑工厂与配送中心的原材料流;每个制造点及配送中心管理流程程序。

(2) 决策环节要对制造及配送中心能力如何确定、生产计划如何制定进行决策。

(3) 度量标准或指标需要对关键的制造及配送中心极限能力制定标准;原材料管理水平的关键度量;当前的原材料管理水平。

3）运输

（1）物流环节管理程序需要考虑：运输方式；订货和运输量；与承运人申请、支付和信息交换的流程以及运输文件的信息流管理。

（2）对运输的运输方式与承运人、多个承运人进行评价选择的决策。

（3）度量标准需要考虑的内容有衡量运输绩效的量度指标；当前的绩效指标是否合理；各种运输方式和承运人相对绩效比较指标。

4）仓储

（1）物流环节程序需要考虑的因素有：使用的储存和装卸设施；每个设施内生产线的布置以及每个设施中完成的或能够完成的储存、装卸及其他增值功能。

（2）对每个设施中的集中运送、物料搬运情况、产品储存及产品选择进行决策。

（3）度量标准需要测量每个设施的储存量与通过率；关键的仓库绩效度量指标；当前的绩效水平以及每个设施的相对经济绩效特征。

5）库存

（1）物流环节程序需要了解当前库存物资储备的增值功能。

（2）考虑由谁做出库存管理决策以及使用什么信息来支持决策。

（3）度量标准环节要设置企业的库存成本、关键的库存绩效度量标准以及了解当前的绩效管理水平。

2．物流系统的外部分析

外部评价与分析是对供应商、客户和消费者的外在关系的分析。分析评价时应该考虑市场的趋势、企业现在的能力与竞争对手的能力，如下所述。

1）供应商

（1）市场趋势应分析供应商提供的增值服务；供应商存在的主要"瓶颈"。

（2）企业能力应分析企业内部化与外包增值服务的机会；如何改变程序以减少"瓶颈"等薄弱环节。

（3）竞争能力应分析竞争对手采取什么制造模式生产产品，并以什么方式与供应商进行信息交流；就供应商的数量、成本而言，什么是竞争基准点。

2）客户

（1）市场趋势应分析服务关键客户的主要约束条件，如何影响成本；客户订货的形式，如何改变以及客户评价的主要标准。

（2）企业能力应分析哪些功能或活动可转向客户以提高物流系统绩效；客户是如何根据关键标准评价绩效的。

（3）竞争能力应分析竞争对手向客户提供什么服务；竞争对手是如何完成客户确认的关键绩效指标的。

3）消费者

（1）市场趋势应分析客户的购买形式是如何随着购买地点、时间与选择标准而变化的；物流活动的趋向，如购买数量、包装、发送、产品质量、客户等信息。

（2）企业能力应分析如何随着客户购买形式和选择准则的变化而改变。

（3）竞争能力应分析竞争对手是如何随着客户购买形式和选择准则的变化而变化的。

3. 技术评估与分析

技术评估与分析是对物流各个环节的关键技术与能力的评价，需要考虑现行的技术与最先进技术的差距，新技术应用的潜力。

（1）分析企业现行的预测技术与顶级公司采用的最先进的预测技术有何异同。

（2）订单下达需要分析企业现行的订单下达技术，客户所要求的订单下达技术。顶级公司是如何完成订单下达的，有无改进订单下达有效与实用的新技术。

（3）订单处理需要分析企业现行的技术。如分配可用库存给客户订货的程序以及现行方法的局限性。了解顶级公司是如何完成订货程序的，是否采用新技术改进订货程序。

（4）需求计划阶段需要分析使用什么程序决定生产和配送，利用物流信息系统进行辅助决策能否支持这些程序；顶级公司是如何做出生产和库存计划决策的，有无改进需求计划的新技术方法。

（5）了解企业目前开具发票、查询、运输通知预告和费用支付是怎样传送的，而顶级公司是如何使用 EDI 的，使用信息技术改进开具发票和其他客户的沟通形式。

（6）分析企业目前仓库管理与生产进度决策制定的程序及方法；调查顶级公司在仓库管理和物料装卸技术的差距，应及时采用有效、实用的新信息系统和物料装卸技术。

（7）分析企业运输环节现在采用的技术方法；包括运输路线规划和生产进度决策；运输单证的提供，承运人和客户的信息沟通方式，运输成本的确定、评价和控制等方面；这些方面与顶级公司的差距。及时采用有效实用的物流管理信息系统、包装和装卸技术以及通信技术改进运输环节的运作与管理。

（8）分析企业当前的决策支持技术：包括物流策略和战略计划制定程序，分析所使用的信息源和数据结构，与最先进的顶级公司在制定相似的物流策略或战略计划的差距，采用提高决策有效性的信息系统和评价技术。

4. 机会分析

通过前面的评估与分析，发现改进的机会和可能。通过对当前的物流过程与实践进行分析评价，发现或确定具有改进潜力的环节。

5. 成本—效益分析

提高企业物流效益包括服务的改进与成本的降低。改进服务具体包括货物的可得性、服务质量与服务能力。物流服务的提高可增加现有客户的忠诚度及吸引新客户。

6. 行业竞争性评价

知己知彼，百战不殆。了解同行业的物流水平，分析出自己的优势，是企业制定战略时必须重视的问题。

行业竞争性评价包括对企业所在行业机会和潜力的系统评价，如市场规模、成长率、盈利潜力、关键成功因素等问题。竞争力分析包括行业领导的影响和控制力、国际竞争、竞争与对峙、客户与供应商的权力、主要竞争对手的核心竞争力。为了成为有效的行业参与者，应在理解客户服务基本水平的基础上，对竞争对手的物流能力作出基准（benchmarking）研究。

7. 地区市场特征

企业的物流设施网络结构直接同客户及供应商的位置有关。地理区域的人口密度、交通状况以及人口变动都会影响物流设施选址。所有公司都应从这些地区的市场因素去考虑最有市场潜力的物流设施的位置。

8. 渠道结构

这里所说的渠道,是指实现物流功能的途径。不同的物流战略,要求选择不同的实现物流功能的途径。企业与外部合作时,应采取配送还是直接购销商品,应该把哪些有关联的企业纳入本企业的物流渠道中,自己计划在其中扮演什么角色,这一切都要进行评价,根据物流绩效进行选择。

物流战略部分是由渠道结构所决定的,所有的企业必须在一定的业务联系之间迅速实施其物流运作。供应链由买、卖及提供服务的关系所组成,企业必须适应渠道结构的变化。在许多情况下,如果物流绩效能够改进,企业物流主管应当积极地促进改变。比如,目前减少原材料供应商的数量已经成为一个趋势,其目的是获得更好的产品及配送服务。

9. 社会经济发展趋势

经济活动的水平及其变化以及社会变化对物流都有重要的影响。比如,运输的总需求是直接与国内生产总值相关的。利率的改变将直接影响存货战略,当利率增加,在所有营销渠道中减少库存的压力就会增大。减少库存成本,也许会反过来被认为,在提高库存周转速度的情况下,同时增加额外的运输费用来维持服务。因此,社会发展趋势、生活方式等都会影响物流要求。现代企业物流发展必须重视和分析影响、制约企业物流活动的经济因素。

10. 物流服务产业趋势

与物流紧密相关的服务是运输、仓储、订单处理以及存货要求,还有信息系统,这些相关服务在重组物流系统设计时可外包得到。提供物流服务的企业可以是当地的公司,也可以是国内外的大企业。当前,选择将物流全包给第三方物流企业的比重在不断增加。从物流系统设计的角度来看,这种服务具有增加灵活性和减少固定成本的潜力。

11. 相关法规

环境变化也包括运输、金融与通信等行业相关法规的变化。因此,物流也面临着国家及地方各级政府的法规变化。例如,我国最近十几年对公路运输的开放,使整个公路运输格局发生了深刻的变化。一些民营的运输企业得到了迅速发展,公路运输的运力得到了创纪录的增长。

3.2.2 物流战略层次与系统分析

1. 物流战略层次分析

物流战略根据所考虑时期长短不同可分为三个层面:战略层面、策略层面和执行层面。战略计划层面考虑长期的计划制订,时期在一年以上;策略计划层面考虑一年以内的实施计划;而执行计划层面是考虑短期的活动,经常需要做出每天甚至每小时的决策,其区别可见表3-2。不同层面的计划需要处理不同的数据和信息。

表 3-2 不同计划层面的决策

决策变量	战略层面	策略层面	执行层面
选址	设施数目、地点及规模	库存分布决策	路线、路线上产品的分配
运输	运输方式	季节性的服务	数量及时间安排
订货流程	设计订单流程系统	客户的优惠待遇	执行订单流程
客户服务	设计客户服务水平		
仓库	布局、地点选择	季节性的空间变换	订单履行
采购	政策制定	合同管理、供应商选择	订单送出

1）战略层面

战略计划是长期性的，所需数据无须太精确和完整，而经常是长期的平均数字，计划的制订也不追求绝对完美。处在另一个极端上的是执行层面的计划，需要处理大量精确的信息和数据。例如，战略层面的计划对于库存的要求是整个库存水平不超过某一财务预算，而执行层面的计划需要对每种产品提出相应的管理方法。

2）策略层面

策略层面是中期实施计划。

3）执行层面

执行计划层面是考虑短期的活动。

由于策略层面和执行层面的计划涉及很多具体问题，所以这里主要介绍一下战略层面上的计划——如何设计整个物流系统。

2. 物流系统分析

物流系统计划主要包括四个方面的问题：顾客服务水平、物流设施分布、库存和运输战略。如图 3-2 所示。

库存战略
库存水平
控制能力

运输战略
运输方式
运输路线
运输批量

设施分布
设施选址数量、规模
从储存点到分销地点的商品分配
将需求分配给不同的储存点和分销点
公共/私人仓库决策

图 3-2 物流决策系统

1）顾客服务水平

物流系统的顾客服务水平是较其他因素更要引起严重关注的方面。若将服务水平定在较低的水平，企业则可使用较便宜的运输方式和在较少的地方设置库存；若是较高的服务水平，则要求运输和库存都有足够的保障。不可忽视的是，当服务已上升接近最好时，要想继续提高它往往要花更多的代价。因此，在设计时应权衡利弊，设计合适的服务水平面。

2）物流设施分布

物流设施分布包括产品从工厂、分销商或中间库存到顾客整个商品供应的活动和相应的费用。存货和分销地点的地理分布构成了物流系统的骨架，选择何种分销方式直接影响到物流的费用。于是，物流设施分布要解决的问题就是找到费用最小或获利最大的商品分销方式。

3）库存战略

库存指的是货物的库存采取何种管理方式。其中，将总的存货分配到不同的分销地点还是通过持续供货的方法是两种不同的存货方式。采取不同的库存管理方法决定了物流设施的分布决策。

4）运输战略

运输所涉及的问题包括运输方式的选择、运输批量、运输路线和日程安排。这些决策受物流设施分布的影响，同时在做物流分布决策时也应考虑到运输的问题。库存水平的大小也与运输批量有关。

顾客服务水平、物流设施分布、库存和运输之所以是物流计划的主要方面，是因为它们直接影响到企业的利润率、现金流和投资回报率。由于计划的各个方面是互相影响的，所以在做决策时应充分考虑整体的利益。

何时执行计划是在执行物流计划时首先要考虑的问题。当企业没有自己的物流系统，则执行物流计划的必要性很明显。但当企业的物流系统已经存在，应该在何时改善其现有的物流系统是物流计划的重要问题。这可以从五个方面来考虑：市场需求、顾客服务水平、产品特性、物流成本和定价方法。

市场的需求及其地理分布直接影响到物流网络系统的构建。一个国家和地区的需求的大幅度变化往往是物流系统需要重建的指示灯。随着需求的变化，对现有物流设施规模的扩大和缩小是必需的，同时在那些没有建设物流系统的地区，由于需求的增长也应该建立相应的物流系统。基本上，一年中需求持续增长几个百分点便可以考虑重建物流系统。顾客服务水平变化的原因有竞争对手的战略发生变化或市场发生变化。

3.3 物流系统战略选择

3.3.1 物流系统战略选择要素和依据

1. 物流系统战略的选择要素

外部环境分析和企业资源评价为战略制定提供了基础条件，在企业物流战略设计与选择时，要根据分析评价结果进行物流系统战略设计与选择，使企业物流系统战略与物流发展目标、内外部环境以及企业资源能力相适应，并实现动态平衡。

物流系统战略设计与选择是一个完整的系统分析过程。它主要包括四个要素：一是根据企业的经营领域确定其物流业务领域；二是根据外部环境分析和企业资源评价寻找企业物流的竞争优势；三是决定企业物流系统战略方案；四是设立评价物流系统战略方案的标准，并对物流系统战略进行选择。

2. 物流系统战略的选择依据

物流系统战略对于具体的企业是否可行，企业如何选择适合自己的物流系统战略，需要对物流系统战略进行评价。进行评价的第一项内容是确定评价标准，即明确企业在选择物流战略方案时需要考虑的主要问题。这些问题可以概括为三个方面，即物流系统战略的适宜性、物流系统战略的可行性和物流系统战略的可接受性。其中，物流系统战略的适宜性评价是战略分析的延伸，即从经验逻辑和历史数据中对可选战略进行评价。物流系统战略方案的适宜性、可行性、可接受性评价方面形成了一些程序化的技术，从而使我们在评价时有章可循，便于操作。

物流系统战略选择的评价标准可分为以下三个方面。

1）适宜性

适宜性即衡量一种物流系统战略是否与企业自身条件相适应。例如，某种物流系统战略是否有效地利用了企业的现有实力，克服或避开了企业的弱点，并能抵御环境的威胁。

评价一个物流系统战略优劣的重要方面之一就是衡量这种物流系统战略能否与战略分析中所得到的企业内外部条件相适应，适应的程度如何。有时也把这种适宜性称为"一致性"。我们通过对如下几个问题的回答来评价一个物流系统战略的适宜性：

（1）所选物流系统战略克服困难的程度如何？这里，困难是在物流系统战略分析中得出的企业自身弱点和企业面临的物流环境威胁。例如，企业所选战略是不是能使企业的竞争地位有所提高或能否解决企业的资产流动性问题，或能否使企业减弱甚至摆脱对某一家供应商的特别依赖。

（2）所选物流系统战略是否能增强企业的实力，并给企业更多的机会。例如，战略的实施是否能为每个劳动者提供适合的工作岗位，利于他们发挥自己的特长，从而提高企业的整体实力；物流系统战略的实施是否有助于企业打入一个新的市场领域，并站稳脚跟，不断发展，或将现有的高效系统充分利用起来。

（3）所选物流系统战略是否与企业的各方面目标相吻合。这里的目标可以是总体效益、增长速度，或管理控制的有效性等。

2）可行性

可行性即评价一种物流系统战略具体实现的可行程度。如现有资源条件是否满足战略实施的要求。可行性评价主要是围绕着物流系统战略目标能否实现的问题。例如，战略实施将引起有计划的内部调整，其规模是否在企业各方面资源（人力、物力等）允许的范围内。事实上，关于战略可行性的问题，在选择战略的过程中就应予以考虑。这里将从以下几个方面进行更细致的评价。

（1）战略实施是否具有充足的资金来源。

（2）企业自身的能力能否达到物流系统战略要求的水平（如质量水平、服务水平等）。

（3）企业在战略实施前是否已具备一定的市场竞争地位和必要的市场推销技能。

（4）企业能否处理好战略实施可能带来的竞争压力。

（5）企业是否确保无论是管理层还是操作层都具有一定的技能。

（6）企业在生产过程和技术等方面是否已具备了一定的竞争力。

在实际进行可行性评价的时候，并不只局限于以上列出的这些方面，应该根据企业实际情况做具体分析。另外，在回答这些问题的同时，还必须考虑战略调整时间的影响。

3）可接受性

可接受性即评价一种物流系统战略实施的结果是否被人接受或令人满意。例如，战略实施所带来的效益或对企业发展速度的推进是否达到了高层管理者、持股人或其他相关人员的期望值。另外，可接受性还包括评价物流系统战略实施中所包含的风险。

关于可接受性的评价有一定的困难，因为它在很大程度上与人的主观期望密切相关。所以谈到战略的可接受性时必须明确是相对于"谁"的可接受性，这需要仔细地进行分析。下面列出的这些问题将有助于分析的进行。

（1）所选物流系统战略为企业创造的效益如何？

（2）从财务的角度考虑，所选物流系统战略带来的风险较原来有多大变化？

（3）战略实施对企业的资金结构会产生什么影响？

（4）战略实施带来的调整能否使企业内部各级工作人员普遍予以接受？

（5）战略实施是否会使企业内某些部门、小组或个人的工作安排、组织结构产生重大的变动？

（6）战略实施是否要改变企业与外部相关机构的关系？

（7）所选物流系统战略是否与现存的整套管理体制相吻合？是否需要大的变动？

当然，一个物流系统战略的实施不可能使方方面面都能满意，所以需要权衡利弊，有重点地加以考虑。

3.3.2 SWOT 分析法

1. SWOT 分析法的含义

SWOT 分析是在西方广为应用的一种战略选择方法。SW 是指企业内部的优势和劣势（strengths and weaknesses），OT 是指企业外部的机会和威胁（opportunities and threats）。SWOT 分析就是企业在选择战略时，对企业内部的优劣势和外部环境的机会与威胁进行综合分析，据此对备选战略方案做出系统评价，最终选出一种适宜物流系统目标的战略方案。

企业内部的优劣势是相对于竞争对手而言的，表现在资金、技术设备、职工素质、产品市场、管理技能等方面。衡量企业优劣势有两个标准：一是资金、产品、市场等一些单方面的优劣势；二是综合的优劣势，可以选定一些因素评价打分，然后根据重要程度进行加权，取各项因素加权数之和来确定企业是处于优势还是劣势。在战略上企业是扬长避短，内部优势强，就宜于采取发展型战略，否则就宜于采用稳定型或紧缩型战略。

企业外部环境是企业所无法控制的，企业外部环境中有的对企业发展有利，可能给企业带来某种机会，如宽松的政策、技术的进步就有可能给企业降低成本、增加销售量创造条件。有的外部环境对企业发展不利，可能给企业带来威胁，如紧缩信贷、原材料价格上涨、税率提高等。来自企业外部的机会与威胁，有时需要与竞争对手相比较才能确定。有利条件可能对所有企业都有益，威胁也不仅仅是威胁本企业，因此，在有些情况下还要分析同样的外部环境到底对谁更有利或更不利。当然，企业与竞争对手的外部环境是不可能完全相同的，但很多时候却有许多共同点，此时，对机会与威胁的分析不能忽略与竞争对手的比较。

2. SWOT 分析的具体做法

SWOT 分析的做法是：依据企业的方针列出对企业发展有重大影响的内部及外部环境因素，继而确定标准对这些因素进行评价，判定是优势还是劣势，是机会还是威胁，举例见表 3-3。也可逐项打分，然后按因素的重要程度加权求和，以进一步推断优劣势有多大及外部环境的好坏。

表 3-3　SWOT 分析表

企业内部条件		企业外部条件	
优势（S）	物流技术先进 服务管理好 职工素质高 管理基础工作好	机会（O）	有出口的可能 运输价格下降
劣势（W）	资金不足 物流设备老化 企业规模小	威胁（T）	竞争对手增多 信贷紧缩

在以上分析的基础上，可以根据企业的得分来判定企业属于哪种类型，如图 3-3 所示，处于第Ⅰ象限，外部有众多机会，又具有强大的内部优势，宜采用发展型战略；处于第Ⅱ象限，外部有机会，而内部条件不佳，宜采取措施扭转内部劣势，可采用先稳定战略后发展战略；处于第Ⅲ象限，外部有威胁，内部状况又不佳，宜小心设法避开威胁，消除劣势，可采用紧缩型战略；处于第Ⅳ象限，拥有内部优势而外部存在威胁，宜采用多角化经营战略分散风险，寻求新的机会。

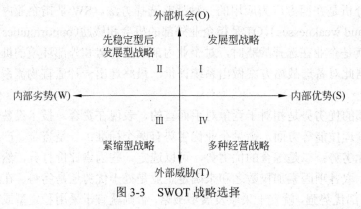

图 3-3　SWOT 战略选择

3.3.3　物流系统战略的实施

物流系统战略实施是为了贯彻执行已制定的物流系统战略所采取的一系列措施和活动。它主要包括如下几项内容。

1. 制定实施政策

企业应根据所选择的物流战略,制定其实施的详细政策。政策可以看成是指导人们实施物流战略的纲要。

2. 调整组织结构

企业物流系统战略必须通过组织去贯彻执行,应根据企业物流系统战略的需要建立有效的组织结构。当现有组织结构与制定的物流系统战略不相适应时,需要对组织结构进行调整,通过调整组织结构来解决组织的集权化问题、组织的专业化问题和组织的刚性问题。

3. 战略实施措施

企业所制定的物流系统战略不同,其实施物流系统战略的措施也不尽相同。一般而言,实现企业物流系统战略的基本途径主要有以下几种。

(1) 积极创造企业物流发展的政策条件,营造宽松的市场环境。认真研究并制定支持、促进我国现代企业物流发展的政策和措施,努力创造公平竞争、规范有序的市场环境;努力建设规范的物流市场竞争机制,采取有效措施努力改变系统内的部门、条块分割状况,适当开放物流市场;根据WTO(世界贸易组织)的要求,按国际惯例培养物流市场竞争机制;加强物流行业协会建设,发挥其桥梁纽带作用。

(2) 完善企业物流管理体系,实行管理创新。现代企业要积极引导和改变传统的物流管理观念和方式,以降低物流成本和提高售后服务质量为目标,用系统的方法分析、重组企业物流业务,优化企业供应链管理,实现企业物流系统整体成本最小化、效益最大化;通过推行企业物流管理创新,促进企业物流健康发展,增加对社会物流服务的有效需求。

(3) 发展科学技术,完善物流设施建设,提高各物流环节的技术含量。企业物流发展必须紧紧依靠技术进步,积极配合有关部门抓紧制定既适合我国特点,又与国际接轨的物流技术标准,为提高企业物流系统的效率创造技术条件;积极研制开发运输、装卸、仓储、包装、条码及标志印刷、信息管理等物流技术装备,以提高企业各物流环节的技术含量。

(4) 拓宽渠道,积极培养企业物流人才,发展现代企业物流。必须加强宣传引导,使人们认识物流,接受物流的理念;加强理论研究和实践探索,使物流的理论知识与社会的实践活动有机地结合起来;加强人才培养,造就一大批熟悉物流运作规律并有开拓精神的管理人员和技术专家;政府部门、广大企业应加强与科研院校、咨询机构、社团组织的联系,充分发挥其在理论研究和人才培养方面的优势,共同推动我国企业物流的发展。

3.4 物流系统战略规划的控制

3.4.1 物流系统战略的过程管理

1. 物流系统战略管理的主要过程

物流系统战略管理是物流经营者在物流系统过程中,通过物流系统战略设计、战略实施、战略评价与控制等环节，调节物流资源、组织结构等最终实现物流系统宗旨和战略目标等一系列动态过程的总和。从一般意义上讲，道路运输企业（集团）物流系统战略管理的实质就是运用战略进行社会或区域物流链管理。

在战略形成、战略实施、战略评价与控制中，物流系统战略形成是物流系统战略管理的首要环节，指导并决定了整个物流系统战略的运行，战略评价工作渗透在物流链管理各个阶段之中。从物流链管理组织结构上分析，道路运输企业（集团）一般可以划分为企业层、事业层和职能层。在物流系统战略管理过程中，各个组织层次沿物流系统战略逻辑过程运行，高层组织的物流系统战略管理决定并指导着下一层组织的物流系统战略管理。

一般情况下，物流系统战略引导并决定物流系统的组织结构，在进行物流系统战略管理的初期尤其是这样。但在特定条件下，物流组织结构也会对物流系统战略提出修正与完善等要求。

2．物流系统战略管理的组织运行机制

强调物流的战略含义，就在于它能站在社会物流合理化的角度进行物流链管理，根据其战略活动领域和组织活动特点，设立或者划分若干物流系统战略经营单位参与物流业务服务，或者以集团企业形式参与所服务的企业物流项目，以协同有序的战略活动实现物流系统战略目标的要求。

（1）物流系统可以将服务对象纳入物流经营系统之中。例如，为用户设计专项物流服务项目，使企业的固定节点、移动节点能与用户的物流链管理紧密结合起来，形成互惠体系。

（2）物流经营主体可采用集团化方式建立内部组织机制。物流经营者之间原先以市场机制为基础的交易关系可以转化为企业内部调节关系，从而有利于降低交易成本，节约物流总成本。

（3）充分发挥物流系统战略经营单位的作用。物流系统战略经营单位是企业制订一份战略实施计划的最小单位。战略经营单位有这样的特征：有自己独立的或相对独立的经营业务，如仓储包装或者储运业务；这些关联企业之间有共同的特点与要求；掌握了能够独立或相对独立经营的一定资源，如货运站、仓储运输基础节点；有很强的战略经营动力，能主动地提高效率和效益水平。

（4）企业内部应在根本利益一致的条件下进行适度竞争，企业内部的协作应当建立在有偿协作的基础之上；企业内部各个战略经营单位之间的利益冲突，可以通过建立企业内部工作标准、内部协作标准等方式，用战略制度化的方式来解决。

为了实现预期目标，站在整个物流系统的高度，通过集团战略经营活动的标准和制度，规范各战略经营单位之间的战略活动行为和相关利益划分是十分重要的物流系统战略管理工作。

3.4.2 物流系统战略控制的内容

物流系统战略控制的主要内容是指在物流系统战略的实施过程中，检查系统为达到目标所进行的各项活动的进展情况，评价实施企业战略后的企业绩效，把它与既定的战略目标与绩效标准相比较，发现战略差距，分析产生偏差的原因，纠正偏差，使物流系统战略的实施更好地与系统当前所处的内外环境、系统目标协调一致，使系统战略得以实现。

物流系统战略控制的实施需要有一定的条件，主要的条件如下：①健全的组织机构。组织机构是战略实施的载体，它具有执行战略、衡量绩效、评估及纠正偏差、监测外部环境的变化等职能，因此组织结构越是合理、明确、全面、完整，控制的效果就有可能越好。②高素质的领导。高层管理者是执行战略控制的主体，又是战略控制的对象，因此要选择和培训能够胜任新战略实施的得力的企业领导人。③优良的企业文化。企业文化的影响根深蒂固，如果有优良的企业文化能够加以利用和诱导，对于战略实施的控制是最为理想的，当然这也是战略控制的一个难点。

对物流系统战略的实施进行控制的主要内容有：

（1）设定绩效标准。根据系统战略目标，结合系统内部人力、物力、财力及信息等具体条件，确定企业绩效标准，作为战略控制的参照系。

（2）绩效监控与偏差评估。通过一定的测量方式、手段、方法，监测系统的实际绩效，并将系统的实际绩效与标准绩效对比，进行偏差分析与评估。

（3）设计并采取纠正偏差的措施，以顺应变化着的条件，保证系统战略的圆满实施。

（4）监控外部环境的关键因素。外部环境的关键因素是系统战略赖以存在的基础，这些外部环境关键因素的变化意味着战略前提条件的变动，必须给予充分的注意。

（5）激励战略控制的执行主体，以调动其自我控制与自我评价的积极性，以保证物流系统战略实施的切实有效。

3.4.3　物流系统战略控制系统的组成

进行物流管理需要制订和实施物流计划，但仅仅如此并不能保证预定目标的实现。随着时间的推移，物流环境的动态变化和不确定性可能会导致实际绩效偏离计划绩效。为使绩效与期望目标一致，有必要从管理的另一个基本功能来考虑问题，即管理的控制功能使计划的执行情况与期望目标相一致或使它们保持一致的过程。物流系统战略控制就是将实际履行的情况与计划实施情况相比较的过程。

在物流系统中，管理者根据客户服务和成本对计划中的物流活动（运输、仓储、库存、物料搬运和订单处理）进行控制。

1. 信息、流程和输出信息

控制系统的核心就是需要控制的过程。这一流程可能是某一单项活动，如履行订单、补足库存，这也可能包括物流部门涉及的所有活动。输入信息以计划的形式流入流程，而计划又指明了流程设计的方法。根据控制系统的目标不同，计划的内容包括应当采取何种运输方式、保持多少安全库存量、如何设计订单处理系统，或者包括所有这些内容。

环境影响因素是流程的第二类输入信息。广义上的环境包括可能影响流程但计划中未考虑到的所有因素。其代表了使流程产生偏离计划水平的不确定因素。更为重要的一些环境影响因素为客户、竞争对手、供应商和政府的不确定行为等。流程的产生就是通常的实施绩效。绩效是指流程在任何某一特定时间所处的状况，如果流程指运输活动，那么绩效的衡量标准可以是直接成本（如运输费率）、间接成本（如丢失和毁损）或交付履行情况。

业务流程以及作为其输入信息的计划和作为其执行结果的实施绩效就是管理控制的内容，也就是流程规划和实施行为的产物。

2. 标准和目标

管理控制过程需要有一个参照标准，以便比较物流活动的执行情况。而管理者、顾问或计算机都为实施绩效符合该标准付出了劳动。一般而言，参照标准可以是成本预算、客户服务目标水平或利润的贡献等。

除了公司计划和公司政策中所设定的标准外，许多企业还向外部标准看齐。人们对于质量的高度重视导致了众多企业将标准定得很高，以便参与各种奖项的角逐。对物流管理者来说，质量高可能意味着准时履行订单，很少发生短货或不按时交付产品的现象。全世界的公司都在想方设法得到认证，一旦达到认证标准，就大张旗鼓地进行宣传。客户也希望他们的供应商是获得认证的企业，因为这将保证客户得到的产品或服务与他们的期望一致。所以，对于产品或服务的提供者来说，这些质量奖或ISO9000的认证可能就是物流管理的目标。

3. 监控

监控是控制系统的神经中枢。它收集有关执行情况的信息，与参与目标进行对比，并负责启动修正措施。监控者得到的信息基本上采取定期报告和审计的形式，通常是有关库存状况、资源利用情况、管理成本及客户服务水平等方面的报告。

系统中的监控者是管理者、顾问或计算机程序。监控者读解报告，并将实施绩效与目标进行比较。监控者还将判断实施结果是否失控，并采取适当的步骤使实施结果与目标相符。例如，如果客户服务水平与预期的服务水平相比太低，管理者就会要求在仓库中存有额外的安全库存。修正措施的精确程度取决于失控的程度，以及管理者希望修正措施持续的时间。如果实际执行情况与预期的"偏差"在可接受范围内，有可能不进行修正。相反，如果偏差超出可接受的范围，管理者将启动及时、可行的临时操作方案来减少偏差，或者会通过战略性规划来改变系统设计。是否采取临时操作方案和战略性方法取决于个人对偏差原因的判断。比如，认为偏差是随机因素导致的还是出现了根本性改变。同时，主要部分重新规划带来的收益与相关成本、采取快速修正措施的必要性也会对决策产生影响。

3.4.4 物流系统战略控制方法

在战略实施的控制系统中有三个基本的控制系统，即战略控制系统、业务控制系统和作业控制系统。战略控制系统是以高层领导为主体，它关注的是与外部环境有关的因素和企业内部的绩效。业务控制系统是指系统的主要下属单位，包括战略经营单位和职能部门两个层次，它关注的是系统下属单位在实现构成系统战略的各部分策略及中期计划目标的工作绩效时，检查是否达到了系统战略为它规定的目标，业务控制由企业总经理和下属单位的负责人进行。作业控制系统是对具体负责作业的工作人员日常活动的控制,它关注的是员工履行规定的职责和完成作业性目标的绩效,作业控制由各级层主管人员进行。

战略控制系统的特点主要是指战略控制系统与业务控制系统的特点,它们有三个共同点:①控制标准必须与整个系统的长远目标和年度目标相联系。有效的战略实施的控制与评价必须将控制目标和各特定系统的绩效标准相联系,与资源的分配导向相联系,与外部环境的关键因素相联系,这样做将有利于明确战略计划和人们的行为目标之间的联系。②控制要与激励相结合。一般来说,当取得符合战略需要的绩效时会得到激励,但在平时,人们的行为期望目标不是十分清楚的,而有效的战略实施的控制提供了控制的标准,使人们的期望目标明朗化、具体化。它提供了人们行为的期望和战略目标之间的清晰联系,这时的控制评价就具有激励性的特点,这对有效的实施战略十分有用。③控制系统中包含"早期预警系统",该系统可以告知管理者在战略实施过程中存在的潜在问题或偏差,使管理者能够及早警觉起来,提早纠正偏差。

应当指出,这两种控制系统还有四个基本区别:①执行的主体不同。战略控制主要由高层管理者执行,业务控制主要由中层管理者执行。②战略控制具有开放性,业务控制具有封闭性。战略控制既要考虑外部环境因素,又要考虑企业内部因素,而业务控制主要考虑企业内部因素。③战略控制的目标比较定性、不确定、不具体;业务控制的目标比较定量、确定、具体。④战略控制主要解决企业的效能问题,业务控制主要解决企业的效率问题。

战略控制过程一般由三个方面组成:①确定定性的和定量的目标,并与产业内优秀的企业相比较,根据目标制定出评价标准;②执行过程中通过信息反馈对实际效果来进行控制;③经过比较后反映出来的偏差,以及针对偏差采取的纠正行为。这三个方面结合在一起形成一个战略控制网络,如图3-4所示。

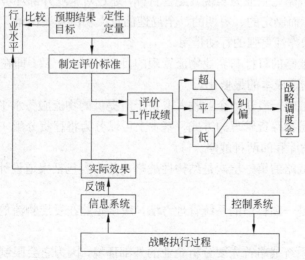

图 3-4 物流系统战略控制网络

本 章 小 结

物流系统战略规划，战略性的投资，战略性的技术开发是最近几年促进物流现代化发展的重要原因。物流系统战略规划不仅要解决仓储运输和商品配送这些物流的基本问题，更重要的是考虑采购、生产和销售过程中物流活动的有机结合，以业务流程为基础，形成物流的一体化，从而有效地加强企业的市场销售竞争力。

思考与练习

一、填空题

1. 物流系统战略规划是企业为实现长期经营目标，适应经营环境变化而制定的一种具有指导性的经营规划。企业战略可划分为三个层次：_____、_____、_____。
2. 物流系统战略有三个目标：_____、_____、_____。
3. 物流系统战略主要解决四个方面的问题：_____、_____、_____、_____。
4. 存货地点及供货地点的地理分布构成物流计划的基本框架。其内容主要包括确定_____、_____、_____，这样就确定了产品到市场之间的路线。
5. 物流经营者在构建物流系统过程中，通过物流_____、_____、_____等环节，调节物流资源、组织结构等，并且最终实现物流系统宗旨和战略目标等一系列动态过程的总和。

二、判断题

1. 物流系统战略是企业为实现其经营目标，通过对企业外部环境和内部资源的分析，针对企业物流目标而制定的、短期的、全局性的重大物流发展决策，是企业指导物流活动更为具体、可操作性更强的行动指南。（   ）
2. 物流系统战略的目标与企业物流管理的目标可以不一致，即在保证物流服务水平的前提下，实现物流成本的最低化。（   ）
3. 减少资本战略一般认为企业收入取决于所提供的物流服务水平。（   ）
4. 选址战略是指存货管理的方式，基本上可以分为将存货分配（推动）到储存点与通过补货自发拉动库存的两种战略。（   ）
5. 物流系统战略的第一层次是结构性战略，其内容包括渠道设计和网络分析。（   ）
6. 现代物流是一项科学的系统管理方法，所以企业在发展物流的时候，必须从管理角度去发展物流。（   ）
7. 制定物流系统战略首先要分析企业的外部环境，因为它会限制物流战略的灵活性。（   ）
8. 企业现状分析包括内部、竞争和技术的评估与分析。（   ）

9. 供应商评价与分析是对物流各个环节的关键技术与能力的评价，需要考虑现行的技术与最先进的技术的差距，新技术应用的潜力。（　　）

10. 机会分析就是通过前面的评估与分析，发现改进的机会和可能。（　　）

三、简答题

1. 物流系统战略的含义、特征是什么？
2. 物流系统战略的内容有哪些？
3. 物流系统战略的设计框架包括的内容有哪些？
4. 物流系统战略在企业总体战略中的地位如何？
5. 什么样的物流系统战略规划才算是好的物流系统战略规划？
6. 如何对企业物流战略系统进行选择？
7. 企业物流系统战略规划原则有哪些？

四、论述题

1. 简述物流系统的外部分析。
2. 简述 SWOT 分析法。
3. 简述物流系统战略控制方法。

五、案例分析

上海浦东、虹桥机场物流发展的战略选择

随着经济全球化和信息化进程的加快，21 世纪成为现代物流大发展的时期。现代化的机场已不再是简单的货物交换场所，而是全球动态物流链上的一个重要环节，日益成为促进和加强贸易发展的重要工具。对一个国家而言，机场将成为加强和拓展自身竞争优势的重要因素。深入分析现代物流业发展的客观趋势，对上海机场发展物流业进行科学的战略定位、超前规划和建设，是上海机场迈向 21 世纪的重要课题。

1. 需求预测

上海作为我国对外开放的重要口岸和经济、金融、贸易中心城市，近年来吸引了众多跨国公司纷至沓来。根据统计数据显示，世界 500 强中的 23 家企业在上海设立了投资性公司，注册资本达人民币 7.2 亿元，世界 500 强中的 254 家企业在上海落户，其中 84 家建立了办事处。全球最大 59 家工业跨国公司在上海有 156 个投资项目，总投资额达 95.7 亿美元。这些大型跨国公司及外资企业迫切需要综合性全方位的现代化服务，提供物流方案策划以及运输、仓储、配载、包装、分拣、配送、报关、订舱、保险等多种形式的物流服务。

此外，跨国公司为满足多变的市场需求和生产计划，降低生产和营运成本，基于上海独特的地理和经济优势，纷纷寻求在上海建立面向中国或东北亚的物流分拨中心。这种新兴市场需求的增长，为上海机场发展国际物流服务，推动国际航空货运和中转货运的增长，为国际航空物流枢纽早日建成提供良好的发展机遇。

上海机场发展现代物流的另一个重要需求是航空快件运输。随着经济的发展，由于商品生产的多样化、小批量化，产品生产周期的缩短，货主的运输速度、时间的要求越来越高，国际航空快递业务的快速增长，已成为推动上海机场物流高速增长的重要因素。

2. 面临的形式

随着全球机场"中枢辐射"结构调整的深入，枢纽机场的竞争日趋激烈，特别是在亚太地区枢纽机场分工尚未完全定局的情况下，争夺枢纽机场的竞争就显得更加激烈。上海机场建设国际航空物流基地面临周边机场巨大的竞争压力。首先，从货运量分析，上海机场不但远远落后于香港、东京等机场，与首尔、新加坡、台北等机场也有明显差距，这表明上海在亚太地区的市场地位相对落后。其次，从通航点和航班密度分析，由于我国航线分配比较分散，导致上海机场虽已成为我国三大门户机场之一，但两项指标稍逊于东京、香港、首尔等周边机场。虽然亚太地区航空物流量增长潜力巨大，但由于亚太枢纽机场集中在太平洋西岸的狭小地域，市场重叠严重，未来竞争极为激烈。

亚太地区机场竞争的严峻形势还表现在上海可以利用的空间十分有限。亚太地区许多初具国际机场物流基地雏形的城市，为了保持已有的竞争优势，纷纷发展物流设施，扩建甚至新建二期跑道即将完工；首尔正在建设新的仁川机场；曼谷新机场即将投划扩建。亚太地区机场容量的扩充将大大超过市场需求的生产力过剩的现象，航空物流量分流现象日趋加剧。

缩短了上海与亚太地区主要机场在硬件设施上的差距，为上海参与国际竞争提供了可能。但目前浦东机场仅完成一期工程，加上航线结构、航班密，上海在机场竞争中已处于不利的位置。在未来几年内，亚太各大枢运业务的争夺，上海机场要确立亚洲枢纽港的地位，建设融运输、包工等物资流通活动和信息流通活动为一体的现代化国际物流基地。根据上海机场发展的战略目标和"一市两场"独特格局的实际情况，结合虹桥和浦东机场货运仓储业的发展状况，上海机场现代物流业发展的基本战略定为"发展浦东、完善虹桥"。

虹桥机场受到现有设施、周边环境的限制，近几年一直处于超负荷运转状态。同时，虹桥机场存在货运区规划无序、仓库设置不合理、货运站管理和运作不完善及货运代理业务混乱等问题，影响了航空运力的合理使用，不能达到现代物流高效、准确、及时的要求，无法满足日益发展的需要。根据分工和定位的要求，虹桥机场进一步完善现有的物流仓储设施，并努力拓展货运代理功能，积极实现向现代物流业的转变。"十五"期间，虹桥机场的工作重点是对机场及周边环境的货运仓储业进行综合治理，改变货运管理和运作的混乱局面，并制定虹桥机场货运仓储发展的总体规划，适时启动物流配套设施的建设，为现代物流业的可持续发展打下坚实的基础。

浦东机场是上海机场发展现代物流业的战略重点，应积极借鉴国际主要枢纽机场和物流中心的建设及运营经验，面向现代物流产业发展的最新方面，高起点、高标准地规划发展航空物流业。目前，浦东机场已建成集物流、信息流、商流于一身的现代化航空物流中心。再经过5年左右的发展，浦东机场将建成与亚太地区国际枢纽机场地位相匹配的具有综合物流服务功能的国际航空物流枢纽，成为支撑上海现代物流产业发展的重要支柱之一。

浦东机场航空物流业的发展不仅要具备机场作为"货运中心"的主要功能，如货物堆放、运输和储存的功能，而且要按照形成亚太地区国际航空物流枢纽的目标进行规划和建设，在功能上积极拓展航空货物的交易功能、信息的处理功能等，形成航空物资流、信息流集散和交易的中心。浦东机场国际航空物流枢纽的建设分为两个阶段进行。第一阶段是加快建设以综合物流服务为主要功能的航空物流中心，第二阶段是在航空物流中心的基础上努力拓展网上空运交易、网上货运代理、网上报关、网上信息服务等电子商务功能，实现对上海空港及周边地区已有资源的虚拟整合和高效利用，把浦东机场建成国际航空物流枢纽。

资料来源：http://www.examda.com/wuliu/anll/200608 08/1051 03 952.html.

讨论

1. 上海浦东、虹桥机场是如何进行战略决策的环境分析的？有利和不利的战略环境因素都有哪些？

2. 上海机场现代物流业该如何实现"发展浦东、完善虹桥"的战略目标？

第 4 章

物流设施规划与设计

学习目标

通过本章的学习,了解物流规划的基本概念、重要性;了解物流设施选址理论、设施选址的经济因素和非经济因素;掌握物流设施规划方法;熟悉设施选址的内容;掌握设施布局规划模型的算法和布局要点。

关键术语

物流设施　设施选址　设施布局规划

沃尔玛的全球采购战略

在 2002 年 2 月之前,沃尔玛并没有自己从海外直接采购商品,所有海外商品都由代理商代为采购。沃尔玛要求刚刚加盟的沃尔玛全球副总裁兼全球采购办公室总裁崔仁辅利用半年时间做好准备,在 2002 年 2 月 1 日这天接管支撑 2 000 亿美元营业额的全球采购业务。他不但在短时间内在全世界成立 20 多个负责采购的分公司,而且使全球采购业务在一年后增长了 20%,超过了整个沃尔玛营业额 12% 的增长率。

1. 全球采购组织

在沃尔玛,全球采购是指某个国家的沃尔玛店铺通过全球采购网络从其他国家的供应商进口商品,而从该国进货则由该国沃尔玛公司的采购部门负责采购。

沃尔玛的全球采购网络首先由大中华及北亚区、东南亚及印度次大陆区、美洲区、欧洲中东及非洲区四个区域组成。其次在每个区域内按照不同国家设立国别分公司,其下再设立卫星分公司。国别分公司是具体采购操作的中坚单位,拥有工厂认证、质量检验、商品采集、运输及人事、行政管理等关系采购业务的全面功能。卫星分公司则根据商品采集量的多少来决定拥有其中哪一项或哪几项。

2. 全球采购流程

全球采购网络就像一个独立公司,在沃尔玛全球店铺买家和全球供应商之间架起买卖桥梁。

全球采购办公室并不购买任何东西。全球采购网络相当于一个"内部服务公司",为沃尔玛在各个零售市场上的店铺买家服务。只要买家提出对商品的需求，全球采购网络就尽可能在全球范围搜索到最好的供应商和最合适的商品。全球采购网络还主动向买家推荐新商品。对于新产品，沃尔玛没有现成的供应商，就需要全球采购网络的业务人员通过参加展会、介绍等途径找到新的供应商和产品。许多厂商也会毛遂自荐。

3. 供应商关系

在全球采购中，全球采购网络需要在供应商的选择和建立伙伴关系上投入。不管哪个国家的厂商，沃尔玛挑选供应商的标准都是一样的。第一，物美价廉，价格有竞争力、质量好、准时交货。第二，供应商遵纪守法。第三，供应商要达到一定规模。

思考
1. 沃尔玛是怎样规划全球战略的？
2. 沃尔玛的全球采购流程是怎样的？

4.1 设施选址规划

4.1.1 设施选址概述

1. 概念

设施选址是物流规划中的一个重要环节，它决定了整个物流系统的模式、结构和形状。选址在整个物流系统中占有非常重要的地位，选址决策就是确定所要分配的设施的数量、位置以及分配方案。这些设施主要指物流系统中的节点，如制造商、仓库、配送中心、物流中心、分销中心、零售商店、超市、配货中心、零售商网点等。选址决策是其战略经营规划的关键环节。

正确合理的选址会使企业达到事半功倍的效果，但是不合理的选址将会给企业带来严重的负面影响。因此，企业的设施选址合适与否将决定着企业经营的成败。

2. 设施选址的重要性

1）设施选址是降低成本的关键

设施选址是一个新建企业建立和管理企业的第一步，也是企业扩大的第一步。成本最小化、收益最大化始终是企业竞争的焦点。而设施选址的恰当与否与成本紧密相连，与其他一些因素也密切相关，如当地工资水平、税率和汇率、运输成本、原材料价格、劳动生产率等。因此，选址不当很容易增加企业的成本。例如，如果一家企业被当地的低工资率所吸引而不顾员工生产效率低、职工道德水平低的话，即使企业有良好的管理水平，但它在竞争开始就处于劣势了。

2）设施选址直接影响企业经营成功关键

设施选址对设施建成后的设施布置以及投产后的生产经营费用、产品和服务质量及成本等都有极大而长久的影响。企业设施一旦建设竣工就无法轻易改动。因此，企业设施选址时一定要科学分析，不能凭主观意愿，需进行充分的调查研究；要考虑自身特点及优劣条件，用长远的观点来考虑问题。如果选址不当将给企业带来意想不到的损失。

3）设施选址影响物流系统输出输入

设施选址物流系统确定了所接触的外界环境，影响着物流系统的各种输入和输出。合理的选址有利于充分利用人力、物力和自然资源；有利于促进物流发展；有利于保护环境和生态平衡。因此，厂址选择的合理与否，直接影响企业的基建投资、产品成本、发展前景、企业经济效益和国民经济效果。

3. 设施选址的原则

设施选址应遵循如下基本原则。

（1）成本费用原则。企业生产经营的目的就是取得经济收益最大化。追求经济利益最大化是企业生存的动力，建设期的投入费用及以后运营过程中的费用高低都与选址的恰当与否息息相关。

（2）吸纳人才原则。人才是企业得以长期生存发展的宝贵资源，企业的位置通常也是人才考虑的重要因素。员工会因为企业位置不佳而放弃该企业，而合适的企业位置将会吸收和长期留住优秀的人才。

（3）接近客户原则。对于服务业，几乎无一例外都要遵循这条准则，源源不断的客流往往是服务业最期望的，通常接近用户原则也是服务业遵循的原则。如邮局、银行、电影院、学校、零售业商店、医院等。另外，许多配送中心也都把仓库建到离客户较近的位置，以降低运费。

（4）合理布局原则。物流设施布局，是物流系统在全国各地的地理分布。因此，物流设施选址应符合国家生产力布局规划。

4. 设施选址的内容

设施选址主要包括两个层次和两方面的内容。

1）两个层次

设施选址的两个层次是指选位和定址。

（1）选位是选择在什么地方设置设施，是在沿海还是内地、北方还是南方？

（2）定址就是在已选定的地区内选定一块土地作为设施的具体位置。

2）两个方面

设施选址的两个方面是指单一设施的厂址选择和复合设施的厂址选择。

（1）单一设施的选址。根据已经确定的产品或服务、新产品规模等目标为一个独立的设施选择最佳位置。

（2）复合设施的选址。为一个企业的若干个下属工厂、仓库、销售点、分销服务中心等选择合适的位置，并使设施的数目、规模和位置达到最佳化，问题较复杂。

决策者在选址时通常也会考虑一些选择方案。当一个地方有着其他地方所不具备的优势时，这个地方就有着足够的吸引力来吸引企业扩建原有设施。原地扩建的益处有利于集中管理，避免生产运作的分离，充分利用规模效益。但也可能是有利有弊，企业可能会失去原有生产运作方式的特色，生产控制会变得复杂，某些情况下还会失去原有的最佳经济规模。

服务企业为了最大地占有市场份额，通常会在多个地方建立分厂，以更好地为顾客服务。例如，大型连锁超市、品牌连锁店等，它们的特点就是保留原设施，增设新设施。

有些企业还会另选新址,这样企业可以不依赖于唯一的厂址,新址便于引进、实施新技术。这样的企业生产组织方式会有很鲜明的特色,企业还可以选择一些更有利的因素发展企业。因为企业的设施选址问题存在很大的风险,稍有不慎可能会满盘皆输,所以企业选址前要做系统全面的考虑,要用科学的方法进行决策。

知识拓展

某工厂厂区必要面积为 60~65 公顷(600 000~650 000 平方米),经选址小组决定,选择如图 4-1 所示 A、B、C 三个厂址为候选位置。

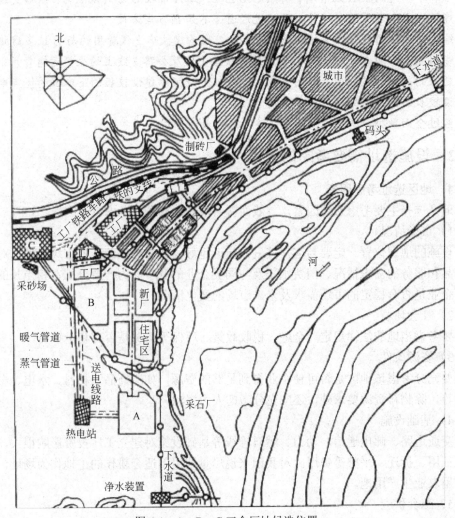

图 4-1　A、B、C 三个厂址候选位置

选址小组在调查时发现,建厂地区正在兴建热电站,能够供给所建工厂需要的电力、蒸气和热力,同时热电站方面也要求该工厂参加建设自铁路连接站到新建铁路站之间的支线,以供沿线各企业运送物料和调车之用;工厂上下水道网和城市上下水道网可以连接。

选址小组调研后提出 A、B、C 三个候选厂址的技术与经济指标，进行比较分析后决定不采用 C 址，因其有如下缺点：①厂址处于采砂场内，砂坑深 3.5 米左右，因而增加了平整厂区及建设的费用。②距地区热电站 2.7 千米，输送电力、蒸气及热力的管道比 A、B 两方案要增加 1 千米，从而增加了建设和管理费用。上下水道也较其他两址长 1 千米。③厂址与城市规划及地区规划均无联系，形成孤立状态。工人从住宅区到工厂比其他两方案要多走 1 千米，并需穿行铁道。

将 A、B 两个方案比较则各有利弊。主要是 A 址有向南扩建条件，无须拆迁费，土方工程和下水道均较 B 址节省，离热电站也近；但 A 址较 B 址的缺点为：铁路支线长且必须建桥，上水道管路也延长，职工进厂通道不如 B 方案方便。

综上所述，通过经济上的估算后可知，A 址多建铁路支线费用约与 B 址多建热电站管道费用相等，两者可以抵消。而 A 址在铁路支线及公路支线上的生产运输费用则比 B 址所延长的热电管道的生产费用更高。此外，A 址可以建设较短的下水道的优点则和其须建设较长的上水道的缺点互相抵消。

经过全面数据分析对比，B 址做建厂地点最为合适。

4.1.2　设施选址需要考虑的因素

1. 地区选址考虑因素

地区选择主要考虑宏观因素，一般而言，地区选择主要考虑以下因素。

1）市场情况

设施的地理位置一定要与客户接近，越近越好。要考虑该地区的市场条件，对企业的产品和服务的需求情况、消费水平及与同类企业的竞争能力。要分析在相当长的时期内，企业是否有稳定的市场需求及未来市场的变化情况。

2）社会环境

要考虑当地的法律规定、金融、税收政策、环保等情况是否有利于投资。

3）资源条件

要充分考虑该地区是否可使企业得到足够的资源，如原商品、材料、水电、燃料、动力等。除物料资源要求外，还应充分考虑人力资源。

4）基础设施

交通道路、邮电通信、动力、燃料管线等基础设施对建立工厂投资影响很大，还有土地征用、拆迁、平整等费用。对我国来说尽量选用不适合耕作的土地作为场址，而不去占用农业生产用地。

5）配套供应

通常，配送中心尤其是大型配送中心需要有充足的货源与之配套供应，因此，地区内是否有本企业所需要的各种商品供应商，对及时供应各种商品，支持精益生产，降低总成本都有重要意义。

2. 地点选择要求

在完成了地区选址后，就要在选定的地区内确定具体的建厂地点。地点选择应考虑的主要微观因素有如下方面。

(1) 地形地貌条件。场址要有适宜建厂的地形和必要的场地面积，要充分合理地利用地形。地形力求平坦略有坡度，可以减少土石方工程，又便于地面排水。

(2) 地质条件。选择场址时，应对场址及其周围区域的地质情况进行调查和勘探，分析获得资料，查明场址区域的不良地质条件，对拟选场址的区域稳定性和工程地质条件做出评价。使地质条件满足建筑设计要求，如避开强烈地震区、滑坡地区和泥石流地区。

(3) 运输连接条件。场址应便于原材料、燃料、产品、废料的运输。铁路运输时考虑靠近铁路和车站，水路运输时考虑靠近码头等。

(4) 风向。场址应位于住宅区下风向，以免厂内排出废气烟尘及噪声影响住宅区居民。同时场址又不宜建在现有或拟建工厂的下风向，以免受其烟尘影响。窝风的盆地会使烟尘不易消散，从而影响本厂卫生。

(5) 供排水条件。供水水源要满足工厂既定规模用水量的要求，并满足水温、水质要求。在选择场址时，要考虑工业废水和场地雨水的排除方案。

(6) 特殊要求。具有特殊要求的设施，应根据其特性选择合适的地点。如机场应选择在平坦开阔，周围没有高层建筑和山丘的地方；船舶制造必须在沿海和沿江的地方。

以上列出的是场址选择时需要考虑的一些重要因素，设施规划人员应根据设施的具体特点，具体问题具体分析，因地制宜，不能生搬硬套。

3. 影响设施选址的经济因素和非经济因素

影响设施选址的因素很多，有些因素可以进行定量分析，并用货币的形式加以反映，称为经济因素，也称为成本因素。有些因素只能是定性的非经济因素，也称为非成本因素，非成本因素与成本无直接关系，但能间接影响产品的成本和企业的未来发展。这些因素分类见表4-1，可作为场址选择的评价指标。

表4-1 设施选址的成本因素和非成本因素

成本因素	非成本因素
①原料供应及成本	①地区政府政策
②动力、能源的供应及成本	②政治环境
③水资源及其供应	③环境保护要求
④劳动力成本	④气候和地理环境
⑤产品运输成本	⑤文化习俗
⑥零配件运输成本	⑥城市规划和社区情况
⑦建筑和土地成本	⑦发展机会
⑧税率、利率和保险	⑧同一地区竞争对手
⑨资本市场和流动资金	⑨地区的教育服务
⑩各类服务及维修成本	⑩供应合作环境

4. 设施选址影响因素的权衡

在做比较时，由于影响方案的因素很多，就要根据设施的要求，针对几个主要因素进行分析。有时经济因素的比较是决定方案的关键，但也可能非经济因素起决定作用，成为方案取舍的关键。在考虑这些因素时要注意以下几点。

（1）必须仔细权衡所列出的这些因素，决定哪些是与设施选址紧密相关的，哪些虽然与企业经营或经营结果有关，但是与设施位置的关系并不大，以便在决策时分清主次，抓住关键。否则，有时候所列出的影响因素太多，在具体决策时容易主次分不清楚，做不出最佳决策。

（2）在不同情况下，同一影响因素会有不同的影响作用，因此，绝不可生搬硬套任何原则条文，也不可完全模仿照搬已有的经验。

（3）对于制造业和非制造业的企业来说，要考虑影响因素以及同一因素的重要程度可能有很大不同。

配送中心选址

配送中心的任务是向用户提供配送服务，它的选址既要考虑配送范围的距离、集货渠道的距离、实际交通情况，又要考虑时间、费用和经济效益等因素。在所选定的选址点进行建设时，必须研究并判断选址的障碍条件，分析该址是否适合配送中心的作业要求，并调查预测将来业务量增大后能否满足扩建的需要，该选址是否适用并做好解决障碍条件的准备工作。如果配送范围广，则配送中心数量少，离顾客的距离就远。配送中心的选址可参考以下几个原则。

（1）在主要交通网的枢纽处建厂，配送中心和供求地之间交通便利且距离较近。

（2）以配送圈的重复程度作为确定与邻近配送中心距离的依据。

（3）配送中心所在地，要选择地价比较优惠，没有明确建设限制规定的宽敞区域。

（4）选址不能影响周围居民生活环境。

4.2 设施选址规划方法

在我国厂址选择长期以来一直采用定性的经验分析方法，这些方法很大程度上依赖于设计者个人的经验与直觉，使在决策时，有些重要因素被忽视，给企业带来难以弥补的损失。在实际选址中主要是以定性分析法为主，定量分析法为辅。

4.2.1 定性分析方法

1. 德尔菲法

德尔菲法（delphi method），又称专家规定程序调查法。德尔菲法是在20世纪40年代由赫尔姆和达尔克首创的专家规定程序调查法。1946年，兰德公司首次用这种方法来进行预测，后来该方法被迅速广泛采用。该方法主要是由调查者拟定调查表，按照既定程序，以函件的方式分别向专家组成员进行征询；而专家组成员又以匿名的方式（函件）提交意见。经过几次反复征询和反馈，专家组成员的意见逐步趋于集中，最后获得具有很高准确率的集体判断结果。

德尔菲法的步骤如下。

（1）组成专家小组。按照设施选址所需要的知识范围确定专家，人数一般不超过20人。专家人数的多少根据预测课题的大小和涉及面的宽窄而定。

（2）向所有专家提出设施选址的相关问题及有关要求，并附上各选址方案的所有背景材料，同时请专家提出需要什么材料，然后由专家做书面回答。

（3）各个专家根据他们所收到的材料，提出自己的意见，并说明自己是怎样利用这些材料并提出预测值。

（4）将各位专家的判断意见汇总，列成图表，进行对比，再分发给各位专家，让专家比较自己同他人的不同意见，修改自己的意见和判断。逐轮收集意见并为专家反馈信息是德尔菲法的主要环节。收集意见和信息反馈一般要经过三四轮。这一过程重复进行，直到每一位专家不再改变自己的意见为止。

（5）对专家的意见进行综合处理。

2．优缺点比较法

优缺点比较法是一种最简单的设施选址方法，尤其适用于非经济因素的比较。

优缺点比较法的比较要素可从以下一些要素考虑：区域位置；面积地形；地势与坡度；风向与日照；地质条件；土石方工程；厂址现在所有者情况，如拆迁赔偿情况等；交通情况与城市的距离；供电、给排水；地震；防洪措施；经营条件；协作条件；建设速度等。

家乐福西安门店选址分析

Carrefour 的法文意思就是十字路口，而家乐福的选址也不折不扣地体现这一标准——所有的店都开在了路口，巨大的招牌500米开外都可以看得一清二楚。一个投资几千万元的店，当然不会是拍脑袋想出的店址，其背后精密和复杂的计算，常令行业外的人士大吃一惊。但2006年12月31日，家乐福在中国西安开设的首家门店北大街店宣布停业。2010年7月底，小寨店也步北大街店后尘，这家家乐福西安"第二店"正式开业时间不到3年半。

家乐福撤出西安市场，选址不当被业内人士认为是首要原因。专家认为，家乐福退出西安，主要是在选址、经营策略以及管理上出了问题。家乐福西安北大街店以前位于北大街中段，周边大型居民区不够集中，来往人流主要是购买电器、服装和电子产品，该商圈距离北门和钟楼各有一站路程，但人气远远不及全国闻名的钟楼商圈，因此，并不适合家乐福这样针对居民日用生活消费的大型超市。

同样，小寨店也并非在小寨商圈，而是在小寨商圈的西部边缘地带，且小寨商圈素来都是南北旺，东西差。家乐福入驻的安南城在小寨的西面，距离小寨大约一站路，这一特点与北大街店极其相似。家乐福在西安只有一家店，相应的物流配送、供货体系的成本就比较大，不像华润万家和人人乐有自己的物流配送中心。同时家乐福在陕西没有建立自己的采购体系，无法发挥自己全球采购和物流配送的优势，开的店比较少也就导致自己的物流配送成本高于西安同类型其他超市。因此，家乐福小寨店似乎并未吸取北大街店选址失利的教训。

资料来源：改编自《央广新闻》，2010-07-11.

4.2.2 定量分析方法

1. 加权因素分析法

加权因素评分法（因素评分法）是常用选址方法中使用最广泛的一种，因为它以简单易懂的模式将各种不同因素综合起来。因素评分法的具体步骤如下。

（1）决定一组相关的选址决策因素。

（2）对每一因素赋予一个权重以反映这个因素在所有权重中的重要性。每一因素的分值根据权重来确定，权重则是根据成本的标准差来确定，而不是根据成本值来确定。

（3）对所有因素的打分设定一个共同的取值范围，一般是1~10或1~100。

（4）对每一个备选地址，对所有因素设定范围打分。

（5）用各个因素的评分与相应的权重相乘，并把所有因素的加权值相加，得到每一个备选地址的最终得分。

（6）选择具有最高总得分的地址作为最佳的选址。

难点例释1：某厂有两个候选厂址A和B，其中影响因素有10个，见表4-2，求解最优方案。通过因素评分法求解可得出B为最优方案。

表4-2 因素评分表

影响因素	权 重	方案A		方案B	
		评 分	得 分	评 分	得 分
劳动条件	7	2	14	4	28
地理条件	5	4	20	2	10
气候条件	6	3	18	3	18
资源供应	4	4	16	2	8
基础设施	3	1	3	3	9
产品销售	2	4	8	3	6
生活条件	6	1	6	2	12
环境保护	5	2	10	4	20
政治文化	3	3	9	3	9
扩展条件	1	4	4	2	2
总计			108		122

2. 重心法

重心法是一种布置单个设施的方法，这种方法要考虑现有设施之间的距离和需要运输的货物量。它经常用于中间仓库的选择。在最简单的情况下，这种方法假设运入和运出成本是相等的，它并未考虑在不满载的情况下增加的特殊运输费用。重心法亦称网格法或精确重心法，它能利用物理学中对一个二维封闭图形求解重心的原理来解决物流设施的选址问题。

重心法首先要在坐标系中标出各个地点的位置，目的在于确定各点的相对距离，坐标系可以随便建立。在国际选址中，经常采用经度和纬度建立坐标。然后，根据各点在坐标系中的横纵坐标值求出成本运输最低的位置坐标（C_x，C_y）。重心法使用的公式为

$$C_x = \sum D_{ix} Q_i / \sum Q_i \tag{4.1}$$

$$C_y = \sum D_{iy} Q_i / \sum Q_i \tag{4.2}$$

式中：C_x——中心的 x 坐标；

C_y——中心的 y 坐标；

D_{ix}——第 i 个地点的 x 坐标；

D_{iy}——第 j 个地点的 y 坐标；

Q_i——运到第 i 个地点或从第 i 个地点运出的货物量。

运用此公式即可求出最佳厂址。

难点例释 2： 某公司拟在某城市建一配送中心，该配送中心每年共要往 A、B、C、D 四个销售点配送产品。各地与城市中心的距离和年运量见表 4-3。假定各种材料运输费率相同，试用重心法确定该厂的合理位置。

表 4-3　各设施位置和需要产品数量

各 设 施	位置坐标/千米	需要产品数量
A	(40，50)	1 800
B	(70，70)	1 400
C	(15，18)	1 500
D	(68，32)	700

解： 根据已知条件

$C_x = 40 \times 1\,800 + 70 \times 1\,400 + 15 \times 1\,500 + 68 \times 700 / 1\,800 + 1\,400 + 1\,500 + 700 = 44.5$（千米）

$C_y = 50 \times 1\,800 + 70 \times 1\,400 + 18 \times 1\,500 + 32 \times 700 / 1\,800 + 1\,400 + 1\,500 + 700 = 44.0$（千米）

3. 成本—利润—产量定址分析

成本—利润—产量定址分析也称量本利分析，它有利于对可供选择的地点在经济上进行对比，一般常用图表法求解。它的分析过程包括以下步骤。

（1）确定每一备选地址的固定成本和可变成本。

（2）在同一张图表上绘出各地点的总成本线。

（3）确定在某一预定的产量水平上，哪一地点的成本最少或者哪这种方法需要以下几点假设：①可变成本与一定范围内的产出成正比。②所需的产出水平能近似估计。③只包括一种产品。④产出在一定范围时，固定成本不变。地点的利润最高。

在成本分析中，要计算每一地点的总成本 TC，利用以下公式：

$$TC = C_F + C_v Q \tag{4.3}$$

式中：C_F——固定成本；

C_v——单位的可变成本；

Q——产出产品的数量或体积。

难点例释 3： 某企业拟在国内新建一条生产线，确定了 3 个备选厂址。由于各厂址

征地费用、建设费用、原材料成本、工资等不尽相同，从而生产成本也不相同。3 个厂址的生产成本见表 4-4，试确定不同生产规模下最佳厂址。

解：先求 A、B 两厂址方案的交点 M 产量，再求 B、C 两厂址方案的交点 N 产量，就可以决定不同生产规模下的最优选址。设 C_F 表示固定费用，C_V 表示单件可变费用，Q 为产量，则总费用为 $C_F=C_VQ$。

表 4-4　备选厂址费用表

费用项目＼备选厂址	A	B	C
固定费用/元	600 000	1 200 000	2 400 000
单件可变费用	50	24	11

在 M 点 A、B 两方案生产成本相同，该点产量为 Q_M，则

$$Q_M=\frac{C_{FB}-C_{FA}}{C_{VA}-C_{VB}}=\frac{(1\ 200\ 000-600\ 000)}{(50-24)}=2.31（万件）$$

在 N 点 B、C 两方案生产成本相同，该点产量为 Q_N，则

$$Q_N=\frac{C_{FC}-C_{FB}}{C_{VB}-C_{VC}}=\frac{(2\ 400\ 000-1\ 200\ 000)}{(24-11)}=9.23（万件）$$

结论：以生产成本最低为标准，当产量 Q 低于 2.31 万件时选 A 厂址为佳，产量 Q 介于 2.31 万～9.23 万件时选 B 方案成本最低，当 Q 大于 9.231 39 万件时，选择 C 厂址。

4．线性规划—运输法

线性规划—运输法是一种使用广泛的物流战略计划工具。线性规划在考虑特定约束条件下，从可选范围中找出最佳方案。对于物流问题，最为广泛使用的线性规划形式是网络优化。运输法作为网络最优化方法，其目标是在给定的供给、需求和能力的约束条件下，使生产、输入、输出运输的可变成本最小化。对于复合设施的选址问题，如对于一个公司设有多个工厂、多个分销中心的选址问题，可以用线性规划—运输法求解，使所有设施的总费用最小。

线性规划—运输法的数学模型如下：

目标函数：$\min Z=\sum_{i=1}^{m}\sum_{j=1}^{n}C_{ij}x_{ij}$ (4.4)

约束条件：

$$\mathrm{s.t.}\begin{cases}\sum_{j=1}^{n}x_{ij}=a_i & (i=1,2,3,\cdots,m)\\ \sum_{i=1}^{m}x_{ij}=b_j & (j=1,2,3,\cdots,n)\\ x_{ij}\geqslant 0 & (i=1,2,3,\cdots,m,j=1,2,3,\cdots,n)\end{cases} \quad (4.5)$$

式中：m——工厂数量；

n——销售点数量；

C_{ij}——产品单位运输费用；

X_{ij}——从工厂 i 运到销售点 j 的数量；

b_j——销售点 j 需求量；

a_i——工厂 i 供应量。

对于运输问题可以用单纯形法进行求解，因为运输问题具有结构上的特殊性，应用表上作业法进行求解更方便。

5. 启发式方法

启发式方法就是尽量减少现有状态与起始状态之间的差异。服务系统经常面临在一个地区建多少服务点的问题，该问题比较复杂，可以通过启发式方法处理，启发式方法往往只用于寻找可行解而不是最优解。下面通过例题加以说明。

难点例释 4：某公司拟在某市建立两家连锁超市，该市共有 4 个区，记为甲、乙、丙、丁。假定各区人口均匀分布，各区可能光临各个超市的人数相对权重及距离见表 4-5，问题是两家超市设立在哪两个区使各区居民到超市购物最方便即总距离成本最低。

表 4-5 4 个区人口、距离和相对权重

项目	甲	乙	丙	丁	人口/千人	人口相对权重
甲	0	11	8	12	10	1.1
乙	11	0	10	7	8	1.4
丙	8	10	0	9	20	0.7
丁	12	7	9	0	12	1.0

解：按以下步骤进行。

① 由表 4-5 构造权重人口距离表，如从甲区到乙区为 $11 \times 10 \times 1.1$。

② 在构造权重人口距离表上按列相加，挑选出最低成本所在列为超市第一候选地址。

③ 对每一行比较除零以外至已确定地址的成本，若成本高于已确定地址成本则修改为已确定地址成本，若成本低于已确定地址成本则保留，删除已确定地址，见表 4-6。

表 4-6 按列相加选择

项目	甲	乙	丙
甲	0	88	88
乙	112	0	78.4
丙	0	0	0
丁	108	84	0
	220	172	166.4

④ 重复②、③步，可选出最后一个超市地址。选择超市的顺序为丙、丁、甲、乙。

6. 综合因素法

设施选址受到诸多因素的影响，比如经济因素和非经济因素。经济因素可以用货币

的量来表示，而非经济因素要通过一定的方法进行量化，称为综合因素评价法。常用的有加权因素法和因次分析法。

1）加权因素法。对非经济因素进行量化，一般采用加权因素法，按下列步骤进行。

（1）列出场址选择考虑的各种因素。

（2）确定因素权重。

（3）对各因素就每个备选场址进行评级，共分为五级，用 5 个元音字母 A、E、I、O、U 表示。各个级别分别对应不同的分数，即 A=4、E=3、I=2、O=1、U=0。

（4）计算各因素权重与备选场址对各因素评级分数乘积之和，分数最高者为最佳场址方案。

2）因次分析法

因次分析法是将经济因素（成本因素）和非经济因素（非成本因素）按照相对重要度统一起来。设经济因素和非经济因素相对重要程度之比为 $m:n$，且有 $m+n=1$。计算过程如下。

（1）确定经济因素重要性因子 OM_i，其大小受各项成本影响，其计算式表示为

$$OM_i = \frac{\dfrac{1}{C_i}}{\sum_{i=1}^{N} \dfrac{1}{C_i}} \tag{4.6}$$

式中：C_i——第 i 选址方案总成本；

N——备选场址方案数目。

此处取成本的倒数进行比较，是为了和非经济因素相统一。因为非经济因素越重要其指标越大，而经济因素成本越高，经济性越差。所以取倒数进行比较，计算结果大者经济性好。

（2）确定非经济因素重要性因子。

第一，确定各个非经济因素相对权重 W_k。

第二，确定单一非经济因素对于不同候选场址的重要性 S_{ik}。即就单一因素将被选址两两比较，令较好的比重值为 1，较差的比重值为 0。将各方案的比重除以所有方案所得比重之和，得到单一因素相对于不同场址的重要性因子 S_{ik}，用公式表示为

$$S_{ik} = \frac{W_{ik}}{\sum_{i=1}^{N} W_{ik}} \tag{4.7}$$

式中：S_{ik}——第 i 选址方案总成本；

W_{ik}——备选场址方案数目。

第三，确定非经济因素重要性因子 SM_i。

$$SM_i = \sum_{k=1}^{M} I_k S_{ik} \tag{4.8}$$

式中：SM_i——非经济因素重要性因子；

I_k——非经济因素相对权重。

（3）将经济因素的重要性因子和非经济因素的重要性因子按重要程度叠加，得到该场址的重要性指标 LM_i，场址重要性指标最大的为最佳选择方案。计算公式为

$$LM_i = m \cdot SM_i + n OM_i \tag{4.9}$$

难点例释 5：某公司拟建一配送中心，有 3 处待选场址 A、B、C 主要经济因素成本见表 4-7，非经济因素主要考虑竞争能力、运输条件和环境。就竞争能力而言，C 地最强，B、A 地相当；就运输条件而言，C 优于 A，A 优于 B；就环境而言，B 地最好，A 地最差。据专家评估，3 种非经济因素相对权重为 0.4、0.4 和 0.2，要求用因次分析法确定最佳场址，设经济因素和非经济因素相对重要程度之比为 $m:n=0.5:0.5$。

表 4-7　备选场址各项生产成本费用

方案 因素	成本/千元		
	A	B	C
工资	250	230	248
运输费用	181	203	190
租金	75	83	91
其他费用	17	9	22
总费用	523	525	551

解：计算经济因素重要性因子 OM_i

① 根据前面介绍的方法计算得到

$$OM_A = 0.339\,5$$
$$OM_B = 0.338\,2$$
$$OM_C = 0.322\,3$$

② 根据因次分析法各因素的权重来确定 i 选址方案对 k 因素的重要性 S_{ik}。见表 4-8。

表 4-8　i 选址方案对 k 因素的重要性

竞争能力	A	B	C	得分	S_{ik}
A	0	1	0	1	0.25
B	1	0	0	1	0.25
C	1	0	1	2	0.5
运输能力	A	B	C	得分	S_{ik}
A	0	1	0	1	0.35
B	0	0	0	0	0.15
C	1	1	0	2	0.5
环境	A	B	C	得分	S_{ik}
A	0	1	0	1	0.15
B	1	1	0	2	0.50
C	1	0	0	1	0.35

③ 计算非经济因素重要性因子 SM_i，见表 4-9。

表 4-9 计算非经济因素重要性因子

非经济因素	A	B	C	得分	S_{ik}
A	0	1	0	0.4	0.232
B	1	0	0	0.4	0.234
C	1	1	0	0.2	0.534

④ 按式 $LM_i = m\text{–}SM_i + nOM_i$ 计算厂址的重要性指标：

$LM_A = 0.5 \times 0.232 + 0.5 \times 0.339\ 5 = 0.285\ 8$

$LM_B = 0.5 \times 0.234 + 0.5 \times 0.338\ 2 = 0.286\ 1$

$LM_C = 0.5 \times 0.534 + 0.5 \times 0.322\ 3 = 0.428\ 1$

结论：C 厂址的重要性指标最大，故选择 C 厂址作为配送中心。

4.3 物流设施布局规划

4.3.1 设施布局规划概述

1. 设施布局概念

所谓设施布局，是指在选定的设施区域内，合理安排组织内部各生产作业单元和辅助设施的相对位置和面积、设备的布置，使之构成一个符合企业生产经营要求的有机整体。

设施布局是否合理，对于企业的生产经营活动有着重要的影响，它影响着企业的生产经营成本、职工的工作环境、物料的运输流程以及企业的应变能力等。

企业进行设施布局，必须根据选定地址的地形地貌，对组成企业的各个部分确定其平面或者空间的位置，并根据物料的流程确定内部的运输方式和运输路线。根据这个步骤，我们知道，要进行设施布局，必须首先确定企业内部生产单位的组成情况，以及生产单位内部采用的专业化形式。

2. 设施布局规划的目标

物流系统布局设计，应该达到以下目标。

1）产品单位成本最低

产品单位成本最低是制造或服务系统具有高竞争力的主要指标，需要在设施规划设计的每一阶段高度注意。

2）优化质量使顾客满意

质量成本也是竞争中的关键，需要将质量和成本进行平衡，也需在设施规划设计的每一步中高度关注。

3）有效利用人力、设备、空间和能源

有效利用人力、设备、空间和能源是一条有效降低成本的途径，设施布置中有关服务设施的位置如休息室、衣帽间、餐厅、工具室等均会影响雇员的工作效率，良好的工作地布置能充分利用空间，也易于节省能源。

4）为雇员提供方便、安全、舒适的环境

如果设施布置对职工服务不方便，等于管理层不关心职工群众，饮水处、停车场、职工入厂处、小卖部以及厕所必须对所有职工都方便。保证职工的安全是设施布置人员应有的道义和法律责任。工具和产品的质量、过道和走廊的宽窄、工作地设计等都可能影响职工的安全。工业设施布置中的每项决策和物料搬运设计必须考虑安全因素。但物料搬运设备也可能是危险的，工业安全统计表明，80%的工伤发生在搬运物料时的发运和收货站，必须在每项搬运工作中为减少工伤而努力。

5）保证生产连续、产品（服务）及时可得

项目是否成功取决于是否能将产品及时送到市场，及时提供服务，特别是对季节性的产品和服务，例如圣诞节和春节，这都是每年才有一次的大好机会，错过这一季节等于错过整年。

6）其他目标

其他目标取决于管理层提出的要求，例如要求零库存，要求实施准时制（JIT）生产等。

3. 设施布置类型

设施布置问题不仅是新建制造或服务系统，还有现有系统的扩建、联合、修改的问题。根据统计资料，即使是建成的制造工厂，每2～3年就需要改变设施布置一次。设施布置问题通常可分为：服务系统布置问题、制造系统布置问题和仓库布置问题三类。

1）服务系统布置问题

服务系统布置主要有：餐厅中桌、椅、厨具的布置，飞机场的人行通道，旅馆的应急设施，政府办公室和公共图书馆的布置，都是服务系统中布置设计问题很好的例子。就物流节点中的物流园区而言，它是综合性的基础服务设施，面向全社会，具有综合运输、多式联运、干线终端等大规模处理货物和提供服务的功能，因此其设施布局中必不可少的就是如厂商信息发布、交易大厅之类的服务系统，在系统布置时要考虑到。

2）制造系统布置问题

制造系统布置和服务系统的布置完全不同，例如办公室的布置要强调便于联系和减少人员来往的拥挤，以及有私人会晤的场所。而在制造系统布置中，将技术检查以及物料搬运成本降至最低、为职工提供安全的工作场所以及便于管理人员的监管则是主要的考虑。制造系统的布置问题包括确定机器设备的位置、设置工作地及其他，要达到以下目标：使原材料、零件、工具、在制品及最终成品的运输成本最低；人员来往交通流动方便轻松；增加职工士气和纪律；将个人工伤、事故和损失降至最低。

3）仓库布置问题

随着物流量的日益增加，仓库布置越来越重要。一个良好的仓库布置应在有效利用现有存储空间的同时，将存储和物料搬运的成本降至最低。在仓库设计中应当考虑的主要因素是：仓库的高度，过道或走廊的形状和大小，装卸区位置和方位，货架的类型，物品存储和检索的自动化程度等。

4.3.2 设施布局规划模型的算法

设施布局规划有三种建模方法：数学规划方法、排队和排队网络方法及仿真方法。

1. 数学规划方法

数学规划方法是在不违背一组规定的约束条件下，优化一个可量化的目标函数。典型的目标函数通常是最低成本或最高利润，而约束条件规定了一个问题可行解的区域。所以，通常数学规划问题就成为在约束区内为达到优化目标函数而选择一个可行解。一个数学规划模型中包含了决策变量及参数，通过搜索决定一个决策变量值，在给定参数条件下此决策变量值优化了目标函数。如某些约束或目标函数相对于决策变量而言是非线性的，则此模型称为非线性模型。相反，如一切约束和目标函数都是变量的线性函数，则此模型就称为线性模型。

2. 排队和排队网络方法

排队或等候行为在各种制造或服务系统中是普遍存在的，减少一个零件在制造系统中的排队时间和排队长度就能节约库存费用。相似的情况是在服务系统中减少顾客等候的长度和时间，就意味着提供快速服务。用一种或数种方法可以达到较少库存和较快的服务速度，例如买更多设备、增加更多的服务人员、重新设计生产或服务流程或重新设计设施等。但每一种所选方法都要付出时间、金钱、能源或资源作为代价。要知道的是在这些变量中哪些能以最低的成本产生最大的改进。排队论能在等候队列系统中通过分析下述情况提供估算值。

（1）等待在队列中的零件（顾客）数量。

（2）一个零件（顾客）花费在排队中的等待时间。

（3）机器设备（服务人员）空闲的概率。

（4）充分发挥生产能力（服务能力）的队列长度的概率。

利用这些估计值然后决定选择哪些变量可以改善这些系统。在一个排队系统中顾客由不同途径到达，排在队列中按顺序等候服务。在物流节点中顾客可能是零件，服务员可能是机器、物料搬运设备或上下料机器人。

3. 仿真方法

仿真方法能解决数学规划或排队论所不能解决的那些对复杂随机系统分析和建模的问题。仿真可达到较高的精度，只受计算机硬件和软件的限制。仿真模型模仿系统的运作能使我们压缩时间，例如可以对银行在一年时间的周期内，对顾客到来和服务模式进行仿真，在计算机上运行一个仿真模型数分钟内就能完成。可以得到一个顾客平均等待时间（或其他性能），从而找到一个好设想以便在现实世界中减少等待时间。

仿真方法产生性能量度的代表性样本，用这些样本点估算出性能量度的平均值，而不是提供性能量度的优化值。仿真方法也有它的缺点，统计理论告诉我们，只有从较大的样本中才能得到较好的估算值。样本数越大则需要在计算机上运行更长的时间。此外，开发一个仿真模型往往需要花费较多的时间。然而仿真仍是广泛使用的建模工具，因为它可以使系统的运作可视化，做出分析，免除对实际系统做试验的必要。随着面向对象的仿真语言的实用性的增大，计算机速度和存储量的迅速增长，仿真将更多用于设施设计布置和选址中。

4.3.3 设施布局要点

1. 物流设施布局规划

物流设施布局规划是指在物流设施计划任务的指导下，将物流设施所涉及的所有对象，即物流节点自身、物流计划任务执行人员、所需机器设备和相关的物料管理作业设施，在信息的辅助下达到物流节点系统设施的最佳效果。

设施的平面布局模型也称为二维选址模型，主要研究在一个给定区域内确定具有一定面积要求的各个设施的最佳位置问题。一个物流节点（物流园区或物流中心等）一般由若干个物流设施组成，如停车场、验货场、仓库等，当不同类别的货物运到节点后，根据物流作业的流程要求，需在其中不同的设施中进行处理。不同性质及不同功能的节点，货物在其设施中处理的时间（或数量）和处理的次序是不同的，因此，布置各种设施在节点内的相对位置是否合理，将直接影响物流节点的工作效率，从而影响物流成本。

对一个物流节点（物流园区或物流中心、配送中心等）内的各个作业单位（或设施），需根据其作业流程定量地确定这些设施间的联系程度，并在一个给定的区域内系统地布置各设施的相对位置（设施布局）以及对一个设施布局方案的质量定量地进行评估。

由于影响物流设施平面布局的因素很多，设计目标不十分明确，长期以来，设计人员凭经验和主观判断进行平面布置。近年来才逐步形成了一些先进的设计方法，其中具有代表性的是理查德·缪瑟提出的系统布置设计（systematic layout planning，SLP）方法。

该方法提出了作业单位相互关系的等级表示法，使设施布置由定性阶段发展到定量阶段。

2. SLP 布局设计原理

（1）对各作业单位（设施）之间的相互关系做出分析，包括物流和非物流的相互关系建立作业单位相互关系表。

（2）根据相互关系表中作业单位之间相互关系的密切程度，决定各作业单位之间距离的远近，安排各作业单位的位置，绘制作业单位位置相关图，将各作业单位实际占地面积与作业单位位置相关图结合起来，形成作业单位面积相关图（或称为空间关系图）。

（3）通过作业单位面积相关图的修正和调整，得到若干个可行的布局方案。

（4）对影响因素赋予权重，用加权系数法建立方案质量评估的数量指标，并用该指标对各方案进行打分，得分最多的布置方案就是最佳布置方案。

在 SLP 方法中，可将研究设施布置问题的依据和切入点归纳为五个基本要素，即货物类别 P、货物数量 Q、货物处理次序 R、辅助设施（包括服务设施）S 和时间（时间安排）T。其中类别 P 和数量 Q 两个基本要素是一切其他特征或条件的基础。只有在上述各要素充分调查研究并取得全面、准确的各项原始数据的基础上，通过绘制各种表格、数学和图形模型，有条理地细致分析和计算，才能最终求得工程布置的最佳方案。SLP 的设计流程如图 4-2 所示。

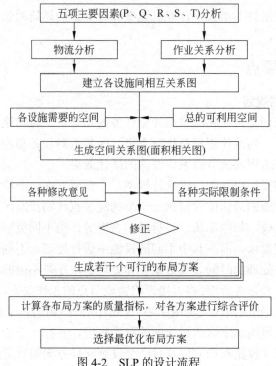

图 4-2 SLP 的设计流程

3. 相互关系图

从图 4-2 可以看出,物流分析及作业关系分析是物流系统设施布局的基础,而关系图是分析作业设施间相互关系的一种有效工具。

在关系图方法中,可将设施间所有的关系分为 6 个等级,分别用 A~F 6 个字母表示。它们各自所占的比例一般按表 4-10 所给的范围来取。

表 4-10 关系等级代码及所占比例表

相互关系	绝对重要	特别重要	重要	一般	不重要	禁止
等级代码	A 级	B 级	C 级	D 级	E 级	F 级
所占比例(%)	2~5	3~10	5~15	10~25	25~60	不定

一般来说,一个区域的设施布局,A、B、C 级的关系所占比例在 10%~30%,其余为 D、E 级关系,而 F 级关系需根据具体情况而定。

相互关系等级的确定不仅要研究货物的流程,还要研究传票的流程、作业人员的管理范围以及车辆的出入和货物装卸系统等。

难点例释 6: 某设配送中心的作业场所主要由八个设施组成,即收货场所、验收场所、分类场所、流通加工场所、保管场所、特殊产品存放场所、配送场所和事务场所。各场所间的物流作业流程和作业量比例如图 4-3 所示。事务场所主要与收货场所、验收场所和配送场所的票证管理发生关系。试建立物流配送中心各主要作业场所的相互关系图。

解: 配送中心的设计,首先要求具有与装卸、搬运、保管等与产品活动完全适应的作业性质和功能。还必须满足易于管理、提高经济效益、对作业量的变化和商品形状变化能灵活适应等要求。通过对不同品种商品数量的分析、物流分析和传票流程分析，可确定各场所相互关系等级，如图 4-4 所示。

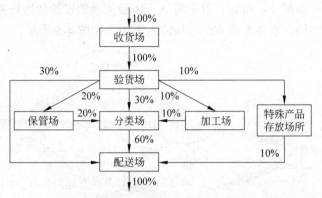

图 4-3　配送中心内货物作业流程及比例

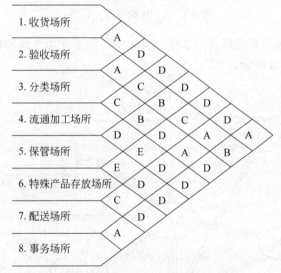

图 4-4　配送中心各场所间相互关系图

4. 空间关系图

根据相互关系图和各设施的面积比例生成空间关系图。所谓空间关系图，是将各设施按相互之间关系的亲疏程度和所需面积比例布置它们的相对位置，并用不同的线形和距离表示它们之间的关系。其中，用 4 条平行线段表示两设施间的 A 级关系，3 条平行线表示 B 级关系，两条平行线表示 C 级关系，一条线段为 D 级关系，E 级关系不连线，F 级关系采用折线表示。可用试错法来产生空间关系图。

首先将 A、B 级关系的设施放进布置图中，同级别的关系用相同长度的线段表示。通过调整，使 B 级关系的线段长度约为 A 级关系的两倍。然后，按同样的规则布置 C 级关系。若设施较多，线段混乱，可以不必画出 D 级关系，但 F 级关系必须表示。调整各设施的位置，以满足关系的亲疏程度。最后，将各个设施的面积表示进布置图中，生成了空间关系图。经过评价、修改，获得最终布置。

其中，各设施的面积需求可根据其作业量及单位面积可处理的货物量来确定。

难点例释 7：试画出上例配送中心各场所的空间关系图。

解：第一步：由图 4-4 可知，首先将 A、B 级关系的设施放进布置图中，即将收货场、验收场、分类场、事务场所和配送场放入图中，如图 4-5 所示。

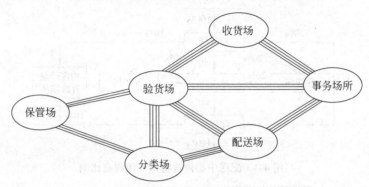

图 4-5　A、B 级空间关系图

第二步：将 C 级关系的场所添加至图 4-4 中，即添加加工场和特殊产品存放场，用 D 级来表示，如图 4-6 所示。

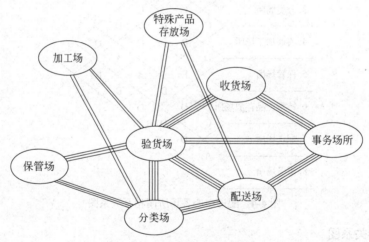

图 4-6　添加 C、D 级关系图

适当位置调整，得出空间关系图，如图 4-7 所示。计算各场所需要的面积。可根据各设施货物作业量以及该设施处理单位质量货物所需的面积来确定。设已知配送中心日货物处理流量为 100 吨，除保管设施每平方米可存放 1 吨货物外，其他设施的单位面积物流处理量为 0.2 吨/平方米，事务场所占地 110 平方米，保管场所需存放 7 天的需求量。则各设施面积可以确定，见表 4-11。

将表 4-11 中各设施面积加到空间关系图中，设计出布局方案图，如图 4-8 所示。

事实上，由相互关系图可生成多个空间关系图，因此，一般可得到多个布局方案最后需对每个布局方案计算其质量指标，通过比较质量指标，最终决定选择结果。

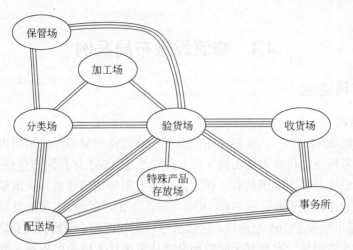

图 4-7 配送中心场所空间关系图

表 4-11 设施需要面积计算表

设施名称	收货场	验货场	分类场	保管场	加工场	特殊产品存放场	配送场	事务所	合计
作业量	100	100	30	20×7	10	10	100		
单位面积作业量（吨/平方米）	0.2	0.2	0.2	1	0.2	0.2	0.2		
设施面积	500	500	150	140	50	50	500	110	2 000

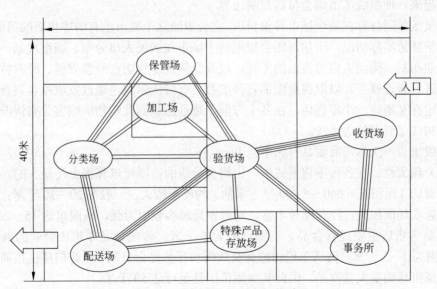

图 4-8 配送中心场所空间关系图

4.4 物流设施布局案例

4.4.1 沃尔玛选址

1. 背景资料

据新浪财经 2017 年 7 月 20 日公布的世界 500 强榜单显示：沃尔玛再居榜首。沃尔玛超市由美国零售业的传奇人物山姆·沃尔顿先生于 1962 年在阿肯色州成立。经过 50 多年的发展，稳居世界 500 强榜首。沃尔玛百货有限公司已经成为美国最大的私人雇主和世界上最大的连锁零售商。沃尔玛 1996 年进入中国，经过 21 年的发展，目前已经在全国共 83 个城市开设了 261 家商场，包括沃尔玛购物广场、山姆会员商店、沃尔玛社区店三种业态。沃尔玛从一家默默无闻的小杂货店发展壮大成为世界最大的零售企业，可以称得上是世界零售业的一大奇迹。沃尔玛的成功取决于它经营管理的许多独到之处，其中之一就是它独特的选址方法。

2. 选址布局分析

沃尔玛公司全球分布着星罗棋布的零售店，每一家分店的选址都是经过严密分析最终确定的，在选址之前首先要确定的就是商店的商圈。沃尔玛对商圈的确定有自己的一套方法。以山姆会员店为例，由于山姆会员店是实行会员制，顾客要凭借会员卡购物，每一个会员店的商场电脑数据库对会员的资料有较为详细的记载。在此基础上，沃尔玛就很有创造性地通过电脑查询，找出在商场各个方位最边缘的顾客的位置，然后将这些点连接起来，便组成了山姆会员店商圈边界。

如果沃尔玛打算在某个城市开设新店，它会参照这个城市已有的零售店的商圈大小。为了尽量接近实际情况，沃尔玛还会根据两个城市在居民人口分布、城市规划、交通状况、商业布局、流动人口等方面的差异，以及仓储式零售店在经营规模、经营特色上的不同，进行合理修正，以取得商圈的各种参数。有时沃尔玛也通过发放顾客调查问卷，了解假定在某地建一个零售店，在各个方向上最远愿意到此购物的顾客分布情况，这些顾客就构成了商圈的边缘线。

一般来说，沃尔玛商圈具有如下特点。

(1) 超大性。在各种零售形式中，山姆会员店的商圈可以算得上是最大的。美国大型百货商店（面积在 6 000～8 000 平方米的）的商圈较大，一般在 20～30 千米；大型综合零售店卖场面积大，经营品种丰富，对远距离顾客吸引力强，商圈可达 15～20 千米；标准食品零售店主要经营食品，商圈一般为 5 千米；传统食品零售店经营的商品种类少，商圈为 1～3 千米；而沃尔玛山姆会员店所实行的是会员制，顾客们往往在周末开着私家车成批地购买大量商品，因此其商圈范围甚至可达 50 千米。

(2) 交叉性。山姆会员店商圈的超大性为它带来了第二个特征，即交叉性。由于山姆会员店的商圈很大，有的甚至会覆盖整个城市，而在同一个城市往往会有相当数量的大中型零售店，这些零售店会与仓储式零售店的商圈发生交叉甚至重叠，由此引发竞争。因此，沃尔玛的仓储式零售店在选址上都要做大量调查研究工作，至少在其核心商圈内不能存在大型百货商店或大型综合零售店等可能与其产生直接竞争的零售商店。

（3）复合性。山姆会员店的目标顾客有两种类型：一是商品用于直接消费的日常消费者、社会团体；二是商品用于二次贩卖的中小零售店、宾馆、医院等。对后者，山姆会员店履行的则是批发功能。因此山姆会员店存在批发、零售两种商圈，它的商圈分布出现很大的复合性和不确定性。这就要求山姆会员店除了要按销售比重划分为核心商圈、次级商圈和边缘商圈外，还要按顾客到达所采用的交通工具做出以下划分：

徒步圈，指步行可忍受的商圈半径，单程以 15 分钟为限。

自行车圈，指自行车方便可及的范围，单程不超过 10 千米。

机动车圈，指开车或乘车能及的范围，距离为 50 千米左右，单程 30～40 分钟。

仓储式零售店特有的商圈，如铁路圈、高速公路圈，指搭乘铁路、高速公路来此购物的顾客范围，属于商店的边缘商圈部分。有了这样的商圈分析，在此基础上再去选址，这就是沃尔玛开店成功的原因所在。

3. 选址方法及选址原则

1）选址方法

选址对于零售企业来说是关系到企业成败的一个重要环节。沃尔玛从选址到开业，周期非常漫长。在进入中国之前，它就对中国市场进行了长达数年的深入细致的市场调查。其实早在 1992 年，沃尔玛就已经获准进入中国，但是直到 1996 年才在深圳落户，在进入中国之前，它一直在对当地商圈的交通、人口、竞争状况和市场发展格局进行考察，以便于选择一个好的店址。其选址过程复杂严谨，在确定商圈后，沃尔玛的新店址一般都选在城乡接合部、次商业区、新开辟的居民区中，在该商场周围要有 20 万～30 万的常住人口。

其次，由执行小组评估经济上的可行性，然后由财团评价该地点。最后，由决策委员会评审决定。

这样复杂的决策过程使许多地点方案难以通过，但是通过这些分析决策的选址都使沃尔玛取得了很好的业绩。

2）选址原则

（1）适应性原则。沃尔玛佛山桂城店选址要与国家及地区的产业导向、产业发展战略相适应，与国家的资源分布和需求分布相适应，与国民经济及社会发展相适应。

（2）协调性原则。沃尔玛佛山桂城店选址应将佛山的物流网络作为一个大系统来考虑，使沃尔玛的设施设备在区域分布、物流作业生产力、技术水平等方面相互协调。

（3）经济性原则。沃尔玛佛山桂城店选址的结果要保证建设费用和物流费用最低，如选定在桂城市区交通便利的区域，靠近车站和客户，既要考虑土地费用，又要考虑将来的运输费用。

（4）战略性原则。沃尔玛佛山桂城店选址要有大局观，一是要考虑全局，二是要考虑长远。要有战略眼光，局部利益要服从全局利益，眼前利益要服从长远利益，要用发展的眼光看问题。

（5）可持续发展原则。可持续发展主要指在环境保护上，充分考虑长远利益，维护生态环境，促进城乡一体化发展。

4.4.2 沃尔玛佛山桂城店选址分析

沃尔玛中国公司在佛山的第一家店——桂城店,投资额为 2 亿元人民币,建筑面积超过 370 000 平方米,可辐射区内人口达 30 多万。它的商业半径达到 10 千米,甚至更远。显然,沃尔玛选择桂城开首家店,并非作为一般门店运作,而是作为它未来在佛山市内蚕食鲸吞本地零售业的总部所在据点,是其关键物流配送的第一个基地。

1. 商圈的确定

桂城店是沃尔玛中国公司在佛山的第一家店,距离南海广场可能不到 600 米。事实上,在南海区商圈,除去信和广场外,一般认为市区正在日益走向空心化。沃尔玛在桂城开了它在佛山的第一家店,可以说是巧妙之举。因为该区呈交结状兴起 20 多个社区和南海区政府各部门,它们位于最宽阔的两条干道南海大道路和南桂路中间,交通上辐射广,给沃尔玛提供大量潜在的顾客源。

2. 潜在的顾客源分析

桂城店附近的高档物业一看名字就能判断出它的住户有没有车。中档收入以上的车辆将是人流汇向沃尔玛的重要因素之一。而且从沃尔玛的选址来看,中档收入以上的有车族才是它未来的主流顾客。南海区的中高收入阶层,都将成为沃尔玛潜在的客源。

在沃尔玛预期店址的斜后方,坐落着规模庞大的批发市场。在几大块建筑、装修等市场的南边,有个很大的日用五金小商品批发市场,也兼零售,这里人气颇旺。这些人流将来也许会被沃尔玛夺去一部分,因为沃尔玛在批发上也针对终端零售商。沃尔玛面对的南海区的众多机关、企业集团也将是潜在的顾客。

3. 交通分析

桂城店位于最宽阔的两条干道南海大道和南归西路中间,在桂城地铁站口。从未堵过车,那里交通顺畅。

4. 竞争对手分析

桂城店的商业街,那里最大的两个商家是信和商场和好又多超市。但信和商场的客流量总上不去,而好又多无法停车,这说明它们的商圈辐射能力并不大,只是基于附近的几个街区。

4.4.3 案例总结与启示

沃尔玛的选址原则为沃尔玛的成功奠定了坚实的基础,沃尔玛的选址具有以下特点。

1. 商圈调查

山姆会员店:通过电脑查询,找出在商场各个方位最边缘的顾客位置,将这些点连接起来,组成山姆会员店商圈边界;新店:参照这个城市已有的零售店的商圈大小。根据两个城市在居民人口分布、城市规划、交通状况、商业布局、流动人口等方面情况的差异,以及仓储式零售店在经营规模、经营特色上的不同,进行合理修正,以取得商圈的各种参数。也通过发放顾客调查问卷,了解商圈的边缘线。沃尔玛商圈的主要特点是:

超大,交叉,复合。

2. 选址方法

在确定商圈后,沃尔玛的新店址一般都选在城乡接合部、次商业区、新开辟的居民区中,在该商场周围要有 20 万～30 万的常住人口。沃尔玛选址的一个标准就是要有地利之便。

沃尔玛新店选址经验包括:
(1) 从连锁发展计划出发。
(2) 选择经济发达的城镇。
(3) 独立设置门店。
(4) 选择城乡接合部。

3. 市场调查分析和整体评价

市场调查分析的主要方面包括城市结构、商业结构、人口特征、交通便利性、店铺可见度、项目用地适用性等,然后进行整体评价。

本 章 小 结

本章介绍了物流设施规划与设计的基本理论,然后介绍了场址选择的重要性和场址选择的基本方法。设施布置设计是指依据企业的经营目标而实施的生产纲领,在已经确认的空间场所内,按照从原材料的接收、零件和产品的制造、成品的包装、发运的全过程,力争将人员、设备和物料所需要的空间做最适当的分配和最有效的组合,以获得最大的经济效益。

思考与练习

一、填空题

1. 设施选址是物流规划中的一个重要环节,它决定了_____和形状。
2. 影响设施选址的因素很多,有些因素可以进行定量分析,并用货币的形式加以反映,称为_____,也称为成本因素。有些因素只能是定性的,即_____,也称为非成本因素。
3. _____是常用选址方法中使用最广泛的一种,因为它以简单易懂的模式将各种不同因素综合起来。
4. 物流设施布局规划有三种建模工具:_____。
5. _____,又称专家规定程序调查法。_____是 20 世纪 40 年代由赫尔姆和达尔克首创的专家规定程序调查法。

二、判断题

1. 规划在整个物流系统中占有非常重要的地位,规划决策就是确定所要分配的设施的数量、位置以及分配方案。 (   )

2. 设施选址是一个新建企业建立和管理企业的第一步,也是企业扩大的第一步。
（　　）

3. 减少资金原则。企业生产经营的目的就是取得经济收益最大化。追求经济利益最大化是企业生存的动力,建设期的投入费用及以后运营过程中的费用高低都与选址的恰当与否息息相关。（　　）

4. 接近客户原则。对于服务业,几乎无一例外都要遵循这条准则,源源不断的客流往往是服务业最期望的,通常接近用户原则也是服务业遵循的原则。（　　）

5. 当一个地方不具有其他地方所具有的优势时,这个地方就有着足够的吸引力来吸引企业扩建原有设施。（　　）

6. 厂址应位于住宅区上风向,以免厂内排出废气烟尘及噪声影响住宅区居民。
（　　）

7. 德尔菲法是一种最简单的设施选址方法,尤其适用于非经济因素的比较。
（　　）

8. 数学规划方法能解决数学规划或排队论所不能解决的那些对复杂随机系统分析和建模的问题。（　　）

9. 一般来说,一个区域的设施布局,A、B、C 级的关系所占比例在 10%～30%,其余为 D、E 级关系,而 F 级关系需根据具体情况而定。（　　）

10. 所谓空间关系图,是将各设施按相互之间关系的亲疏程度和所需面积比例布置它们的相对位置,并用不同的线形和距离表示它们之间的关系。（　　）

三、简答题

1. 什么是设施选址?
2. 什么是经济因素?
3. 什么是重心法?
4. 什么是设施布局?
5. 什么是数学规划方法?

四、论述题

1. 简述设施选址的重要性。
2. 试述设施选址的内容。
3. 试述 SLP 布局设计原理。

五、案例分析

保健品专卖店选址分析

开设专卖店,特别是保健品专卖店,选址乃第一要点。

(一) 保健品专卖店选址影响因素分析

1. 产品类别

（1）中老年人保健用品。这类产品有:高血压、高血脂、高血糖产品;增强免疫力产品;风湿产品;性功能改善产品;营养补充产品;睡眠改善产品;气血循环类产品;按摩沙发器械等。

（2）美容养颜类产品。减肥塑身类产品、功能性化妆品、丰胸产品、补血养颜产品、排毒养颜产品、调经养颜类产品等，此类产品主要针对人群为女性。

（3）学生用品。改善记忆力、缓解视觉疲劳、视力改善产品、学习机类产品等。

（4）其他类。如生发养发类产品、保健内衣类产品。

对于上述产品，因其功能不同，针对人群也不一样，所以专卖店的选址要求也不一样。

2. 目标人群及其活动规律

影响专卖店选址的第二个因素就是目标人群及目标人群的活动规律。产品不同，目标消费人群不同，特别是这些人群因为年龄、性格、工作、居住等各方面的原因，他们的社会活动规律是不一样的。

（1）老年人的活动规律。中老年人群大多数时间待在家里。早上，超市和菜场、公园是中老年人去得最多的地方。中老年人缺乏亲情的关怀，和儿女见面机会大多在晚上，白天他们可能都在家里或在社区，晚上有部分人会再去公园跳舞，北方的老年人则喜欢扭秧歌。所以从老年人的社会活动规律可看出，他们经常去的场所是公园、菜场、社区，其中最多的是社区和公园。

（2）中青年女性人群。这些人大多数为上班一族，社会活动场所较多，但常去的还是商场、商业街、时尚超市、写字楼。白天的大部分时间都在办公室，中午会利用一点休息的时间去办公室周围逛逛，晚上可能去超市，周末则逛街逛商场。从这些人的社会活动规律可以看出，其主要的活动场所是商场、商业街、办公室周边、社区周边，所以针对这些人群的产品专卖店必须选择相应的位置。

（3）学生。这类人群的主要活动场所是学校，但学生不是直接产品支付者，他们的家长才有支付决定权，所以这类专卖店的选址主要考虑的是学生家长的活动规律和场所，但同时也要兼顾学生和家长同时出现的场所。家长白天上班，晚上回家，周末可能和孩子一起去公园。但随着独生子女的增多，越来越多的家长不放心孩子，特别是小学阶段的孩子，家长都会接送，所以学校周边也成了目标人群同时出现的重要场所。但社区可能是学生和家长一同出现较多的地方。

3. 功能定位和推广方式

专卖店的功能定位和推广方式也影响着专卖店的选址。专卖店的功能定位可以简单地分为两种：店面销售型和人员推广型。店面销售型专卖店主要靠店面创造销售，因此，这类专卖店的选址必须考虑目标人群人流量。只有大量的目标人群光顾，专卖店才能创造更多的机会。第二种是人员推广型，这种专卖店的主要销售来源于与专卖店配套的销售人员，如安利、天师、如新等公司专卖店的会员，还有天年、中脉、夕阳美公司的会务销售人员。这种专卖店的销售主要来源于这些人员的推广，专卖店的功能只是展示产品和充当会员与消费者之间、会员与会员之间交流的场所而已。对于这类专卖店，在选址上除了考虑一定的消费者和销售人员的交通方便外，更多地考虑专卖店的店面租金，当然有些企业为了形象的需要，也考虑在繁华的商业街选址，这就不是"烧钱"了。

（二）保健品专卖店选址原则

（1）存在原则。这是基本原则即专卖店的整套装修、设计所表现的形象、意识，要方便存在于消费者的视觉范围内。只有企业、专卖店所要表达的意识、形态不断地在消费者的眼前出现，才会形成印象。存在也是一种潜移默化的广告。

（2）中心原则。即专卖店选址在所属的区域应该起到一个以点带面的作用，形成一个会员的管理中心、顾客的服务中心、产品的配送中心等多个"中心"作用。同时从地理位置来讲，两个专卖店或同类别的专卖店之间应该有一定的距离。所以，专卖店的选址应该充分考虑店面的带动作用。

（3）服务原则。有些专卖店除了具有售货的功能外，还肩负有很大程度的顾客服务功能。所以，一定要考虑为顾客提供服务的方便性，特别是专卖店以提供保健服务为主要销售项目的专卖店，如章光101生发养发店，除了提供产品，该店面的重要功能还有种发，所以一定要考虑顾客享受服务的方便性。

（4）风险原则。风险原则主要是考虑专卖店开设后的风险问题。有些位置很好，比如卖美容养颜产品，在某个人群定位相近的超市相中一个位置，人流量大，位置也好，但超市签合同要签一年，合同保证金要三个月的租金，这个风险就较大。应该考虑选址的风险程度，且应该综合考虑。当然专卖店选址应该考虑的风险太多，这里只是简单地提及一点而已。

（三）保健品专卖店选址分析

1. 根据专卖店类型选择位置

从专卖店类型来看，门店销售型应该选择人流量较大的位置，而有销售人员支持的店面主要考虑形象的展示和人员交通的方便性，不用把人流量作为主要项目来考虑。

2. 根据产品选择位置

（1）中老年人保健产品店，可以首先考虑如下位置。

老年人活动较多的场所或社区。有相当多的保健产品在社区设立产品体验中心、免费咨询中心、免费检测中心，通过这些中心将触角伸入社区，收集目标顾客信息名单，现场销售或集中销售。

公园。主要考虑大社区周边的公园，如深圳天年公司就在好多公园设立了天年的专卖店。在公园设立专卖店，能充分利用公园晨练的老年人流量进行产品的宣传、展示和传播。

（2）美容养颜类产品。这类产品主要针对人群为女性，所以选址必须考虑目标人群人流量，可以考虑的选址有以下几方面：

店中店。采用跟随办法，跟随一些和产品的目标人群定位较为接近的商场、超市，租赁位置开设店内专卖店。

商业街/步行街。这些位置的租金贵得吓人，没有一定的规模和实力不用考虑。

（3）大保健类产品。这类产品基本通过直销人员销售，选址可以稍微偏一点，但要考虑交通方便情况。可以考虑的选址位置有：

二类商业街道。这类位置交通都较为方便，而且也适合展示产品。

平价药店。在药店主要以专柜的方式运作，配合人员促销。但现在终端竞争日益激烈，产品品类繁多，必须做到管理、促销等全方面到位。

其他店铺。位置较偏不要紧，但面积要大，可以是上下两层的门面房，这样的话上下层都可以利用，底层临街道可以做展示，上层可以做培训室等，这对于结合会议销售或直销的方式较为适合。

资料来源：陈得良. 物流系统规划与设计[M]. 北京：机械工业出版社，2016.

思考与讨论

1. 专卖店选址影响因素有哪些？
2. 专卖店选址策略有哪些？
3. 保健品专卖店选址原则有哪些？

第 5 章

物流存储系统规划与设计

学习目标

通过本章的学习,了解存储系统及库存、储存、储备概念的区别,了解存储系统的构成。掌握储存的功能,掌握仓库的种类和库存管理及存储系统规划与设计的主要方法;了解库存控制作用,掌握库存控制的方法和技巧。

关键术语

存储系统规划　仓库布局　库存控制

远程仓储在亚洲

远程仓储已在越来越多的跨国企业中成为一种节约成本、方便营运的运作方式。如今到亚洲采购已成为一种趋势:越来越多的公司不再像以前那样把货物进口后储存在本国仓库中备用,而是充分利用当地的低成本和廉价劳动力,把货物存放在亚洲的仓库里,随后直接运到客户手中。据专家估计,通过在亚洲原产地附近存储货物,可以使美国进口商在仓储和货物搬运方面的成本节省 20%~30%,同时把货物分拣、包装、拼箱等物流服务项目也放到亚洲,又可以节约一笔开支。

从上海外高桥保税区的上海物流中心的发展可以看出这一趋势愈演愈烈。该中心为施乐、埃克森美孚、西门子这样的跨国企业建设了面积达 45 万平米的仓库设施。该中心平均每月所处理的货盘数将从去年的 3 000 个增长至 1.2 万个。使用该仓库的美国公司将从 5 家增至 20~30 家。尽管有些货主仍坚持自己在亚洲设立仓库,但大部分企业已把仓储业务外包给像美国 Consolidation 公司这样的第三方物流公司。该公司称其设在深圳盐田港的仓库容量 5 年内已从 17 万平方米增长到 50 万平方米;常年利用率达 75%。Accessory Network 公司主要进口箱包、皮带和其他服饰附件,该公司利用的就是 Consolidation 公司位于盐田的仓库同时,Consolidation 公司还为它分拣和包装货物,Accessory Network 公司预计这样为公司节约了 20%~30%的库存成本。

马上基物流公司发现,越来越多的零售商把仓储放在亚洲,一旦客户需要,就随时运送出去。而且这样做,对跨国企业还有一个好处:一旦供应商在货物销售方面出现变化,企业可以最快做出反应,及时调整库存,而不必像以往那样把货物再从美国送回亚洲。对那些从事季节性商品采购的进口商来说,这种"远程仓储"的方式尤为有利。比如,进口商可以让生产厂家在比较空闲的12月生产出万圣节用的面具,然后存上大半年,到需要时运到美国。货主还可以一次性以优惠价订下大批量货物,存放在廉价的"远程仓库"里。不过,要想有效地管理这样一个"远程仓库",信息技术非常关键,不仅需要高水平的数据可视系统,而且应对需求有准确的预测。只有这样,货主才可以放心地把货物存放在生产地附近,并能随时对之进行遥控。

资料来源:刘军.系统工程[M].北京:清华大学出版社,2011.

思考

(1)为什么国际上一些跨国公司选择亚洲作为远程仓库,你认为采用远程仓库对企业经营效益有何利弊?

(2)你对仓库变革有哪些好建议?

5.1 存储系统概述

存储是物流的重要基本功能,它和运输一起构成物流的核心基本功能。存储行为通常发生在仓库、堆场等地点,也可能发生在特定的运输工具中和生产流水线的某些环节中。

5.1.1 存储的概念

我国物流术语定义:存储(storing)是指保护、管理、储藏物品。存储是为消除物品在流通过程中供给和需求在时间上的差别而提供的服务。这种时间上的差别表现在许多方面,在社会分工和专业化生产的条件下,为保证社会再生产过程的顺利进行,比如,生产环节中上游工序与下游工序在节奏上不同,当上游工序节奏较快,而下游工序节奏较慢时,就会产生两道工序之间的产生性存储。又如,农产品生产的季节性和消费的无季节性造成的消费性存储。存储又是物流活动的重要支柱,比如,物品在流动过程中换乘运输工具时,由于运输工具之间的不匹配,而造成的运输性存储等。因此,没有物品储备,就没有物品流通的保证。正是有了这种储备,保证了生产过程、流通过程和供需活动有序、不断地进行。

5.1.2 存储的分类

根据存储目的的不同,可以把存储分为以下几种。

1. 生产性存储

生产性存储,是指由于生产工艺过程或者生产组织过程的某些不确定性,所导致的在局部生产节点发生的特定物料的供给大于需求状态。生产性存储通常出现在生产流水线的附近,或者在生产厂区的内部。生产性存储有以下特点。

(1)存储物品的种类与产品及其生产工艺密切相关。

(2)存储的物品批量小,品种多。

(3) 存储的物品多数是半成品和在制品，还有少量的原辅料。
(4) 生产工序越多，存储的品种越多。
(5) 生产性存储通常发生在制造型企业内，属于生产物流的一部分。

如图 5-1 所示，为产生生产性存储的各个环节。图中三角形框中所示的内容都是存储的发生地，由此可以看出，在设计生产工艺过程中，如果能够增加直接配送的环节，就可以减少存储数量。

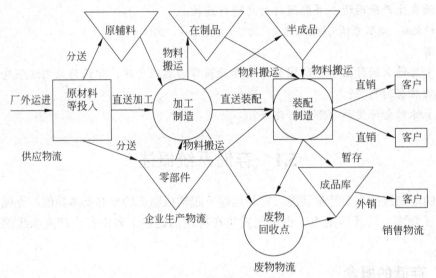

图 5-1　生产性存储的产生

2. 采购性存储

采购性存储，是指由于采购节奏和批量与生产或者销售节奏和批量上的差异，而形成的物品流动的暂时停滞。采购性存储的对象通常是季节性较强的产品，主要是农产品，也可能是供应批量较大而生产和销售批量较小的产品。

3. 销售性存储

销售性存储，是指企业由于销售节奏和批量与生产节奏和批量的不一致，生产较快或批量较大，而销售较慢或批量较小，从而导致的存储。

4. 商品的增值性存储

增值性存储，是指生产出来的商品在消费之前，根据市场上消费者对产品的偏好，再对商品进行最后的加工改造或流通加工，以提高商品的附加值、促进销售。

5. 流通衔接性存储

流通衔接性存储，是指物品从生产地到消费地的流通过程中，中途需要经过集、疏等环节，还可能需要换乘不同的运输工具，为了有效地利用各种运输工具，降低运输过程中的作业难度，实现经济、规模运输，物品需要在仓库里存放、候装、配载、包装、成组、分装和配送等作业。

6. 政策性存储

政策性存储，是指由于政策的需要而产生的存储，常见的如生产资源存储，包括煤炭存储、石油存储等；重要生活资源存储，如粮食、棉花、布匹等存储。

7. 投机性存储

投机性存储，是指企业根据对市场的判断故意囤积一些产品或者原料，待这些产品或者原料的市场价格上涨以后出售，获得利润。

5.1.3 仓库的功能

1. 保管功能

保管物品是仓库最基本的功能。有的物品暂时存储，是指那些消耗较快需要及时补给的物品。有的物品长期存储，一般是安全库存或缓冲库存，也可以是战略物资库存。

2. 移动功能

移动功能一般包括以下步骤：收货验货、搬运放置、加工包装和拣选配送等。如图 5-2 所示。

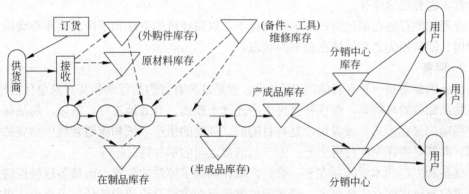

图 5-2 仓库的移动功能

3. 信息传递功能

例如，通过使用电子数据交换系统（EDI）或条码技术，来提高仓库物品的信息传递速度和准确性，通过互联网及时地了解仓库的使用情况和物品的存储情况。

4. 加工 / 延期加工

加工 / 延期加工功能，是指把产品的最后一道工序一直推迟到需求该产品时为止。例如，HP（惠普）公司生产的打印机销往世界各地，由于发往世界不同地方的打印机，在说明书、电源、包装材料等方面都有特殊要求，如果在生产过程中就完成最终发送到客户的包装，则会出现某些包装的产品缺货，而另一些包装的产品货物积压的情况。HP公司针对此类问题采用延后处理模式，将包装环节放在配送中心进行，销售部门在收到客户订单后，通知配送中心，再根据客户要求，选择相应的说明材料、电源和包装材料，完成最终产品的生产工序。

5.1.4 几个容易混淆的概念

在物流科学体系中，经常涉及库存、储备及存储这几个概念，而且经常被混淆。三个概念虽有共同之处，但仍有区别，认识这个区别有助于理解物流中"存储"的含义和以后要遇到的零库存概念。

1. 库存

库存是指企业在生产经营过程中为销售或耗用而储备的物品。一般来讲，库存是处于储存状态的物品，但广义的库存还包括处于制造加工状态和运输途中的物品。

库存按其作用，可分为以下三种类型，即周转库存、安全库存、转运库存。

（1）周转库存（cycle inventory），又称基本储存（base stock），是在订货过程中必须持有的平均存货。补给过程中在完成周期之初，存货储备处于最高水平、日常的顾客需求不断地"抽取"存货，直至该储备水平降低为零。在存货储备还没有降低为零时之前，一项补给订货就会启动，于是，在还没有发生缺货之前将会完成储备。

（2）安全库存（safety stock），是指防止不确定因素对每个物流设施的影响而进行的储备。

（3）转运库存（transit inventory），是指正在转移或等待转移的、储备在运输工具中的存货。也称在途库存。

合理的库存能在满足用户需求的前提下，以最经济的方法和手段，使库存费用、订货费用、缺货损失之和保持在最小的状态。

2. 储备

物品的储备是一种有目的的储存行动，也是这种有目的的行动和其对象总体的称谓。

物品储备的目的是，保证社会再生产连续不断地、有效地进行。所以，物品储备是一种能动的储存形式，或者说，是有目的的、能动的生产领域和流通领域中物资的暂时停滞，尤其是指在生产与再生产，生产与消费之间的那种暂时停滞。

储备和库存的本质区别在于：第一，库存明确了停滞的位置，而储备这种停滞所处的地理位置远比库存广泛得多，储备的位置可能在生产及流通中的任何节点上，可能是仓库中的储备，也可能是其他形式的储备。第二，储备是有目的的、能动的、主动的行动，而库存有可能不是有目的的，有可能完全是盲目的。

3. 储存

储存是包含库存和储备在内的一种广泛的经济现象，是一切社会形态都存在的经济现象。在任何社会形态中，对于不论什么原因形成停滞的物品，也不论是什么种类的物品在没有进入生产加工、消费、运输等活动之前或在这些活动结束之后，总是要存放起来的，这就是储存。这种储存不一定在仓库中也不一定是有储备的要素，而是在任何位置，也有可能永远进入不了再生产和消费领域。但在一般情况下，储存和储备两个概念是不做区分的。储存、储备与库存之间的关系见表5-1。

表5-1 存储系统中储存、储备与库存三者之间关系

存储	储存	收货、检验、分拣、保管、拣选、出货等物资储备的物料不一定在仓库中，也许在其他物流环节中	储存管理：对确定的库存（动态、静态）进行管理
	储备	社会生产过程中储存备用的生产资料	一般是政府为应对突发事件而进行的物资储备
	库存	是针对仓库中实际储存的货物、库存品种、数量、金额、地区方式和时间等活动的控制	储存决策：确定储存组合（什么、多少、何时、哪里）等

物流中的"存储"是一个非常广泛的概念，物流学要研究的就是包括储备、库存在内的广义的存储概念，和运输的概念相对应，存储是以改变"物"的时间状态为目的的活动，以克服产需之间的时间差异来获得更好的效用。

5.1.5 物资存储系统的构成

各个企业的物资管理机构及其业务工作既有着各种相同的外部条件，又有不同的内部特征，确实是千差万别的，但是把各种物资存储活动看作一个系统来研究，该系统与外部环境的关系是具有一定的共性的。在研究物资存储系统时，一般采取抽象模拟的方式，把具体问题典型化。这样一方面便于进行定性和定量分析；另一方面又便于总结经验，把实践上升为理论，进一步加强对存储系统的理论研究。

1．存储系统的输出

为了满足生产的需要，需要将库存物资不断地发往需用单位，这称为存储系统的输出。输出的方式有间断式和连续式。

需用单位每次提出的需求量可能是确定性的，也可能是随机性的。如某工厂每月需要钢材10吨是固定不变的，而对机器零部件的需要量却是每月都在变，如1月需要40个，2月需要55个，3月需要30个等。可以根据大量的统计数据，找到需求量满足的规律性。

2．存储系统的输入

库存物资由于不断地输出而减少，必须进行及时补充，库存的补充就是库存的输入。它可以通过订货或者是自己组织生产来达到目的。需求量往往是外界提出的，因而库存的输出难以控制和掌握，而库存输入的很多因素则可以自己来控制。这些因素主要是补充库存的时间以及补充的数量。为保持库存，需要进行订货，从开始订货到进货有一段时间。因此，为保证及时供应，就要提前订货，提前的时间称为"提前订货时间"。提前订货时间可以是确定的，也可以是随机性的。

5.2 存储系统分析

5.2.1 存储系统费用分析

费用是存储管理的一个重要经济指标，存储系统必须按最经济的原则运行。

企业的仓库一般可以分外原材料库和半成品、产成品库两类。为了建立库存模型的需要，必须了解各类仓库存储费用的构成情况。

1．订货费

对供销企业来说，订货费是指为补充库存，办理一次订货发生的有关费用，包括订货过程中发生的订购手续费、联络通信费、人工核对费、差旅费、货物检查费、入库验收费等。当生产企业自行组织生产时，订货费相当于组织一次生产所必须的工具安装、设备调整、试车、材料安排等费用。订货费一般说来与订购或生产的数量无关或基本无关。

在确定订货费时，对具体问题要具体分析，但必须注意不能将搬运费、管理费等平均分摊到每一件货物上去，这样，就使订货费和一次订购的数量有关了。

在年消耗量固定不变的情况下，一次订货量越大，订货次数就越少，每年所花费的总订货费就越少。因此，从订货费角度来看，订货批量越大越好。

2. 保管费

一般是指每存储物资单位时间所需花费的费用。这一项费用中，只计入与库存物资数量成正比的部分，凡与存储物资数量无关的不变费用不计算在内。有时存储费还经常用每存储 1 元物资单位时间所支付的费用来表示，称为保管费率。

保管费包括存储物资所占用资金的利息、物资的存储损耗、陈旧和跌价损失、存储物资的保险费、仓库建筑物及设备的修理折旧费、保险费、存储物资的保养费、库内搬运设备的动力费、搬运工人的工资等。在以上保管费成分中，利息支出所占比重较大，以工业贷款月利率 0.6‰ 计算，存储百万元物资一年，仅利息就需支付人民币 7.2 万元。由此可见，控制存储物资数量，加速物资周转的意义。

由于订货量越大，平均库存量就越大，从而存储费支出也就越大。因此，从存储费角度来看，订货批量越大越不好。

3. 缺货损失费

缺货损失费一般是指由于中断供应影响生产造成的损失赔偿费，包括生产停工待料，或者采取应急措施而支付的额外费用，以及影响利润、信誉和损失费等。衡量缺货损失费有两种方式，当缺货费与缺货数量的多少和缺货时间的长度成正比时，一般以缺货一件为期一年（付货时间延期一年），造成的损失赔偿费来表示；另一种是缺货费仅与缺货数量有关而与缺货时间长短无关，这时以缺货一件造成的损失赔偿费来表示。

由于缺货损失费涉及丧失信誉带来的损失，所以它比存储费、订货费更难以准确确定，有时一旦发生缺货，所造成的损失是无法弥补的。对不同的部门、不同的物资，缺货费的确定有不同的标准，要根据具体要求分析计算，将缺货造成的损失数量化。

仓库绝对不缺货，从理论上讲是可以的，但在实际中是不可能的，实际中为保证不缺货而保持过大的存储量也是不经济的。当缺货损失费难以确定时，一般以用户需求得到及时满足的百分比大小来衡量存储系统的服务质量，称为服务水平。

从缺货损失费角度考虑，存储量越大，缺货的可能性就越小，因而缺货损失费也就越少。

从以上由订货费、存储费、缺货损失费的意义可以知道，为了保持一定的库存，要付出保管费；为了补充库存，要付出订货费；当存储不足发生缺货时，要付出缺货损失费。这三项之间是相互矛盾、相互制约的。保管费与所存储物资的数量和时间成正比，如降低存储量，缩短存储周期，自然会降低存储费；但缩短存储周期，就要增加订货次数，势必增大订货费支出；为防止缺货现象发生，就要增加安全库存量，这样就在减少缺货损失费支出的同时，增大了存储费开支。因此，我们要从存储系统总费用为最小的前提出发进行综合分析，寻求一个合适的订货批量及订货间隔时间。

一般来说，在进行存储系统的费用分析时，是不必考虑所存储物资的价格的，但有时由于订购批量大，物资的价格有一定的优惠折扣；在生产企业中，如果生产批量达到一定的数量，产品的单位成本也往往会降低。这时，进行费用分析就需要考虑物资的价格。

5.2.2 存储策略

1. 存储策略

由于存储具有多种形式，必须根据物资需求及订购的特点，采取不同的方法来控制存储。确定存储系统何时进行补充（订货）及每次补充（订货）多少数量的决定就是存储策略。

为做好存储系统控制，首先要积累有关物资需求的历史统计资料，掌握计划期的生产消耗情况，预测计划期的物资需求量规律；其次要了解不同物资的提前订货时间；最后分析与存储有关的各项费用，做出合理的存储策略。

存储策略是由存储系统的管理人员做出的，因此，采用何种策略，既取决于所存储物资本身，又带有一定的人为因素。

1）订货批量

存储系统根据需求，为补充某种物资的存储量而向供货厂商一次订货或采购的数量。

2）报警点（s）

报警点（s）又称订货点。该点库存量和提前订货时间是相对应的，当库存量下降到这一点时，必须立即订货，当所订的货物尚未到达并入库之前，存储量应能按既定的服务水平满足提前订货时间的需求。

3）安全库存量

安全库存量又称保险储备量。由于需求量和提前订货时间都可能是随机变量，因此，其波动幅度可能大大超过其平均值，为了预防和减少这种随机性造成的缺货，必须提前准备一部分库存，这部分库存称为安全库存量。只有当出现缺货情况时才动用安全库存量。

4）最高库存量（S）

在提前订货时间可以忽略不计的存储模型中，S 指每次到货后所达到的库存量。当存在提前订货时，指发出订货要求后，库存应该达到的数量，由于此时并未实际到货，所以该最高库存量又称名义库存量。

5）最低库存量

最低库存量一般是指实际库存的最低数量。

6）平均库存量

平均库存量是指库存保有的平均库存量。当存在报警点 s 时，平均库存量为 $Q=1/2Q+s$。

7）订货间隔期（r）

订货间隔期是指两次订货的时间间隔或订货合同中规定的两次进货之间的时间间隔。

8）记账间隔期（R）

记账间隔期是指库存记账制度中的间断记账所规定的时间，即每隔 R 时间，整理平时积欠下来的发料原始凭据，进行记账，得到账面结存数以检查库存量。

2. 常用的存储策略

1）定量订购制

定量订购制泛指通过公式计算或经验求得报警点和每次订货量，并且每当库存量下降到一定点时，就进行订货的存储策略。通常使用的有定货量与报警点制，即（Q、s）制、最高库存量与报警点制，即（S、s）制、间隔监控制，即（R、S、s）制等。

（1）（Q、s）制库存控制策略。采用这种策略需要确定订货批量 Q 和报警点两个参数。（Q、s）属于连续监控制（又称永续盘点制），即每供应一次就结算一次账，得出一个新的账面数字并和报警点 s 进行比较，当库存量达到 s 时，就立即以 Q 进行订货。

（2）（S、s）制库存控制策略。这种策略是（Q、s）制的改进，需要确定最高库存量 S 及报警点 s 两个参数。（S、s）制属于连续监控制，每当库存量达到或低于 s 时，就立即订货，使订货后的名义库存量达到 S，因此，每次订货的数量 Q 是不固定的。

（3）（R、S、s）制库存控制策略。这种策略需要确定记账间隔期 R、最高库存量 S 和报警点 s 三个参数。（R、S、s）制属于间隔监控制，即每隔 R 时间整理账面，检查库存，当库存等于或低于 S 时，应立即订货，因每次实际订购批量是不同的，当检查实际库存量高于 s 时，不采取订货措施。

2）定期订购制

定期订购制即每经过一段固定的时间间隔 T（称订购周期）就补充订货使存储量达到某种水平的存储策略。常用的有（T、S）制。

（T、S）制库存控制策略需要确定订货间隔期 r 和最高库存量 S 两个参数。属于间隔监控制，即每隔 T 时间检查库存，根据剩余存储量和估计的需求量确定订货量 Q，使库存量恢复到最高库存 S。

5.2.3 存储模型类型

1. 确定型与随机型模型

凡需求量 D、提前订货时间为确定已知的存储问题所构成的存储模型为确定型。上述两者之一或全部为随机变量的存储问题构成的存储模型为随机型。

例如，商店经销某种日用品，该日用品的需求量服从某一随机分布规律。则该日用品的存储模型就是随机型的；又如修路需某种型号的水泥，其每日需求量基本上是固定的，供货水泥厂货源充足，用料单位组织进料运输，因此可以认为需求量、提前订货时间均为确定已知的，该种水泥的存储模型就是确定型。

在确定型存储模型中，又可分为需求不随时间变化和需求随时间变化两种类型；同样，随机型存储模型也可根据需求量是否随时间变化分为两类。

事实上，所谓绝对的确定型是不存在的。在实际存储问题中，D、t 多多少少总会有一些波动。一般来说，设随机变量 x 的均值为 $\bar{x}$，标准差为 σ_x，只要变异系数 $C_x = \sigma_x\sqrt{x}$，小于 0.1~0.2，随机变量 x 就可以当作确定型变量来对待。实际中，如生产企业按物资消耗定额核定的物资需求量，基本建设工程中按设计预算得到的物资需求量，有固定可靠供销关系的物资的提前订货时间等，都可以依据这个原则进行分析处理。

2. 单品种与多品种库存模型

一般来说，将数量大、体积大又占用金额多的物资单独设库管理，称为单品种库。如木材、水泥、焦炭、煤等，这类库存往往占用大量资金，要采用比较精细的方法来计算其存储控制参数。

有些物资是将多品种存放在一个仓库里的称为多品种库。如钢材库、电器元件库、配件库、有色金属库等。多品种库的存储不可能逐一计算每种物资的库存控制参数，可以将库存物资按其占用金额进行 ABC 分类进行存储管理。由于流动资金定额一般是按仓库下达的，所以多个品种物资存放在一个仓库时，往往存在资金约束及仓库容积约束，这样的存储模型称为带约束的存储问题。

3．单周期与多周期存储模型

有的物资必须购进后一次性全部供应或售出，否则就会造成经济损失，这类存储问题的模型称为单周期存储模型，如报纸、年历等时令性物品以及防洪、防冻季节性物资构成的模型。

有的物资多次进货多次供应，形成进货—供应消耗—再进货—再供应消耗，周而复始地形成多周期特点的存储问题的模型称为多周期存储模型。

5.2.4 仓储系统分析

1．仓库系统概述

仓库是保管、储存物品的建筑物和场所的总称，是生产、流通等领域重要的短暂缓冲场所，对调节物品供需之间的时间差起着重要作用。从不同角度出发，仓库可按不同方式分类，见表 5-2。

表 5-2 仓库的一般分类

分类依据	类　别
使用性质	营业仓库、自备仓库、公用仓库等
保管温、湿度条件	普通仓库、冷藏仓库、恒温仓库等
职能、货物保税等	储藏仓库、流通仓库、专用仓库等
建筑类型	平房仓库、多层仓库、地下仓库等
建筑物所用建筑材料	钢架混凝土仓库、钢筋混凝土仓库、钢结构仓库等
仓库建筑物的库内形态	一般平地面仓库、货架仓库、自动化立体仓库等

2．仓库周边系统

1）仓库周边系统构成

仓库周边系统设计主要包括货物出库时的装货作业、货物入库时的卸货作业与运输子系统的合理衔接等；其目的是提高货物出入库的效率，实现系统接口处科学合理的作业环境，节约作业时间，消除系统瓶颈。

仓库出入库装卸搬运作业系统一般由叉车、吊车、传输带等装卸搬运设备和站台、登车桥、装卸升降台等要素构成。

2）仓库周边系统的设计原则和影响因素

（1）满足实际需要、因地制宜的原则。

（2）装卸搬运作业省力化原则。

（3）物品装卸搬运的活性理论原则。搬运活性指数分为 5 级，即

4级——正在装卸搬运的物品。
3级——放置于装卸搬运机械上，可以随时移动的物品。
2级——被置于箱内，便于叉车或其他机械作业的物品。
1级——捆好或集装后的物品。
0级——散堆在地面上的物品。

（4）标准化原则。指严格按照国际通用标准进行设计。

出入库装卸搬运系统设计的主要影响因素见表5-3。

表5-3 出入库装卸搬运系统设计的主要影响因素

因　素	要　素	主要影响内容
出入库货物性质	种类、价值、形态、重量、体积等	出入库装卸系统设施布局与设备选用
运输工具	包括汽车、火车、船舶、飞机、管道，以及车（船、飞机）的类型等	装卸站台的设计与设备选用
仓库类型	温度、安全、湿度等	工业用门的选用，站台与内部设施的一致性
仓库位置	港口、机场、公（铁）路货站等	站台与运输工具的匹配性，站台系统的承重能力，速度要求等

5.2.5 自动化立体仓系统分析

1. 自动化立体仓库概述

自动化立体仓库也称为立库、高层货架仓库、自动仓储（automatic storage & retrieval system，AS/RS）。它是一种用高层立体货架（托盘系统）储存物资，用计算机控制管理和用自动控制堆垛运输车进行存取作业的仓库。仓库的功能从单纯的进行物资的储存保管，发展到担负物资的接收、分类、计量、包装、分拣配送、存档等多种功能。这有助于实现高效率物流和大容量储藏，并且能适应现代化生产和商品流通的需要。

2. 自动化立体仓库的构成

自动化立体仓库是机械和电气、强电控制和弱电控制相结合的设施。从系统角度考虑，它一般由货物储存、货物存取和传送、计算机控制和管理三大系统组成，还有与之配套的供电系统、空调系统、消防报警系统、称重计量系统、信息通信系统等。

（1）货物存储系统。一般由立体货架的货格（托盘或货箱）组成。货架按照排、列、层组合形成立体仓库存储系统。

（2）货物存取和传送系统。承担货物存取、出入仓库的功能，它由有轨或无轨堆垛机、入库输送机、装卸机械等组成。

（3）计算机控制和管理系统。采用计算机控制和管理，主要是针对堆垛机、出入库输送机械进行控制，可以根据自动化立体仓库的具体情况，采取不同的控制方式。管理主要是针对货物信息。有的仓库只采取对存取堆垛机、出入库输送机的单台PLC（可编程控制器）控制，机与机之间无联系；有的仓库对各单台机械采取联网控制的方式。更高级的自动化立体仓库的控制系统采用集中控制、分离式控制和分布式控制，进行分级控制。

3. 自动化立体仓库的分类

自动化立体仓库是不直接进行人工处理而使用自动化搬运和输送设备储存及取出货物的仓库系统，其分类见表 5-4。

表 5-4 自动化立体仓库的分类

分类依据	类 别	内 容
建筑形式	整体式	仓库内货架与建筑物连成一体，既能储存货物，又是建筑物的支撑要素之一
	分离式	货架与建筑物是分离的，互相独立存在
使用条件	普通库	主要是从温度角度区别，即常温或常湿库
	低温库	室温在 0℃ 以下的储存货物的自动化立体仓库
	高温库	室温在 40℃ 以上的储存货物的自动化立体仓库
	防爆库	具有防爆条件的自动化立体仓库
用途	生产型	企业为保持正常生产而建造的自动化立体仓库
	流通型	以衔接生产和流通为主要目的的自动化立体仓库
货物存取形式	单元货架式	在货架上存取货物以单元货物形式进行
	拣选货架式	可分为巷道内和巷道外分拣，以及人工或自动分拣
货架构造形式	单元货格式	货架分排，纵向上分多列，形成多货格式进行存取
	贯通式	分为重力式货架仓库和梭式小车式货架仓库
	旋转式	分为水平旋转货架式和垂直旋转货架式
	移动货架式	货架由电动货架组成，可对货架的分离或合拢进行控制
生产和流通中的作用	独立型	"离线"仓库，在操作流程等方面相对独立
	半紧密型	其操作流程、仓库的管理等与生产系统有一定关系
	紧密型	"在线"仓库，与生产系统密切联系

4. 自动化立体仓库的优点

（1）能大幅增加仓库高度，并且充分利用仓库面积与空间，从而减少占地面积。

（2）便于实现仓库的机械化、自动化，从而提高出入库效率，降低物流成本。

（3）提高仓库管理水平。借助于计算机管理能有效地利用仓库储存能力，便于清点盘存，合理减少库存，更能节约流动资金。

（4）由于采用货架储存，并结合计算机管理，可以容易地实现先进先出的出入库原则，防止由于储存原因造成的货物损失。

（5）立体仓库采用自动化技术后，能适应黑暗、有毒、低温等特殊场合的需要。

（6）自动化仓库都有仓储信息管理系统（WMS），数据及时准确，便于企业领导随时掌握库存情况，并且根据生产及市场状况及时对企业规划做出调整，从而提高生产的应变能力和决策能力。

5.3 仓储系统规划与设计

仓储系统的规划与设计关系到企业商品的流转速度、流通费用、企业对顾客的服务水平、服务质量以及仓储的运作效率，最终影响企业的利润。因此是物流系统规划中一个很关键的部分。

5.3.1 仓储及其作用

1. 什么是仓储

仓储作为物流系统中物资供应的一个重要组成部分,是各种物资周转、储备的关键环节,担负着物资管理的多项业务职能。这从其定义上就可以看出来。所谓仓储,就是在特定的场所储存物品的行为。其中,"仓"也称为仓库,是存放物品的建筑物和场地,它可以是房屋建筑、大型容器,也可以是洞穴或者特定的场地等,一般具有存放和保护物品的功能;而"储"则用来表示收存以备使用,具有收存、保管、交付使用的功能。

2. 仓储的作用

一般而言,现代仓储管理不仅要保管好库存物资,做到数量准确、质量完好、确保安全、收发迅速、面向生产,还要服务周到、降低费用、加速资金周转。所以,在经济尤其是物流生活中,仓储管理发挥着越来越大的作用。

(1) 对现代经济建设来说,现代仓储管理是保证社会再生产顺利进行的必要条件,是国家满足急需特需物资的保障。如果失去了仓储储备,就难以应付突发的自然灾害、战争等人力不可抗拒的情况,更难以保证国家的安全和社会的稳定。

(2) 对流通领域来说,现代仓储管理是平衡市场供求关系、稳定物价的重要条件,是物资供销管理工作的重要组成部分,还是保持物资原有使用价值的重要手段。

(3) 对企业经营来说,仓储可以调节采购、生产、销售环节之间由于供求品种及数量的不一致而发生的变化,使企业经营的环节相对独立的经济活动连接起来,起到润滑剂的作用。

5.3.2 仓储系统的规划

仓储系统规划是实现物流合理化的必要步骤。仓储系统规划在于运用专业技术能力,统计运算分析各作业需求,将仓储各关联系统做最适合的搭配组合,以建立适合的运作系统。仓储系统规划主要包括仓储作业区域的需求功能规划、作业程序与信息系统架构的规划、区域布置规划、仓储区域规模的确定、仓储设备的规划与选用等。

仓储系统的规划原则不是一成不变的,要视具体情况而定。在特定场合下,有些原则是互相影响,甚至互相矛盾的。为了做出最好的设计,有必要对这些原则进行选择和修改。

1. 系统简化原则

要根据物流标准化做好包装和物流容器的标准化,把杂货、粮食、饮料、食盐、食糖、饲料等散装货物、外形不规则货物组成标准的储运集装单元,实现集装单元与运输车辆的载重量、有效空间尺寸的配合、集装单位与装卸设备的配合、集装单位与仓储设施的配合,这样做会有利于仓储系统中各个环节的协调配合,在异地中转等作业时,不用换装、提高通用性、减少搬运作业时间、减轻物品的损失、损坏,从而节约费用;同时也简化了装卸搬运子系统,降低系统的操作和维护成本,提高系统的可靠性,提高仓储作业的效率。

2. 平面设计原则

如无特殊要求，仓储系统中的物流都应在同一平面实现，从而减少不必要的安全防护措施；减少利用率和作业效率较低、能源消耗较大的起重机械，提高系统的效率。

3. 物流和信息流的分离原则

现代物流是在计算机网络支持下的物流，如果不能实现物流和信息流的尽早分离，就要求在物流系统的每个分、合节点均设置相应的物流信息的识别装置，这势必造成系统的冗余度，增加系统的成本；如果能实现物流和信息流的尽早分离，将所需信息一次识别出来，再通过计算机网络传到各个节点，即可降低系统的成本。

4. 柔性化原则

仓库的建设和仓储设备的购置，需要大量的资金。为了保证仓储系统高效工作，需要配置针对性较强的设备，而社会物流环境的变化，又有可能使仓储货物品种、规格和经营规模发生改变。因此，在规划时，要注意机械和机械化系统的柔性和仓库扩大经营规模的可能性。

5. 物料处理次数最少原则

不管是以人工方式还是自动方式，每一次物料处理都需要花费一定的时间和费用。通过复合操作，或者减少不必要的移动，或者引入能同时完成多个操作的设备，就可减少处理次数。

6. 最短移动距离，避免物流线路交叉原则

移动距离越短，所需的时间越少，费用就越低；避免物流线路交叉，即可解决交叉点物流控制和物流等待时间问题，有利于保持物流的畅通。

7. 成本与效益平衡原则

在建设仓库和选择仓储设备时，必须考虑投资成本和系统效益原则。在满足仓储作业需求的条件下，尽量降低投资。

5.3.3 仓储合理化设计

1. 仓储合理化的含义

仓储合理化的含义，就是用最经济的仓储管理来实现仓储的功能，仓储的功能是满足物品的储存需要以实现储存物品的"时间效用"等。因此，仓储管理中降低成本以满足客户需求的仓储量是衡量仓储管理中合理化的一个原则。仓储合理化的标志体现见表5-5。

表5-5 仓储合理化标志

标志类型	仓储合理化内容
质量标志	仓储管理中对物品科学的保管保养，保证物品具有使用价值，这是实现仓储合理化的基本要求。为此，应通过仓储质量控制和管理来保证仓储质量
数量标志	仓储管理中的物品数量控制体现出整个仓储管理的科学化与合理化程度。一个合理的仓储数量应该是满足需求并做到成本最低
时间标志	在保证仓储功能实现的前提下，寻求一个合理的储存时间。要求仓储管理中，物品的管理应该处于动态的、不断周转状态下。资金的周转率高，运作的成本就低。因此，仓储的时间标志反映出仓储的动态管理程度

续表

标志类型	仓储合理化内容
结构标志	存储物品之间不同品种、不同规格、不同花色的仓储数量的比例关系，可以对仓储合理性进行判断
费用标志	仓租费、维护费、保管费、损失费、保险费和资金占用利息支出费用等，都能从实际费用上判断储存的合理与否
分布标志	指不同地区仓储的数量比例关系，反映满足需求的程度和对整个物流的影响

2. 仓储总体构成

仓储作业通常由生产作业区、辅助作业区、行政生活区、库内运输道路、停车场和绿化区构成。

1）生产作业区

生产作业区是库区仓储活动发生的主要场所，主要包括以装卸、储存、转运货物为主要业务的货场、货棚、仓库、装卸平台等和由道路、码头、铁路专用线为主要组成部分的交通系统。

2）辅助生产区

辅助生产区为仓储的主要业务提供各项服务，例如，设备维修、各种物料和机械的存放、垃圾处理等。主要建筑物包括维修加工及动力车间、工具设备库、车库、油库、变电室等。

3）行政生活区

行政生活区是仓储行政管理机构和生活区域。具体包括办公楼、警卫室、化验室、宿舍和食堂等。行政生活区与生产作业区应分开，并保持一定距离，以保证仓库的安全及行政办公和居民生活的安静。

4）库内运输道路

商品出入库和库内搬运要求库内、外交通运输线相互衔接，并与库内各个区域有效连接。仓库交通运输布置得是否合理，对于仓库组织仓储作业和有效地利用仓库面积都有很大的影响。

5）停车场和绿化区

停车场和绿化区设置要遵照相应的法律法规并使不同区域所占面积与仓库总面积保持适当的比例。例如，停车场面积必须保证商品接收、发运需要，绿化区面积不少于30%等。

3. 仓库结构设计

仓库的结构，对于实现仓储功能起着非常重要的作用。设计时，要从以下方面考虑：

1）平房建筑和多层建筑仓库的结构设计

仓库的结构从出入库作业的合理化方面来看，应尽可能采用平房建筑。这样，储存物品就不必上下移动，因为利用电梯将储存产品从一个楼层搬运到另一个楼层费时费力，而且电梯往往也是物品流转中的一个瓶颈。但在城市商业中心区，土地有限或者昂贵，为了充分利用土地，采用多层建筑成为最佳选择。采用多层楼库时，要特别重视对货物上下楼的通道设计。

2）仓库出入口和通道

仓库出入口的位置和数量是由建筑物主体结构和面积、库内货物堆码形式、出入库作业流程和次数以及仓库职能等因素所决定的。出入库口尺寸的大小是由卡车是否出入库内，所用叉车的种类、尺寸、台数、出入库次数、保管货物尺寸大小所决定的。库房内的通道是保证库内作业顺畅的基本条件，通道应延伸至每一个货位，使每一个货位都可以直接进行作业。通道需要通直平整，减少转弯和交叉。

3）立柱间隔

库房内的立柱是出入库作业的障碍，会导致保管效率低下，因而立柱应尽可能减少。但当平房仓库梁的长度超过 25 米时，建无柱仓库有困难，则可设梁间柱，使仓库成为有柱结构。对于在开间方向上的壁柱，可以每隔 5～10 米设一根，由于这个距离仅和门的宽度有关，库内又不显露出柱子，因此和梁间柱相比，在设柱方面比较简单。但是在开间方向上的柱间距必须与隔墙、防火墙的位置，门、库内通道的位置，天花板的宽度或是库内开间的方向设置的卡车停车站台长度等相匹配。

4）天花板的高度

由于实现了仓库的机械化、自动化，因此现在对仓库天花板的高度也提出了很高的要求。即使用叉车的时候标准提升高度是 3 米，而使用多段式高门架的时候要达到 6 米。另外，从托盘装载货物的高度来看，包括托盘的厚度在内，密度大且不稳定的货物，通常以 1.6 米为标准。以其倍数（层数）来看，1.2 米/层×4 层=4.8 米，1.6 米/层×3 层=4.8 米，因此，托盘货架仓库的天花板高度最低应该为 5～6 米。

5）地面

不同构造的地面会有不同的耐压强度，地面承载力也会不同。地面承载力必须根据承载货物的种类或堆码高度具体研究。通常，一般平房普通仓库 1 平方米地面承载力为 2.5～3 吨，其次是 2～2.5 吨多层仓库随层数增高，地面承受负荷能力减小，一层为 2.5～3 吨，二层为 2～2.5 吨，三四层为 1.5～2 吨，五层以上为 1～1.5 吨甚至更小。地面的负荷能力是由保管货物的重量以及所使用的装卸机械的总重量、楼板骨架的跨度等所决定的。流通仓库的地面承载力，还必须保证重型叉车作业的足够受力。

5.3.4 仓库布局

1. 仓库布局

仓库布局是指将一个仓库的各个组成部门，如库房、货棚、货场、辅助建筑物、铁路专用线、库内道路、附属固定设备等，在规定范围内，进行平面和立体的统筹规划、合理安排，最大限度地提高仓库的储存和作业能力，并降低各项费用。

2. 仓库布局原则

（1）尽可能采用单层设备，这样造价低，资产的平均利用率也高。

（2）使货物在出入库时单向和直线运动，避免逆向操作和大幅度变向的低效率运作。

（3）在物料搬运设备大小、类型、转弯半径的限制下，尽量减少通道所占用的空间。

（4）尽量利用仓库的高度，可以使用高层货架或托盘进行多层堆放以提高储存量，增加利用空间。

（5）要适应现代仓储的需求，尽量配置高效的物料搬运设备及操作流程，以提高生产效率。

（6）实施有效的存储计划，确保储存空间有效利用。

3．仓库总体布局的要求

1）要适应仓储企业的生产流程，有利于实现仓储作业的优化

（1）单一的物流方向。仓库内商品的卸车、验收、存放地点之间的安排，必须适应仓储生产流程，按一个方向流动。

（2）最短的运距。应尽量减少迂回运输，专用线的布置应在库区中部，并根据作业方式、仓储商品品种、地理条件等，合理安排库房，专用线要与主干道相对应。

（3）最少的装卸环节。减少在库商品的装卸搬运次数和环节，商品的卸车、验收、堆码作业最好一次完成。

（4）最大的利用空间。仓库总平面布置是立体设计，应有利于商品的合理存储和充分利用库位。

2）有利于提高仓储经济效益

要因地制宜，充分考虑地形、地址条件，合理确定库房的位置和朝向，仓库位置应便于货物的入库、装卸和提取，库内区域划分明确、布局合理，为货物的储存保管创造良好的环境，提供适宜的条件

3）有利于保证安全生产和文明生产

（1）要符合消防规定，要有防火、防盗、防水、防爆设施，同时要为发生险情时创造方便的救援条件。

（2）应符合卫生和环境要求，既满足库房的通风、日照等，又要考虑环境绿化、文明生产，有利于职工身体健康。

4．仓库内部货区布局设计

仓库货区布局，是指根据仓库场地条件、仓库业务性质和规模、物资储存要求以及技术设备的性能和使用特点等因素，对仓库各组成部分，如存货区、理货区、配送备货区、通道以及辅助作业区等，在规定的范围内进行平面和立体的合理安排与布置，最大限度地提高仓库的储存能力和作业能力，并降低各项仓储作业费用。仓库的货区布局和规划，是仓储业务和仓库管理的客观需要，其合理与否直接影响各项工作的效率和储存物资的安全。因此，不但建设新仓库时要重视仓库货区的合理布置，随着技术的进步和作业情况的变化，也应重视对老仓库进行必要的改造。

5．合理进行库位分区

库位分区是解决货物如何放、放在哪里的问题，是仓库作业的基础，分区是否合理将直接影响仓库作业的效率。

按照仓储作业的功能特点以及 ISO 9000 国际质量体系认证的要求，仓库内部库位一般分为以下四个区域。

（1）备储区。用于暂存处于检验过程中的货物，有进货暂存区和出货暂存区之分。预备储区中不但应对货物的品质有所保护，而且对于货物分批、分类的隔离也要落实执

行。此区域一般采用黄色的标志以区别于其他状态的货物。

（2）保管储区。此区域的货物大多以中长期状态进行保管，是整个仓储中心的管理重点所在。此区域一般采用绿色的标志以区别于其他状态的货物。

（3）待处理区。用于储存不具备验收条件或质量不能确认的货物，一般采用白色的标志以区别于其他状态的货物。

（4）不合格品区。用于储存质量不合格的货物。

5.3.5 货区布置方法

1. 平面布置

平面布置是指对货区内的货垛、通道、垛间距、收发货区等进行合理的规划，并正确处理它们的相对位置。平面布置的形式可以概括为垂直式和倾斜式。

1）垂直式布置

垂直式布置，是指货垛或货架的排列与仓库的侧墙互相垂直或平行，具体包括横列式布置、纵列式布置和纵横式布置。

（1）横列式布置，是指货垛或货架的长度方向与仓库的侧墙互相垂直。这种布局的主要优点是：主通道长且宽，副通道短，整齐美观，便于存取查点，如果用于库房布局，还有利于通风和采光，如图 5-3 所示。

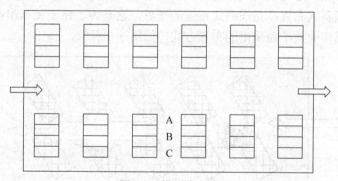

图 5-3 横列式布置

（2）纵列式布置，是指货垛或货架的长度方向与仓库侧墙平行。这种布局的优点主要是仓库平面利用率较高，但存取货物不方便，如图 5-4 所示。

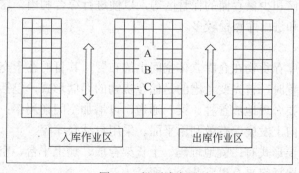

图 5-4 纵列式布置

（3）纵横式布置，是指在同一保管场所内，横列式布置和纵列式布置兼而有之，可以综合利用两种布置的优点。如图5-5所示。

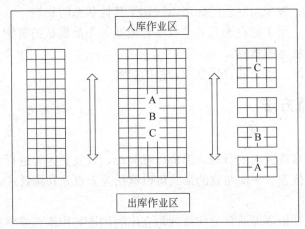

图 5-5　纵横式布置

2）倾斜式布置

倾斜式布置，是指货垛或货架与仓库侧墙或主通道成 $60°$、$45°$ 或 $30°$ 夹角。具体包括货垛倾斜式布置和通道倾斜式布置。

（1）货垛倾斜式布置，是横列式布置的变形，它是为了便于叉车作业、缩小叉车的回转角度、提高作业效率而采用的布置方式，如图5-6所示。

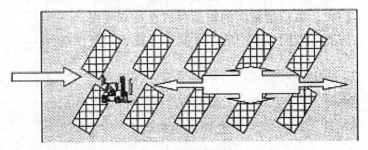

图 5-6　货垛倾斜式布置

（2）通道倾斜式布置，是指仓库的通道斜穿保管区，把仓库划分为具有不同特点的作业区，如大量存储和少量存储的保管区等，以便进行综合利用。这种布置形式使仓库内形式复杂，货位和进出库路径较多。

2. 空间布置

空间布置是指存货物在仓库立体空间上的布置，其目的在于充分有效地利用仓库空间。进行空间布置时，首先要考虑的是储存货物的存储形式，包括存储货物的位置、尺寸与数量；其次要合理地放置柱、梁、通道，以增加空间使用率；最后要注意保管空间的有效利用，即向上发展、有效利用平面、采用自动仓库等。

空间布置的主要形式有：就地堆码、上货架存放、加上平台、空中悬挂等货架存放物品有很多优点，概括起来有以下几个方面。

(1) 便于充分利用仓库空间，提高库容利用率，扩大存储能力。
(2) 物品在货架里互不挤压，有利于保证物品本身和其包装完整无损。
(3) 货架各层中的物品，可随时自由存取，便于做到先进先出。
(4) 物品存入货架，可防潮、防尘，某些专用货架还能起到防损、防伤、防盗、防破坏的作用。

3. 货物布置

(1) 根据物品特性分区分类储存，将特性相近的物品集中存放。
(2) 将货物进行 ABC 分类，A 类货物尽量布置于靠近走道或门口的地方，C 类货物尽量置于仓库的角落或较偏僻的地方，B 类货物则置于 A 类和 C 类货物之间的地方。
(3) 将单位体积大、单位质量大的物品存放在货架底层。
(4) 将同一供应商或者同一客户的物品集中存放，以便于进行分拣配货作业。

4. 库内非保管场所布置

仓库内货架和货垛所占的面积为保管面积或使用面积，其他则为非保管面积。应尽量扩大保管面积，缩小非保管面积。非保管面积包括通道、墙间距、收发货区和库内办公地点。

1) 通道

库房内的通道，分为运输通道（主通道）、作业通道（副通道）和检查通道。

运输通道供装卸搬运设备在库内行走，其宽度主要取决于装卸搬运设备的外形尺寸和单元装载的大小。运输通道的宽度一般在 1.5～3 米。

2) 墙间距

墙间距的作用一方面是使货物和货架与库墙保持一定的距离，避免物品受库外温湿度的影响，同时也可作为检查通道和作业通道。墙间距一般宽度在 0.5 米左右，当兼作作业通道时，其宽度需增加一倍。

3) 收发货区

收发货区是供收货、发货时临时存放物品的作业用地。收发货区的位置应靠近库门和运输通道，可设在库房的两端或适中的位置，并要考虑收货发货互不干扰。收发货区面积的大小，则应根据一次收发批量的大小、物品规格品种的多少、供货方和用户的数量、收发作业效率的高低、仓库的设备情况、收发货的均衡性、发货方式等情况确定。

4) 库内办公地点

管理人员的办公室设在库内特别是单独隔成房间是不合理的，既不经济又不安全，所以办公地点最好设在库外。

5.3.6 货位编号

1. 货位编号概念

货位即货物存放的位置。货位编号，就是在分区分类的基础上，将仓库的库房、货场、货棚及货架等存放货物的场所，划分为若干货位，然后按照储存地点和位置的排列，采用统一标记编上顺序号码，并做出明显标志，以方便仓库作业的管理方法。

货位编号在保管工作中具有重要的作用，它能提高收发货作业效率，而且有利于减少差错。货位编号就好比货物在库的"住址",做好货位编号工作应根据不同的仓库条件、货物类别和批量整零情况,合理进行货位划分及序号编排,以符合"标志设置要适宜、标志制作要规范、编号顺序要一致、段位间隔要恰当"的基本要求。

2. 货位编号的方法

货位编号应按照统一的规则和方法进行。使用统一的形式、统一的层次和统一的含义编排。

1)仓库内存储场所的编号

仓库内的储存场所若有库房、货棚、货场,则可以按一定的顺序(自左向右或自右向左),各自连续编号。库房的编号一般写在库房的外墙上或库门上,字体要统一、端正、色彩鲜艳、清晰醒目、易于辨认。货场的编号一般写在场地上,书写的材料要耐摩擦、耐雨淋、耐日晒。货棚编号书写的地方,则可根据具体情况而定,总之应让人一目了然。

2)库房、货棚内货位的编号

对于库房、货棚的货位,在编号时,应对库房和货棚有明显区别,可加注"库""棚"等字样,或加注"K""P"字样。"K""P"分别是"库""棚"拼音的第一个大写字母。对于多层库房,常采用"三位数编号""四位数编号"或"五位数编号",如图5-7所示。

图5-7 多层库房货位编号

3)货场内货位的编号

货场内货位布置方式不同,其编号的方式也不同。货位布置的方式一般有横列式和纵列式两种。横列式,即货位与货场的宽平行排列,可采用横向编号。如图5-8所示。

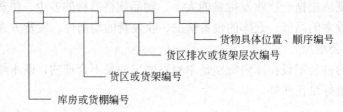

图5-8 "四位数编号"示意图

纵列式,即货位与货场的宽垂直排列,常采用纵向编号。无论横向编号还是纵向编号,编号的具体方法一般有两种:一是按照货位的排列,先编成排号,再在排号内按顺序编号;二是不编排号,采取自左至右和自前至后的方法,按顺序编号。如图5-9所示。

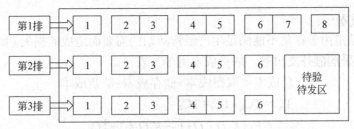

图 5-9　货场内横列式货位编号（分排）示意图

4）货架上各货位的编号

可先将库房内所有的货架，以进入库门的方向，自前到后按排进行编号，继而对每排货架的货位按层、位进行编号。顺序应是从上到下，从左到右，从里到外。如图 5-10 所示。

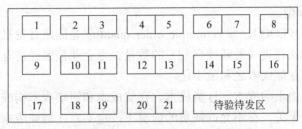

图 5-10　货场内横列式货位编号（不分排）示意图

5.3.7　仓储成本分析

1. 取得成本

取得成本是指为取得存货而支出的成本。取得成本又可以分为订货成本和购置成本，前者是指取得订单的成本，与订货次数有关；后者是存货本身的价值。因此取得成本为

$$TC_a = F_1 + K_a D / Q + DU \tag{5.1}$$

式中：TC_a——取得成本（元）；

F_1——订货固定成本（元）；

K_a——每次订货的变动成本；

D——年需求量（件）；

Q——每次订货量（件）；

U——单价（元/件）。

2. 储存成本

储存成本是指企业为保持存货而发生的成本，如仓储费用资金的利息等。储存成本可以分为变动成本和固定成本两类，前者与库存数量的多少有关，后者与存货数量无关。因此储存成本为

$$TC_c = F_2 + K_c Q / 2 \tag{5.2}$$

式中：TC_c——储存成本（元）；

F_2——固定储存成本（元）；

K_c——单位变动储存成本（元/件）。

3. 缺货成本

缺货成本是指由于存货不能满足生产经营活动的需要而造成的损失，如失销损失、信誉损失、紧急采购额外支出等。缺货成本用 TC_b 表示。

$$总成本 = 取得成本 + 储存成本 + 缺货成本$$
$$TC = TC_a + TC_c + TC_b$$
$$= F_1 + K_a D / Q + F_2 + K_c Q / 2 + TC_b \tag{5.3}$$

如果存货量大，可以防止因缺货造成的损失，减少缺货成本，但相应要增加储存成本；反之，如果存货量小，可以减少储存成本，但相应会增加订货成本和缺货成本。存货管理的目标是使存货的总成本达到最小，即确定经济批量。

5.3.8 仓储成本控制方法

1. 经济批量模型

经济订货批量（EOQ），即 economic order quantity 是固定订货批量模型的一种，可以用来确定企业一次订货（外购或自制）的数量。当企业按照经济订货批量来订货时，可实现订货成本和存储成本之和最小化。

存货成本主要由采购成本、订货成本、存储成本和短缺成本构成。其中，采购成本与存货的订购批量无关，在不允许缺货的情况下，也不存在短缺成本。所以，与存货采购次数和每次采购的订购批量相关的成本只有订货成本和存储成本两种。如果在一定时期内，企业需求的存货总是固定的，那么，存货的订购批量越大，存储的存货就越多，存储成本就会越高，但由于订货次数减少，则会使订货成本降低；反之，减少存货的订购批量，会使存储成本随之减少，但由于订货次数增加，订货成本会上升。由此可见，存货的订货成本与存储成本与存货的采购批量密切相关，并且呈反方向变动。这样，就可以找到一个使订货成本与存储成本之和最低的采购批量，这就是经济订购批量。存货的经济订购批量可以用图 5-11 表示。

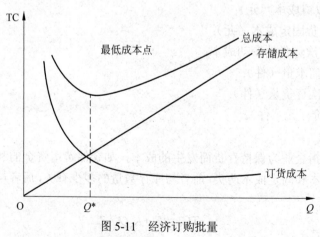

图 5-11　经济订购批量

2. 经济订购批量的基本数学模型

存货的经济订购批量可以用数学模型来表示。

假设存在以下基本前提。

（1）企业一定时期内存货的总需求可以准确地预测。
（2）存货的耗用是均衡的。
（3）不允许出现缺货情况。
（4）存货的价格稳定，并且不存在数量折扣。
（5）存货的订购数量和订购日期完全由企业自行决定并且当存货数量降为零时，下一批存货能马上一次性到位。
（6）仓储条件和所需资金不受限制。

在符合以上基本前提下，可以计算存货的总成本、经济订购批量与经济订购批次。

$$平均库存量 = \frac{Q}{2} \tag{5.4}$$

$$全年订货次数 = \frac{A}{Q} \tag{5.5}$$

$$全年订货成本 = B \times \frac{A}{Q} \tag{5.6}$$

$$全年储存成本 = C \times \frac{Q}{2} \tag{5.7}$$

$$存货总成本\ TC = B \times \frac{Q}{2} + C \times \frac{A}{Q} \tag{5.8}$$

式中：
A——代表全年存货总需求量；
Q——代表每批订购批量；
B——代表每次订货的订货成本；
C——代表单位存货年存储成本；
TC——代表全年存货的订货成本与存储成本之和。

根据存货总成本公式，求 TC 对 Q 的导数得：

$$Q^* = \sqrt{\frac{2AB}{C}} \tag{5.9}$$

3. 经济订购批量决策步骤

经济订购批量一般按下列步骤进行决策：

（1）按照存货经济订购批量的基本模型计算无数量折扣情况下的经济订购批量及其存货总成本。
（2）不同数量折扣下的优惠价格，计算不同批量下的存货总成本。
（3）比较经济订购批量与不同批量下的存货总成本，总成本最低的批量就是最佳订购批量。

5.3.9　仓储成本控制的重要性和原则

在物流企业中存货占有较大的比重，因此物流企业的仓储成本控制是一项非常重要的工作，库存物资数量并非越多越好，库存物资数量越多，虽然越能满足生产和消费的需要，但占用大量的资金，仓储保险费用也较多，显然是极不经济的，因此，物流企业仓储成本控制具有极其重要的意义。

1. 仓储成本控制的重要性

仓储成本的重要性主要体现在以下几个方面。

（1）仓储成本控制是企业增加盈利的"第三利润源"，直接服务于企业的最终目标。增加利润是企业的目标之一，也是社会经济发展的原动力。无论在什么情况下，降低成本都可以增加利润。在收入不变的情况下，降低成本可使利润增加；在收入增加的情况下，降低成本可使利润更快增长；在收入下降的情况下，降低成本可抑制利润的下降。

（2）仓储成本控制是企业持续发展的基础，把仓储成本控制在同类企业的先进水平上，才有迅速发展的基础。仓储成本降低了，可以削减售价以扩大销售，销售扩大后经营基础稳定了，才有能力提高产品质量、创新产品设计、寻求新的发展。许多企业陷入困境的重要原因之一，是在仓储成本失去控制情况下，一味在扩大生产和开发新产品上冒险，一旦市场萎缩或决策失误，企业没有抵抗能力，很快就垮下去了。同时，仓储成本一旦失掉，就会造成大量的资金沉淀，严重影响企业的正常生产经营活动。

2. 仓储成本控制的原则

1）政策性原则

（1）质量和成本的关系。不能片面追求降低储存成本，而忽视储存物资的保管要求和保管质量。

（2）国家利益、企业利益和消费者利益的关系。降低仓储成本从根本上说对国家、企业、消费者都是有利的，但是如果在仓储成本控制过程中采用不适当的手段，就会损害国家和消费者的利益。

（3）全面性原则。由于仓储成本涉及企业管理的方方面面，因此成本控制要进行全员控制、全过程控制、全方位控制。

2）经济原则

经济原则主要强调推行仓储成本控制而发生的成本费用支出不应超过因缺少控制而丧失的收益。其和销售、生产、财务活动一样，任何仓储管理工作都要讲求经济效益。为了建立某项严格的仓储成本控制制度，需要发生一定的人力或物力支出，但这种支出不应太大，不应超过建立这项控制所能节约的成本。

经济原则要求仓储成本控制要能起到降低成本、纠正偏差的作用，并具有实用、方便、易于操作的特点。经济原则要求在仓储成本控制中贯彻"例外原则"。对正常储存成本费用支出可以从简控制，而特别关注各种例外情况。

3）分级归口管理原则

企业的仓储控制成本目标，要层层分解、层层归口、层层落实、落实到各环节、各小组甚至个人，形成一个仓储成本控制系统。一般来说，控制的范围越小越好，因为这样可使各有关责任单位明确责任范围，使仓储成本控制真正落到实处。

4）权责利相结合原则

落实到每个环节、小组或个人的目标成本，必须与他们的责任大小、控制范围相一致，否则成本控制就不可能产生积极的效果。

5）例外管理原则

那些不正常的，不符合常规的问题称为"例外问题"。根据成本效益原则，仓储成本控制应将精力集中在非正常金额较大的例外事项上。解决了这些问题，就等于解决了关键问题，仓储目标成本的实现就有了可靠的保证，仓储成本控制的目的也就实现了。

5.4 库存控制

5.4.1 库存控制概述

1. 库存的意义

库存频繁出现在仓库、堆场、商店库房、运输设备和零售商店的货架上。持有这些库存每年耗费的成本占其价值的 20%~40%。因此，对物流中的库存控制已成为企业成本管理的重要内容之一，也是企业降低物流成本的一个重要方面。所以，企业通过控制库存来降低资金占用、资金成本、存储费用，增加盈利有着重要的作用。

2. 库存类型

按照企业库存管理的目的不同，必要的库存可以分为以下几种类型。

1）运转库存

运转库存又称经常库存，是指为了满足日常需求而建立的库存。这种库存是不断变化的，当物品入库时到达最高库存量，随着生产消耗或销售，库存量逐渐减少，直到下一批物品入库前降到最小。这种库存的补充是按一定的规则反复进行的。

2）安全库存

安全库存，是指为了防止由于不确定因素（如突发性大量订货或供应商延期交货）影响订货需求而准备的缓冲库存。

3）加工和运输过程库存

加工库存是指处于加工或等待加工而处于暂时储存状态的货物。

运输过程的库存是指处于运输状态（在途）而暂时处于储存状态的货物。

3. 季节性库存

季节性库存是指为了满足特定季节中出现的特定需求而建立的库存，或指对季节性生产的货物在出产的季节大量收储所建立的库存。

4. 促销库存

促销库存是指为了应付企业促销活动产生的预期销售增加而建立的库存。

5. 时间效用库存

时间效用库存是指为了避免货物价格上涨造成损失，或者为了从货物价格上涨中获利而建立的库存。

6. 沉淀库存或积压库存

沉淀库存或积压库存是指因货物品质变坏或损坏，或者因没有市场而滞销的货物库存，还包括超额储存的库存。

5.4.2 影响库存的因素

1. 需求的性质

需求性质的不同对库存管理决策有着决定性的影响。它们表现为以下几种情况：

1）需求确定或不确定

若需求是确定而已知的，则可只在需求发生时准备库存，库存的数量根据给定的计划确定；若需求是不确定的，则需要保持经常储备量，以供应随时发生的需求。

2）需求有规律变化或随机变动

需求虽有变动但其变动存在着规律性，如季节性变动，则有计划地根据变动规律，在旺季到来之前准备较多的库存储备以备销售增长的需要。若需求变动没有一定的规律，呈现为随机性变化，就需要设置经常性库存，甚至准备一定的保险储备量来预防突然发生的需求。

3）独立性需求或相关性需求

需求的独立性或相关性是指某种物品的需求与其他物品的需求互不相关或相互依赖。相关性需求一般根据某项相关需求计划直接推算该物品的供货数量和时间。独立性需求是企业所不能控制的，它们随机发生，只能用预测的方法而无法精确计算。在确定供货数量和时间上主要考虑成本上的经济性。本章讨论的库存物品主要是独立性需求的物品。

4）需求的可替代性

有些物品可由其他物品替代，它们的库存量就可以定得少些，万一发生缺货也能用替代品来满足需要。对于没有替代品的物品，则必须保持较多的库存才能保证预期的供应需求。

2. 提前期

提前期是指从订购或下达生产指令时间开始，到物品入库的时间周期。在库存控制中，都是根据库存量将要消耗完的时间，提前订货，以避免在订货到达之前发生缺货。显然这与订单处理时间、物品在途时间以及该物品的日常用量有关。

3. 自制或外购

所需要的物品是自制还是外购，也影响对库存的决策。若从外部采购，应着重从经济性，即节约成本的要求来确定它们的供货数量和供货次数。若属于本厂自制，则不但要考虑成本的经济，还需要考虑生产能力的约束、生产各阶段的节奏性等因素来确定供货的数量和时间。

4. 服务水平

服务水平指的是由库存满足用户需求的百分比。如果库存能够满足全部用户的全部订货需要，则其服务水平为100%。若100次订货，只能满足90次，则服务水平为90%，相应地，这时的缺货概率为10%。服务水平一般是由企业领导部门根据经营的目标和战略而规定的。服务水平的高低影响到库存水平的选择，服务水平要求高，就需要较多的储备来保证。

5. 管理水平

通过仓储与库存的管理，可以减少库存失误。分析造成库存的失误性原因，有利于加强仓储与库存的管理。

5.4.3 库存控制方法

1. 定量订购方法

定量订购是指预先规定一个定购点，当实际储备量降到订购点时，就按固定的订购数量（每次订购数量一般用经济批量法确定）提出订购。运用这种方法，每次订购的数量不变，而订购时间由材料物资需要量来决定。

定量库存控制的关键是正确确定订购点，即提出订购时的储备量标准。如果订购点偏高，将会增加材料物资储备及其储存费用；如果订购点偏低，则容易发生供应中断。确定订购点时需要考虑四个因素：一是经济订购批量的大小，二是订货提前量，三是超常耗用量，四是保险储备量。

计算公式如下：

订购点量＝订购时间×平均每日耗用量＋保险储备量

保险储备量＝（预计日最大耗用量－每天正常耗用量）×订购提前期日数

上式的订购时间是指提出订购到物资进厂所需的时间。

难点例释：某企业乙种物资的经济订购批量为950吨，订购间隔期为30天，订购时间为10天，平均每日正常需用量为50吨，预计日最大耗用量为70吨，订购日的实际库存量为800吨，保险储备量为200吨，订货余额为零。则：

订购点库存量＝10×50＋(70−50)×10＝700吨

也就是说，当实际库存量超过700吨时，不考虑订购；而降低到700吨时，就应及时按规定的订购批量950吨提出订购。

这种方法的优点是手续简单，管理方便，缺点是物资储备控制不够严格。因此，它一般适用于企业耗用量较少、用途固定、价值较低、订购时间较短的物资。

2. 定期订购方法

定期订购是指预先定一个订购时间，按照固定的时间间隔检查储备量，并随即提出订购，补充至一定数量。所以，这种方法订购时间固定，而每次订购数量不确定，按照实际储备量情况而定。计算公式如下：

订购量＝平均每日需用量×（订购时间＋订购间隔）＋保险储备量－实际库存量－订购余额

订购时间间隔是指相邻两次订购日之间的时间间隔；实际库存量为订购日的实际库存数量，订货余额是过去已经订购但尚未到货的数量。订购时间间隔是指两次订购日之间的时间间隔；实际库存量为订购日的实际库存数量；订货余额是过去已经订购但尚未到货的数量。

在上例中，订购量＝50×(10＋30)＋200−800＝1 400吨

这种订货方式的优点是严格控制物资储备量，它既能保证生产需要，又能避免货物超储。缺点是手续麻烦，每次订货都得去检查库存量和订货合同，并计算出订货量，它一般适用于企业必须严格管理的重要货物。

5.4.4 库存管理分类方法——ABC 分类管理

1. 概念

ABC 分类法就是一种依据一定的原则对众多事物进行分类的方法。

ABC 分类管理（ABC classification）是将库存物品按品种和占用资金的多少分为特别重要的库存（A 类）、一般重要的库存（B 类）和不重要的库存（C 类）三个等级，然后针对不同等级分别进行管理与控制。它在一定程度上可以压缩企业库存总量，节约资金的占用，优化库存的结构，节省管理的精力。

2. 原理

任何一个库存系统都必须指明何时发出订单，订购数量为多少。然而，大多数库存系统要订购的物资种类非常多，因此对每种物资都采用模型来进行控制有些不切实际。为了有效地解决这一问题，可用 ABC 分类法把物品分成以下三类。

A 类：金额大的物品。

B 类：中等金额的物品。

C 类：金额较小的物品。

金额的大小是衡量物资重要程度的尺度，也就是说，一种价格虽低、但用量极大的物资可能不比价格虽高但用量极少的物资重要。

3. 库存 ABC 的分类标准

ABC 分类的标准主要有两个：①金额标准，②品种数量标准。其中金额标准是最基本的，品种数量标准仅作为参考。

一般 A 类存货的年占用金额占总库存金额的 70%左右，其品种数却只占总库存数的 10%左右；B 类存货的年占用金额占总库存金额的 20%左右，其品种数却只占总库存数的 20%左右；C 类存货的年占用金额占总库存金额的 10%左右，其品种数却只占总库存数的 70%左右。如图 5-12 和图 5-13 所示。

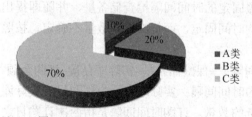

图 5-12　ABC 分类法物品品种比例

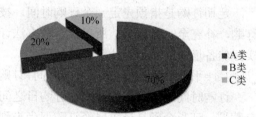

图 5-13　ABC 分类法物品金额比例

A 类库存的特点是金额巨大，但品种数量较少；B 类库存的金额一般，品种数量相对较多；C 类库存的品种数量相对较多，但金额却很小。一般而言，三类库存的金额比重大致为 A∶B∶C=0.7∶0.2∶0.1，而品种数量比重大致为 A∶B∶C=0.1∶0.2∶0.7。由此可见，由于 A 类库存占用企业绝大部分资金，只要能够控制好 A 类库存，基本上也就不会出现较大的问题。同时，由于 A 类库存品种相对较少，企业完全有能力按照每一个品种进行管理。B 类库存金额相对较小，企业不必像对待 A 类库存那样花费太多的精力。同时，由于 B、C 类库存的品种远远大于 A 类库存，企业通常没有能力对每一品种进行具体控制。因此，可以通过划分类别的方式进行管理。

4. ABC 分类法在库存管理中的应用

通过对库存进行 A、B、C 分类，可以使企业分清主次，采取相应的对策进行有效的管理控制。企业在组织经济订货批量、储存期分析时，对 A、B 类库存可以分别按品种、类别进行。对 C 类库存只需要加以灵活掌握即可，一般不必进行上述各方面的测算与分析。此外，企业还可以运用 ABC 分类法将库存区分为 A、B、C 类，通过研究各类消费品的消费档次、倾向等，需要对各档次的库存进行估算，并购进相应的库存，从而使企业的采购与销售建立在市场调查的基础上，提高库存的管理水平（图 5-14）。

图 5-14　ABC 管理应用

二八理论

ABC 分析法，在日本被称为"二八理论"，也称为"20∶80 的法则"。其来源是按一般的经验，20% 商品的销售额往往要占整个销售额的 80%。

发现这一规律的是意大利经济学家帕累托。他研究了 19 世纪英国的所有人口资产的分布后，发现存在 20% 的收益阶层拥有 80% 的财富的不平衡现象；其他经济活动也有类似情况。

5.4.5　JIT 库存控制法

JIT（just in time）也叫准时制。它的基本思想是："只有需要的时候，按需要的量，生产所需的产品。"其核心是追求一种无库存生产系统，或使库存达到最小，它是出发点是减少或消除从原材料投入产成品的产出全过程中的库存及各种浪费，建立起平滑而更有效的生产过程。

准时制（JIT）是 20 世纪 80 年代中期由日本丰田汽车公司首创，并在日本工业企业中广泛推行的关于库存优化管理的一种新理念和管理方法，现在这一方式与源自日本的其他生产、流通方式一起被西方企业称为"日本化模式"，其中，日本生产、流通企业的物流模式对欧美的物流产生了重要影响，近年来，JIT 不仅作为一种生产方式，也作为一种物流模式在物流界得到推行。准时制的优点是可以避免库存积压，减少资金占用利息，还可以节省仓库建设投资和仓库管理费用。准时制基本原理如下所述。

（1）产品生产按照生产流程，各工序之间紧密配合，严格按生产进度时间表规定的生产节拍进行。

（2）根据市场需要，以最终产品的生产数量为基础，推动各有关工序的生产活动，按生产流程相反方向，计算各工序每天需要的零部件和材料的品名与数量。

（3）各道工序严格按下道工序的需要进行生产，并准时按完成的在制品交下道工序。因此，在各道工序，最多有一天的在制品库存，或甚至几乎等于零。

（4）外购零部件和材料严格按各工序需用数量由协作厂和供应商在每天开工前堆时送达指定的生产钱。因此，在各道工序，外购零部件和材料最多有一天的库存，甚至等于零。

实行准时生产制度，厂内物资流通与产品生产流程在时间和数量上同步进行，密切配合，使原材料、零部件、在制品和产品的库存降到最低限度，几乎接近于零。

5.4.6 MRP 管理法

1. MRP 管理法的基本原理

MRP 管理法的基本原理是由主生产进度计划（MPS）和主产品的层次结构逐层逐个地求出主产品所有零部件的出产时间、出产数量，这个计划也被叫作货物需求计划；其中，如果零部件靠企业内部生产，需要根据各自的生产时间长短来提前安排投产时间，形成零部件投产计划；如果零部件需要从企业外部采购，则要根据各自的订货提前期来确定提前发出各自订货的时间、采购的数量，形成采购计划。投产计划进行生产和按照采购计划进行采购，就可以实现所有零部件的出产计划，从而不仅能够保证产品的交货期，而且还能够降低原材料的库存，减少流动资金的占用。

2. MRP 管理法的过程

货物需求计划 MRP 是根据主生产进度计划（MPS）、产品的结构文件（BOM）和库存文件而形成的。

1）主产品

主产品就是企业用以供应市场需求的产成品。例如，汽车制造厂生产的汽车，电视机厂生产的电视机，都是各自企业的主产品。

2）主产品的结构文件

主产品的结构文件主要反映主产品的层次结构、所有零部件的结构关系和数量组成。根据这个文件，可以确定主产品及其各个零部件的需要数量、需要时间和它们相互间的装配关系。

3）主生产进度计划

主生产进度计划主要描述主产品及由其结构文件（BOM）决定的零部件的出产进度，表现为各时间段内的生产量，有出产时间、出产数量或装配时间、装配数量等。

4）产品库存文件

产品库存文件包括主产品和其他所有零部件的库存量、已订未到量和已分配但还没有提走的数量。制订货物需求计划有一个指导思想，就是要尽可能减少库存。产品优先从库存物资中供应，仓库中有的就不再安排生产和采购，仓库中有但数量不够的，只安排不够的那一部分数量投产或采购。

5）制造任务单和采购订货单

根据货物需求计划制订产品投产计划和产品采购计划，再根据产品投产计划和采购计划组织物资的生产与采购，生产制造任务单和采购订货单，交制造部门生产或交采购部门采购。

3. MRP 管理法的应用条件

应用 MRP 库存管理必须有一定的基础条件，最为重要的基础条件有三点：一是企业应用了 MRP 管理系统，二是企业有良好的供应商管理，三是要及时更新数据库。

如果企业没有应用 MRP 系统，就谈不上进行 MRP 库存管理。不运行 MRP 系统，货物的需求计划就不可能由相关性需求转换成独立性需求。没有 MRP 系统生成的计划订货量，MRP 库存管理就失去了依据。

应用 MRP 库存管理需要有良好的供应商管理作为基础。在 MRP 库存管理中，购货的时间性要求比较严格，如果没有严格的时间要求，那么 MRP 库存管理也就失去了意义。如果没有良好的供应商管理，不能与供应商建立起稳定的客户关系，则供货的时间性要求很难实现。

本 章 小 结

本章介绍了存储的概念及库存、存储、储备概念的区别，存储系统的构成，存储系统的规划与库存控制。存储是物流的重要基本功能，它和运输一起构成物流的核心基本功能。存储行为通常发生在仓库、堆场等地点，也可能发生在特定的运输工具中和生产流水线的某些环节中。库存控制方法主要讲述了库存基本理论和库存系统控制模型，即经济订货批量模型、定量订货模型、定期订货模型。

思考与练习

一、填空题

1. 存储是为_____在时间上的差别而提供的服务。

2. _____是指由于采购节奏和批量与生产或者销售节奏和批量上的差异，而形成的物品流动的暂时停滞。

3. _____是指防止不确定因素对每个物流设施的影响而进行的储备。

4. _____是存储系统根据需求，为补充某种物资的存储量而向供货厂商一次订货或采购的数量。

5. JIT（just in time）也叫准时制。它的基本思想是："_____。"

二、选择题

1. 流通性储存，是指由于生产工艺过程或者生产组织过程的某些不确定性，所导致的在局部生产节点，发生的特定物料的供给大于需求状态。　　　　　　　　　　（　　）

2. 在年消耗量不固定的情况下，一次订货量越大，订货次数就越少，每年所花费的总订货费就越少。（   ）

3. 由于需求量和提前订货时间都可能是随机变量，因此，其波动幅度可能大大超过其平均值，为了预防和减少这种随机性造成的缺货，必须准备一部分库存，这部分库存称为最高库存量。（   ）

4. 在提前订货时间可以忽略不计的存储模型中，S 指每次到货后所达到的库存量。当存在提前订货时，指发出订货要求后，库存应该达到的数量，由于此时并未实际到货，所以又称安全库存量。（   ）

5. 一般地，将数量不大、体积大又占用金额多的物资单独设库管理，称为单品种库。（   ）

6. 存储是保管、储存物品的建筑物和场所的总称，是生产、流通等领域重要的短暂缓冲场所，对调节物品供需之间的时间差起着重要作用。（   ）

7. 普通储存系统。一般由立体货架的货格（托盘或货箱）组成。货架按照排、列、层组合形成立体仓库储存系统。（   ）

8. 空间布置是指库存货物在仓库立体空间上的布置，其目的在于充分有效地利用仓库空间。（   ）

9. 运输通道供装卸搬运设备在库内行走，其宽度主要取决于装卸搬运设备的外形尺寸和单元装载的大小。运输通道的宽度一般为 1.5~3 米。（   ）

10. 取得成本是指企业为保持存货而发生的成本，如仓储费用资金的利息等。（   ）

三、简答题

1. 库存作用的双重性表现在哪些方面？
2. 库存成本主要有哪几个组成部分？
3. ABC 管理法有什么特点？其基本原理是什么？
4. 什么是 JIT 库存控制？
5. MRP 管理法的应用条件有哪些？

四、论述题

1. 简述定量订购法。
2. 试述定期定购法。
3. 试述 ABC 分类管理法。

五、案例分析

英迈公司仓储管理得到的启示

2000 年一年英迈公司全部库房只丢了一根电缆。半年一次的盘库，由伞证公司做第三方机构检验，前后统计结果只差几分线，陈仓损坏率为 0.3%。运作成本不到营业总额的 1%。这些都发生在全国拥有 15 个仓储中心，每天库存货品上千种，价值可达人民币 5 亿元的英迈公司身上。他们是如何做到的呢？通过参观英迈中国在上海的储运中心，发现英迈中国运作部具有强烈的成本概念和服务意识。

一、几个数字

一毛二分三：英迈库存中所有的货品在摆放时，货品标签一律向外，而且没有一个倒置，这是在进货时就按操作规范统一摆放的，目的是出货和清点库存时查询方便。运作部曾经计算过，如果货品标签向内，以一个熟练的库房管理人员操作，将其恢复至标签向外，需要8分钟，这8分钟的人工成本就是一毛二分三。

3千克：英迈的每一个仓库中都有一本重达3千克的行为规范指导，细到怎样检查销售单、怎样装货、怎样包装、怎样存档、每一步骤在系统上的页面是怎样的等，在这本指导上都有流程图，有文字说明，任何受过基础教育的员工都可以从规范指导中查询和了解到每一个物流环节的操作规范，并遵照执行。在英迈的仓库中，只要有动作就有规范，操作流程清晰的观念为每一个员工所熟知。

5分钟：统计和打印出英迈上海仓库或全国各个仓库的劳动力生产指标，包括人均收货多少钱，人均收货多少行（多少单，其中人均每小时收到或发出多少行订单是仓储系统评估的一个重要指标），只需要5分钟。在Impulse系统中，劳动力生产指标统计适时在线，随时可调出。而如果没有系统支持，这样的一个指标统计至少需要一个月。

10厘米：仓库空间是经过精确设计和科学规划的，甚至货架之间的过道也是经过精确计算的，为了尽量增大库存使用面积，只给运货叉车留出了10厘米的空间，叉车司机的驾驶必须稳而又稳，尤其是在转弯时，因此英迈的叉车司机都要经过此方面的专业培训。

20分钟：在日常操作中，仓库员工从接到订单到完成取货，规定时间为20分钟。因为仓库对每一个货位都标注了货号标志，并输入Impulse系统中，Impulse系统会将发货产品自动生成产品货号，货号与仓库中的货位一一对应，所以仓库员工在发货时就像邮递员寻找邮递对象的门牌号码一样方便快捷。

4小时：一次，由于库房经理的网卡出现故障，无法使用Impulse系统，结果他在库房中寻找了4小时，也没有找到他想找的网络工作站。依赖Impulse系统对库房进行高效管理，已经成为库房员工根深蒂固的观念。

1个月：英迈的库房是根据中国市场的现状和生意的需求而建设的，投入要求恰如其分，目标清楚，能支持现有的经销模式并做好随时扩张的准备。每个地区的仓库经理都要求能够在1个月之内完成一个新增仓库的考察、配置与实施，这都是为了飞快地起动物流支持系统。在英迈的观念中，如果人没有准备，有钱也没用。

二、几件小事

（1）英迈库房中的很多记事本都是收集已打印的纸张装订而成，即使是各层经理也不例外。

（2）所有进出库房都须严格按照流程进行，每个员工必须明确，违反操作流程，即使有总经理的签字也不可以例外。

（3）货架上的货品号码标识用的都是磁条，采用的原因同样是节约成本，以往采用的是打印标识纸条，但因为进仓货物经常变化，占据货位的情况也不断改变，用纸条标识灵活性差，而且打印成本也很高，采用磁条后问题得到了根本性解决。

（4）英迈要求与其合作的所有货运公司在运输车辆的箱壁上必须安装薄木板，以避免因为板壁不平而使运输货品的包装出现损伤。

（5）在英迈的物流运作中，厂商的包装和特制胶带都不可再次使用，否则，视为侵害客户权益。因为包装和胶带代表着公司自身知识产权，这是法律问题。如有装卸损坏，必须运回原厂出钱请厂商再次包装。而如果由英迈自己包装的散件产品，全都统一采用印有其指定国内代理怡通公司标识的胶带进行包装，以分清责任。

三、仅仅及格

提起英迈，在分销渠道中都知道其最大优势是运作成本，而这一优势又往往被归因于其采用了先进的 Impulse 系统。但从以上描述中已可看出，英迈运作优势的获得并非看似那样简单，而是对每一个操作细节不断改进，日积月累而成。从所有的操作流程来看，成本概念和以客户需求为中心的服务观念贯穿始终，这才是英迈竞争的核心所在。英迈中国的系统能力和后勤服务能力在英迈国际的评估体系中仅得了 62 分，刚刚及格。据介绍，在美国专业物流市场中，英迈国际能拿到 70～80 分。

作为对市场销售的后勤支持部门，英迈运作部认为，真正的物流应是一个集中运作体系，一个公司能不能围绕新的业务，通过一个订单把后勤部门全部调动起来，这是一个核心问题。产品的覆盖面不见得是公司物流能力的覆盖面，物流能力覆盖面的衡量标准是应该经得起公司业务模式的转换，换了一种产品仍然能覆盖到原有的区域，解决这个问题的关键是建立一整套物流运作流程和规范体系，这也正是大多数国内 IT 企业所欠缺的物流服务观念。

资料来源：侯玉梅，许良. 物流工程[M]. 北京：清华大学出版社，2011.

讨论

（1）从英迈公司中国物流的运作中我们得到什么启示？

（2）你认为英迈运作优势究竟来源于什么？

第 6 章

配送运输规划与设计

学习目标

通过本章的学习，了解配送运输系统特点、影响因素；掌握配送运输基本作业流程、配送车辆装载作业技术；熟悉车辆调度方法；掌握配送运输线路优化设计方法。

关键术语

配送运输　车辆调度　车辆集载　线路优化设计

沃尔玛的配送运作

沃尔玛是全球最大的零售商，其集中配送中心是相当大的，而且都位于一楼，使用一些传送带，让这些产品能够非常有效地流动，对它处理不需要重复进行，都是一次性的。沃尔玛所有的系统都是基于一个 UNIX 的配送系统，并采用非常大的开放式平台，还采用产品代码，以及自动补发系统和激光识别系统，由此沃尔玛节省了相当多的成本。其配送中心的职能如下：

（1）转运。沃尔玛把大型配送中心所进行的商品集中以及转运配送的过程叫转运，大多是在一天当中完成进出作业。

（2）提供增值服务。沃尔玛配送中心还提供一些增值服务，例如在服装销售前，需要加订标签，为了不损害产品的质量，加订标签需要在配送中心采用手工进行比较细致的操作。

（3）调剂商品余缺，自动补进。每种商品都需要一定的库存，比如软饮料、尿布等。在沃尔玛的配送中心可以做到这一点，每一天或者每一周他们根据这种稳定的库存量的增减来进行自动的补进。这些配送中心可以保持 8 000 种产品的转运配送。

（4）订单配货。沃尔玛配送中心在对于新开业商场的订单处理上，采取这样的方法：在这些新商场开业之前，沃尔玛要对这些产品进行最后一次检查，然后运输到这些新商场，沃尔玛把它称为新商场开业的订单配货。

沃尔玛公司作为全美零售业年销售收入位居第一的著名企业，素以精确掌握市场、快速传递商品和最好地满足客户需要著称,这与沃尔玛拥有自己庞大的物流配送系统并实施了严格有效的物流配送管理制度有关,因为它确保了公司在效率和规模成本方面的最大竞争优势,也保证了公司顺利地扩张。沃尔玛现代化的物流配送体系,表现在以下几个方面:设立了运作高效的配送中心;采用先进的配送作业方式;实现配送中心自动化的运行及管理。沃尔玛物流配送体系的运作具体表现为:注重与第三方物流公司形成合作伙伴关系;挑战"无缝点对点"物流系统;自动补发货系统;零售链接系统。

资料来源:李联卫.物流案例与实训[M].北京:化学工业出版社,2009.

思考

为什么沃尔玛能做到"每日低价"?难道仅仅是因为其规模大吗?

6.1 配送运输战略概述

6.1.1 配送概述

1. 配送概念

配送(distribution),是指在经济合理区域范围内,根据用户要求,对物品进行拣选、加工、包装、分割及组配等作业,并按时送达指定地点的物流活动。即按照用户的订货要求,在配送中心或其他物流节点进行货物配备,并以最合理的方式送交用户。一般配送是物流体系的一个缩影,是物流的一项终端活动,它使物流服务更加贴近市场、贴近消费者。配送活动和配送作业流程如图6-1和图6-2所示。

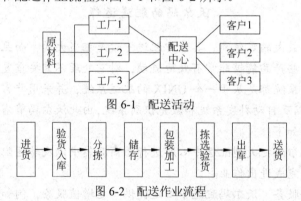

图6-1 配送活动

图6-2 配送作业流程

2. 配送与运输

从配送活动的实施过程来看,配送包括"配"和"送"两方面的活动。"配"是对货物进行集中、分拣和组配,"送"是将货物送达指定地点或用户手中。配送与运输相比较,见表6-1。

表6-1 配送与运输的比较

比较项目	配 送	运 输
移动距离	短距离、少量货物的移动	长距离、大量货物的移动
服务功能	"配"与"送"的结合;货物送交客户	纯粹是"送":结点间货物移动

续表

比较项目	配　送	运　输
运输工具	主要采用汽车运输	使用多种交通工具
货物特点	多品种、小批量、多批次的货物	少品种、大批量的货物
价值取向	服务优先	效率优先

3．配送的特点

（1）配送是从物流据点至用户的一种送货形式。其特殊性表现为：从事送货活动的是专业流通企业，而不是生产企业；配送是"中转"型送货，而工厂送货一般是直达型送货（直接送到用户手中），而且是生产什么送什么，配送是用户需要什么送什么。

（2）配送不是单纯的运输或输送，而是运输与其他活动共同构成的组合体。而且配送所包含的那一部分运输，在整个运送过程中处于"二次运输""支线运输""终端运输"的位置。

（3）配送不是广义概念的组织物资订货、签约、进货及对物资处理分配的供应，而是以送货到户式的服务性供应，是一种"门到门"的服务。

（4）配送是在全面配货基础上完全按用户的要求，包括种类、品种搭配、数量、时间等方面的要求所进行的运送，是"配"和"送"的有机结合形式。

6.1.2　配送的类型

根据不同的分类标准，配送可以划分为不同的类型。

1．按照配送主体进行分类

1）生产企业配送

生产企业配送即以生产企业的成品库或设在各地的配送中心为据点，由生产企业自己组织的配送活动。因为，第一，产品的产销量非常大；第二，产品的销售地较为集中，地产地销的消费资料企业（如一些地方性的啤酒企业）以及客户相对集中的生产资料供应商就经常自己组织配送；第三，产品的保质期非常短，如许多酸奶生产企业就建立了自己的配送车队，直接向各大零售网点供货。

采用生产企业配送的方式，由于减少了货物中转环节，可以加快物流的时间，提高物流速度，物流费用也相应减少。但这种配送方式必须以一定的规模经济为前提，即生产企业应确保由自己组织配送具有较大的规模经济性。

2）分销商配送

许多产品的生产具有很强的集中生产、分散消费的特点，在实现生产的规模经济性的同时，将产品的市场拓展到全国乃至全世界。为了不断扩充自己的市场，生产企业在各地发展了自己的地方产品代理，作为自己的分销商，并且委托这些分销商实施对零售网点的分销商配送有助于将商流与物流有机地结合在一起，提高对零售网点的服务水平，同时，可以让生产企业集中精力搞好产品的生产与研发工作。其不足之处在于，一些地区由于市场规模的限制，使分销商配送的经济性较差。

3）连锁店集中配送

统一采购、集中配送、分散销售是连锁店的基本特点。建立自己的配送中心，强化集中配送的能力,是连锁店提高竞争力的重要途径。尤其是当连锁店在某一地区建立的门店较为密集时,集中配送具有很大的竞争优势,有助于集成采购批量,降低采购成本,节约配送费用,而且可以使各门店的商品存货降到很低的水平,乃至实现零库存。同时,也使配送服务质量具有很强的可控性。

如果连锁店各门店很分散,则自己组织配送的经济性就会大打折扣。委托社会配送中心进行配送更为经济、合理。

4)社会配送中心配送

随着社会分工的发展,出现了专门从事商品配送服务的配送中心。配送中心的设施及工艺流程是根据配送需要专门设计的,所以配送能力强,配送距离远,配送品种多,配送数量大。由于为众多的企业、众多的产品提供配送服务,社会配送中心能够实现较强的规模经济性。

2. 按照配送时间和数量进行分类

1)定时配送

定时配送是指按照规定的时间进行货物配送。定时配送的时间间隔可长可短,可以是数天,也可以是几小时。定时配送由于时间固定,便于制订配送计划,安排配送车辆及送货人员,也便于安排接货人员及设备。但如果配送订单下达较晚,在配送品种和数量变化较大时,配货时间很短,会给配送工作造成较大的困难。

日配(当日配送)是定时配送中较常见的方式。一般来说,如果是上午下达的订单,当天下午可送达;如果是下午下达的订单,第二天上午可送达。日配送的开展可以使客户维持较低的库存,甚至实现零库存。日配送特别适合生鲜食品及周转快、缺乏仓储场地或特定设备(如冷冻设备)的小型零售商。

2)定量配送

定量配送是指在一定的时间范围内,按照规定的品种和数量进行货物配送。这一配送方式由于每次配送品种和数量固定,因此,不但可以实现提前配货,而且可以按托盘、集装箱及车辆的装载能力有效地提高配送的效率,降低配送费用。同时,每次接货的品种和数量固定,有利于提前准备好接货所需的人力、设备。但定量配送的方式较容易与客户对货物的实际需求相脱节,既可能造成缺货损失的现象,也可能由于货物库存过大而造成仓位紧张的现象。

3)定时定量配送

定时定量配送是上述两种配送方式的综合,即按照规定的时间、规定的品种和数量进行货物配送。这种配送方式计划性很强,但适合的客户对象较窄,要求货物需求具有非常稳定的特点。

4)定时定路线配送

定时定路线配送是指在规定的运行路线上,按照所要求的运行时间表进行货物配送。例如,邮政部门的普通邮件投递就是采用这种配送方式。在客户相对集中地区,采用这种配送方式有利于安排配送车辆及人员,对客户而言,有利于安排接货力量,但一般配送的品种、数量不宜太多。

5）即时配送

即时配送是指完全根据客户提出的配送要求，采取对货物的品种、数量、时间提供一种随要随送的配送方式。由于这种配送方式要求的时限很快，因此对配送的组织者提出了较高的要求。对客户而言，它具有很高的灵活性，可以使客户实现安全存货的零库存。随着准时制生产的发展而出现的准时制配送也属于这种即时配送，准时制配送真正实现了按照实际需要的品种和数量进行配送，具有很高的效率，使生产企业的原材料或零部件真正实现了零库存。

3．按照配送专业化程度进行分类

1）专业化配送

专业化配送是指专门针对某一类或几类货物的配送方式，如图书配送、鲜奶配送等。专业化配送有利于发挥专业化分工的优势，按照不同配送货物的特殊要求优化配送设施、配送车辆，提高配送的效率，确保配送货物的品质。例如，鲜奶配送要求配备相应的冷藏设备和冷藏车辆。

2）综合化配送

综合化配送是指同时针对多种类型的货物的配送方式。综合化配送可以使客户只要与少数配送组织者打交道就可以满足对众多货物的需要，可以简化相应的手续。但当不同产品的性能、形状差别很大时，配送组织者的作业难度较大。

6.1.3 配送的业务组织

配送的业务组织一般是按照功能要素展开的，其基本流程如图 6-3 所示。

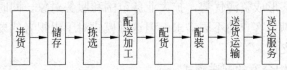

图 6-3　配送基本业务流程

具体到不同类型、不同功能的配送中心或物流节点的配送活动，其流程可能有些不同，而且不同的商品，由于其特性不一样，其配送流程也会有所区别。如食品类商品由于其种类繁多，形状特性不同，保质保鲜要求也不一样，所以通常有不同的配送流程，如图 6-4 所示。

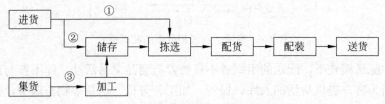

图 6-4　食品类商品的三种配货流程

第①类商品如海鲜产品、鱼、肉类制品等，由于保质期短，保鲜要求高集货无须经过储存即立即分拣配货、配装后送达客户。

第②类商品如矿泉水、方便食品等，保质期较长，储存保管后，再按客户订单要求组织配送。

第③类商品如速冻食品、大包装进货食品、成衣等，可按商品特性经过配送加工后再组织配送。

6.1.4 配送的结构模式

1. 商流、物流一体化的配送模式

商流、物流一体化的配送模式又称为配销模式，其模式结构如图 6-5 所示。

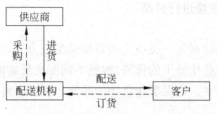

图 6-5　商流、物流一体化的配送模式

在这种配送模式下，配送的主体通常是销售企业或生产企业，也可以是生产企业的专门物流机构。其主要经营行为是商品销售，配送是实现其营销策略的具体实施手段，主要目的是通过提供高水平的配送服务来促进商品销售和提高市场占有率。在我国物流实践中，以批发为主体经营业务的商品流通机构多采用这种配送模式，国外的许多汽车配件中心所开展的配送业务同样也属于这种配销模式。

商流、物流一体化的配送模式对于行为主体来说，由于其直接组织货源及商品销售，因而配送活动中能够形成资源优势，扩大业务范围和服务对象，同时也便于向客户提供特殊的物流服务，满足客户的不同需求。但这种模式对于组织者的要求较高，需要大量资金和管理技术的支持。

2. 商流、物流相分离的配送模式

商流、物流相分离的配送模式如图 6-6 所示。

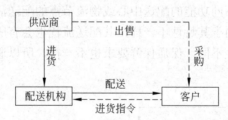

图 6-6　商流、物流相分离的配送模式

在这种配送模式下，配送的组织者不直接参与商品交易活动，即不参与商流过程，它只是专门为客户提供货物的入库、保管、加工、分拣、送货等物流服务，其业务实质上属于"物流代理"。从组织形式上看，其商流与物流活动是分离的，分属于不同的行为主体。

这种配送模式具有以下特点。

（1）配送企业的业务活动单一，有利于专业化的形成，提高了物流服务的水平。

（2）配送企业占用资金相对较少，易于扩大服务范围和经营规模。

（3）配送企业只提供物流代理服务，企业收益主要来自服务费，经营规模较小。

这种模式的主要缺点就是配送机构不直接掌握货源，其调度和调节能力较差，另外对客户的依赖性强，容易随客户的销售不畅而导致自身配送规模的下降，经营的主动性差。

6.1.5 配送战略

配送战略是在采用上述配送模式和服务方式的基础上，为了既能满足用户需求，又不致增加太多成本而采取的具体措施。可供选择的主要战略有混合战略、转运战略、延迟战略、集运战略、差异化战略和合并战略。

1. 混合战略

混合战略是指配送业务的一部分由企业自身来完成。这种战略的基本思想是：如果配送活动全部由企业自身完成或者完全外包给第三方，就易形成规模经济，使管理简化，但也可能由于产品品种多样、规格不一、销量不等等情况而造成规模不经济。因此采用混合战略，合理安排企业自身完成的配送和外包给第三方完成的配送，能使配送成本最低。

2. 转运战略

转运是指为了满足应急需要，在同一层次的物流中心之间进行货物调度的运输。这种情况常常是由于预测不准确而进行配送以后，各需求点上的商品不能符合实际要求，需要进行调整而发生的商品运输。转运是零售层次上最常采用的补救办法。

3. 延迟战略

在现代信息技术支持下的物流系统中，人们借助信息技术快速获得需求信息，可使产品的最后制造和配送延期到收到了客户的订单后再进行，从而使不合适的生产和库存被减少或被消除。这种推迟生产或配送进行的行为就是延迟，前者称为生产延迟，后者称为物流延迟。本书指物流延迟，实际是指运输延迟和配送延迟。

显然，物流延迟对配送系统的结构、配送系统的功能和目标都会产生积极的影响。延迟改变了配送系统的预估特性，如对生产企业零部件的"零库存"配送就是应用延迟技术的结果。

4. 集运战略

由于"二律背反"原理，一种物流技术的应用会产生一些有利的优势，但同时也会带来不足，延迟技术也是如此。延迟克服了预估造成的库存量大的不足，但它同时会影响运输规模效益的实现。集运则是为了在延迟技术下继续维持运输规模效益而采用的一种技术。

所谓集运，是指为了增大运输规模，采取相应措施使一次装运数量达到足够大的运输策略。集运通常采用的措施有：在一定区域内集中小批量用户的货物进行配送、在有选择的日期对特定的市场送货、联营送货或利用第三方物流公司提供的物流服务，使运输批量增大。

5. 差异化战略

差异化战略的指导思想是：产品特征不同，顾客服务水平也不同。当企业有多种产品时，不能对所有产品都按统一标准的顾客服务水平进行配送，而应按产品的特点、销售水平来设置不同的库存、不同的运输方式以及不同的储存地点。例如，沃尔玛公司共有六种形式的配送中心，即干货配送中心、食品配送中心、山姆会员店配送中心、服装配送中心、进口商品配送中心以及出口商品配送中心，根据产品种类及服务方式的不同进行差异化配送。

6. 合并战略

合并战略包含两个层次：一是配送方法上的合并，二是共同配送。

（1）配送方法上的合并。企业在安排车辆完成配送任务时，要充分利用车辆的容积和载重量，做到满载满装。由于产品品种繁多，不仅包装形态、储运性能不一，在容重方面也相去甚远。不论是容重大的货物使容积空余很多，还是容重小的货物未达到车辆载重量，这两种情况都造成了浪费。实行合理的轻重装配、容积大小不同的货物搭配装车，可以取得好的效果。

（2）共同配送。共同配送也称共享第三方物流服务，指多个客户联合起来共同由一个第三方物流服务公司来提供配送服务。它是在配送中心统一计划、统一调度的情况下展开的。例如，在日本，7-11 日用杂货商品的共同配送是由日本首都附近八家化妆品销售公司组织承担的，通过它们将各店所需的杂货混装在一辆货车中，实行对店铺的共同配送。7-11 成功地削减了相当于商品原价 10% 的物流费用，从而为其获得便利店业的霸主地位奠定了基础。

共同配送是实现高度集约化的首选。共同配送整合了所有参与企业的商品资源，整合了客户和第三方物流的车辆和库房资源的同时也整合了所有参与企业的配送线路资源。

6.2 配送运输车辆调度

6.2.1 配送运输概述

1. 配送运输概念

配送运输是指将被订购的货物使用汽车或其他运输工具从供应点送至顾客手中的活动。

2. 配送运输特点

1）时效性

确保在客户指定的时间内交货是客户最重视的因素，也是配送运输服务性的充分体现。配送运输是从客户到交货的最后环节，也是最容易引起时间延误的环节。影响时效性的因素有很多，除配送车辆故障外，所选的配送线路不当、中途客户卸货不及时等均会造成时间上的延误，因此，必须在认真分析各种因素的前提下，用系统化的思想和原则，有效协调，综合管理，合理地选择配送线路、配送车辆、送货人员，使每位客户在其所期望的时间能收到所期望的货物。

2）安全性

配送运输的宗旨是将货物完好无损地送到目的地。影响安全性的因素有货物的装卸作业、运送过程中的机械振动和冲击及其他意外事故、客户地点及作业环境、配送人员的素质等，都会影响配送运输的安全性，因此，在配送运输管理中必须坚持安全性的原则。

3）沟通性

配送运输是配送的末端服务，通过送货上门服务直接与客户接触，是与客户沟通最直接的桥梁，代表着公司形象和信誉，在沟通中起着非常重要的作用，所以，必须充分利用配送运输活动中与客户沟通的机会，巩固和发展公司的信誉，为客户提供更优质的服务。

4）方便性

配送以服务为目标，以最大限度地满足客户要求为优先，因此，应尽可能地让顾客享受到便捷的服务。通过采用高弹性的送货系统，如紧急送货、顺道送货与退货、辅助资源回收等，为客户提供真正意义上的便利服务。

5）经济性

实现一定的经济利益是企业运作的基本目标，因此，对合作双方来说，以较低的费用，完成配送作业是企业建立双赢机制加强合作的基础。

3. 影响配送运输的因素

影响配送运输效果的因素很多。动态因素，如车流量变化、道路施工、配送客户的变动、可供调动的车辆变动等；静态因素，如配送客户的分布区域、道路交通网络、车辆运行限制等。各种因素互相影响，很容易造成送货不及时、配送路径选择不当、贻误交货时间等问题。因此，对配送运输的有效管理极为重要，否则不仅影响配送效率和信誉而且将直接导致配送成本的上升。

6.2.2 配送运输的基本作业程序

1. 划分基本配送区域

为使整个配送有一个可循的基本依据，应首先将客户所在地的具体位置做一系统统计，并将其作业区域进行整体划分，将每一客户囊括在不同的基本配送区域之中，以作为下一步决策的基本参考。例如，按行政区域或依交通条件划分不同的配送区域，在这一区域划分的基础上再做弹性调整来安排配送。

2. 车辆配载

由于配送货物品种、特性各异，为提高配送效率，确保货物质量，在接到订单后，首先必须将货物依特性进行分类，然后分别选取不同的配送方式和运输工具，如按冷冻食品、速食品、散装货物、箱装货物等分类配载；其次，配送货物也有轻重缓急之分，必须按照先急后缓的原则，合理组织运输配送。

3. 暂定配送先后顺序

在考虑其他影响因素做出确定的配送方案前，应先根据客户订单要求的送货时间将配送的先后作业次序做一概括的预订，为后面车辆积载做好准备工作。计划工作的目的是保证达到既定的目标,所以,预先确定基本配送顺序可以既有效地保证送货时间,又尽可能提高运作效率。

4. 车辆安排

车辆安排要解决的问题是安排什么类型、吨位的配送车辆进行最后的送货。一般企业拥有的车辆有限,车辆数量亦有限,当本公司车辆无法满足要求时,可使用外雇车辆。在保证配送运输质量的前提下,是组建自营车队,还是以外雇车为主,则须视经营成本而定,成本分析如图6-7所示。

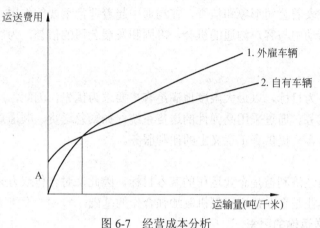

图 6-7　经营成本分析

曲线1表示外雇车辆的运送费用随运输量的变化情况;曲线2表示自有车辆的运送费用随运量的变化情况。当运量小于A时,外雇车辆费用小于自有车辆费用,所以应选用外雇车辆;当运输量大于A时外雇车辆费用大于自有车辆费用,所以应选用自有车辆。但无论自有车辆还是外雇车辆,都必须事先掌握有哪些车辆可以供调派并符合要求,即这些车辆的容量和额定载重是否满足要求;其次,安排车辆之前,还必须分析订单上货物的信息,如体积、重量、数量等对于装卸的特别要求等,综合考虑各方面因素的影响,做出最合适的车辆安排。

5. 选择配送线路

知道了每辆车负责配送的具体客户后,如何以最快的速度完成对这些货物的配送,即如何选择配送距离短、配送时间短、配送成本低的线路,这需根据客户的具体位置、沿途的交通情况等做出优先选择和判断。除此之外,还必须考虑有些客户或其所在地的交通环境对送货时间、车型等方面的特殊要求,如有些客户不在中午或晚上收货,有些道路在高峰期实行特别的交通管制等。

6. 确定最终的配送顺序

做好车辆安排及选择最好的配送线路后,依据各车负责配送的具体客户的先后,即可将客户的最终派送顺序加以明确的确定。

7. 完成车辆积载

明确了客户的配送顺序后,接下来就是如何将货物装车,以什么次序装车的问题,即车辆的积载问题。原则上,知道了客户的配送顺序先后,只要将货物依后送先装的顺序装车即可。但有时为了有效利用空间,可能还要考虑货物的性质(怕震、怕压、怕撞、怕湿)、形状、体积及重量等做出弹性调整。此外,对于货物的装卸方法也必须依照货物的性质、形状、重量、体积等来做具体决定。

6.2.3 车辆运行调度

车辆运行调度是配送运输管理的一项重要职能,是指挥监控配送车辆正常运行、协调配送生产过程以实现车辆运行作业计划的重要手段。

1. 车辆运行调度工作的内容

1)编制配送车辆运行作业计划

编制配送车辆运行作业计划包括编制配送方案、配送计划、车辆运行计划总表、分日配送计划表、单车运行作业计划等。

2)现场调度

现场调度根据货物分日配送计划、车辆运行作业计划和车辆动态分派配送任务,即按计划调派车辆,签发行车路单;勘察配载作业现场,做好装卸车准备;督促驾驶员按时出车;督促车辆按计划送修进保。

3)随时掌握车辆运行信息,进行有效监督

如发现问题,应采取积极措施,及时解决和消除,尽量减少配送生产中断时间,使车辆按计划正常运行。

4)检查计划执行情况

检查配送计划和车辆运行作业计划的执行情况。

2. 车辆运行调度工作原则

车辆运行计划在组织执行过程中常会遇到一些难以预料的问题,如客户需求发生变化、装卸机械发生故障、车辆运行途中发生技术障碍、临时性路桥阻塞等。针对以上情况,需要调度部门要有针对性地加以分析和解决,随时掌握货物状况、车况、路况、气候变化、驾驶员状况、行车安全等,确保运行作业计划顺利进行。车辆运行调度工作应贯彻以下原则:

1)坚持从全局出发,局部服从全局的原则

在编制运行作业计划和实施运行作业计划过程中,要从全局出发,保证重点、统筹兼顾,运力安排应贯彻"先重点,后一般"的原则。

2)安全第一,质量第一原则

在配送运输生产过程中,要始终把安全工作和质量管理放在首要位置。

3)计划性原则

调度工作要根据客户订单要求认真编制车辆运行作业计划,并以运行计划为依据,监督和检查运行作业计划的执行情况,按计划配送货物,按计划送修送保车辆。

4)合理性原则

要根据货物性能、体积、重量、车辆技术状况、道路桥梁通行条件、气候变化、驾驶员技术水平等因素合理调派车辆。在编制运行作业计划时,应科学合理地安排车辆的运行路线,有效地降低运输成本。

3. 车辆调度方法

车辆调度的方法有多种，可根据客户所需货物、配送中心站点及交通线路的布局不同而选用不同的方法。简单的运输可采用定向专车运行调度法、循环调度法、交叉调度法等。如果配送运输任务量大，交通网络复杂时，为合理调度车辆的运行，可运用运筹学中线性规划的方法，如最短路法、表上作业法、图上作业法等。下面重点介绍图上作业法的操作。

图上作业法是将配送业务量反映在交通图上，通过对交通图初始调运方案的调整，求出最优配送车辆运行调度方法。运用这种方法时，要求交通图上没有货物对流现象，以运行路线最短、运费最低或行程利用率最高为优化目标。其基本步骤为：

1）绘制交通图

根据客户所需货物汇总情况、交通线路、配送点与客户点的布局，绘制出交通示意图。

难点例释 1：设有 A_1、A_2、A_3 三个配送点分别有化肥 40 吨、30 吨、30 吨，需送往四个客户点 B_1、B_2、B_3、B_4，而且已知各配送点和客户点的地理位置及它们之间的道路通阻情况，可据此制出相应的交通图，如图 6-8 所示。

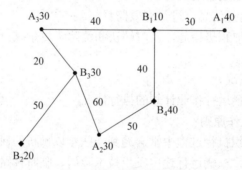

图 6-8　运距运量交通图

2）将初始调运方案反映在交通图上

任何一张交通图上的线路分布形态无外乎成圈与不成圈两类。对于不成圈的，A_1、B_2 的运输，可按"就近调运"的原则即可，很容易得出调运方案。其中（$A_1 \to B_4$70 千米）<（$A_3 \to B_4$80 千米），（$A_3 \to B_2$70 千米）<（$A_2 \to B_2$110 千米），先假定（$A_1 \to B_4$），（$A_3 \to B_2$）运输。对于成圈的，A_2、A_3、B_1 所组成的圈，可采用破圈法处理，即先假定某两点（A_2 与 B_4）不通（破圈，如图 6-9 所示），再对货物就近调运，（$A_2 \to B_3$）（$A_2 \to B_4$），数量不够的再从第二点调运，即可得出初始调运方案。在绘制初始方案交通图时，凡是按顺时针方向调运的货物调运线路（如 A_3 至 B_1、B_1 至 B_4、A_2 至 B_3），其调运箭头线都画在圈外，称为外圈；否则，其调运箭头线（A_3 至 B_3）都画在圈内，称为内圈，或者两种箭头向相反方向标注也可。

3）检查与调整

面对交通图上的初始调运方案，首先分别计算线路的全圈长、内圈长和外圈长（圈长即指里程数），如果内圈长和外圈长都分别小于全圈长的一半，则该方案即为最优方案；否则，即为非最优方案，需要对其进行调整。全圈长（$A_2 \to A_3 \to B_1 \to B_2$）为 210 千米，

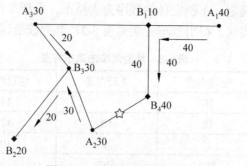

图 6-9 $A_2 \rightarrow B_4$ 破圈调运图

外圈（$A_3 \rightarrow B_1$ 40 千米、$B_1 \rightarrow B_4$ 40 千米、$A_2 \rightarrow B_3$ 60 千米）长为 140 千米，大于全圈长的一半，显然，需要缩短外圈长度。调整的方法是在外圈（若内圈小于全圈长的一半，则在内圈）上先假定运量最小的线路两端点（A_3 与 B_1）之间不通，再对货物就近调运，可得到调整方案如图 6-10 所示。然后，再检查调整方案的内圈长与外圈长是否都分别小于全圈长的一半。如此反复至得出最优调运方案为止。计算可得内圈长为 70 千米，外圈长为 100 千米，均小于全圈长的小半，可见，该方案已为最优方案。

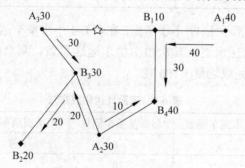

图 6-10 A_3 与 B_1 破圈调运图

4. 经验调度法和运输定额比法

在有多种车辆时，车辆使用的经验原则为尽可能使用能满载运输的车辆进行运输。如运输 5 吨的货物，安排一辆 5 吨载重量的车辆运输。在能够保证满载的情况下，优先使用大型车辆，且先载运大批量的货物。一般而言，大型车辆能够保证较高的运输效率和较低的运输成本。

难点例释 2：某建材配送中心，某日需运送水泥 580 吨、盘条 400 吨和不定量的平板玻璃。该中心有大型车 20 辆，中型车 20 辆，小型车 30 辆。各种车每日只运送一种货物，运输定额见表 6-2。

表 6-2 车辆运输定额表 单位：吨/日，辆

车辆种类	运送水泥	运送盘条	运送玻璃
大型车	20	17	14
中型车	18	15	12
小型车	16	13	10

根据经验派车法确定，车辆安排的顺序为大型车、中型车、小型车。货载安排的顺序为：水泥、盘条、玻璃。得出派车方案见表 6-3，共完成货运量 1080 吨。

表 6-3 经验派车法派车方案　　　　　　　　　　单位：吨/日，辆

车辆种类	运送水泥	运送盘条	运送玻璃	车辆总数
大型车	20		14	20
中型车	10	10	12	20
小型车		20	10	30
货运量/吨	580	400		

对于以上车辆的运送能力可以按表 6-4 计算每种车运送的不同定额比。

表 6-4 车辆运输定额比　　　　　　　　　　　　单位：吨/日，辆

车辆种类	运水泥/运盘条	运盘条/运玻璃	运水泥/运玻璃	……
大型车	1∶18	1∶21	1∶43	
中型车	1∶2	1∶25	1∶5	
小型车	1∶23	1∶3	1∶6	

其他种类的定额比都小于 1，不予考虑。在表 6-4 中小型车运送水泥的定额比最高，因而要先安排小型车运送水泥；其次由中型车运送盘条；剩余的由大型车完成。得出表 6-5 的派车方案，共完成运量 1 106 吨。

表 6-5 定额比优化派车法　　　　　　　　　　　单位：吨/日，辆

车辆种类	运送水泥车辆数	运送盘条车辆数	运送玻璃车辆数	车辆总数
大型车	5	6	9	20
中型车		20		20
小型车	30			30
货运量/吨	580	400	126	

6.2.4 影响配送运输合理化的因素

影响配送运输合理化的因素包括外部因素和内部因素两个方面。

1. 外部因素

影响配送运输合理化的外部因素主要来自以下两个方面。

（1）交通运输网络布局及交通流状况。配送运输主要应用于城市内部及城市间经济里程半径 50～350 千米范围内的运输活动，服务区域内的道路交通布局及交通流状况决定了配送运输的成本、速度及服务的一致性。

（2）配送中心规划布点。配送中心在区域内的规划布点在一定程度上决定了配送运输的距离、时间、服务的客户范围，布点不合理可能产生迂回运输和过远运输等不合理运输，会影响配送运输的成本和服务水平。

2. 内部因素

影响配送运输合理化的内部因素包括以下五个方面：

（1）运输距离。在配送过程中，运输时间、货损、运费、车辆或船舶周转等运输的若干技术经济指标，都与运输距离有一定的比例关系。因此，运距长短是配送运输是否合理的一个最基本因素，缩短运距既具有宏观的社会效益，也具有微观的企业效益。

（2）运输环节。每增加一次运输环节，不但会增加起运的运费和总运费，而且必然要增加运输的附属活动，如装卸、包装等，各项技术经济指标也会因此下降。所以，减少运输环节，尤其是同类运输工具的环节，对合理运输有促进作用。

（3）运输工具。各种运输工具都有其使用的优势领域，对运输工具进行优化选择，按运输工具特点进行装卸运输作业，最大限度地发挥所用运输工具的作用，是运输合理化的重要环节。

（4）运输时间。在全部配送时间中，运输时间占较大部分，因而运输时间的缩短对整个流通时间的缩短有决定性作用。此外，运输时间短，有利于运输工具的加速周转，充分发挥运力的作用；有利于运输线路通过能力的提高，对运输合理化有很大贡献。

（5）运输费用。运费在全部配送成本中占很大比例，运输费用的降低，无论对客户来讲还是对配送中心来讲，都是运输合理化的一个重要指标。运费的判断，也是各种合理化配送是否行之有效的最终判断依据之一。

6.2.5 配送运输合理化

1. 不合理配送运输的表现形式

1）迂回运输

由于道路交通网络的纵横交错及车辆的机动性、灵活性，在配送中心与送货地点之间，往往有不同的运输路径可供选择。凡不经过最短路径的绕道运输，均称为迂回运输。

2）过远运输

过远运输是一种舍近求远的配送运输，多发生在多点配送中。在配送作业规划时，当有多个配送据点时，不就地或就近获取某种物资，却舍近求远，拉长运输距离，造成运力浪费。造成过远运输这一不合理现象的原因可能很复杂，其中配送中心规划布点是影响因素之一。另外，配送中心对供应商的选择及商品采购计划的不合理也可能会造成过远运输。

3）重复运输

同一批货物运抵目的地后没有经任何加工和必要的作业，又重新装运到别处的现象。多发生在配送过程中多余的中转、倒装、虚耗装卸费用，造成非生产性停留，增加了货物作业量；延缓了送货速度，增加了货损，也增加了费用。

4）无效运输

无效运输是指被运输的货物没有进行合理的配送加工作业，造成货物杂质较多，或包装过度、物流容器等辅助工具的不合理，使运输能力浪费于不必要物资的运输，造成运能的浪费。

5) 运输方式及运输工具选择不当

未考虑各种运输工具的优缺点,而进行不适当的选择,所造成的不合理运输。常见有以下几种形式:

(1) 违反水陆分工使用,弃水走陆的运输。弃水走陆是指从甲地到乙地的货物运输,有铁路、水路、公路等多种运输方式可供选择,但是将适合水路或水陆联运的货物改为用铁路或公路运输,从而使水运的优势得不到充分发挥。

(2) 铁路短途运输。不足铁路的经济运行里程却选择铁路进行运输。

(3) 水运的过近运输。不足船舶的经济运行里程却选择水运进行运输。

(4) 载运工具选择不当,实载率过低造成运力的浪费。

2. 合理配送运输措施

1) 推行一定综合程度的专业化配送

通过采用专业设备、设施和操作程序,取得较好的配送效果,并降低配送综合化的复杂程度及难度,从而追求配送合理化。

2) 推行加工配送

通过将加工与配送相结合,充分利用本来应有的中转,而不增加新的中转来求得配送合理化。同时,加工借助于配送,目的更明确,而且与客户的联系更紧密,避免了盲目性。这两者的有机结合,投入增加不太多,却可追求两个优势、两个效益,是配送合理化的重要经验。

3) 推行共同配送

共同配送其实质就是在同一个地区,许多企业在物流运作中互相配合,联合运作,共同进行理货、送货等活动的一种组织形式。通过共同配送,可以最近的路程、最低的配送成本来完成配送,从而追求配送合理化。

4) 实行送取结合

配送企业与用户建立稳定的协作关系。配送企业不仅是用户的供应代理人,还是用户的储存据点,甚至为其产品代销人。在配送时,将用户所需的物资送到,再将该用户生产的产品用同一车运回,这种产品也成了配送中心的配送产品之一,或者为生产企业代存代储,免去了其库存包袱。这种送取结合,使运力充分利用,也使配送企业功能有更大的发挥,从而追求配送合理化。

5) 推行准时配送系统

准时配送是配送合理化的重要内容。配送做到了准时,用户才有资源把握,才可以放心地实施低库存或零库存,才可以有效地安排接货的人力、物力,以追求最高效率的工作。另外,保证供应能力,也取决于准时供应。

6) 推行即时配送

即时配送是最终解决用户企业所担心的供应间断问题,大幅度提高供应保证能力的重要手段。即时配送是配送企业快速反应能力的具体化,是企业配送能力的体现。即时配送成本较高,但它是整个配送合理化的重要保证手段。此外,用户实现零库存,即时配送也是其重要的保证手段。

7）推行产地直接配送

配送产地直送化将有效缩短流通渠道，优化物流过程，大幅度降低物流成本。特别是对于大批量、需求量稳定的货物，产地直送的优势将更加明显。

8）实现区域配送

配送的区域扩大化趋势突破了一个城市的范围，发展为区间、省间，甚至是跨国的更大范围的配送，即配送范围向周边地区、全国乃至全世界辐射。配送区域扩大化趋势将进一步带动国际物流，使配送业务向国际化方向发展。

9）实现配送的信息化、自动化

配送信息化就是直接利用计算机网络技术重新构筑配送系统。信息化是其他先进物流技术在配送领域应用的基础。配送作业的自动化突破了体力劳动和手工劳动的传统模式，出现了大量自动化程度相当高的自动化立体仓库，大大提高了配送效率。

10）提倡多种配送方式最优组合

每一种配送方式都有其优点，多种配送方式和手段的最优化组合，将有效解决配送过程、配送对象、配送手段等复杂问题，以求得配送效益最大化。

11）提高运输工具实载率

实载率有两个含义：一是单车实际载重与运距之乘积和核定载重与行驶里程之乘积的比率。这在安排单车、单船运输时，作为判断装载合理与否的重要指标。二是车船的统计指标，即一定时期内车船实际完成的物品周转量（以吨/千米计）占车船载重吨位与行驶千米乘积的百分比。在计算车船行驶的千米数时，不但包括载货行驶路程，也包括空驶行程。

提高实载率的意义在于：充分利用运输工具的额定能力，减少车船空驶和不满载行驶的时间，减少浪费，从而求得运输的合理化。配送的优势之一就是将多个客户需要的物品和一家需要的多种物品实行配装，以达到容积和载重的充分合理运用。与以往自家提货或一家送货车辆的回程空驶的状况相比，这是运输合理化的一个进展。在铁路运输中，采用整车运输、整车拼装、整车分卸及整车零卸等具体措施，都是提高实载率的有效途径。

12）减少动力投入，增加运输能力

减少动力投入、增加运输能力的要点是少投入，多产出，走高效益之路。配送运输的投入主要是能耗和载运工具的初始投资，在现有的运输能力基础上，大力发展节能型车辆、使用低成本能源可以在一定程度上降低单位运输成本，达到配送运输合理化的目的。

13）充分合理地利用社会运力，发展合作化配送运输

配送中心使用自有车辆，自我服务，其规模有限，难以形成规模经济效益，经常会出现空驶、亏载等浪费。以合同经营或合作经营方式充分合理地利用社会运输资源，可以在一定程度上降低配送中心设备投入，提高载运工具的利用率，从而达到降低配送运输成本的目的。

14）合理规划配送运输线路，运用科学的方法进行运力调度

配送是在合理的区域内进行的短距离运输，配送线路规划是配送运输业务管理的重

要内容,合理的线路规划可以减少空驶,缩短运输总里程,提高配送运输的送达速度,提高配送的服务水平。

6.3 配送车辆积载规划

6.3.1 影响配送车辆积载的因素

1. 货物特性因素

货物特性因素如轻泡货物,由于车辆容积的限制和运行限制(主要是超高),而无法满足吨位,造成吨位利用率降低。

2. 货物包装情况

货物包装情况如车厢尺寸不与货物包装容器的尺寸成整倍数关系,则无法装满车厢。如货物宽度80厘米,车厢宽度220厘米,将会剩余60厘米。

3. 不能拼装运输

应尽量选派核定吨位与所配送的货物数量接近的车辆进行运输,或按有关规定而必须减载运行,如有些危险品必须减载运送才能保证安全。

4. 由于装载技术的原因,造成不能装足吨位

货物码盘时,由于技术原因,不能精确计算合理的堆码层次及货物数量,造成不能装足吨位。

6.3.2 车辆积载的原则

1. 轻重搭配的原则

车辆装货时,必须将重货置于底部,轻货置于上部,避免重货压坏轻货,并使货物重心下移,保证运输安全。

2. 大小搭配的原则

货物包装的尺寸有大有小,为了充分利用车厢的内容积,可在同一层或上下层合理搭配不同尺寸的货物,以减少箱内的空隙。

3. 货物性质搭配原则

拼装在一个车厢内的货物,其化学性质、物理属性不能互相抵触。如不能将散发臭味的货物与具有吸臭性的食品混装;不能将散发粉尘的货物与清洁货物混装。

4. 合理化原则

(1) 到达同一地点的适合配装的货物应尽可能一次积载。

(2) 确定合理的堆码层次及方法。可根据车厢的尺寸、容积,货物外包装的尺寸来确定。

(3) 装载时不允许超过车辆所允许的最大载重量。

(4) 装载易滚动的卷状、桶状货物,要垂直摆放。

(5) 货与货之间,货与车辆之间应留有空隙并适当衬垫,防止货损。

(6) 装货完毕,应在门端处采取适当的稳固措施,以防开门卸货时,货物倾倒造成

货损。

（7）尽量做到"后送先装"。

6.3.3　提高车辆装载效率的具体办法

（1）研究各类车厢的装载标准，根据不同货物和不同包装体积的要求，合理安排装载顺序，努力提高装载技术和操作水平，力求装足车辆核定吨位。

（2）根据客户所需要的货物品种和数量，调派适宜的车型承运，这就要求配送中心根据经营商品的特性，配备合适的车型结构。

（3）凡是可以拼装运输的，尽可能拼装运输，但要注意防止差错。

箱式货车有确定的车厢容积，车辆的载货容积为确定值。设车厢容积为 V，车辆载重量为 W。现要装载质量体积为 R_a、R_b 的两种货物，使得车辆的载重量和车厢容积均被充分利用。

设：两种货物的配装重量为 W_a、W_b，则：

$$\begin{cases} W_a + W_b = W \\ W_a R_a + W_b R_b = V \end{cases} \tag{6.1}$$

$$w_a = \frac{V - W R_b}{R_a - R_b} \tag{6.2}$$

$$w_b = \frac{V - W R_a}{R_b - R_a} \tag{6.3}$$

难点例释 3： 某仓库某次需运送水泥和玻璃两种货物，水泥质量体积为 0.9 立方米/吨，玻璃为 1.6 立方米/吨，计划使用的车辆的载重量为 11 吨，车厢容积为 15 立方米。试问如何装载使车辆的载重量能力和车厢容积都被充分利用？

设：水泥的装载量为 W_a，玻璃的装载量为 W_b。

其中：$V=15$ 立方米，$W=11$ 吨，$R_a=0.9$ 立方米/吨，$R_b=1.6$ 立方米/吨

$$w_a = \frac{V - W \times R_b}{R_a - R_b} = \frac{15 - 11 \times 1.6}{0.9 - 1.6} = 3.71t$$

$$w_b = \frac{V - W \times R_a}{R_b - R_a} = \frac{15 - 11 \times 0.9}{1.6 - 0.9} = 7.29t$$

该车装载水泥 3.71 吨，玻璃 7.29 吨时车辆到达满载。

通过以上计算可以得出两种货物的搭配使车辆的载重能力和车厢容积都得到充分的利用。但其前提条件需是：车厢的容积系数介于所要配载货物的容重比之间。如所需要装载的货物的质量体积都大于或小于车厢容积系数，则只能是车厢容积不满或者不能满足载重量。当存在多种货物时，可以将货物比重与车辆容积系数相近的货物先配装，剩下两种最重和最轻的货物进行搭配配装。或者对需要保证数量的货物先足量配装，再对不定量配送的货物进行配装。

6.3.4 配送车辆装载与卸载

1. 装卸的基本要求

装载卸载总的要求是省力、节能、减少损失、快速、低成本。

1）装车前应对车厢进行检查和清扫

因货物性质不同，装车前需对车辆进行清洗、消毒，必须达到规定要求。

2）确定最恰当的装卸方式

在装卸过程中，应尽量减少或根本不消耗装卸的动力，利用货物本身的重量进行装卸。如利用滑板、滑槽等。同时应考虑货物的性质及包装，选择最适当的装卸方法，以保证货物的完好。

3）合理配置和使用装卸机具

根据工艺方案科学地选择并将装卸机具按一定的流程合理地布局，以达到搬运装卸的路径最短。

4）力求减少装卸次数

物流过程中，发生货损货差的主要环节是装卸，而在整个物流过程中，装卸作业又是反复进行的，从发生的频数来看，超过其他环节。装卸作业环节不仅不增加货物的价值和使用价值，反而有可能增加货物破损的概率和延缓整个物流作业速度，从而增加物流成本。

5）防止货物装卸时的混杂、散落、漏损、砸撞

特别要注意有毒货物不得与食用类货物混装，性质相抵触的货物不能混装。

6）防止货损货差

装车的货物应数量准确，捆扎牢靠，做好防丢措施；卸货时应清点准确，码放、堆放整齐，标志向外，箭头向上。

7）提高货物集装化或散装化作业水平

成件货物集装化，粉粒状货物散装化是提高作业效率的重要手段。所以，成件货物应尽可能集装成托盘系列、集装箱、货捆、货架、网袋等货物单元再进行装卸作业。各种粉粒状货物尽可能采用散装化作业，直接装入专用车、船、库。不宜大量化的粉粒状也可装入专用托盘、集装箱、集装袋内，提高货物活性指数，便于采用机械设备进行装卸作业。

8）做好装卸现场组织工作

装卸现场的作业场地、进出口通道、作业流程、人机配置等布局设计应合理，使现有的和潜在的装卸能力充分发挥或发掘出来。避免由于组织管理工作不当造成装卸现场拥挤、紊乱现象，以确保装卸工作安全顺利完成。

2. 装卸的工作组织

货物配送运输工作的目的在于不断谋求提高装卸工作质量及效率、加速车辆周转、确保物流效率。因此，除了强化硬件之外，在装卸工作组织方面也要给予充分重视，做好装卸组织工作。

1)制定合理的装卸工艺方案

用就近装卸方法或用作业量最小法。在进行装卸工艺方案设计时应该综合考虑,尽量减少二次搬运和临时放置,使搬运装卸工作更合理。

2)提高装卸作业的连续性

装卸作业应按流水作业原则进行,工序间应合理衔接,必须进行换装作业的,应尽可能采用直接换装方式。

3)装卸地点相对集中或固定

装载、卸载地点相对集中,便于装卸作业的机械化、自动化,可以提高装卸效率。

4)力求装卸设施、工艺的标准化

为了促进物流各环节的协调,就要求装卸作业各工艺阶段间的工艺装备、设施与组织管理工作相互配合,尽可能减少因装卸环节造成的货损货差。

3. 装车堆积

装车堆积是在具体装车时,为充分利用车厢载重量、容积而采用的方法。一般是根据所配送货物的性质和包装来确定堆积的行、列、层数及码放的规律。

1)堆积的方式

堆积的方式有行列式堆码方式和直立式堆码方式。

2)堆积应注意的事项

(1)堆码方式要有规律、整齐。

(2)堆码高度不能太高。车辆堆装高度一是受限于道路高度限制;二是道路运输法规规定,如大型货车的高度从地面起不得超过 4 米;载重量 1 000 千克以上的小型货车不得超过 2.5 米;载重量 1 000 千克以下的小型货车不得超过 2 米。

(3)货物在横向不得超出车厢宽度,前端不得超出车身,后端不得超出车厢的长度为:大货车不超过 2 米;载重量 1 000 千克以上的小型货车不得超过 1 米;载重量 1 000 千克以下的小型货车不得超过 50 厘米。

(4)堆码时应重货在下,轻货在上;包装强度差的应放在包装强度好的上面。

(5)货物应大小搭配,有利于充分利用车厢的载容积及核定载重量。

(6)按顺序堆码,先卸车的货物后码放。

4. 绑扎

绑扎是配送发车前的最后一个环节,也是非常重要的环节。是在配送货物按客户订单全部装车完毕后,为了保证货物在配送运输过程中的完好,以及为避免车辆达到各客户点卸货开箱时发生货物倾倒,而必须进行的一道工序。

1)绑扎时主要考虑以下几点

(1)绑扎端点要易于固定而且牢靠。

(2)可根据具体情况选择绑扎形式。

(3)应注意绑扎的松紧度,避免货物或其外包装损坏。

2)绑扎的形式

(1)单件捆绑。

(2)单元化、成组化捆绑。

(3）分层捆绑。
(4）分行捆绑。
(5）分列捆绑。
3）绑扎的方法
(1）平行绑扎。
(2）垂直绑扎。
(3）相互交错绑扎。

6.4　配送车辆优化设计

6.4.1　线路优化设计

1. 配送线路设计

配送线路设计就是整合影响配送运输的各种因素，适时适当地利用现有的运输工具和道路状况，及时、安全、方便、经济地将客户所需的商品准确地送达客户手中。在配送运输线路设计中，需根据不同客户群的特点和要求，选择不同的线路设计方法，最终达到节省时间、运距和降低配送运输成本的目的。

配送运输由于配送方法的不同，其运输过程也不尽相同，影响配送运输的因素很多，如车流量的变化、道路状况、客户的分布状况和配送中心的选址、道路交通网、车辆定额载重量以及车辆运行限制等。

2. 直送式配送运输

直送式配送运输，是指由一个供应点对一个客户的专门送货。从物流优化的角度来看，直送式客户的基本条件是其需求量接近于或大于可用车辆的额定重量，需专门派一辆或多辆车一次或多次送货。因此，在直送情况下，货物的配送追求的是多装快跑，选择最短配送线路，以节约时间、费用，提高配送效率。即直送问题的物流优化，主要是寻找物流网络中的最短线路问题。

目前解决最短线路问题的方法有很多，现以位势法为例，介绍如何解决物流网络中的最短线路问题。已知物流网络如图6-11所示，各节点分别表示为 A、B、C、D、E、F、G、H、I、J、K，各节点之间的距离如图6-11所示，试确定各节点间的最短线路。

寻找最短线路的方法步骤如下。

第一步：选择货物供应点为初始节点，并取其位势值为"零"即 $V_I=0$。

第二步：考虑与 I 点直接相连的所有线路节点。设其初始节点的位势值为 V_I，则其终止节点 J 的位势值可按下式确定：

$$V_J = V_I + L_{IJ} \tag{6.4}$$

式中：L_{IJ}——I 点与 J 点之间的距离。

第三步：从所得到的所有位势值中选出最小者，此值即为从初始节点到该点的最短距离，将其标在该节点旁的方框内，并用箭头标出该连线 I—J，以此表示从 I 点到 J 点的最短线路走法。

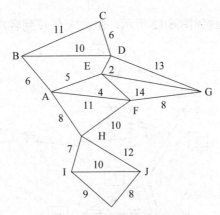

图 6-11 物流网络示意图

第四步：重复以上步骤，直到物流网络中所有节点的位势值均达到最小为止。

最终，各节点的位势值表示从初始节点到该点的最短距离。带箭头的各条连线则组成了从初始节点到其余节点的最短线路。分别以各点为初始节点，重复上述步骤，即可得各节点之间的最短距离。

[例] 在物流网络图 6-11 中，试寻找从供应点 A 到客户 K 的最短线路。

解：根据以上步骤，计算如下：

（1）取 $V_A=0$；

（2）确定与 A 点直接相连的所有节点的位势值：

$$V_B=V_A+L_{AB}=0+6=6$$
$$V_E=V_A+L_{AE}=0+5=5$$
$$V_F=V_A+L_{AF}=0+11=11$$
$$V_H=V_A+L_{AH}=0+8=8$$

（3）从所得的所有位势值中选择最小值 $V_B=5$，并标注在对应节点 E 旁边的方框内，并用箭头标出连线 A_E。即

$$\min\{V_B, V_E, V_F, V_H\}=\min\{6,5,11,8\}=V_E=5$$

（4）以 E 为初始节点，计算与之直接相连的 D、G、F 点的位势值（如果同一节点有多个位势值，则只保留最小者）。

$$V_D=V_E+L_{BD}=5+2=7$$
$$V_G=V_E+L_{EG}=5+14=19$$
$$V_F=V_E+L_{EF}=5+4=9$$

（5）从所得的所有剩余位势值中选出最小者 6，并标注在对应的节点 F 旁，同时用箭头标出连线 AB，即

$$\min\{V_B, V_H, V_D, V_G, V_F\}=\min\{6,8,7,19,9\}=V_B=7$$

（6）以 B 点为初始节点，与之直接相连的节点有 D、C，它们的位势值分别为 16 和 17。从所得的所有剩余位势值中取最小，即

$$\min\{8,7,19,9,17\}=V_D=7$$

将最小位势值 7 标注在与之相应的 D 旁边的方框内，并用箭头标出其连线 ED。如

此继续计算,可得最优路线如图 6-12 所示,由供应点 A 到客户 K 的最短距离为 24。

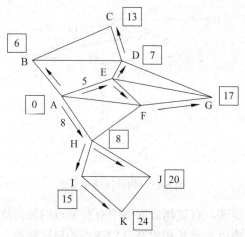

图 6-12 最优线路图

依照上述方法,将物流网络中的每一节点当作初始节点,并使其位势值等于 0,然后进行计算,可得所有节点之间的最短距离,见表 6-6。

表 6-6 节点之间的最短距离

物流网节点	A	B	C	D	E	F	G	H	I	J	K
A	0	6	13	7	5	9	17	8	15	20	24
B	6	0	11	10	11	15	23	14	21	26	30
C	13	11	0	6	8	12	19	21	28	33	37
D	7	10	6	0	2	6	13	15	22	27	31
E	5	11	8	2	0	4	12	13	20	25	29
F	9	15	12	6	4	0	8	10	17	22	26
G	17	23	19	13	12	8	0	15	22	27	31
H	8	14	21	15	13	10	15	0	7	12	16
I	15	21	28	22	20	17	22	7	0	10	9
J	20	16	33	27	25	22	27	12	10	0	8
K	24	30	37	31	29	26	31	16	9	8	0

3. 分送式配送运输

分送式配送是指由一个供应点对多个客户的共同送货。其基本条件是同一条线路上所有客户的需求量总和不大于一辆车的额定载重量,送货时,由这一辆车装着所有客户的货物,沿着一条精心挑选的最佳路线依次将货物送到各个客户手中,这样既保证按时按量将用户需要的货物及时送到,又节约了车辆,节省了费用,缓解了交通紧张的压力,并减少了运输对环境造成的污染。

1)节约法的基本规定

利用里程节约法确定配送路线的主要出发点是,根据配送方的运输能力及其到客户之间的距离和各客户之间的相对距离来制定使配送车辆总的周转量达到或接近最小的配送方案。

假设条件：
（1）配送的是同一种或相类似的货物。
（2）各用户的位置及需求量已知。
（3）配送方有足够的运输能力。
（4）设状态参数为 t_{ij}，t_{ij} 是这样定义的。

t_{ij}=1，表示客户 I，J 在同一送货路线上；0，表示客户 I，J 不在同一送货线路上。
t_{0j} =2 表示由送货点 p_0 向客户 J 单独派车送货。

且所有状态参数应满足下式：

$$\sum_{i=1}^{j=1} t_{ij} + \sum_{i=j+1}^{N} t_{ij} = 2 (j=1,2,\cdots,N) \qquad (6.5)$$

式中：N——客户数。

利用节约法制定出的配送方案除了使总的周转量最小外，还应满足：
（1）方案能满足所有客户的到货时间要求。
（2）不使车辆超载。
（3）每辆车每天的总运行时间及里程满足规定的要求。

2）节约法的基本思想

如图 6-13 所示，设 p_0 为配送中心，分别向用户 p_i 和 p_j 送货。p_0 到 p_i 和 p_j 的距离分别为 d_{0i} 和 d_{0j}，两个用户 p_i 和 p_j 之间的距离为 d_{ij}，送货方案只有两种即配送中心 p_0 向用户 p_i、p_j 分别送货和配送中心 p_0 向用户 p_i、p_j 同时送货，如图 6-13（a）和（b）所示。

比较两种配送方案：

方案（a）配送路线为 $p_0 \to p_i \to p_0 \to p_j \to p_0$，配送距离为 $d_a=d_{0i}+d_{0j}$

方案（b）配送路线 $p_0 \to p_i \to p_j \to p_0$，配送距离为 $d_b=d_{0i}+d_{0j}+d_{ij}$

显然，d_a 不等于 d_b，我们用 s_{ij} 表示里程节约量，即方案（b）比方案（a）节约的配送里程：

$$s_{ij}=d_{0i}+d_{0j}-d_{ij} \qquad (6.6)$$

根据节约法的基本思想，如果一个配送中心 p_0 分别向 N 个客户 p_j（j=1,2,$\cdots$,n）配送货物，在汽车载重能力允许的前提下，每辆汽车的配送线路上经过的客户个数越多，里程节约量越大，配送线路越合理。下面举例说明里程节约法的求解过程。

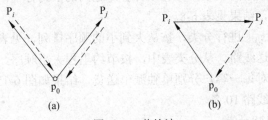

图 6-13　节约法

难点例释 4：某一配送中心 p_0 向 10 个客户 p_j（j=1,2,$\cdots$,10）配送货物，其配送网

络如图 6-14 所示。图中括号内的数字表示客户的需求量（T），线路上的数字表示两节点之间的距离。配送中心有 2 吨和 4 吨两种车辆可供使用，试制定最优的配送方案。

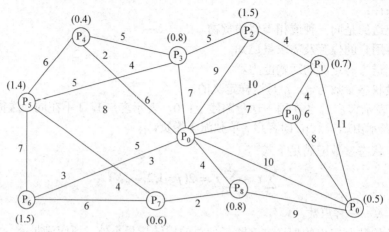

图 6-14　10 个客户配送网络

解： 第一步：计算最短距离。根据配送网络中的已知条件，计算配送中心与客户及客户之间的最短距离，结果见表 6-7。

表 6-7　计算最短距离

P_0										
10	P_1									
9	4	P_2								
7	9	5	P_3							
8	14	10	5	P_4						
8	18	14	9	6	P_5					
8	18	17	15	13	7	P_6				
3	13	12	10	11	10	6	P_7			
4	14	13	11	12	12	8	2	P_8		
10	11	15	17	18	18	17	11	9	P_9	
7	4	8	13	15	15	15	10	11	8	P_{10}

第二步：根据最短距离结果，计算出各客户之间的节约行程，结果见表 6-7。
计算节约里程 s_{ij}，结果见表 6-8。
第三步：将节约 s_{ij}，进行分类，按从大到小的顺序排列，见表 6-9。
第四步：确定配送线路。从分类表中，按节约里程大小顺序，组成线路图。
（1）初始方案：对每一客户分别单独派车送货，结果如图 6-15 所示。
初始方案：配送线路 10 条
配送距离：S_0：148 千米
配送车辆：2 吨×10

表 6-8 计算节约里程

P_1									
15	P_2								
8	11	P_3							
4	7	10	P_4						
0	3	6	10	P_5					
0	0	0	3	9	P_6				
0	0	0	0	1	5	P_7			
0	0	0	0	0	4	5	P_8		
9	4	0	0	0	1	2	5	P_9	
13	8	1	0	0	0	0	0	9	P_{10}

表 6-9 节约里程项目分类表

序号	路线	节约里程	序号	路线	节约里程
1	p_1p_2	15	13	p_6p_7	5
2	p_1p_{10}	13	13	p_7p_8	5
3	p_2p_3	11	13	p_8p_9	5
4	p_3p_4	10	16	p_1p_4	4
4	p_4p_5	10	16	p_2p_9	4
6	p_1p_9	9	16	p_6p_8	4
6	p_5p_6	9	19	p_2p_5	3
6	p_9p_{10}	9	19	p_4p_6	3
9	p_1p_3	8	21	p_7p_9	2
9	p_2p_{10}	8	22	p_3p_{10}	1
11	p_2p_4	7	22	p_5p_7	1
12	p_3p_6	6	22	p_6p_9	1

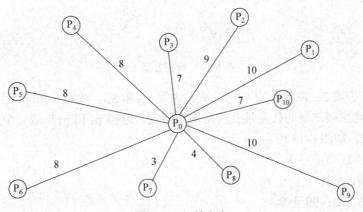

图 6-15 初始方案

（2）修正方案 1：按节约里程 s_{ij} 由达到小的顺序，连接 p_1 和 p_2，p_1 和 p_{10}，p_2 和 p_3，得修正方案 1 和修正方案 1.1，如图 6-16 和图 6-17 所示。

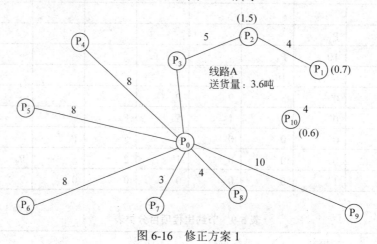

图 6-16　修正方案 1

修正方案 1.1

配送线路：10 条

配送距离：S_1：109 千米

配送车辆：2 吨×6+4 吨×1

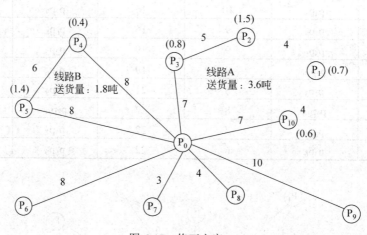

图 6-17　修正方案 1.1

（3）修正方案 2：在剩余的 S_{ij} 中，最大的是 S_{34} 和 S_{45}，此时 p_4 和 p_5 都有可能并入线路 A 中，但考虑到车辆的载重量及线路均衡问题，连接 p_4 和 p_5 形成一个新的线路 B，得修正方案 2，如图 6-18 所示。

修正方案 2

配送线路：6 条

配送距离：S_2：99 千米

配送车辆：2 吨×5+4 吨×1

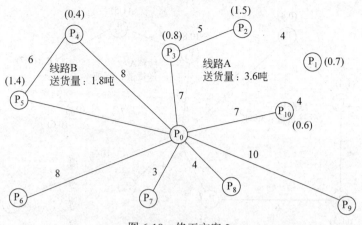

图 6-18 修正方案 2

(4)修正方案 3：接下来最大的 S_{ij} 是 S_{19} 和 S_{56}，由于此时 p_1 已属于线路 A，若将 p_9 并入线路 A，车辆会超载，故只将 p_6 点并入线路 B，得修正方案 3，如图 6-19 所示。

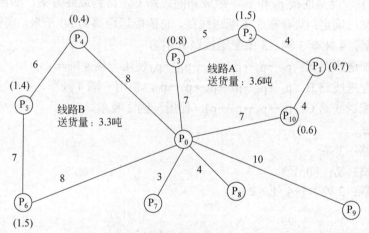

图 6-19 修正方案 3

修正方案 3
配送线路：5 条
配送距离：S_3：90 千米
配送车辆：2 吨×3+4 吨×2

(5)修正方案 4：再继续按 S_{ij} 由大到小排出 S_{910}、S_{13}、S_{210}、S_{24}、S_{36}，由于与其相应的用户均已包含在已完成的线路里，故不予考虑。把 S_{67} 对应 p_7 点并入线路 B 中，得修正方案 4，如图 6-20 所示。

修正方案 4
配送线路：4 条
配送距离：S_4：85 千米
配送车辆：2 吨×2+4 吨×2

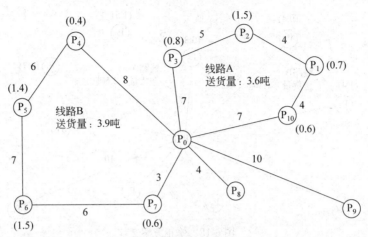

图 6-20 修正方案 4

(6) 最终方案：剩下的是 S_{78}，考虑到配送距离的平衡和载重量的限制，不将 p_8 点并入线路 B 中，而是连接 p_8 和 p_9，组成新的线路 C，得到最终方案，如图 6-21 所示。这样配送方案已确定：共存在 3 条配送线路，总的配送距离为 80 千米，需要的配送车辆为 2 吨车一辆，4 吨车 3 辆。3 条配送线路分别为：

第一条配送线路 A：$p_0 \rightarrow p_3 \rightarrow p_2 \rightarrow p_1 \rightarrow p_{10} \rightarrow p_0$ 使用一辆 4 吨车。

第二条配送线路 B：$p_0 \rightarrow p_4 \rightarrow p_5 \rightarrow p_6 \rightarrow p_7 \rightarrow p_0$，使用一辆 4 吨车。

第三条配送线路 C：$p_0 \rightarrow p_8 \rightarrow p_9 \rightarrow p_0$，使用一辆 2 吨车。

最终方案：

配送线路：3 条

配送距离：S_4：80 千米

配送车辆：2 吨×1+4 吨×2

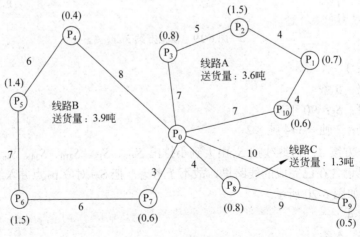

图 6-21 最终方案

6.4.2 扫描法配送的优化设计

1. 扫描法配送基本原理

配送路线设计中的扫描法很简单,即使问题规模很大,也可以通过手工计算得出结果。如果利用计算机程序计算,能够很快求出结果,所需的计算机内存也不大。对于各类问题,该方法的平均误差率预计约在10%。如果我们需要很快得出结果,且只要求结果是合理的(而不是最优的),那么该误差水平还是可以接受的。实际上,调度员常常要在接到有关站点和各站点货运量最新数据后一小时内设计出路线。该方法的缺陷与路线构成方式有关。求解过程分为两步:第一步是分派车辆服务的站点;第二步是决定行车路线。因为整个过程分成两步,所以对诸如在途总运行时间和时间窗口等时间问题处理得不好。

2. 扫描法具体操作步骤

(1) 在地图或方格图中确定所有站点(含仓库)的位置。

(2) 自仓库始沿任一方向向外画一条直线。沿顺时针或逆时针方向旋转该直线直到与某站点相交。

考虑:如果在某线路上增加该站点,是否会超过车辆的载货能力?如果没有,继续旋转直线,直到与下一个站点相交。再次计算累计货运量是否超过车辆的运载能力(先使用最大的车辆)。如果超过,就剔除最后的那个站点,并确定路线。随后,从不包含在上一条路线中的站点开始,继续旋转直线以寻找新路线。继续该过程直到所有的站点都被安排到路线中。

(3) 排定各路线上每个站点的顺序使行车距离最短。排序时可以使用"水滴"法或求解"流动推销员"问题的任何算法。

如果:①每个经停点的货量只占车辆运力的很小比重;②所有车同样大;③路上没有时间限制,则"扫描"法可以得出很好的解。

难点例释 5: 某公司从其所属仓库用货车到各客户点提货,然后将客户的货物运回仓库,以便集成大批量进行远程运输,全天的提货量如图6-22(a)所示,我们给出了所有提货点和仓库。送货车每次可以运送10 000件货物。完成一次运行路线一般要一天时间。请确定:需要多少条路线;每条路线上有哪几个客户点;送货车辆服务有关客户点的顺序,按上面介绍的扫描法确定的路线图如图6-22(b)所示。

利用上述行车路线方法指定路线时,我们假设对每条路线都只派出一部车,如果路线较短,那么在剩余的时间里这部车的利用率就很低。在实际生活中如果完成一条路线后开始另一条路线,那么就可以派一辆车负责两条路线。因此,我们可以将所有运输路线首尾相连顺序排列,使车辆的空闲时间最短,就可以决定车辆数,并安排出配车计划。

假如某车有表6-10中的10条路线的发车时间和到达时间,如果我们每条线路安排一辆车,则需要10辆车;但我们发现,有些路线比较短,根本用不了一天,其实根本不用10辆车。那么,我们如何来制订合理的运输计划,使车辆最少?

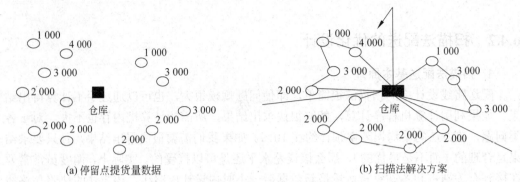

(a) 停留点提货量数据　　　　　　　　(b) 扫描法解决方案

图 6-22　扫描法确定路线图

表 6-10　配车计划表

路线	发车时间	返回时间	路线	发车时间	返回时间
1	8:00AM	10:25AM	6	3:03PM	5:13PM
2	9:30AM	11:45AM	7	12:24PM	2:24PM
3	2:00PM	4:53PM	8	1:33PM	4:33PM
4	11:31AM	3:21PM	9	8:00AM	10:34AM
5	8:12AM	9:52AM	10	10:56AM	2:56PM

我们可以按下面的步骤来进行，这样我们就可以节约大量成本：

（1）将这些路线在一天内按时间进行排序：1、10、6 号线占了一天；9、4 号线占了一天；5、8 号线占了一天；2、7 号线占了一天；只有 3 号线占了半天。

（2）然后我们采用表 6-11 的样子画出来，这样我们就可以分配车了，从表 6-11 中可以看出只要 5 辆车就可以解决问题。最终就少用了 5 辆车，节约了一半的成本。

表 6-11　最优运输计划安排表

	上午				下午				
车号\时间	8　9　10	11	12	1	2	3	4	5　6	PM
1 号车	1 号线			10 号线			6 号线		
2 号车	9 号线			4 号线					
3 号车	1 号线				1 号线				
4 号车		2 号线			7 号线				
5 号车					3 号线				

本 章 小 结

配送运输基本作业程序包括划分配送区域、车辆配载、车辆安排等作业环节。合理划分配送区域是其他作业程序的基础工作；车辆运输调度包括车辆调度内容、原则及调度方法，其中车辆调度方法是车辆调度工作重点，包括经验调度法和运输定额比法；配送车辆积载技术包括配送车辆积载原则、提高车辆装载效率的具体办法；配送线路优化技术包括直送式配送运输线路优化和分送式配送运输线路优化，重点是分送式配送运输线路优化。

在运输配送的组织过程中,一旦组织不当,就会造成重复运输、迂回运输、对流运输、过远运输,车辆利用率低下等问题。

思考与练习

一、填空题

1. 配送是指_____,根据用户要求,对物品进行_____、_____、_____、_____及组配等作业,并按时送达指定地点的物流活动。
2. _____,_____。而且配送所包含的那一部分运输,在整个运送过程中处于"二次运输""支线运输""终端运输"的位置。
3. 配送的一般作业流程基本上是这样的一种运动过程:_____。
4. 从接到客户订单开始到着手准备拣货之间的作业阶段,称为_____。
5. 配送线路设计就是整合影响配送运输的各种因素,_____,_____、_____、_____、_____将客户所需的商品准确地送达客户手中。

二、判断题

1. 定时定量配送是指在规定的运行路线上,按照所要求的运行时间表进行货物配送。(　　)
2. 定量是指完全根据客户提出的配送要求,采取对货物的品种、数量、时间提供一种随要随送的配送方式。(　　)
3. 即时配送是指在一定的时间范围内,按照规定的品种和数量进行货物配送。(　　)
4. 综合化配送是指专门针对某一类或几类货物的配送方式,如图书配送、鲜奶配送等。专业化配送有利于发挥专业化分工的优势,按照不同配送货物的特殊要求优化配送设施、配送车辆,提高配送的效率,确保配送货物的品质。(　　)
5. 专业化配送是指同时针对多种类型的货物的配送方式。(　　)
6. 延迟是指为了满足应急需要,在同一层次的物流中心之间进行货物调度的运输。(　　)
7. 所谓转运,是指为了增大运输规模,采取相应措施使一次装运数量达到足够大的运输策略。(　　)
8. 货物包装的尺寸有大有小,为了充分利用车厢的内容积,可在同一层或上下层合理搭配不同尺寸的货物,以减少箱内的空隙。(　　)
9. 装载、卸载地点相对分散,便于装卸作业的机械化、自动化,可以提高装卸效率。(　　)
10. 装车堆积是在具体装车时,为充分利用车厢载重量、容积而采用的方法。一般是根据所配送货物的性质和包装来确定堆积的行、列、层数及码放的规律。(　　)

三、简答题

1. 配送运输具有哪些特点?

2. 配送运输基本作业程序包括哪些环节？
3. 车辆积载原则是什么？
4. 如何提高车辆装载效率？
5. 车辆运行调度原则是什么？

四、论述题
1. 简述节约里程法基本原理。
2. 简述扫描法配送原理。

五、案例分析

家乐福中国市场战略

家乐福（Carrefour）经过45年的不断发展、整合与创新，现在已成为全球第二大零售商，是目前世界上仅次于美国沃尔玛的著名连锁超市集团。

家乐福进入中国市场前，进行了大量的第一手资料调查。它的调查报告显示，中国是具有全球最大消费潜力的、令人向往的市场。

1995年进入中国市场后，5年时间里，它在中国14个城市开了26家分店，甚至坐上了全国零售企业第三把交椅。短时间内，家乐福便在北京、上海和深圳三地开设了超市。除了已有的上海、广东、浙江、福建及胶东半岛等各地的采购网络，家乐福还在2004年年底分别在北京、天津、大连、青岛、武汉、宁波、厦门、广州及深圳开设了区域化采购网络。

家乐福超市的选址一般是在城市边缘的城乡结合部，为了靠近中心城区和大型居住区，其超市通常都开在十字路口。

家乐福每开一家分店，首先会对当地商圈进行详细而严格的调查与论证，历时都在一年以上，涉及的调查范围包括文化、气候、居民素质、生活习惯及购买力水平、竞争状况等诸多方面。它会根据小区的远近程度和居民可支配收入，划定重要销售区域和普通销售区域。

如果一个未来的店址周围有许多的公交车，或是道路宽敞、交通方便，那么销售辐射的半径就可以放大。

未来潜在销售区域会受到很多竞争对手的挤压，所以家乐福也会将未来所有的竞争对手计算进去。传统的商圈分析中，需要计算所有竞争对手的销售情况、产品线组成和单位面积销售额等情况，然后将这些估计的数字从总的区域潜力中减去，这样，未来的销售潜力就产生了。但是这样做并没有考虑不同对手的竞争实力，所以有些商店在开业前索性把其他商店的短板摸个透彻，以打分的方法发现它们的不足之处，比如环境是否清洁，哪类产品的价格比较高，生鲜产品的新鲜程度如何等，然后依据精确的调研结果进行具有杀伤力的打击。

家乐福选址实例，http://www.mywoo.cn/bbsAndex.php

讨论：
1. 家乐福进入中国市场策略有哪些？
2. 结合案例谈谈开拓市场战略首先要考虑哪些因素。

第 7 章

物流调运规划与设计

学习目标

通过本章的学习，了解物流调运规划的概念、原理及重要性；掌握物流调运方法；掌握物流调运流量分析方法；了解物流运输不合理的现象并懂得如何消除不合理运输。熟悉线路选择；掌握最短路径及匈牙利法计算技巧。

关键术语

物流调运规划　物流分配　物流服务系统

花王公司的组合运输体系

花王公司物流体系的建立是从 20 世纪 70 年代开始的，可以说整个 70 年代是花王公司现代物流管理得以确立的时期，为其真正确立先进的销售管理和物流管理奠定了基础，并最终推动了 20 世纪 90 年代以来供应链管理的发展。

花王公司复合运输的主要特征表现在自动仓库、特殊车辆、计划运输、组合运输等。花王公司的物流起点是工厂的自动化仓库，到 20 世纪 70 年代末，花王公司的所有工厂全部导入了自动立体化仓库，从而完全实现了自动机械化作业。商品从各工厂进入仓库时，所有商品用平托盘装载，然后自动进行库存。出货时根据在线供应系统的指令，自动备货分拣，并装载在货车上。

复合运输系统的终点是销售公司的仓库，为了提高销售公司仓库的效率化，花王公司配备了三段式的平托盘和叉车，商品托盘运输比率为 100%，充分发挥了复合运输的优势。

除此之外，自动化立体仓库也在花王销售公司中得到大力推进，到 20 世纪 80 年代中叶，近 29 万个销售公司的仓库实现了立体自动化。

运输方式也是花王物流系统变革中的重要一环。这方面的成就主要表现在特殊车辆的开发，这种特殊车辆就是能装载 14.5 t 的轻型货车，该货车可以装载 20 个 TII 型的平托盘，并用轻型铝在货车货台配置了起重装置。后来，花王公司又开发出了能装载 19 t 货物，平面 24 个平托盘的新型货车。与此同时，针对从销售公司到零售店的商品运输，花王公司开发出了"特殊架装车",特殊架装车是由面向零售店的厢式车、对应不同托盘车以及衣架展示运输车等8种特殊车辆组成,后来又积极开发和推动了集装箱运输车,其成了对零售店配送的主力工具。

在花王的物流运输体系中,最有名的是其计划运输系统。所谓计划运输系统就是为了避免交通阻塞,提高物流作业效率,选择最佳的运输路线和最佳的运输时间,以在最短的时间内将商品运抵客户的计划系统。例如,面向日本静冈花王销售公司的货车一般在夜里2点从东京出发,走东名高速公路,于早上7点抵达静冈花王,使货车能避开交通高峰,顺利通畅地实现商品配送。以此类推,花王公司针对每个销售公司的地理环境、交通道路状况和经营特点,安排了不同的运输时间和运输路线,而且所有计划都用图表的形式表示,真正确保商品的及时配送,最终实现了全公司商品输送的高效率。

花王公司计划运输系统与花王公司的另一个系统——商品组合运输系统相联系,商品组合运输系统解决的问题是防止货车往返途中的空载。显然,为真正防止货车空载,就必须搜寻需运输的商品。开始时,花王公司主要是与花王的原材料供应商进行组合运输,亦即花王公司将商品从工厂或总公司运抵销售公司后,与当地的花王公司供应商联系,将生产所需的原材料装车运回工厂,这样就不会出现空载。后来,商品运输组合的对象逐渐扩大,已不仅仅局限于与花王公司经营相关联的企业,所有其他企业都可以利用花王公司的车辆运载商品。例如,前面所列举的静冈花王每天早上8点卸完货物后,就装载清水的拉面或电机零部件运到客户位于东京的批发店。现在参与花王组合运输的企业达100多家,花王工厂与销售公司之间近80%的商品运输都实行了组合。应当看到的是,花王公司的组合运输之所以能实现和大力发展,最大的原因是其计划运输系统确保了商品运输的定时和及时,换句话说,正是因为花王的运输系统能确保及时、合理的运输,所以,越来越多的企业都愿意加入商品组合运输,如果不是前者的效率化,是不可能真正实现组合运输的。

资料来源:张丽. 物流系统规划与设计[M]. 2版. 北京:清华大学出版社,2014.

思考
(1)花王公司计划运输系统与其商品组合运输系统有什么不同?
(2)你认为花王的运输系统是怎样通过组合运输来实现高效的物流作业的?

7.1 物流调运规划概述

企业在从事物流活动中,不可避免地要进行物资调运工作,如某时期内将生产基地的煤、钢铁、粮食等物资,分别运到需要这些物资的地区。根据各地的生产量和需求量及各地之间的运输费用,如何制定一个运输方案,使在满足需求情况下运输费用最低,这样的问题称为物资调运规划问题。

7.1.1 调运规划

1. 概念

物资调运规划(又称运输问题)一般可以表述如下:设某种要调运的物资,有一组供应点（产地或称发点）m 个，一组需求点（销地或称收点）n 个，如果每个供应点的供应量及每个需求点的销售量都已经确定，即第 i 个产地有 $a_{i(t)}$ 物资发出，第 j 个销地需要收进 $b_{j(t)}$ 物资；并且从每一个产地到每一个销地的单位运价是已知的，假定把单位物资从第 i 个产地调运到第 j 个销地去的单位运价为 c_{ij}。

物资调运规划的目的是制定一个合理的调运方案，确定 m 个产地与 n 个销地之间的供需联系和收发量的最优搭配，并确定具体的运输路线，使总的运输费用最低。

2. 确定产销地之间的供需联系和收发量

产销地之间的供需联系的确定是以运输费用最低为前提的，在这种情况下，物资调运问题的数学模型，一般可以这样描述：

设 m 个供应点为 A_i，它们的供应量是 a_i，其中 $i=1, 2, \cdots, m$；设 n 个需求点为 B_j，它们的需求量是 b_j，其中 $j=1, 2, \cdots, n$；C_{ij} 为已知的从第 i 个供应点到第 j 个需求点的单位运价；由供应点 A_i 发往 B_j 的物资调运量是 X_{ij}。

假设 m 个供应点的总供应量等于 n 个需求点的总需求量，这样，调运问题满足供需平衡，称为平衡运输问题。这时，不难理解，由各供应点 A 调出的物资总量应等于它的供应量 a_i（$i=1, 2, \cdots, m$）；而每一个需求点 B_j 调入的物资总量应等于它的需求量 b_j（$j=1, 2, \cdots, n$）。

目标函数为
$$\min Z = \sum_{i=1}^{m} \sum_{j=1}^{n} C_{ij} x_{ij} \tag{7.1}$$

7.1.2 调运方法

1. 表上作业法

表上作业法是指用列表的方法求解线性规划问题中运输模型的计算方法。是线性规划的一种求解方法。当某些线性规划问题采用图上作业法难以进行直观求解时，就可以将各元素列成相关表，作为初始方案，然后采用检验数来验证这个方案，否则就要采用闭合回路法、位势法等方法进行调整，直至得到满意的结果。这种列表求解方法就是表上作业法。

2. 表上作业法操作步骤

（1）找出初始基本可行解（初始调运方案，一般 $m+n-1$ 个数字格）

从左上角格开始，在格内的右下角标上允许取得的最大数。然后按行（列）标下一格的数。若某行（列）的产量（销量）已满足，则把该行（列）的其他格划去。如此进行下去，直至得到一个基本可行解。

（2）求出各非基变量的检验数，判别是否达到最优解。如果停止计算则转入下一步，用位势法计算。

（3）改进当前的基本可行解（确定换入、换出变量），用闭合回路法调整（因为目标函数要求最小化），表格中有调运量的地方为基变量，空格处为非基变量。基变量的检验数 $\sigma_{ij}=0$，非基变量的检验数不能为 0。如果 $\sigma_{ij}<0$ 表示运费减少，则 $\sigma_{ij}>0$ 表示运费增加。

（4）重复（2）、（3），直到找到最优解。

3. 表上作业法具体做法

利用表上作业法寻求运费最少的调运方案，首先依据问题列出调运物资的供需平衡表以及运价表；其次确定一个初始的调运方案（当然不一定是最优方案）；最后根据一个判定法则，判定初始方案是否为最优方案。当判定初始方案不是最优方案时，再对这个方案进行调整。一般说来，每调整一次得到一个新的方案，而这个新方案的运费比上一个方案要少些，如此经过几次调整，就会得到最优方案。下面我们通过一个例题来具体说明这个方法。

难点例释 1：某公司下属三个储存某种物资的料库，供应四个工地。三个料库的供应量和四个工地的需求量以及由各料库到诸工地调运单位物资的运价（元／吨）由表 7-1 给出；待调运量见表 7-2。

表7-1 运 价 表

产地＼销地	B_1	B_2	B_3	B_4
A_1	3	11	3	10
A_2	1	9	2	8
A_3	7	4	10	5

表7-2 调 运 表

产地＼销地	B_1	B_2	B_3	B_4	供应量（吨）
A_1	X_{11}	X_{12}	X_{13}	X_{14}	70
A_2	X_{21}	X_{22}	X_{23}	X_{24}	40
A_3	X_{31}	X_{32}	X_{33}	X_{34}	90
需求量（吨）	30	60	50	60	200

解：第一步：求初始方案。

从表 7-1 中，$C_{21}=1$ 为最小，A_2 的供应量为 40 吨，而 B_1 的需求量为 30 吨，于是优先满足它们之间的调运，把 $X_{21}=30$ 作为初始基本变量填到调运表中 X_{21} 的位置（A_2 与 B_1 的交叉格），从而得到一张新的调运表。此时 B_1 的需求已全部得到满足。把 B_1 所在的列划去，然后在未划去的行列中，再选取最低运价的单元格，$C_{23}=2$，因为 B_3 需要 50 吨，而 A_2 已调运给 B_1 30 吨，所以只有 10 吨给 B_3，为了保证解的可行性，$X_{23}=10$ 作为初始变量，把 10 填到 A_2 与 B_3 的交叉格，而在运价表中，由于 A_2 的供应量已全部用完，故把 A_2 所在的行划去，依照这样的方法继续做下去，每进行一步操作，相应地在调运表中的某一空格填入一个数，直至最终形成初始的调运方案，见表 7-3。

从表 7-3 中看到：供需已经实现了平衡，各产地供应量全部调出，各销地的需求也得到满足，且基变量的个数恰好是 3+4-1=6（个），符合基本可行解的要求，这就是得到的初始方案。在该调运表中，6 个无调运量的空格表示相应的变量为非基变量，取值为 0，即

表7-3 初始调运方案

产地\销地	B_1	B_2	B_3	B_4	供应量（吨）
A_1			40	30	70
A_2	30		10		40
A_3		60		30	90
需求量（吨）	30	60	50	60	200

$$X_{11}=X_{12}=X_{22}=X_{24}=X_{31}=X_{33}=0$$

其他6个有调运量的格子表示相应的变量为基变量取值分别为

$$X_{13}=40, X_{14}=30, X_{21}=30, X_{23}=10, X_{32}=60, X_{34}=30$$

此调运方案的总成本为

$$Z=40\times3+30\times10+30\times1+10\times2+60\times4+30\times5=860（元）$$

注意：最小元素法所讲的"最小"仅就局部而言，就整体考虑总的运费不一定是最小的。如果正巧有一行与一列的供需同时被满足，将同时划去一行和一列，这样会使基变量的个数少于6个。为保证解的可行性，必须将若干个非基变量转为基变量，保证基变量的个数为6。这些转为基变量的变量取值只能为零，即在调运表的相应位置填上"0"。

第二步：初始调运方案的检验与改进。

闭回路法：见表7-4和表7-5。

表7-4 闭回路法

产地\销地	B_1	B_2	B_3	B_4	供应量（吨）
A_1	0（3）	0（11）	40（3）	30（10）	70
A_2	30（1）	0（9）	10（2）	0（8）	40
A_3	0（7）	60（4）	0（10）	30（5）	90
需求量（吨）	30	60	50	60	200

表7-5 空格的闭回路与检验数

空格（非基变量）	相应的闭回路	相应检验数
x_{11}	$x_{11} — x_{21} — x_{23} — x_{13} — x_{11}$	$C_{11}=C_{11}-C_{21}+C_{23}-C_{13}=3-1+2-3=1$
x_{12}	$x_{12} — x_{32} — x_{34} — x_{14} — x_{12}$	$C_{12}=C_{12}-C_{32}+C_{34}-C_{14}=11-4+5-10=2$
x_{22}	$x_{22} — x_{32} — x_{34} — x_{14} — x_{23} — x_{22}$	$C_{22}=C_{22}-C_{32}+C_{34}-C_{14}+C_{13}=9-4+5-10+3-2=1$
x_{24}	$x_{24} — x_{14} — x_{13} — x_{23} — x_{24}$	$C_{24}=C_{24}-C_{14}+C_{15}-C_{21}=8-10+3-2=-1$
x_{31}	$x_{31} — x_{34} — x_{14} — x_{23} — x_{21} — x_{31}$	$C_{31}=C_{31}-C_{34}+C_{14}-C_{13}+C_{23}-C_{21}=7-5+10-3+2-1=10$
x_{33}	$x_{33} — x_{34} — x_{14} — x_{13} — x_{33}$	$C_{33}=12$

由此可以看出 $C_{24}= -1$。增加一个单位后可减少总运费1元，所以把 x_{24} 作为调入变量，确定调入变量后，调出变量要从那些需要减少的转角点挑选。从 x_{24} 的回路中可以看

出，增加 x_{24} 一个单位后，要减少 x_{14} 一个单位，增加 x_{13} 一个单位，要减少 x_{23} 一个单位，调出变量应该在 x_{14} 和 x_{23} 中挑选，挑选标准是拣最小的变量作为调出变量。否则最小的变量就要减小而变成负数，此时就不是可行解了。而现在 $x_{14}=30$，$x_{23}=10$。故把 x_{23} 作为调出变量。这样，对初始方案的调整是把 x_{24} 增加 10 单位，x_{23} 减少 10 单位，其他在回路上的有关转角点也作相应调整，得到新的调运见表 7-6。

表 7-6 调整后的物资调运表

销地 产地	B_1	B_2	B_3	B_4	供应量（吨）
A_1			50	20	70
A_2	30			10	40
A_3		60		30	90
需求量（吨）	30	60	50	60	200

在这个新的调运方案中总运费为

$$Z=30\times1+60\times4+50\times3+20\times10+10\times8+30\times5=850（元）$$

比调整前的运费少了 10 元。再计算新的调运方案中空格（非基变量）的检验数，得到 $C_{11}=0$，$C_{12}=2$，$C_{22}=2$，$C_{24}=1$，$C_{31}=9$，$C_{33}=12$。都是非负的，这说明所得解是这个运输问题的最优解。

难点例释 2：某食品公司经营糖果业务，公司下设三个工厂 A_1，A_2，A_3，四个销售门市部 B_1，B_2，B_3，B_4，各自供应量和需求量见表 7-7，试用左上角法求出最优运输方案。

表 7-7 供应量和需求量

销地 产地	B_1	B_2	B_3	B_4	供应量（吨）
A_1	15	18	19	13	50
A_2	20	14	15	17	30
A_3	25	12	17	22	70
需求量（吨）	30	60	20	40	150

解：假设新的调运量见表 7-8。

表 7-8 调 运 表

销地 产地	B_1	B_2	B_3	B_4	供应量（吨）
A_1	X_{11}	X_{12}	X_{13}	X_{14}	50
A_2	X_{21}	X_{22}	X_{23}	X_{24}	30
A_3	X_{31}	X_{32}	X_{33}	X_{34}	70
需求量（吨）	30	60	20	40	150

用左上角法解题步骤：

第一步：以表 7-7 左上角的格子作为开端。

第二步：对这一格子可用的供应量与需求量做比较，安排两个值中较小的一个作为运量。然后，把这个值用括符括起来。这一格子可用的供应量（或需求量）减去安排的运量，就是剩余的供应量（或需求量）。表 7-7 中有 50 吨的供应量和 30 吨的运量到 x_{11} 格。

第三步：如果安排运量的格子正好是在调运表的右下角，就停止安排。这时，初始方案已找到。如果这一格不在最右下角，那么就进入第四步。

第四步：根据以下规则，移到下一格。

（1）如果已安排的这一格所在的行和列比较，供应量超过需求量，下一格移到同一行相邻的格。

（2）如果需求量超过供应量，下一格移到同一列相邻的格子。

（3）回到第（2）步。

本例中，首先从 x_{11} 格开始，供大于求（50＞30），所以 x_{11} 格安排运量 30 吨。销地 B_1 已满足，产地 A_1 尚余 20 吨。然后，从 x_{11} 格移到同一行的 x_{12} 格，用需求量 60 吨与供应量 20 吨做比较，在 x_{12} 格安排运量 20。然后移到同一列的 x_{22} 格。x_{22} 格安排运量 30 吨后，以同样的方式移到 x_{32} 格，安排运量 10 吨。然后，分别移到 x_{33}、x_{34} 安排运量 20 吨和 40 吨。x_{34} 格安排好后，因为是表的最右下角，所以结束安排。这就是一个基本解，作为初始可行方案。见表 7-9—表 7-13。

表 7-9　运量安排表

销地\产地	B_1	B_2	B_3	B_4	供应量（吨）
A_1	15/（30）	18	19	13	（50）
A_2	20	14	15	17	30
A_3	25	12	17	22	70
需求量（吨）	（30）	60	20	40	150

表 7-10　运量安排表

销地\产地	B_1	B_2	B_3	B_4	供应量（吨）
A_1	15/（30）	18/（20）	19	13	（50）（20）0
A_2	20	14/（30）	15	17	（30）0
A_3	25	12	17	22	70
需求量（吨）	（30）0	（60）（40）10	20	40	150

得到初始方案：$x_{11}=30$，$x_{12}=20$，$x_{22}=30$，$x_{32}=10$，$x_{33}=20$，$x_{34}=40$。

基变量个数符合 $m+n-1=3+4-1=6$（个）。

根据左上角法，求出运输初始方案后，为了进一步算出最优方案，需用霍撒克法（或闭回路法）进行优化。检验公式：

表 7-11 运量安排表

产地＼销地	B₁	B₂	B₃	B₄	供应量（吨）
A₁	15/（30）	18/（20）	19	13	（50）（20）0
A₂	20	14/（30）	15	17	（30）0
A₃	25	12/（10）	17	22	（70）60
需求量（吨）	（30）0	（60）（40）（10）	20	40	150

表 7-12 运量安排表

产地＼销地	B₁	B₂	B₃	B₄	供应量（吨）
A₁	15/（30）	18/（20）	19	13	（50）（20）0
A₂	20	14/（30）	15	17	（30）0
A₃	25	12/（10）	17/（20）	22	（70）（60）40
需求量（吨）	（30）0	（60）（40）（10）	（20）	40	150

表 7-13 运量安排表

产地＼销地	B₁	B₂	B₃	B₄	供应量（吨）
A₁	15/（30）	18/（20）	19	13	（50）（20）0
A₂	20	14/（30）	15	17	（30）0
A₃	25	12/（10）	17/（20）	22/（40）	（70）（60）（40）
需求量（吨）	（30）0	（60）（40）（10）	（20）0	（40）0	150

$$\begin{cases} d_{ij} = V_i + U_j \\ A_{ij} = C_{ij} - (V_i + U_j) \end{cases} \quad (7.2) \\ (7.3)$$

式 7-2 表示有运量的变量等于相应的行位势与列位势之和。

式 7-3 表示空格里的检验数等于原表相应格的运量减去相应格位势与列位势之和。所得到的合理运输方案为（表 7-14）

表 7-14 合理运量安排方案

产地＼销地	B₁	B₂	B₃	B₄	供应量（吨）
A₁	30	20			50
A₂		30			30
A₃		10	20	40	70
需求量（吨）	30	60	20	40	150

从表 7-14 得到可行解：$x_{11}=30$，$x_{12}=20$，$x_{22}=30$，$x_{32}=10$，$x_{33}=20$，$x_{34}=40$。

基变量个数符合 $m+n-1=3+4-1=6$（个）。

7.2 物流调运设计

7.2.1 物流调运流量分析

1. 确定运输路线

运输路线会直接影响到运输效果的好坏,关系着物资能否及时运到指定地点。此外,当运输费用是以吨/千米计算时,运输路线的长短就直接关系着运输费用的多少。因此,运输路线的选择也是物资调运规划的一个重要内容。

2. 物流调运流量

某项物资从 m 个产地或仓库(统称为发点),调运到 n 个需要地(称为收点),在选定调运方案时,要先画一个示意的交通图,标明收发点的大致位置、收发量、交通路线长度(不必与实际长度成比例)。

在交通图上,发点用"〇"表示,并将发货量记在里面,收点用"口"表示,并将收货量记在里面。两点间交通线的长度记在交通线旁边。然后作调运物资的流向图。物资调运的方向(流向)用 → 表示,并把 → 按调运方向画在交通线的右边,如图 7-1 所示,把调运物资的数量记在 → 的右边,并加上括号,以表示和交通线长度的区别,这样就构成如图 7-1 所示的物资调运流量图。

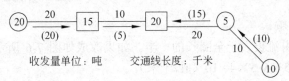

收发量单位:吨　交通线长度:千米

图 7-1　物资调运流量图

在物资调运过程中,把某项物资从各发点调到各收点,调运方案很多,如何找出使用运输力量最小的方案,就要消灭物资调运中的对流和迂回两种不合理的运输。

7.2.2 消除物流调运不合理现象

1. 对流

即同一物资在同一线路上的往返运输,如图 7-2 所示,将某物资 10 吨,从 A_1 运到 B_2,而又有同样的物资 10 吨,在同一期间从 A_1 运到 B_1,于是 A_1 A_2 间就出现了对流现象。如图 7-2 所示。

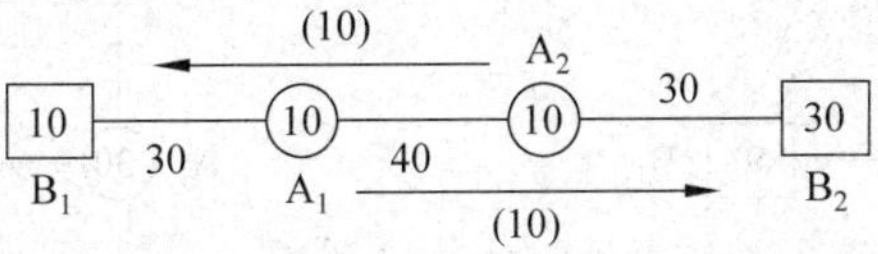

图 7-2　出现对流的调运流量图

如果把调运流量图改成如图 7-3 所示,即将 A_1 的 10 吨运到 B_1,而将 A_2 的 10 吨运

到 B_2，就消灭了对流，可以节省运输力量 $2\times10\times40=800$（吨/千米）。

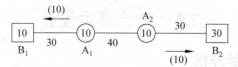

图 7-3　消灭了对流的调运流量图

2. 迂回

在交通图成圈的时候，由于表示调运方向的箭头，要按调运方向，画在交通线的右边，因此，在流向图中，有些流向在圈外，称为外圈流向，如图 7-4 所示；有些流向在圈内，称为内圈流向，如图 7-5 所示。如果流向图中内圈流向的总长（以下简称内流长）或外圈流向的总长（以下简称外流长）超过整个圈长的一半，就称为迂回运输，如图 7-4 所示。

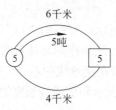

图 7-4　迂回运输图

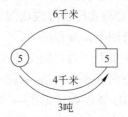

图 7-5　无迂回运输图

1）消除迂回运输

迂回运输，图内流长大于全圈长的一半。如果改成如图 7-6 所示，就消灭了迂回，可以节省运输力量 $5\times6-5\times4=10$（吨/千米）。

2）例子

图 7-6 内流长 7 大于全圈长 13 的一半，是迂回运输。如果调整内圈长（在内圈各流量中减去内圈的最小流量 10），在外圈各流量中增加内圈的最小流量 10，同时在没有流量的线段上添上外圈流量 10（内圈的最小流量），便得出新的流向图，如图 7-7 所示。新的流向图等于把旧的流向图中的 10 吨运了大半圈的物资改为由小半圈调运，因为内流长大于整圈长的一半，而外流长加上没有流量的限度小于整圈长的一半，从而节省了运输力量，这是一个不太直观的迂回问题。

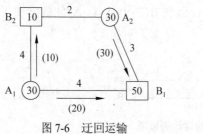

图 7-6　迂回运输

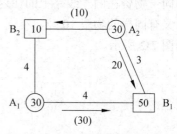

图 7-7　无迂回运输

物资调运问题的图上作业法，就是为了消灭运输中的对流和迂回，节省运输力量。

这种方法的步骤是：先找出一个没有对流的方案，再检查有没有迂回，如果没有迂回，该方案已是最优方案。如果有迂回，则调整这一方案，直至消灭迂回。

7.2.3 物流调运优化

在物资调运中，运输路线可分为两种情况：一是交通路线不成圈，二是交通路线成圈。下面分别用例子介绍这两种情况物资调运的方法。

1. 交通路线不成圈

难点例释 3：有某物资 17 万吨，由 A_1，A_2，A_3，A_4 发出，发量分别为 5，2，3，7（单位：万吨），运往 B_1，B_2，B_3，B_4，收量分别为 8，1，3，5（单位：万吨），收发量是平衡的，它的交通路线如图 7-8 所示，问应如何调运，才使运输力量吨/千米最小。

解：作一个没有对流的流向图。作法是：由各端点开始，由外向里，逐步进行各收发点之间的收发平衡。把 A_1 的 5 万吨给 A_2，A_2 成为发量 7 万吨的发点。由 A_3 调 1 万吨给 B_2，A_3 剩 2 万吨，由 A_4 调 5 万吨给 B_4，A_4 剩 2 万吨。将 A_2 的 7 万吨全部调给 B_1，将 A_3 剩余的 2 万吨，先调 1 万吨给 B_1，余下的 1 万吨调给 B_3。A_4 剩余的 2 万吨全部调给 B_3，调运流向图如图 7-9 所示。

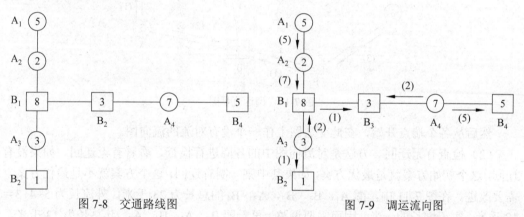

图 7-8　交通路线图　　　　图 7-9　调运流向图

根据上面流向图的作法，很明显，所得的没有对流现象的流向图是唯一的，再根据对流现象是不合理的运输，所以这唯一没有对流的流向图就是最优的流向图。

有时同一流向图，可以编制各种不同的调运方案，比如例子中，B_1 需要的 3 万吨，除 A_4 供给的 2 万吨外，其余 1 万吨可以由 A_2 给，也可以由 A_3 给，也可以由 A_2，A_3 共同给，这些方案所用的运输力是一样的。调运时，可以结合其他条件，选择其中一个。

2. 交通路线成圈

难点例释 4：有某物资 7 万吨，由发点 A_1，A_2，A_3 发出，发量分别为 3，3，1（单位：万吨），运往收点 B_1，B_2，B_3，B_4 收量分别为 2，3，1（单位：万吨），收发量平衡，交通图如图 7-10 所示，问应如何调运，才使运输力量吨/千米最小。

解：（1）作一个没有对流的流向图，用"去线破圈"的方法，去一线破一圈，有几个圈去掉几条线，把有圈的交通图，化为不成圈的交通图。一般是先去掉长度最长的交通线，比如，去掉 A_1，B_4（7 000 米），破 A_1，B_1，B_2，A_3，B_4 圈，再去掉 A_3B_3 线（4 000

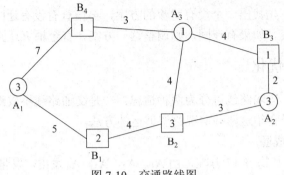

图 7-10 交通路线图

米),破 B_2,A_2,B_3,A_3 圈。这样就使原来有圈的交通图变成了不成圈的交通图,如图 7-11 所示。

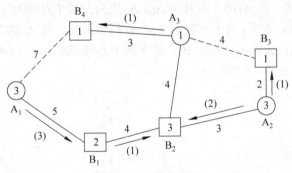

图 7-11 调运流量图

然后从各个端点开始,在此交通图上作一个没有对流的流向图。

(2) 检查有无迂回。方法是对流向图中的各圈进行检查,看看有无迂回。如果没有迂回,这个初始方案就是最优方案,如果其中某一圈有迂回,这个方案就不是最优方案,需要改进。在图 7-11 中,圈 A_1,B_1,B_2,A_3,B_4 的总长为 23 千米,外流长为 5+4+3=12 千米,大于圈长的一半,因而需要调整。再看圈 B_2,A_2,B_3,A_3,其总长为 13 千米,圈中内流长为 3 千米,外流长为 2 千米,都小于圈长的一半,因此,此圈不必调整。

对圈 A_1,B_1,B_2,A_3,B_4 的调整方法是:在外圈的各流量中,减去外圈的最小流量 1 万吨;然后在内圈的各流量中加上 1 万吨,在此圈中,因无内流量,所以无处可加;另外,再在无流量的线段上,新添上内圈流量 1 万吨,这样得出新的流量图,如图 7-12 所示。

新的流量图中,在 A_1,B_1,B_2,A_3,B_4 圈内,内流长为:4+7=11 千米,外流长为:5 千米,都不超过全圈长(23 千米)的一半;在 B_2,A_2,B_3,A_3 圈内,内流长为 3 千米,外流长为 4+2=6 千米,也都没有超过全圈长(13 千米)的一半,因此,这个流向图没有迂回现象,是本问题的最优调运方案,总运输力为:1×7+2×5+1×4+2×3+2×1=29 吨/千米。

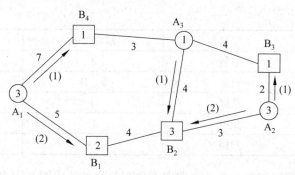

图 7-12　调整后的流量图

7.2.4　网络规划

1. 网络概述

网络分析法又称统筹法、关键路线法或计划评审法，其基本原理是将组成系统的各项任务的各个阶段和先后顺序通过网络形式统筹规划。

一项工程或任务，是由多道工序组成的。对整个计划中各道工序的先后次序、彼此衔接关系及所需时间等进行分析后，给出各道工序所需时间，明确先后次序，就可依照这个计划画出一个箭头图，标明时间，计算并标明关键线路。这个箭头图就叫作网络图。如图 7-13 所示。

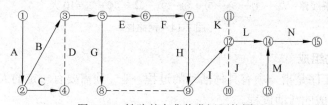

图 7-13　铁路整车货物发运网络图

难点例释 5：一整车物资在火车站装车发运，这个系统作业程序共由 14 道工序组成。它们的名称、它们之间的先后次序及相互关系见表 7-15。

表 7-15　14 道工序组成

工序标号	工序名称	紧前工序	所需时间
A	见单组配	—	3
B	制运单	A	1
C	制交接单	B	1
D	批单	B、C	3
E	制市内托运单	C	2
F	送货	D、E	2
G	见货组配	F	3
H	站台交接	F	2
I	装车	F、K	1

续表

工序标号	工序名称	紧前工序	所需时间
J	监装	I	0
K	送货	F、H	0
L	结算	J	1
M	预报	L	0
N	归档	M	1

把这个先后顺序的相互关系，由左向右排列起来并绘成图，用来表示工序流程。然后再把这个图在相邻工序交接地方画一个圆圈"O"，在每一个圆圈中编上序号，箭尾表示工序的开始，箭头表示工序的完成，然后再把完成每一道工序所需的时间也标在相应的箭杆上，这就是一个网络图，如图 7-14 所示。

第一条线路：①—③—③—⑤—⑥—⑦—⑨—⑫—⑭—⑮=15 天
（3 1 3 2 2 1 1 1 1）

第二条线路：①—②—④—③—⑤—⑥—⑦—⑨—⑫—⑭—⑮=16 天
（3 1 0 3 2 2 2 1 1 1）

第三条线路：②—③—⑤—⑧—⑨—⑫—⑭—⑮=10 天
（1 3 3 0 1 1 1）

第四条线路：②—④—③—⑤—⑧—⑨—⑫—⑭—⑮=10 天
（1 0 3 3 0 1 1 1）

图 7-14 网络图

2. 网络图的组成

（1）工序。工序是指一项有具体活动的过程，是一项需要有一定的人力、物力参加，在一定时间内完成的活动过程。

事项。事项是指工序的开工和完工事项。如①—②代表工序 A，②—③代表工序 B……②对于 A 来说，是完工事项，对于工序 B 来说就是开工事项。

（2）线路。线路是指从起点开始顺着箭头所指方向，连续不断地到达终点的一条通道。

路线花费时间计算公式为

$$T_s = \frac{a + 4m + b}{6} \tag{7.4}$$

式中：T_s——平均工作时间；
a——估计最快可能完成的时间；
b——估计最慢可能完成的时间；
m——估计最有可能完成的时间。

计算结果如图 7-15 所示。

3. 找出关键线路

找关键线路，必须先分别算出各条线路的需要的总时间。从上面计算的结果来看，在各条线路需要的时间中，第二条线路需要的时间最长（16 天），因此它是关键线路，

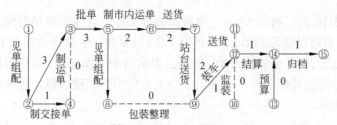

图 7-15 铁路整车货物发运网络图

整个物资发运时间的快慢,是由它来决定的。

为了定出这条关键线路,在网络图上要把这条线路用粗黑线或其他颜色的线来表示。如图 7-13 的①—②—④—③—⑤—⑥—⑦—⑨—⑫—⑭—⑮ 就是关键线路。

4. 计算各道工序的时间

1)计算各道工序的最早开始时间

沿着箭头的方向逐个计算事项的最早日期,并记在事项的左上方"□"形符号内,从起点事项起,到终点事项止。

逆箭头从一道工序到另一道工序可能有许多条线路,每条线路也有一个时间和,这些时间和也有一个最大值,要用关键线路的时间和减去这个最大值,差数就是这道工序的最早开始时间。

如图 7-13 所示①—②第②道工序只有一条线路,它的最早开始时间就在第三天,应在第②道工序左上方记上 ③ 。又如,图 7-13 中第③道工序有两条线路,其时间和的最大值是 ⓪—①—②—③=4 天,应在第③道工序的左上方记上 ④ 。其他各道工序的最早开始时间也以此类推,逐道计算、标明。

2)计算各道工序的最迟开始时间

沿着逆箭头的方向逐个计算事项的最迟日期,并记在事项的右上方"◇"符号内,从终点事项起,到起点事项止。

逆箭头从一道工序到另一道工序可能有许多条线路,每条线路也有一个时间和,这些时间和也有一个最大值,要用关键线路的时间和减去这个最大值,差就是这道工序的最迟开始时间。

如图 7-16 所示,在第⑭道工序右上方记上 △ 。又如,图 7-16 中第⑤道工序,逆箭头有两条线路,其中从终止工序到第⑤道工序的每条线路时间总和是⑤—⑥—⑦—⑨—⑫—⑭—⑮=9 天,为这条线路的最大值。所以第⑤道工序最迟开始时间应是 16–9=7 天,应在第⑤道工序右上方记 △ 。其他各道工序的最迟开始时间也以此类推,逐道计算、标明。

经过计算后的网络图如图 7-16 所示。

3)计算各道工序的机动时间

各道工序的机动时间,是以各道工序的最迟开始时间减去最早开始时间求得的。计算的目的是为了分析和提出改进措施。

如图 7-16 所示,可以看出粗黑线的关键线路上各道工序的机动时间是零,也就是这条线路一点机动时间也没有,任何一道工序如果迟一天开始工作,整个发运工作就要延长一天,即不是 16 天,而是 17 天。再看第⑧道工序,有 3 天机动时间,即它可以在第 10 天开始工作,也可以延迟到第 13 天开始工作,只要③~⑧项作业在第 13 天能够完成,⑧~⑩项作业在第 13 天也能够开始,便不会影响整个工作进度。这样可以了解到哪些工序能抽出多少时间做其他工作,或抽出多少人力集中到关键线路,使关键线路的时间缩短,提前完成任务。

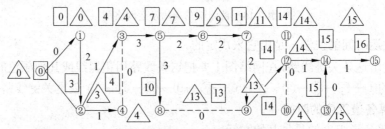

图 7-16　铁路整车货物发运网络图

计算出所有机动时间后,就可以把有回旋余地的工序稍缓考虑,重点放到关键线路上,进一步把关键线路进行分解,在网络图上寻求能缩短时间的合理线路。如图 7-16 中的①—②"见单组配"作业,可先把⓪—②和②—①提前作业,在人力和设备上做某些调整,分解为两组同样内容的平等作业。

$$甲组:① \xrightarrow[\text{见单组配}]{1.5} ② \xrightarrow[\text{制运单}]{0.5} ③ \xrightarrow[\text{制交接单}]{0.5} ④ = 2.5(天)$$

$$乙组:① \xrightarrow[\text{见单组配}]{1.5} ② \xrightarrow[\text{制运单}]{0.5} ③ \xrightarrow[\text{制交接单}]{0.5} ④ = 2.5(天)$$

这样,就可以把图 7-16 中⓪—①—②—③—④ 的 4 天压缩为 2.5 天,发运工作的总时间可以由 16 天减为 14.5 天。

7.3　物流资源分配规划与设计

7.3.1　匈牙利分配模型

1. 匈牙利法

在物流管理中,常会遇到这样的问题,就是如何将有限的资源(人力、物力、财力等),分配给多项任务或工作,以达到降低成本或提高效益的目的,或根据计划将不同运输任务在车队之间分配,使完成任务总的消耗时间或费用最少,解决这类问题简便而有效的方法是匈牙利法,由匈牙利数学家 D.Koing 所提出的矩阵性质定理。模型如下:

$$\min Z = \sum_{i=1}^{m}\sum_{j=1}^{n} C_{ij} x_{ij} \quad (7.5)$$

$$\sum_{j=1}^{n} x_{ij} = 1$$

$$\sum_{i=1}^{m} x_{ij} = 1$$

式中：C_{ij} 表示工作成本或工作时间等价值系数。变量 x_{ij} 的含义是：$C_{ij}=1$ 表示第 i 个司机被分配完成第 j 项运输任务；$x_{ij}=0$ 表示第 i 个司机不被分配完成第 j 项任务。

2. 匈牙利法求解步骤

（1）按表列出矩阵。

（2）将矩阵作行、列约简。行约简是比较一辆车担任不同任务时所花时间，各行中减去最小值后的时间表示该车担任其他任务时所多花费的时间，每行中的"0"表示该车担任这项任务最有利。然后将经过行约简后的矩阵中没有"0"的列再进行约简，即从该列中选出最小元素，并将其他元素减去此数，得到新的矩阵。

（3）检验是否已得最优方案。对有"0"的行、列画上一条覆盖线，能覆盖所有零元素的最少覆盖线数称为维数。当覆盖线的维数等于矩阵阶数时，可知已得最优分配方案，若小于阶数再做调整。

（4）上述矩阵中有三种元素：一种是无线覆盖元素，另一种是单线覆盖元素，还有一种是双线覆盖元素。在无线覆盖元素中找出最小值 1，将无线覆盖元素都减去 1。而双线覆盖元素加上 1，单线覆盖元素不变，得出新的矩阵。

（5）再检验——作覆盖线，与步骤（3）相同。现在的最小覆盖线数 4，与矩阵阶数相等，可知已能进行最优分配。

（6）确定最优方案。

7.3.2 匈牙利分配模型应用

1. 用匈牙利法求解分配问题

对于分配问题，在其（C_{ij}）矩阵中，各行或各列均减以一个常数，C_{ij} 改变以后所求的最优解，仍为原问题的最优解，下面利用这个性质求分配问题的最优解。把一些矩阵元素变为零，在 C_{ij} 为零的位置上进行分配，便可得到最优解。

2. 应用例子

难点例释 6： 假定有五个司机被分配完成 5 项运输任务，分配问题表述为

$\min Z = 7x_{11}+5x_{12}+9x_{13}+8x_{14}+11x_{15}$
$\quad\quad +9x_{21}+12x_{22}+7x_{23}+11x_{24}+9x_{25}$
$\quad\quad +8x_{31}+5x_{32}+4x_{33}+6x_{34}+9x_{35}$
$\quad\quad +7x_{41}+3x_{42}+6x_{43}+9x_{44}+6x_{45}$
$\quad\quad +4x_{51}+6x_{52}+7x_{53}+5x_{54}+11x_{55}$

$$\begin{cases} \sum_{j=1}^{n} x_{ij} = 1 \\ \sum_{i=1}^{m} x_{ij} = 1 \end{cases} \quad (7.6)$$

$$x_{ij}=\begin{cases} 0 & \text{第}i\text{个司机不被分配完成第}j\text{项任务}, i,j=1,2,3,4,5 \\ 1 & \text{第}i\text{个司机被分配完成第}j\text{项任务} \end{cases}$$

C_{ij} 表示第 i 个司机完成第 j 项任务所需的时间。

解：第一步：将分配问题的效益矩阵经过变换，使各行各列中都出现零元素。

（1）从效益矩阵的每行元素中减去该行最小元素。

（2）再从所得新矩阵的每列元素中减去该列的最小元素并称这样得到的矩阵为缩减矩阵。记为（C'_{ij}）。

若某行（列）已有零元素，就不必再减了。

$$(C'_{ij})=\begin{bmatrix} 7 & 5 & 9 & 8 & 11 \\ 9 & 12 & 7 & 11 & 9 \\ 8 & 5 & 4 & 6 & 9 \\ 7 & 3 & 6 & 9 & 6 \\ 4 & 6 & 7 & 5 & 1 \end{bmatrix} \Rightarrow \begin{bmatrix} 2 & 0 & 4 & 3 & 6 \\ 2 & 5 & 0 & 4 & 2 \\ 4 & 1 & 0 & 2 & 5 \\ 4 & 0 & 3 & 6 & 3 \\ 0 & 2 & 3 & 1 & 7 \end{bmatrix} \Rightarrow \begin{bmatrix} 2 & 0 & 4 & 2 & 4 \\ 2 & 5 & 0 & 3 & 0 \\ 4 & 1 & 0 & 1 & 3 \\ 4 & 0 & 3 & 5 & 1 \\ 0 & 2 & 3 & 0 & 5 \end{bmatrix}$$

修改后的缩减矩阵（C'_{ij}）所对应的分配问题的目标函数值 Z' 与原问题的目标函数值仅差一个常数，把它称作缩减量，并记为 q，显然 q 等于从各行及各列中减去的最小元素之和，即

$$q=5+7+4+3+4+1+2=26$$

第二步：进行试分配，以寻求最多的分配元。

（1）在系数矩阵（C'_{ij}）中任取一组处于不同行不同列的独立零元素，记为回，并称它们为分配元（个数不限）。

为便于说明问题，将（C'_{ij}）放在一张矩形表上，并省去非零元素，见表 7-16。该表中已有两个分配元，即在方格（2，3）和（5，4）处。

（2）将没有分配元的各行均标（s，+）。

（3）若某行 i 已标号，而某列 j 未标号且（C'_{ij}=0）。则给列 j 标号（i，+），转（4）；若所有已标号的行 i 均不存在这样的列 j，则停止标号，说明已求得最多的分配元。

（4）设列 j 已标号，若列 j 没有分配元，则转（5）；否则，设（i,j）是分配元，此时行 i 一定没有标号，于是给行 i 以标号（i,+），返回（3）。

（5）设列 j 的标号为（i,+），则将（i,j）取为分配元，若行 i 的标号为（s,+），返回（2），若行 i 的标号为（s,−），则（i,s）必是分配元，于是取消这个分配元，依次前推，直至到某一行 i' 标号为（s,+），显然这样修改后就增加了一个分配元，返回（2）。

在本例中，先将无分配元的行 1、3 和 4 标以（s，+）。然后，找到未标号的列 2，有 $C'_{12}=0$。于是给列 2 标号（1，+），由于列 2 无分配元，这时可增加格（1，2）为分配元，得表 7-16。

表 7-16 缩减系数矩阵

人员\任务	1	2	3	4	5
1		0			
2			回		0
3			0		
4		0			
5	0			回	

重新用标号法,给没有分配元的行 3 标号 $(s,+)$,因 $C'_{33}=0$,给列 3 标号 $(3,+)$,由于列 3 已有分配元 $(2,3)$,给行 2 标号 $(3,-)$。又因行 2 上有 $C'_{25}=0$,于是给列 5 以标号 $(2,+)$。现在列 5 成为已有标号而无分配元的列,将 $(2,5)$ 作为分配元,因行 2 的标号为 $(3,-)$,故取消原有的分配元 $(2,3)$,因列的标号是 $(3,+)$,故将 $(3,3)$ 作为分配元,由于行 3 的标号为 $(s,+)$,修改到此结束,得表 7-17。

表 7-17 缩 减 矩 阵

人员\任务	1	2	3	4	5
1		回			
2			0		回
3			回		
4		0			
5	0			回	

再重新用标号法,在依次给行 4 标号 $(s,+)$,列 2 标号 $(4,+)$,行 1 标号 $(2,-)$ 后,无法再进行下去,说明表 7-17 已给出了最多的分配元。

第三步:作最少的直线覆盖所有零元素,以确定该系数矩阵中能找到最多的分配元个数。

(1) 将所有未标号的行用水平线段覆盖。
(2) 将所有已标号的列用垂直线段覆盖,直至这些线段覆盖了矩阵上的全部有零的行或列,这些水平线段与垂直线段的根数之和就等于分配元的个数。记为 m。

在本例中,恢复成修改矩阵 (C'_{ij})。由表 7-17 可知,用三根水平线段去覆盖第 2,3,5 行,用一根垂直线段去覆盖第 2 列,则最小覆盖数 $m=4$。

$$\begin{pmatrix} 2 & 回 & 4 & 2 & 4 \\ 2 & 5 & 0 & 3 & 回 \\ 4 & 1 & 回 & 1 & 3 \\ 4 & 0 & 3 & 5 & 1 \\ 0 & 2 & 3 & 回 & 5 \end{pmatrix}$$

(3) 当 $m=n$（矩阵的阶数）时，则已求得分配问题的最优解：令所有分配元处，x_{ij} 其余 $x_{ij}=0$ 就是最优解。当 $m<n$，则转第四步。

第四步：修改缩减矩阵，目的是增加新的零元素。为此

(1) 找出缩减矩阵（C'_{ij}）中未被直线覆盖的最小元素。

(2) 将各标号行的元素减去此最小元素。

(3) 将各标号列的元素都加上此最小元素，再返回第二步。

第四步的变换可以概括为：缩减矩阵（斗）中所有未被直线覆盖的元素都减去最小元素；单重覆盖（只被一条直线覆盖）处的元素不变；双重覆盖（同时被两条直线覆盖）处的元素都加上最小元素。

在本例中，按第四步将缩减矩阵修改为表 3-17，即得新的缩减矩阵。

值得注意的是，原来的分配元现在仍是零元素，因此下面继续迭代时，仍可取它们为初始分配元。而且发现原来的标号（表 7-17）也可不变，只需接着再进行标号。由于在原来的已标号行，未标号列部分出现了新的零元素（4，5），故标号可继续进行，得表 7-18 的标号。修改后再恢复成缩减矩阵并画线，再修改缩减矩阵。

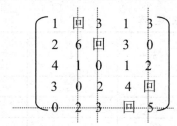

表 7-18 缩 减 矩 阵

人员\任务	1	2	3	4	5
1	1	回	3	1	3
2	2	6	0	3	回
3	4	2	回	1	3
4	3	0	2	4	0
5	0	3	3	回	5

经过调整分配元得表 7-19。

表 7-19 缩减系数矩阵

人员\任务	1	2	3	4	5
1	0	回	3	0	3
2	1	6	回	2	0
3	3	2	0	回	3
4	2	0	2	3	回
5	回	4	4	0	6

直接观察表 7-19 上画圈的零元素对应于最优分配为

$$x_{11}=x_{23}=x_{34}=x_{45}=x_{51}=1$$

其余 $x_{ij}=0$。

目标函数的最优值

$$Z=4+5+7+6+6=28$$

即第 1，2，3，4 个人分别做第 2，3，4 件工作，而第 5 个人分配做第 1 件工作，总的运输时间最省。

7.4 物流服务系统配置规划

7.4.1 服务系统

1. 随机服务系统

物资中心（或储运仓库，物资转运站等）是一个综合物流服务系统。在装卸、运输作业中，许多服务项目具有随机性质。例如，某客户送来一车货物，要求卸货入库储存。这样，装卸工人和设备与待卸货车就构成一个服务系统。又如某货主通知储运仓库要求用汽车把他所储存的物资运往某地，但因仓库的运输车辆有限，要求送货的货主只能排队等待服务。这样，车辆与待运物资就构成一个服务系统，等等。

在上述各种服务系统中，顾客到来的时刻和进行服务的时间都是随不同时机和条件而变化。为说明系统具有随机性质，把这种服务系统称为随机服务系统。

2. 服务系统中的设备配置

服务机构越大，顾客越方便。如果服务机构过小，便不能满足顾客需要，并使服务质量降低，影响服务机构的信誉，还可能导致失去顾客或经营亏损。然而，如果机构过大，又会造成不必要的浪费。如何合理设计和控制随机服务系统，使它既能满足顾客需要，又能使机构的花费最为经济，这是我们关心的主要问题。

由于仓库每日收发货的数量有变动，不能完全按计划实行，所以每日所用的设备也不相同。如果设备数量过少，当收发货数量多时，难免出现设备不足的现象，就要从别处租用设备。相反，如果设备过多，但收发量少时，会出现设备闲置现象，造成浪费。对于服务机构来说，应该配置多少设备才为最佳？下面举例说明一种处理方法。

难点例释 7：某企业配送中心过去一段时间必要车辆台数的实际情况见表 7-20。

表 7-20 必要车辆台数的实际分布情况

必要台数（台）	相对比率（%）	累积比率（%）
10	0.20	0.20
15	0.18	0.38
20	0.25	0.63
25	0.20	0.83
30	0.11	0.94
35	0.03	0.97
40	0.03	1.00

用于车辆的费用主要有：
（1）自备用车费用：C_1=200 元／（台·日）；
（2）自备用车闲置费用：C_2=160 元／（台·日）；
（3）营业用车（租车）费用：C_3=300 元／（台·日）。
以上述条件为前提，求该配送中心应拥有的适当车辆台数。

解： 设本企业车辆拥有台数为 X 台，必需车辆台数为 x 台。
（1）当 $x \leqslant X$，即必需车辆台数不多于实际拥有台数的情况时，所需费用为
$$xC_1+(X-x)C_2 \quad （运行费+闲置费）$$
（2）当 $x \geqslant X$，即必需车辆台数不少于实际拥有台数的情况时，所需费用为
$$XC_1+(z-X)C_3 \quad （运行费+租车费）$$
设 $p(x)$ 为必需车辆台数的相对比率，则目标费用为
$$C=\sum\{P(x)[xC_1+(X-x)C_2]\}+\sum\{P(x)[XC_1+(x-X)C_3]\}$$
此时费用最小的拥有台数，是使下式成立的 X 值
$$\sum p(x) = \frac{C_3-C_1}{C_2+C_3-C_1} \quad (C_3<C_1) \quad (7.7)$$
对这个配送中心，有下式：
$$\sum p(x) = \frac{300-200}{160+300-200} \approx 0.385$$
从表 7-20 得知累计比率为 0.385 时，X 的值大约是 15 台，就是说适当车辆台数为 15 台。

只有在 $C_1<C_3$ 时，就是自备用车费用比营业用车（租车）费用高的情况下，才能用这个公式。如果营业车费用比自备车费用低（$C_1<C_3$），便应该尽量多使用营业车。

7.4.2 合理选择工具

1）综合评价运输工具的特性

运输工具的评价尺度定为以下四项：经济性（F_1）；迅速性（F_2）；安全性（F_3）；便利性（F_4）。

选择运输工具，若各评价尺度标准值一样，则运输工具综合评价值（F）为
$$F=F_1+F_2+F_3+F_4 \quad (7.8)$$
由于货物形状、价格、交货日期、运输批量和收货单位各不相同，这些运输工具的评价尺度标准也必然有差异。假设尺度标准分别是 W_1、W_2、W_3、W_4，则运输工具的综合评价值（F）可表示为
$$F=W_1F_1+W_2F_2+W_3F_3+W_4F_4 \quad (7.9)$$
式中：$W_1+W_2+W_3+W_4=1$。

现在可供选择的运输工具有：火车（R）、汽车（T）、船（S），其各综合评价值分别用 $F(R)$、$F(T)$、$F(S)$ 表示，则
$$F(R)=W_1F_1(R)+W_2F_2(R)+W_3F_3(R)+W_4F_4(R)$$

$$F(T) = W_1F_1(T) + W_2F_2(T) + W_3F_3(T) + W_4F_4(T)$$
$$F(S) + W_4F_1(S) + W_2F_2(S) + W_3F_3(S) + W_4F_4(T)$$

选择其中具有最大值的运输工具为宜。

2）经济性（F_1）的计量化

运输工具的经济性是由运费、包装费、保险等有关运输的费用合计表示的。费用越高，运输工具的经济性越低，这是不利因素。

设备运输工具所需成本为 $C(R)$、$C(T)$、$C(S)$，其平均值为

$$C = \frac{C(R) + C(T) + C(S)}{3} \tag{7.10}$$

表示运输工具经济性的相对值是

$$F_1(R) = C(R)/C$$
$$F_1(T) = C(T)/C$$
$$F_1(S) = C(S)/C$$

（3）迅速性（F_2）的计量化

运输工具的迅速性用从发货地到收货地所需时间（或天数）来表示。所需时间越多，则迅速性越低，这是不利因素。

设备运输工具所需时间为 $H(R)$ 平均值为

$$H = \frac{H(R) + H(T) + H(S)}{3} \tag{7.11}$$

运输工具迅速性的相对值是

$$F_2(R) = H(R)/H$$
$$F_2(T) = H(T)/H$$
$$F_2(S) = H(S)/H$$

4）安全性（F_3）的计量化

运输工具的安全性，要根据过去一段时间内货物的破损率（有时为实验数据）等，实行计量化较为合适。破损率越高，安全性越低，这是不利因素。

设备运输工具破损率为 $D(R)$、$D(T)$、$D(S)$，其平均值为

$$D = \frac{D(R) + D(T) + D(S)}{3} \tag{7.12}$$

运输工具安全性的相对值是

$$F_3(R) = D(R)/D$$
$$F_3(T) = D(T)/D$$
$$F_3(S) = D(S)/D$$

5）便利性（F_4）的计量化

以便利性计量化做评价尺度是困难的。比如，在考虑货物运到代办运输点所需时间和距离等问题时，用代办运输点的经办时间与货物运到代办点的运输时间（或进货时间）之差来表示，可以看到这一时间差越大，便利性越高。所以时间差大，则是有利因素。

设各运输工具的时间差为 $V(R)$、$V(T)$、$V(S)$,则平均值为

$$V = \frac{V(R)+V(T)+V(S)}{3} \qquad (7.13)$$

表示运输工具便利性的相对值为

$$F_4(R) = V(R)/V$$
$$F_4(T) = V(T)/V$$
$$F_4(S) = V(S)/V$$

根据以上结果,得出各运输工具综合评价值应该是

$$F(R) = -W_1\frac{C(R)}{C} - W_2\frac{H(R)}{H} - W_3\frac{D(R)}{D} + W_4\frac{V(R)}{V}$$

$$F(T) = -W_1\frac{C(T)}{C} - W_2\frac{H(T)}{H} - W_3\frac{D(T)}{D} + W_4\frac{V(T)}{V}$$

$$F(S) = -W_1\frac{C(S)}{C} - W_2\frac{H(S)}{H} - W_3\frac{D(S)}{D} + W_4\frac{V(S)}{V}$$

本 章 小 结

本章介绍了物流调运规划方法、运输路线选择技术、物流分配规划技术。物流调运在物流规划与设计中起着非常重要的作用,它与物流的其他组成部分之间关系非常密切。物流运输线路选择、合理选择运输工具等可以使物流系统总成本最小。

思考与练习

一、填空题

1. 表上作业法是指_____的方法求解线性规划问题中运输模型的计算方法。

2. 利用表上作业法,寻求_____的调运方案,首先依据问题列出调运物资的供需平衡表及运价表;其次确定一个初始的_____(当然不一定就是最优方案);最后根据一个_____,判定初始方案是否为最优方案。

3. 当运输费用是以_____来计算时,运输路线的长短就直接关系着运输费用的多少。

4. _____,即同一物资在同一线路上的往返运输。

5. 运输工具的评价尺度定为以下四项:_____、_____、_____、_____。

二、判断题

1. 物资调运规划的目的是制定一个合理的调运方案,确定 m 个产地与 n 个销地之间的供需联系和数量的最优搭配,并确定具体的运输路线,使总的运输费用最低。(　　)

2. 当某些线性规划问题采用图上作业法难以进行直观求解时,就可以将各元素列成相关表格作为初始方案,然后采用检验数来验证这个方案,否则就要采用闭合回路法、位势法等方法进行调整,直至得到满意的结果。这种列表求解方法就是线性代数法。(　　)

3. 在物资调运中,把某项物资从各发点调到各收点,调运方案很多,如何找出使用运输力量最小的方案,就要消灭物资调运中的对流和迂回两种不合理的运输。（ ）

4. 物资调运问题的线性代数法,就是为了消灭运输中的对流和迂回,节省运输力量。
（ ）

5. 事项是指一项有具体活动的过程,是一项需要有一定的人力、物力参加,在一定时间内完成的活动过程。（ ）

6. 找关键线路,必须先分别算出各条线路的总需要时间。（ ）

7. 在物流管理中,常会遇到这样的问题,就是如何将有限的资源（人力、物力、财力等）,分配给多项任务或工作,以达到降低成本和提高效益的目的,或根据计划将不同运输任务在车队之间分配,使完成任务总的消耗时间或费用最小,解决这类问题简便而有效的方法是匈牙利法。（ ）

8. 服务机构越大,顾客越方便。如果服务机构过小,便不能满足顾客需要,并使服务质量降低,影响服务机构的信誉,还可能导致失去顾客或经营亏损。（ ）

9. 运输工具的迅速性是由运费、包装费、保险等有关运输的费用合计表示的。
（ ）

10. 运输工具的安全性用从发货地到收货地所需时间（或天数）来表示。（ ）

三、简答题
1. 什么是物流调运规划?
2. 什么是表上作业法?
3. 什么是网络分析法?网络图的组成有哪些?
4. 匈牙利法求解有哪些步骤?
5. 什么是随机服务系统?

四、论述题
1. 简述表上作业法的步骤。
2. 试述如何消除迂回运输。
3. 试述匈牙利法的求解过程。

五、案例分析

企业物流系统规划

湖北 AB 汽车零部件制造有限公司是外商独资的汽车 AB 系统的专业生产企业,湖北省重要的汽车零部件生产企业之一。公司推崇"技术领先"理念,先后通过 ISO 9002、QS—9000 及 VDA 6.1 国际质量体系认证,公司年销售收入近 4 亿元,具有一定的经济和技术实力。

近年来,市场竞争日趋激烈,竞争对手的产品在工艺设计、产品性能和质量上呈现迎头赶上的态势,公司的市场份额不断被挤占。在这种大的经营形势下,公司做出了重要的战略决策:为继续保持公司在国内市场的龙头地位,保持技术、市场领先优势,企业必须在战略方向、组织管理、产品设计、制造工艺等各个方面进行全面创新。经过周密筹划,公司开始了代号"03 工程"的新项目运作,以"开发生产国外刚起步的 AA 系列产品,为 BB 汽车有限公司的新型车项目进行独家配套,开拓新市场"为目标,以全新型的设备、工艺和最好的人员组建新分厂，力争为集团公司未来十年的发展打下坚实的基础。新厂生产物流系统方案的设计、改造是"03 工程"的重要工作之一。

（一）生产物流系统总体方案的评价和比选

1. 生产物流系统工作内容

根据企业实际情况和生产需求，AB 公司的生产物流系统方案设计明确了以下 10 个方面的工作内容。

（1）建立物流信息系统和制定物流流程图。

（2）确定原材料和零配件的包装方式。

（3）确定原材料和零部件的仓储方式。

（4）确定原材料和零部件的搬运方式。

（5）选择相应的物流设备。

（6）划分原材料和零配件的消耗点。

（7）绘制工位定置管理图。

（8）设计物流标识系统并制作物流卡片。

（9）确定最佳物流路线并确定物流人员组织方式。

（10）制定物流运作作业指导书。

其中，某些工作可以沿用以往的成功方案，某些方面必须进行创新或改造设计。实际上，在"03 工程"中，生产物流系统改造方案主要涉及物流设备选择、生产物流方式（包括仓储和搬运方式）和物流标识系统的设计改造。

2. 总体方案预案

总体方案有三种预案。

预案一：基本保持原厂生产物流系统，按实际需求做零星技术改进。

预案二：对于生产物流系统的组织结构及方式不做大的改变，对于关键物流设备进行技术创新，对厂内搬运设备、生产线供料系统设备等进行重新设计，而对于仓库管理系统改造则在资金相对充足的情况下酌情考虑。

预案三：跟进国内外的先进生产物流模式，从系统的组织结构、方式、设备、人员上进行全面技术创新，特别是对生产流程需要进行再造，对生产线物流系统和仓库物流系统，也需要重新设计，大幅度改造。但此预案不利之处是所需资金量巨大。

3. 总体方案的评价、比选

对于这三种方案，项目小组都做了较为详细的技术可行性分析和经济可行性分析，并形成了报告。但在提交项目协调会时，在公司管理层中出现了较大分歧，主要形成两种意见：预案一、预案二或预案三。支持预案一的人占多数，且多为中层经理人员和部分职能部门（如财务部）负责人；支持预案二和预案三的人占少数，但多为高层经理人员和部分相关部门（如供应部）负责人。

在对各预案分析、评价和比选过程中，管理层在对国际国内市场竞争态势进行行业分析和对企业内外部环境进行 SWOT 分析的基础上，达成基本共识：

（1）国际、国内市场竞争日趋激烈，企业要在竞争中保持技术和市场领先的战略地位，必须进行技术创新，坚持"技术领先"的经营理念。

（2）目前公司有一定的竞争优势，有相对领先的技术和相对充足的资金，具有良好的内部创新条件。

（3）公司如果进行全面的技术改造，也面临着很多的不利因素，如缺乏国家相应政策的支持，包括财政、金融和税收方面的优惠政策，特别是作为外商独资企业，在当地融资渠道少、难度大，融资成本相对过高，容易造成资金相对短缺、负债经营的局面。

（4）先进的生产物流设备一般技术含量高，附加价值大，购置成本高。并且在会计处理时，作为企业固定资产核算，在现行的增值税政策下，购进设备时大量进项税额不能抵扣，使产品成本中包含了固定资产转移价值（折旧费）的进项税额，造成重复征税，加大企业的技术创新成本，制约了公司固定资产投资的计划。

（二）系统全面技术改造的必要性分析

在是否进行生产物流系统全面技术改造的必要性分析时，支持预案一方（反对大规模改造）的主要理由集中在以下几个方面。

（1）企业竞争日趋激烈，市场风险加大，应尽量减少资金投入量，尤其是避免非必要设备的大量投资（如物流设备采购），以免造成过高的成本压力。

（2）在资金相对短缺的情况下，如果使用原有生产物流系统可以达到生产要求，就没有必要进行大规模的改造，何况改造不一定有直接的、明显的效果。

（3）生产物流系统在企业中并不具有关键意义，应将人力、物力、财力集中到生产主系统中去。

经过一系列艰苦的实际运作努力，公司管理层综合了各方面的因素，最终确定了对生产物流系统进行有选择的技术改造方案，即预案二。

（三）分系统方案的评估、比选及实施

项目小组根据改造总体方案中明确的主要工作内容，专门制定了分系统方案的选定原则和评估程序。

1. 基本选定原则

（1）考虑系统化、集装化、单元化搬运。

（2）达到省力化、机械化、自动化。

（3）要求实用、安全、标准、统一。

（4）符合清洁环保要求。

（5）方案的技术经济比指标要最优化。

2. 基本评估程序

（1）本部门各分系统小组提出书面的技术需求分析报告。

（2）各小组调研、考察系统供应方的方案技术指标，进行技术可行性评估，得出结论。

（3）部门管理层召集各小组供需双方进行经济性评估，初步确定各技术系统方案，连同本部门经济评估报告一同上呈高级管理层报批。

（4）由高级管理层将各系统的技术方案、经济评估报告和结论汇总，进行总体评估和决策，确定各方案实施与否。

在明确了原则和基本程序之后，相应确定了评估人员，分小组、分任务地进行了各分系统设备方案的调研和评估、选定工作。

3. 系统方案的评估与选择

1）物料搬运分系统

装卸、搬运输送设备的选定。叉车是物流搬运设备，是物流搬运系统中重要的因素之一。我们在卸货搬运设备中，主要选定了非高位普通叉车和大功率电瓶车，作业中通用容器、专用容器等装载量较大的重件用叉车运送，其余中小件用电瓶车运送；在生产线上工位用料输送设备则采用传输辊道、皮带输送机和悬链系统相结合的方案，以最有效率的配置来提高物流效率。这种方案比原厂物流系统中的人工输送具有更大的比较优势，既提高了效率，又节约了劳动力成本。

2）物料集装分系统

我们根据单元化器具必须标准化、通用化、便利化和利于提高物料搬运活性指数的原则，并通过对不同原材料和零部件存货的储存／移动敏感度进行分析，结合公司生产实际的需要，选定了一些通用器具（如托盘、托板、滑板、集装箱等）和专用器具（如专用木质托盘、专用工具和零部件托架等），并相应制定了作业流程，在与机械化搬运设备配合作业中，能极大地提高工作效率。

3）物流标识分系统

我们初步确定了标识点约一万个，标识方法可有两种选择：一种是采用原厂沿用的金属标识；另一种是采用标准不干胶标识。通过比较可知：采用标准不干胶标识，将降低资金投入人民币6万～7万元，不仅提高了工作双效（效率和效益），而且使标识更新、容器清洁等后继工作都十分方便。与原厂的金属标识相比，它更有优势，因而，我们选定了不干胶标识方案。

（四）生产物流系统改造方案实施的效果

以上仅是介绍了几个关键分系统方案，借以说明生产物流系统方案的设计、评估和选定思路和方法，其他每一个分系统方案，从设计、评估到比选、确定和实施，都遵循同样的原则和程序，直至达到既定目标。

到本文完稿时为止，"03 工程"已经完成主要技术改造方案，其中生产物流系统的大规模改造，给企业带来了前所未有的新的生产效率增长点。在生产物流系统方案的具体设计和实施中，我们运用了经济而科学的评估比选方法，不仅顺利地完成了国内较先进的生产物流系统的改造，而且比原计划的预算节约了资金50多万元。新系统开动后，充分表现了其优势所在，大大提高了生产效率，减小了劳动强度，节约了劳动力成本，产生了现实的效益，使每个职工都看到，生产物流系统真正成为了企业内部挖潜的第三利润源泉。目前，公司已经通过了BB汽车股份有限公司的全面评审，成为其一级配套供应商，展现在公司面前的是一个广阔而巨大的市场。

资料来源：NOS供应链实训软件的素材库，2016.

讨论

1. 生产物流系统需要考虑哪些方面的问题？
2. 生产物流系统总体设计时应该考虑哪些制约因素和需求？
3. 方案评估、比选要遵循什么原则？

第 8 章

配送中心规划与设计

学习目标

通过本章的学习,了解和熟悉配送中心规划与设计原则、选址、功能规划、设施装备规划、内部布局。

关键术语

配送中心 物流中心 合理布局

家乐福配送中心选址

根据经典的零售学理论,一个人卖场的选址需要经过几个方面的测算:第一,商圈里的人口消费能力。需要对这些地区进行进一步的细化,计算这片区域内各个小区的详尽的人口规模和特征,计算不同区域内人口的数量和密度、年龄分布、文化水平、职业分布以及人均可支配收入等指标。家乐福的做法还要更细致一些,根据这些小区的远近程度和居民可支配的收入,再划定重要的销售区域和普通的销售区域。第二,需要研究这片区域内的城市交通和周边商圈的竞争情况。例如,家乐福古北店(上海)周围的公交线路不多,家乐福就干脆自己租用公交车辆在一些固定的小区穿行,方便这些距离较远的小区居民上门一次性购齐一周的生活用品。当然未来潜在的销售区域会受到很多竞争对手的挤压,所以家乐福也会将未来所有的竞争对手计算进去。

资料来源:杨杨,物流系统规划与设计.北京:电子工业出版社,2013.

思考:

1. 配送中心选址需要注意什么问题?
2. 对于配送合理化你有何好建议?

8.1 配送中心规划与设计概述

8.1.1 物流配送中心概念与基本任务

1. 物流配送中心的概念

物流配送中心又称为物流中心、配送中心、流通中心、分销中心等。其概念有广义和狭义之分。广义的物流配送中心包括了港口、机场、铁路货运站、运输仓库和生产者自身拥有的物流设施等；而狭义的物流配送中心专指流通商品集散中心与生产企业拥有的物流设施等。在现代物流网络中，物流配送中心不仅执行一般的物流职能，而且越来越多地执行指挥调度、信息处理、作业优化等神经中枢的职能，是整个物流网络的灵魂。正因为如此，物流配送中心的职能得到了越来越多的重视。

对于物流配送中心，中华人民共和国国家标准《物流术语》中是这样定义的：从事物流活动的场所或组织。并须符合以下条件：主要面向社会服务；物流功能健全；辐射范围大；少品种，大耗量；完善的信息网络；存储能力强；物流业务统一经营、管理。

2. 物流配送中心的基本任务

物流配送中心的基本任务是完成物资的储存与配送。围绕这一基本任务，物流配送包括物资的计划、订购、管理、检验、分拣、包装、配送、信息传输和回收等全过程。

针对世界经济出现的全球化和市场化的现状，以信息技术为基础的电子商务在全球得到广泛应用，对于传统的商业运作模式、商品流通模式以及人们的生活方式产生了广泛而深远的影响。因此，为了担负起现代经济社会所赋予物流行业的基本任务，物流配送中心必须以信息技术为依托，集物流、商流和信息流于一身来实现电子商务。

物流配送中心对运输、保管、装卸、包装、流通加工、配送、信息处理、订单处理、拣货、包装、库存管理、盘点、编制报表等工作进行现代化、专业化的统一管理，以此减轻生产企业与销售商的负担，减少劳动强度，提高物流效率。

某些社会化、专业化程度比较高的物流配送中心，还能够加速商品流通，减少商品消耗，降低流通成本，提高库存周转率，减少仓库面积，节约人力和物力，提高经营的灵活性和工作效率。

8.1.2 物流配送中心的种类

在整个物流网络中，物流配送中心所担负的是商品周转、分拣、储存、在库管理和流通加工的职能，促进商品按照顾客的需要进行劳动加工、追加商品的附加值，克服商品在流动过程中产生的时空障碍，起着商品周转、分拣、储存、流通加工的中心作用。

1. 按照物流配送中心的设立者分类

1）制造商型配送中心

制造商型配送中心是以制造商为主体的配送中心。这种配送中心里的物品100%是由自己生产制造，用以降低流通费用、提高售后服务质量和及时地将预先配齐的成组元器件运送到规定的加工和装配工位。从物品制造到生产出来后条形码和包装的配合等多方面都较易控制，所以按照现代化、自动化的配送中心设计比较容易，但不具备社会化的要求。

2）批发商型配送中心

批发商型配送中心是由批发商或代理商成立的配送中心，是以批发商为主体的配送中心。这种配送中心的物品来自各个制造商，它所进行的一项重要活动是对物品进行汇总和再销售，而它的全部进货和出货都是社会配送的，社会化程度高。

3）零售商型配送中心

零售商型配送中心由零售商向上整合所成立的配送中心，是以零售业为主体的配送中心。零售商发展到一定规模后，就可以考虑建立自己的配送中心，为专业物品零售店、超级市场、百货商店、建材商场、粮油食品商店、宾馆饭店等服务，其社会化程度介于前两者之间。

4）专业物流配送中心

专业物流配送中心是以第三方物流企业（包括传统的仓储企业和运输企业）为主体的配送中心。这种配送中心有很强的运输配送能力，地理位置优越，可迅速将到达的货物配送给用户。它为制造商或供应商提供物流服务，而配送中心的货物仍属于制造商或供应商所有，配送中心只是提供仓储管理和运输配送服务。这种配送中心的现代化程度往往较高。

2. 按服务范围分类

1）城市配送中心

城市配送中心是以城市范围为配送范围的配送中心。由于城市范围一般处于汽车运输的经济里程，这种配送中心可直接配送到最终用户，且采用汽车进行配送。所以，这种配送中心往往和零售经营相结合。由于运距短、反应能力强，因而从事多品种、少批量、多用户的配送较有优势。

2）区域配送中心

区域配送中心是以较强的辐射能力和库存准备，向省（州）际、全国乃至国际范围的用户配送的配送中心。这种配送中心配送规模较大，一般而言，用户也较大，配送批量也较大，而且往往是配送给下一级的城市配送中心，也配送给营业所、商店、批发商和企业用户。它虽然也从事零星的配送，但不是主体形式。

3. 按配送中心的功能分类

1）储存型配送中心

储存型配送中心有很强的储存功能，库存量较大。我国目前建设的配送中心多为储存型配送中心。

2）流通型配送中心

流通型配送中心包括通过型配送中心和转运型配送中心。该类型配送中心基本上没有长期储存的功能，仅以暂存或随进随出的方式进行配货和送货。其典型方式为大量货物整批进入，按一定批量零出，一般采用大型分货机，其进货直接进入分货机传送带，分送到各用户货位或直接分送到配送汽车上。

3）加工型配送中心

加工型配送中心是以流通加工为主要业务的配送中心。

4. 按配送货物的属性分类

根据配送货物的属性,可以分为食品配送中心、日用品配送中心、医药品配送中心、化妆品配送中心、家电产品配送中心、电子(3C)产品配送中心、书籍产品配送中心、服饰产品配送中心、汽车零件配送中心以及生鲜处理中心等。

对于不同种类与行业形态的物流配送中心,其作业内容、设备类型、营运范围可能完全不同,但是就系统规划分析的方法与步骤而言有其共通之处。

8.1.3 配送中心功能

1. 衔接功能

配送中心是连接工厂与客户的中间桥梁,其选址往往决定配送中心的配送距离和配送模式,进而影响配送系统的运作效率。因此,研究配送中心的选址具有重要的意义。主要有:

(1) 通过转换运输方式衔接不同运输手段。

(2) 通过流通加工衔接供需,衔接干线运输及配送服务。

(3) 通过储存衔接不同时间的供应物流和需求物流。

(4) 通过集装箱、托盘等集装处理衔接整个"门到门"运输。

2. 信息功能

配送中心是整个物流系统或与节点相接的物流信息传递、收集、处理、发送的集中地,在现代物流系统中起着非常重要的作用,也是复杂物流单元能联结成有机整体的重要保证。

3. 管理功能

物流系统的管理设施和指挥机构往往集中设置于物流节点中,实际上,配送中心大多是融管理、指挥、调度、信息、衔接及货物处理为一体的物流综合设施。整个物流系统的有序化和正常化运转,整个物流系统的效率和水平都取决于物流节点管理职能的实现情况。

8.1.4 物流配送中心作业的基本流程

物流配送中心作业的基本流程包括如下几个方面。

1. 进货

进货作业包括对货品做实体上的接收,从货车上将货物卸下,并核对该货品的数量及状态(数量检查、品质检查、开箱等),然后记录必要信息或录入计算机。

2. 搬运

搬运即同一场所范畴内进行的、以改变物料存放状态和空间位置为主要目标的活动。在配送中心的每个作业环节都包含搬运作业。

3. 储存

储存作业的主要任务是把将来要使用或要出货的物料进行保存,且经常要做库存品的检核控制。储存时要注意充分利用空间,还要注意存货的管理。

4. 盘点

货品因不断地进出库,在长期的累积下库存资料容易与实际数量产生不符,或有些产品因存放过久、不恰当,致使品质、功能受到影响,难以满足客户的需求。为了有效地控制货品数量,需要对各储存场所进行盘点作业。

5. 订单处理

由接到客户订货开始到准备着手拣货之间的作业阶段,称为订单处理,包括有关客户、订单的资料确认、存货查询、单据处理及出货配发等。

6. 拣货

将每张客户订单中的不同种类、数量的商品从配送中心取出集中在一起,就是所谓拣货作业。拣货作业的目的在于正确且迅速地集合顾客所订购的商品。

7. 补货

补货作业包括从保管区域将货品移到拣货区域,并作相应的信息处理。

8. 出货

出货是指将拣取分类完成的货品做好出货检查,装入合适的容器,做好标态,根据不同的车辆次别或厂商等指示将物品运至出货准备区,最后装车配送。

9. 配送作业

配送作业是指将被订购的物品使用卡车从配送中心送至顾客手中的活动。

影响配送中心规划的要素

在进行配送中心规划时,应考虑以下影响其基础数据和背景资料的要素。

(1) E要素。E要素是指配送的对象或客户(entry),一般根据所获得的订单形态和出货形态确定。配送中心的服务对象或客户不同,配送中心的订单形态和出货形态就会有很大不同。

(2) I要素。I要素是指配送的货品种类(itern)。配送中心所处理的货品品项数差异性非常大,多则万种以上,少则数百种、数十种。品项数不同,则其复杂性与困难性也有所不同。

(3) Q要素。Q要素是指货品的配送数量或库存量(quantity)。货品的出货数量的多少和随时间的变化趋势会直接影响配送中心的作业能力和设备的配置。

(4) R要素。R要素是指配送通路(route)。规划配送中心之前首先必须了解配送通路的类型,然后根据配送中心在配送通路中的位置和上下游客户的特点进行规划。

(5) S要素。S要素是指配送服务水平(service)。服务水平的主要指标包括订货交货时间、货品缺货率、增值服务能力等。应该针对客户的需求,制定一个合理的服务水准。

(6) T要素。T要素是指配送交货时间(time)。交货时间是指从客户下订单开始,到订单处理、库存检查、理货、流通加工、装车,及卡车配送到达客户手上的这一段时间。

（7）C要素。C要素是指配送货品的价值和建造预算（cost）。

资料来源：http://www. mywoo.cn/bbsAndex.php.

8.1.5 物流配送中心的基本运作和管理

1. 物流配送中心的运作

物流配送中心不可能备足市场上所有的商品，这就容易出现需求品种与配送中心供应品种之间的矛盾。如果市场上有多少种商品就储备多少种商品，就会使配送中心的成本极大地提高，同时还会出现商品的滞留、积压甚至损耗，就会降低配送中心的利润。但如果减少商品品种储备，又会使消费者因缺少商品的挑选余地而影响商品的销售，因此，必须搞好物流配送中心的内部运作。

1）物流配送中心存储量的控制

由于市场千变万化，商品销售量随时都在变化，需求量也在不断地变化，若配送中心将商品存储量无限放大，以不变应万变，就会极大地提高商品的存储成本。各商店商品销售量、商品备货量、在货提前天数决定配送中心的商品存量，配送中心的商品采购、运输入库、商品配送的时间也会决定商品存储量大小。

2）物流配送中心的送货时间控制

在适当的时间将商品配送到经营商店是配送中心的基本运作要求。要货时间或到货时间与商店存量可供销售的时间差异、配送中心内部车辆调度是否合理、人力安排是否合理、路面交通状况好坏等都会影响商品到货时间，以致影响商品的销售和利润，所以必须控制好配送中心的送货时间。

3）物流配送中心的功能配置

配送中心运作的目的是节约成本、提高经济效益。配送中心承担了商品的存储保管、加工包装等多种功能，要完成这些功能，就要消耗大量的人力、物力和财力去精心组织安排，而各功能之间的环节安排与协调也十分烦琐，某一方面操作不好，就会影响配送中心的整体运作。配送中心只有通过合理科学的组配运作方式，才能创造更大的商品价值。

2. 物流配送中心的现代化管理

物流配送中心的现代化管理主要包括信息自动化管理、商品分拣自动化管理、商品存储立体化管理、商品协同配送管理。

1）信息自动化管理

物流信息自动化管理是根据物流活动的需要而产生的，只有全面采用计算机来管理物流信息，才能保证高效率的商品配送。

2）商品分拣自动化管理

物流配送中心的商品种类多达上万种，客户数量多、分布面广，而且要求拆零配送、限时送达。在这种情况下，商品分拣作业就成了配送中心内部工作量最大的一项管理工作。

3）商品存储立体化管理

商品存储立体化是指用高层货架存储货物，以巷道堆垛起重机存取货物，并通过周围的装卸运输设备，自动进行出入库作业。

4）商品协同配送管理

协同配送又称共同配送，其实质是相同或不同类型的企业联合，其目的在于相互调剂使用各自的仓储运输设施，最大限度地提高配送设施的使用效率。

8.1.6 配送中心规划与设计原则

配送中心的建设是一项规模大、投资额高、涉及面广的系统工程。配送中心一旦建成就很难再改变，因此，必须在规划和建设的过程中，遵循以下几项基本原则。

1．系统原则

配送中心的工作是一项系统工程，该系统不仅包括验货、搬运、储存、装卸、分拣、配货、送货、信息处理等，还包括与供应商、连锁商场连接的网络。但是，如何使该系统均衡、协调地运转，是极为重要和复杂的。因此，在配送中心规划与设计的过程中应将其作为一项系统工程来进行。

2．价值原则

在激烈的市场竞争中，对配送的及时、准确等方面的要求越来越高，而在保证高质量服务的同时，又必须考虑配送成本是否合理，特别是由于建造配送中心耗资巨大，成本问题是必须加以重视的。所以，在配送中心规划与设计的过程中应对建设项目进行可行性研究，并做多方案的技术、经济比较，以求得最大的企业效益和社会效益。

3．科学原则

配送中心的建设，尤其是采用自动化系统的配送中心的建设均广泛采用计算机进行流程管理和信息管理，大大加速了商品的流转，提高了经济效益和现代化管理水平。因此，在配送中心规划与设计的过程中要合理地选择、组织、使用各种先进的物流机械化、自动化设备，以充分发挥配送中心多功能、高效率的特点。

4．发展原则

规划配送中心时，无论是建筑物、信息处理系统的设计，还是机械设备的选择，都要考虑应具备较强的应变能力，以适应物流量的扩大和经营范围的拓展。在规划设计第一期工程时，应将第二期工程纳入总体规划，并充分考虑到扩建时业务工作的需要。

8.1.7 配送中心建设的项目立项

在建设配送中心的决策过程中，项目立项是十分重要的工作。配送中心建设在进行项目立项时应考虑以下内容。

1．配送中心建设要解决的问题

新建配送中心要解决以下几个问题。

（1）容量不足问题。当企业经营规模不断拓展时，其所经营的商品数量、品种就会随之增加，这就会导致配送中心现有的人员、设备及设施能力不足，而造成处理能力差，无法迅速、及时地完成每天的配送作业；或因土地、建筑物面积不足，没有发展余地。

（2）配送据点分散问题。需要集中分散的配送设施以提高作业效率，或建立区域性的配送中心。

（3）设备老化、陈旧问题。如果建筑物陈旧，维护费用高，或配送系统陈旧落后，就无法适应流通活动的发展和变化。

（4）环境变化问题。如交通量增大，运输效率不高；又如，城市规划改变，原配送中心地点需要迁移；再如，出货单元由整托盘向整箱、由整箱向零散的盒变化，小批量、拆零的倾向日趋明显，迫切要求配送设施得到改善。

2．配送中心系统的确定

配送中心在项目立项时，必须将其组成的各个子系统加以综合考虑，根据现有配送中心存在的问题，确定切合实际的配送中心系统构成。

配送中心系统规划需要研究以下问题。

（1）经营规模与发展。如何根据企业经营规模发展的近期、中期规划，建立企业的配送系统和网络体系，确定建造具备哪些功能的配送中心。

（2）选址。选址在何处，其优点和不足之处有哪些。

（3）作业系统。如何改善作业环境、减轻装卸作业劳动强度，实现机械化。

（4）质量。如何实现 100%的质量保证；如何实现误配送达到零；如何减少单据实现无纸化；如何提高结算能力；如何使配送中心的配送流程更合理、更科学。

（5）成本。如何降低配送成本；如何增强配送中心的适应能力和应变能力；如何满足配送中心规模进一步拓展的需要。

3．可行性研究

配送中心规划工作的定量化是保证配送中心规划设计目标实现的关键。可行性研究的目的，就是将各项目按照"务必达到""最好能达到"等不同的需求程度排列起来；同时也将那些可能相互矛盾的目标以及不可能全部满足的条件排列起来，进行目标优化，选定最佳方案。

4．编制项目

应从配送成本的角度来确定配送中心的投资规模是否合理。例如，要根据企业经营的销售额发展指标，研究与之相适应的建设投资规模。同时还要测算配送中心启动后的维持费究竟需要多少，这个费用占整个配送成本的百分比是多少，对企业经营和效益带来的影响如何，企业是否能够长期承受等。

5．实施计划

在经过对方案的比选后，按照最佳方案进行项目实施。

8.2 配送中心的选址规划

8.2.1 配送中心选址的一般阶段

配送中心选址在整个物流系统中占有非常重要的地位，属于物流管理战略层研究的问题。选址决策就是确定所要分配的设施的数量、位置、规模以及分配方案。这些设施主要指物流系统中的节点，如仓库、配送中心、零售商网点和服务中心等。设施选址一般分为四个阶段，即准备阶段、地区选择阶段、地点选择阶段和编制报告阶段。

1. 准备阶段

准备阶段的主要工作是针对选址目标提出要求，并确定选址所需要的技术经济指标。这些要求主要包括产品、生产规模、运输条件、需要的物料和人力资源等；相应的各类技术经济指标主要包括每年需要的供电量、运输量、用水量等。此外，还需掌握城市发展规划中各地域的土地性质。

2. 地区选择阶段

地区选择阶段主要内容包括调查研究收集资料，如走访主管部门和地区规划部门以征询选址意见；在可供选择的地区内调查社会、经济、资源、气象、运输、环境等条件；对候选地区做出分析比较，提出对地区选择的初步意见。

3. 地点选择阶段

要对地区内若干候选地址进行深入调查和勘测，查阅当地有关气象、地质、地震、水文等部门调查和研究的历史统计资料，收集供电、通信、给排水、交通运输等资料，研究运输线路以及公用管线的连接问题，收集当地有关建筑施工费用、地方税制、运输费用等各种经济资料，经研究和比较后提出数个候选场址。

4. 编制报告阶段

编制报告阶段主要工作内容包括：

（1）对调查研究和收集的资料进行整理。

（2）根据技术经济比较和分析统计的结果编制出综合材料，绘制出所选地点的设施位置图和初步总平面布置图。

（3）编写设施选址报告，对所选厂址进行评价，供决策部门审批。

8.2.2 选址决策的影响因素

就选址决策的影响因素而言，可以分为外部因素和内部因素两大类。外部因素包括诸如宏观政治及经济因素、基础设施及环境、竞争对手等；内部因素包括企业的发展战略、产品、技术或服务的特征等。

1. 影响选址决策的外部因素

（1）宏观政治、经济因素。宏观政治因素主要是指一个国家的政局是否稳定、法制是否健全、是否存在贸易禁运政策等。宏观政治因素是无法量化的指标，主要依靠企业的主观评价。

宏观经济因素包括税收政策、关税、汇率等，这一点与企业的选址决策直接相关，因为企业总是会寻求最宽松的经济环境。

关税政策引起的市场壁垒也是企业选址的一个重要因素。如果一个国家的关税较高，要么企业放弃这个市场，要么企业会选择在这里建厂以规避高额关税。例如，戴尔通过在我国的厦门建立工厂来扩大国内市场，尤其是政府及国有企业的销售份额。戴尔在爱尔兰建立欧洲市场的第一个工厂，一方面是由于当地低成本、高质量的劳动力以及爱尔兰较低的企业税；另一方面是由于爱尔兰是欧盟成员国，在爱尔兰制造的计算机产品可以直接发往欧洲市场而无须缴纳增值税；再者，由于爱尔兰属于欧元区，可以通过欧元的稳定性降低汇率风险。

（2）城市建设规划。因为城市发展是由城市规划所决定的，所以，物流节点的选址必须符合城市发展规划的要求。一是要考虑现有城市布局和规模对物流节点的要求，否则可能面临物流节点迁移问题；二是要考虑城市发展对物流节点的需求和影响，如果不注意这一问题，就可能存在物流节点二次迁移问题。

（3）基础设施。基础设施包括交通设施、通信设施等，是构成物流网络的基础体系，直接影响物流节点的建设、运营成本和绩效。现代企业中拥有一个良好的基础设施对于降低物流成本是十分关键的。如戴尔在田纳西州的工厂位置靠近主要高速公路，同时靠近联邦快递的一个配送中心。同样，信息流的畅通快捷对于降低库存成本有重要影响，对于选址决策而言也是一个重要因素。所以，周边基础设施、通信设施的运行质量和成本对物流节点选址有重要的影响。

（4）周边环境。物流节点的周边环境包括自然环境及社会环境，其中劳动力成本与质量也是选址决策的一个关键因素，越来越多的国际企业选择在亚洲建立自己的制造工厂，就是由于当地低廉的劳动力成本。除了劳动力成本，劳动力的素质同样重要。戴尔在爱尔兰的工厂建在 Limerick，最初是看中当地较低廉的劳动力资源，随着戴尔工厂的进入以及相关供应商的进入，劳动力成本越来越高，但戴尔对于当地的劳动力资源仍比较满意，因为当地的劳动力素质比较高，在戴尔的 Limerick 工厂中，全厂员工 50% 具有学士学位。

（5）竞争对手。所谓"知己知彼，百战不殆"，在企业选址决策中必须考虑竞争对手的布局情况，根据企业产品或服务的特征，来决定是靠近竞争对手还是远离竞争对手。

2．影响选址决策的内部因素

企业的内部因素往往是选址最主要的依据。选址决策首先要与企业的发展战略相适应。例如，作为制造业的企业，发展劳动力密集型产品还是高技术型产品，这是企业综合内外形势分析得出的企业发展战略，如果选择劳动力密集型产品，则必然选择生产成本低的地区；而如果选择高技术型产品，则必须选择劳动力素质高的地区。

8.2.3 配送中心选址的基本条件

配送中心选址时，必须根据已确认的目的、方针，明确以下条件，逐步筛选配送中心的备选地。

（1）必要条件。例如，配送中心应充分考虑顾客分布现状并对未来的客流、业务量的增长率、辐射范围等进行预测。

（2）运输条件。例如，配送中心应尽量靠近铁路货运站、港口码头、机场、汽车货运站等运输据点。另外，必须能够很方便地利用运输公司。

（3）配送服务条件。例如，配送中心应能够及时通知客户货物到达时间、配送率、订发货周期、配送距离及范围等。

（4）用地条件。例如，配送中心是利用现有的设施和土地还是需要新征土地并新建配送中心。必须征地时，地价及地价许可范围内用地分布状况等。

（5）法律法规条件。例如，现行的法律法规中土地使用规定是否允许在指定的用地区域内建仓库等。

（6）管理与信息条件。例如，是否要求配送中心靠近总部及营业、管理、计算机等部门。

（7）流通功能条件。例如，在配送中心内是否有流通加工功能，商流、物流功能是否分离；根据业务种类是否需要冷冻、保温设施，防止公害设施或危险品处理设施等。选址区内是否限制这些特殊条件，是否符合这些条件等。

（8）其他条件。例如，能否方便职工上下班等。

总之，配送中心设计者必须仔细考虑上述条件，根据这些条件来决定设施规模和选址。最佳选址是由所希望的条件来决定的，因此，最好将所希望的条件按优先顺序标记在地图上，反复研讨，在理想的区域内选定候选地。

8.2.4 配送中心选址的分类

1．按设施维数划分

根据被定位的设施维数，配送中心选址可以分为体选址、面选址、线选址和点选址。

（1）体选址是用来定位三维物体的，如卡车和飞机的装卸或货箱外货盘负载的堆垛。

（2）面选址是用来定位二维物体的，如一个制造企业的部门布置。

（3）线选址是用来定位一维物体的，如在配送中心的分拣区域，分拣工人向传送带按照订单拣选所需要的货品。

（4）点选址是用来定位零维设施的。当相对于设施的目标位置而言，设施的尺寸可以忽略不计时，可使用点选址模型。大多数选址问题和选址算法都是基于这种情况。

2．按设施的数量划分

根据所选设施数量的多少，配送中心选址分为单一设施选址与多设施选址，单一设施的选址与多设施的选址是截然不同的两个问题。单一设施选址相对容易，运输成本是要考虑的首要因素。而多设施选址涉及诸多因素，如设施之间需求的分配、集中库存的效果等，问题相当复杂。

3．按选址的连续性划分

连续选址法（continuous location methods）考察一个连续空间内所有可能的点，并选择其中最优的一个；离散选址法（discrete location methods）是在一系列可能方案中做出选择，这些方案事先已经过合理性分析，这种方法在实践中更为常用。

4．按时间维度划分

选址方法的性质可以是静态的，也可以是动态的。静态方法以某单一时期（如一年）的数据为基础进行选址。然而，选址规划的结果可以影响很多年，随着周边环境变化，一旦设施需要迁移，那么从一地迁向另一地的成本很高。动态方法则是用于多个阶段选址规划的方法。

8.2.5 配送中心选址的数据处理

配送中心建在什么地方、选用哪些设备、成本如何，一般通过大量的数据分析后确定。下面两个数据是必需的。

1. 作业量

配送中心作业量主要有以下几项。
（1）工厂到配送中心的运输量。
（2）配送给顾客的货物数量。
（3）配送中心的库存量。
（4）不同配送路线的作业量。

作业量的数据在不同季节、月份等会有波动，必须研讨选址时采用什么样的水平数量。值得注意的是，除现有数据外，还必须设定设施运营后的预测值。

2. 费用数据

同配送中心选址相关的费用有以下几项。
（1）工厂到配送中心的运费。
（2）将货物配送给顾客的配送费。
（3）设施、用地及相关的人工费、业务费等。

8.2.6 配送中心选址的方法

选址方法主要有定性和定量两种方法，采用的选址方法主要有单选址方法和多选址方法。

1. 单一配送中心选址方法

单一配送中心选址方法使用的假设条件是：具有一定的需求量、忽略了不同地点选址可能产生的成本差异、运输费率为线性假设、直线运输假设、往往不考虑未来的收益与成本变化。

单一配送中心选址方法多采用重心法。重心法是一种静态的选址模型，它将运输成本作为唯一的选址决策因素，因而这种方法对于用地的现实性和候选位置点均缺乏全面考虑。例如，该配送中心是否接近主要公路，交通网络能否四通八达，商品从火车站、码头运至商店是否方便，白天能否通过大型货车以及该配送中心的配送路线是否能覆盖整个配送区域。

2. 多个配送中心选址的方法

多个配送中心选址比单一配送中心选址更具现实意义，也更为复杂。其需要解决的问题是设置多少个配送中心、每个配送中心的容量大小、配送中心的位置、每个配送中心的服务对象、每个配送中心的产品供给源、每种产品的库存配置以及运输等。

多个配送中心的选址方法很多，通过对选址的各种可能的选择进行考察以及各种方案的比选，最终选出其中成本最小的方案。多个配送中心的选址可按图 8-1 所示的选址程序进行选址作业。

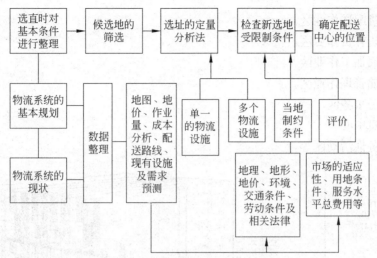

图 8-1 配送中心选址程序

8.3 配送中心功能与设施规划

8.3.1 配送中心作业流程的规划

1. 配送中心的主要活动

配送中心的主要活动是订货、进货、发货、仓储、订单拣货和配送作业。首先确定配送中心的主要活动及其程序，之后才能规划设计。有的配送中心还要进行流通加工、贴标和包装等作业。当有退货作业时，还要进行退货品的分类、保管和退回等作业。

在经过基本资料分析和基本条件设定之后，便可针对配送中心特性进一步分析，并制定合理的作业程序，以便选用设备和规划设计空间。通过对各项作业流程的基本分析，便可进行作业流程合理化分析，从而找出作业中不合理和不必要的作业，力求简化配送中心可能出现的不必要的计算和处理单位。这样规划出的配送中心可减少重复堆放的搬运、翻堆和暂存等工作，提高整个配送中心的效率。如果储运单位过多，可将各作业单位分类合并，避免内部作业过程中储运单位过多地转换。应尽量简化储运单位，以托盘或储运箱为容器，把体积、外形差别大的物品归类成相同标准的储运单位。这样可以简化配送中心的储运单位。

2. 作业区域的功能规划

在作业流程规划后，可根据配送中心运营特性进行作业区域的规划，包括配送作业区及周边辅助活动区的规划。例如，冷冻食品配送中心可以设计成两层：一层为办公区、货物接收区及作业区；二层为立体仓库冷藏储存区，如图 8-2 所示。配送作业区包括装卸货、入库、订单拣取、出库、发货等作业区。此外，周边辅助活动区包括办公室、计算机室和维修间等。

通过归类整理，可把配送中心作业区分类如下。

（1）一般性配送作业区。

(2) 退货配送作业区。
(3) 换货补货作业区。
(4) 流通加工作业区。
(5) 仓储管理作业区。
(6) 办公事务区。
(7) 信息中心。
(8) 劳务性活动区等。

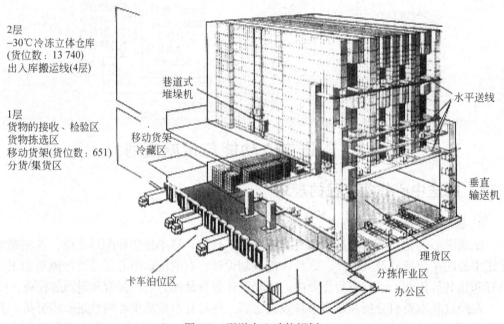

图 8-2 配送中心功能规划

8.3.2 配送中心系统规模确定

1. 配送中心规模的确定

储存量的大小直接影响配送中心的规模。配送中心仓库所需面积是由商品储存、货物品种、保管期限以及商品堆码高度、仓容定额等因素决定的。此外，为了便于进行装卸、分拣和搬运作业，还需要考虑此部分作业所需要的面积和运行道路以及行政生活区、辅助作业区所占面积。

2. 配送规模的确定

配送中心与店铺面积有一个适当的比例关系，从世界连锁业发展的实践来看，一个便利连锁公司在拥有20个店，总面积达到4 000平方米时，就可考虑建立配送中心；一个超市连锁公司在拥有10个店,总面积达到5 000平方米时，就有建立配送中心的必要。一般来讲，判断标准应是：分店规模扩大使配送中心正常运转所取得的数量折扣和加速资金周转所取得的效益，足以抵销配送中心建设和配送设施所花费的成本。由此可以形成规模经营，降低成本，体现价格上的竞争优势。

8.3.3 不同的配送模式

对于专卖店、超市、便利店等业态和餐饮业、服务业等业种，商业企业的营业形态、组织结构、业务流程、盈利能力等各不相同，因此，其所需的配送功能也不尽相同，但总的来说，要求物流过程应方便、节约、灵活，充分体现企业独特的经营之道。

1. 批发商业物流系统组成

批发商业物流系统组成如图 8-3 所示。

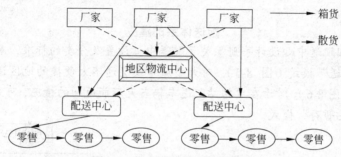

图 8-3 批发商业物流系统组成

按照配送对象的品种和数量多少，可以将配送分为单品种大批量配送和多品种小批量配送。

（1）单品种大批量配送。单品种大批量配送是指由于用户的需求是持续而大量的，单独一个品种或几个品种的货物就可以达到批量标准进行专业化配送，而不用同其他品种混装。如图 8-3 中厂家将货物发往各配送中心。

（2）多品种小批量配送。多品种小批量配送是指按照用户的要求，将所需要的各种物品或商品选好、配齐，少量而多次运抵客户指定的地点，如对连锁门店的商品配送。例如上图中，配送中心将货物发给各零售商。

2. 零售商业物流系统组成

零售商业物流系统组成如图 8-4 所示。

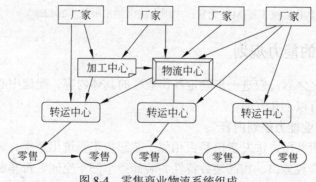

图 8-4 零售商业物流系统组成

（1）专卖店。专卖店可以是单一厂家的专营店，也可以是某一类商品的销售店。可由厂家直接发货，也可由配送中心供应。商品如服装、图书、电器和药品等。

（2）连锁超市和便利店。连锁超市和便利店的特点是经营商品种类较多，生鲜和副食品多，供应商比较多，一般采用多品种小批量由配送中心配送。连锁超市配送系统一般需要设立常温配送中心、生鲜配送中心，采用厂方直送或直接设立门店等方式进行储存及其他作业。

（3）独立店。传统百货商店是一种大型的独立商业形式，自己很少建立完整的配送系统，其物流配送一般采用多个供应商少量多次地向商店供货的形式。为提高供货效率，许多独立的商业企业开始尝试共同配送。

配送体系的建立

根据《卷烟配送中心设计手册》关于配送中心设置及分类的标准，对小型城市适用"一级配、一级送"模式（图 8-5），对大型城市或交通不太便捷的地区适用"一级配、二级送"模式（图 8-6）。对于在中转站配送车辆当天不能返回的情况，可采用"一级配、二级送、中转站暂存"模式。

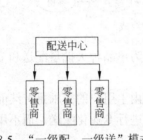

图 8-5 "一级配、一级送"模式

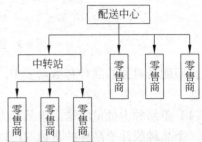

图 8-6 "一级配、二级送"模式

因 Y 烟草公司所在地区的地形呈不规则形状，且周边的区县绝大部分都以农业为主要经济产业，相对市区经济较为落后，所以在配送工作中，城区送货和农村送货有鲜明的差别。如采取"一级配、一级送"模式，则东西向的最远送货直线距离均将超过 100 km，远远大于国家局建议的 50 km 范围的最佳送货半径，配送车辆不能当天返回。因此，烟草物流配送中心的配送模式宜选择"一级配、二级送、中转站暂存"模式。

资料来源：董千里.物流工程[M].北京：中国人民大学出版社，2012.

8.3.4 作业区的能力规划

在确定作业区之后，应进一步确定各作业区的具体内容。配送中心作业区能力规划内容涉及的范围有以下几方面。

1. 装卸区作业能力规划内容

进发货口是否共用、进发货口是否相邻、装卸货车辆进出频率、装卸货车辆形式、有无装卸货物配合设施口、物品装载特性、装卸货车回车空间、每车装卸货所需时间、供货厂商数量、配送客户数量、进货时段、配送时段等。

2. 进货区作业能力规划内容

每日进货数量、托盘使用规格、容器流通程度、进货点收作业内容、进货等待入库时间等。

3. 理货区作业能力规划内容

理货作业时间、进货品检作业内容、品检作业时间、容器流通程度、有无叠卸托盘配合设施等。

4. 库存区作业能力规划内容

最大库存量需求、物品特性基本资料、产品项目、储区划分原则、储位指派原则、存货管制方法、自动化程度需求、产品使用期限、储存环境需求、盘点作业方式、物品周转效率、未来需求变动趋势等。

5. 拣货区作业能力规划内容

物品特性基本资料、每日拣出量、订单分割条件、客户订单数量资料、配送品项、订单处理原则、订单汇总条件、订单拣取方式、有无流通加工作业需求等。

6. 补货区作业能力规划内容

拣货区容量、补货作业方式、每日拣货量、盘点作业方式、拣取补充基准、拣取补充基本量等。

生鲜加工配送中心的基本功能规划

生鲜加工配送中心的基本功能规划内容包括:订货单管理功能、收验货管理功能、仓储库存管理功能、生鲜加工管理功能、分拣配送管理功能、索赔退货管理功能、采购中心管理功能等。

其中生鲜加工管理功能是配送中心制成品加工——生鲜经营的主要利润源,核心是生鲜产品开发和创新经营。

8.3.5 配送中心的设施设备规划

1. 作业区域设施规划

配送中心内的主要作业活动,基本上与仓库、搬运和拣取等作业有关。为此,规划的重点是对配送设备的规划设计和选用。

配送作业区主要配送设备的配备应考虑以下组成。

1)容器设施

容器设施包括搬运、储存、拣取和配送用的容器,如纸箱、托盘、铁箱、塑料箱等。在各项作业流程及储运单位规划结束后,则可进行容器的规划。部分以单品发货为主的发货类型,如品种多,体积、长度和外形等差异较大的货物,可利用储运箱等容器把储运单位统一化,达到单元负载的原则,从而简化储运作业。

2)储存设备

储存设备包括自动仓储设备(如单元负载式、水平旋转式、垂直旋转式、轻负载式等自动仓库)、重型货架(如普通重型货架、直入式钢架、重型流动棚架等)和多品种少量储存设备(如轻型货架、轻型流动货架和移动式储柜等)。

3）订单拣取设备

订单拣取设备包括一般型订单拣取设备（如计算机辅助拣货台车）和自动化订单拣取设备等。

不同的拣货要求条件下，所需要的拣货设备有一定的差异，为此应加以分析后确定。

当拣货区和仓储区分区规划时，作业方式为由仓储区补货到拣货区，拣货量为中等水平货频率较高。这种情况适用于零散发货和拆箱拣货。

当拣货区和仓储区在同一区而分层规划时，作业方式为由上层仓储区补货到下层拣货区货量大，发货频率为中等，这种情况适用于整箱发货。

当拣货区和仓储区在同一区，没有另设仓储区时，直接在储位上拣货，拣货量较小，发货频率较低。这种情况适用于少量的零星发货。

4）物料搬运设备

物料搬运设备包括自动化的搬运设备（如无人搬运车、驱动式搬运台车）、机械化搬运设备（如堆垛机、液压拖板车）、输送带设备、分类输送设备、堆卸托盘设备和垂直搬运设备等。规划时配合仓储和拣取设备，估计每天进发货的搬运、拣货和补货次数，从而选择适用的搬运设备。

5）流通加工设备

流通加工设备包括裹包集包设备、外包装配合设备、印贴条码标签设备、拆箱设备和称重设备等。随着配送中心服务项目多元化的开展和用户要求日益严格，配送中心进行二次包装裹包和贴标签等加工作业也日益增加。随着国际物流的发展，由国际物流转运后再分装和简易加工的业务越来越多，从而使配送作业的附加值大为增加。

6）周边配合设备

周边配合设备包括楼层流通设备、装卸货平台、装卸载设施、容器暂存设施和废料处理设施等。通常根据配送中心实际需要来选定。

有关配送作业区域的功能和需求规划之后，可以根据各区域特性，规划设计所需设备型号、功能和数量。

2. 配送中心的公用设施建设

在进行配送中心规划建设的时候，除了要规划配送中心的作业设施与设备外，也需要对配送中心的公用设施进行规划。一般来讲，配送中心的公用设施包括给排水设施、电力设施、供热与燃气设施以及绿化设施等。

1）给水与排水设施

（1）给水设施。给水设施负责对配送中心生产、生活、消防等所需用水进行供给，包括原水的取集、处理以及成品水输配等各项工程设施。配送中心给水设施的规划，应根据配送中心的用水需求和给水工程设计规范，对给水水源的位置、水量、水质及给水工程设施建设的技术经济条件等进行综合评价，并对不同水源方案进行比较，做出方案选择。同时，给水设施规划要考虑所在区域的给水系统整体规划，应尽量合理利用城市已建成的给水工程设施。配送中心输配管线在道路中的埋设位置应符合现行国家标准《城市工程管线综合规划规范》。

（2）排水设施。排水设施负责收集、输送、处理和排放配送中心的污水（生活污水、生产废水）和雨水。污水和雨水的收集、输送、处理和排放等工程设施以一定方式组成，用不同管渠分别收集和输送污水和雨水。为使污水排入某一水体或达到再次使用的水质要求，要对其进行净化。根据水资源的供需平衡分析，应提出保持平衡的对策，包括合理确定产业规模和结构，并提出水资源保护的措施。而对于配送中心，更应注重水污染的防治，避免它的建设对所在地的环境造成污染。

实施排水管道工程时，应遵守国家和地方有关安全、劳动保护、防火、防爆、环境和文物保护等方面的规定。

排水管道工程经过竣工验收合格后，方可投入使用，竣工验收后，建设单位应将有关设计、施工及验收的文件和技术资料立卷归档。

2）电力设施

设施符合所在城市和地区的电力系统规划：应充分考虑电力设施的运行噪声、电磁干扰机废水废气废渣排放等对周围环境的干扰和影响，按国家环保方面的法律、法规，提出切实可行的防治措施，应遵循中华人民共和国国家标准《GB 50293—1999》《城市电力规划规范》进行规划建设。

3）供热与燃气设施

（1）供热设施。集中供热设施利用集中热源，通过供热管网等设施，向热能用户供应生产或生活用热能，包括集中热源、供热管网等设施和热能用户使用设施。供热设施在建设时应符合中华人民共和国行业标准（GJJ/T88—2000/325—2000）《城镇供热系统安全运行技术规程》，同时还应符合国家有关强制性标准的规定。

（2）燃气设施。燃气供应是公用事业中一项重要设施，燃气化是我国实现现代化不可缺少的一个方面。燃气系统供应配送中心做燃料使用的天然气、人工煤气和液化石油气等气体能源，由燃气供应源、燃气输配设施和用户使用设施组成。

配送中心应按供气单位的运行方案、调节方案、事故处理方案、停运方案及管辖范围，进行管理和局部调节；未经燃气供应单位及公安消防部门的同意，未经这些相关部门的施工监督和验收，配送中心不得私接供气管道、私自扩大供气负荷和擅自启用未经批准的燃气输配设施。

8.3.6 配送系统设计中的设备选用

在商业配送系统的设计过程中，结合配送系统的流程设计，必须进行配送系统设备的选用。它的状况不仅直接影响企业为需求者提供的物流量、配送服务质量以及作业效率，而且影响物流企业的配送成本、配送速度以及配送作业秩序。因此了解配送设备的发展过程及现状，把握配送设备的发展趋势，正确、合理地配置和运用配送设备非常重要。

1. 入库系统设备选用

入库作业设备选择需要考虑的因素有：①货态；②进货货品的体积，以此决定接收货物的方式和设备，即所进货物是不是托盘品、箱单位（货车散装品）、袋装品和简易包装品；③进货后的工作，如暂时存放、托盘化、分类化（按品种分类或按出货的方向分类）。根据这些性质，决定使用的设备有叉车、输送机（托盘输送机、箱用输送机）、垂直搬运机、手推车和 AGV（自动导引运输车）等。在出库作业时，其流程与入库相反，但其出库系统设备类似于入库系统设备。另外，在出入库系统设备选用中，要注重条码技术和射频技术的运用。

2. 仓库系统设备选用

（1）仓库的选用。配送系统中的仓库均为营业性仓库，一般商品只需使用普通仓库或恒温仓库即可，而生鲜食品就要选择冷藏仓库。

（2）货架的选用。商业配送系统中的商品出入频率较高，重力式货架可用出入频率高、批量大、品种少的商品。对于同类大批量货物则使用贯通式货架和动力式贯通货架。在实际情况中应结合具体情况选择悬臂式货架、阁楼式货架、移动式货架以及旋转式货架等。

（3）装卸搬运设备的选用。装卸搬运是商业配送中必不可少的过程，选择合适的装卸搬运设备至关重要。可供选择的搬运车主要有手推车、手动液压升降平台、手动液压托盘搬运车、牵引车、AGV 等，叉车主要有前叉式、侧叉式、转叉式。

（4）堆垛机的选用。堆垛机主要是实现货物由货架到搬运车的移动，其机动性强，承载能力强，可实现重大货物的移动。

3. 运输设备的选用

1）普通运输设备的选用

普通运输设备的选用主要根据配送量的大小来选择相应的运输车辆，其目的就是提高车辆载运率，降低成本。

2）冷链运输设备的选用

冷链配送对设备的要求很严格，特别是在长途运输中，冷藏车的选择更是关键。现阶段冷链低温配送模式的车辆选择有三种。

（1）冷藏车制冷低温配送。有源型低温物流制冷方式就是自带制冷单元的冷藏箱，常见的是自带压缩机组的冷藏车。冷藏车制冷的优点是能保持较长时间的低温，这种低温物流制冷方式主要应用于大批量低温货物的长途配送。

（2）以干冰作为冷源的低温配送。干冰曾广泛应用于保存温度在 0℃以下的生物制品、食品、水产品等的配送与保存，其出色的制冷效果让干冰一度成为冷链配送的宠儿。但是，最近干冰也难逃在冷链配送中被扼杀的命运，各大航空公司基于安全的角度已经明令禁止使用干冰作为制冷剂。

（3）相变蓄冷材料的低温配送。以蓄冷材料（冰袋或干冰）作为冷源的低温配送模式是利用蓄冷材料在相变过程中释放冷量来维持货物的低温，该模式非常适用于小批量、少量多次的货物低温配送。作为一种全新的低温物流配送方式，采用相变蓄冷材料的低温配送模式造价较低，无须额外的能源，使用非常方便。这种蓄冷材料在业内又有一种新的称呼，叫作干冰冰袋，顾名思义，以干冰冰袋为冷源的配送模式从一开始就定位在与干冰一决高下的市场策略上。

根据蓄冷剂的冻结温度不同，分冷冻低温型、冷冻高温型、冷藏低温型、冷藏高温型几种型号，具体参数见表 8-1。

表 8-1 部分冰袋温度适用范围及应用场所

冰袋型号	货物保存温度	充冷温度	典型应用场所
RLX-2	2℃~8℃	-7℃以下	疫苗、蔬菜水果、血液、诊断试剂、面包蛋糕等
RLX-6	-6℃~0℃	-12℃以下	某些低于0℃保存的货物
RLX-12	-12℃~-6℃	-18℃以下	普通冰箱可充冷的低温蓄冷剂,可用于冷冻需求的货物配送制冷
RLX-18	-18℃~-12℃	-21℃以下	新冰箱或冷库可充冷的低温蓄冷剂,可用于冷冻需求的货物配送制冷
RLX-27	-27℃~-18℃	-33℃以下	取代干冰,不受航空限制,使用、储运方便,用于-18℃以下保存的货物配送

综合以上对三种低温配送模式的分析,不难发现,相变蓄冷材料的低温配送模式必将逐渐取代干冰,并可以分享冷藏车配送的部分市场,成为冷链低温配送中的新宠。

3) 特殊货物的运输设备选用

(1) 玻璃、陶瓷等易碎物品的配送。在易碎物品的配送过程中,运输环节是关键,运输环节的运输质量在很大程度上决定了整个配送过程的质量,因此,配送中运输设备的选择和运输中货架的选择成了重中之重。

一般在玻璃的运输过程中,由于玻璃的特性(面积大、厚度小、易碎等),要求在配送中使用特定的货架以及防震系统较好的配送车辆。玻璃在配送中通常使用的货架是立式货架,在配送过程中,玻璃是竖立在车上的,两边都由绳子固定,防止玻璃侧翻,车厢底下垫有泡沫塑料,用来减少运输过程中的震动。

在陶瓷等其他体积适中等易碎物品的配送过程中,通常采用防震系统较好的车辆以及间隔较大且有柔软的隔离物的货架或包装。

(2) 大件货物的配送。大件货物一般采用大型的车辆运输,这些车辆一般车架较低,车身较宽。在配送过程中应该注意车辆的高度和宽度以及长度是否能够顺利通行。

8.4 配送中心的内部布局设计

配送中心的设计,首先要求具有与装卸、搬运、保管等与产品活动完全适应的作业性质和功能,还必须满足管理,提高经济效益,能灵活适应作业量的变化和商品形状的变化。

8.4.1 配送中心内部布局涉及因素的分析

1. 商品数量分析

首先要对不同品种商品数量进行分析。制定配送中心设计规划时,"以何种产品,多大的作业量为对象"是确定实施计划的前提条件。

(1) 对商品的类别,按照商品出、入库的顺序进行整理,同时还按照类似的货物流加以分组。

(2) 确定不同种类商品的作业量。

(3) 以作业量的大小为顺序制作坐标图，图中横轴为种类，纵轴为数量。根据曲线图分析：曲线斜度大的区间商品品种少、数量大，是流通快的商品群；曲线倾斜缓慢的区间商品品种多、数量少，是流通慢的商品群。

2．流程分析

按照全面分析的作业量和出、入库次数等资料分析，编制产品流程的基本计划（产品在配送中心内部的流程在其他章节中有详细介绍）。

3．设施的关联性分析

在制订设计计划时，把作为设计对象的设施及评价项目总称为业务活动。因此，业务活动除了建筑物内的收货场所、保管场所、流通加工场所及配送场所等设施外，还包括事务所、土地利用情况及道路等。这些设施中，关联密切的设施应相互靠近进行配置。

关于上述业务活动分析的顺序如下。

（1）列举必要的设施。除了正门、事务所、绿化地、杂品仓库、退货处理场所、福利保健场所外，配送中心的建筑物及其具体的各项内部设施也要列举出来。

（2）业务活动相互关系表。对上述业务活动应做靠近性分析。所谓靠近性分析，是指不仅要研究产品的流程，还要研究作业人员的管理范围，以及卡车的出入和货物装卸系统等，要从不同角度进行合理性的判断。

（3）业务活动线路图。关于各个业务活动相互位置的关系，根据前项评价的结果进行设计。

4．设施面积的确定

按照上述方法确定设施关联方案后，再计算这些设施需要的面积。

例如，每日处理货物 50 吨的小规模配送中心，其面积及作业量的计算见表 8-2。

表 8-2　小规模配送中心面积确定

编号	设施名称	每日作业量（吨）	单位面积作业量（吨/平方米）	设施面积（平方米）
1	收货场所	25	0.2	125
2	验收场所	(25)	收货兼验收	
3	分类场所	15	0.2	75
4	保管场所	35	1.0	35
5	流通加工场所	2.5	0.2	12.5
6	特殊商品存放场所	2.5	0.2	12.5
7	配送场所	25	0.2	125
8	办公场所			30
合计				415

说明：本表所列日处理货物量定义为入库量为 25 吨，出库量为 25 吨，仓库经常储备定义为 7 天的需要量（5 吨/日）。

在设计计算设施面积时，还应考虑作业面积之间相互位置的组合，以及与装卸路线、保管场所等的相互关系。

另外，配送中心的作业不可能像在工厂的作业过程那样划分，往往一些设施是兼用的，只用理论方法无法解决所有问题。所以，在采用科学方法确定设计方案的同时，还要听取现场工作人员的意见，根据实际情况研究、修正后，才能确定出最优的设计方案。

8.4.2 配送中心内车流的布置

配送中心的车流量很大。一个日处理量达 10 万箱商品的配送中心，每天的车流量达 250 辆次；而实际上送货、发货的车辆，大多集中在几个时间带（高峰时间）。因此，道路、停车场地及车辆运行线路的设计显得尤为重要。可以说，配送中心总体设计的成败，很大程度上决定于车流规划得合理与否，如图 8-7 所示。

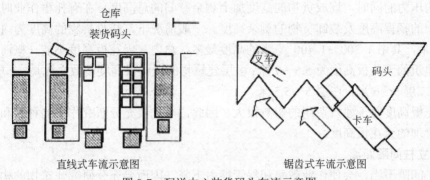

图 8-7 配送中心装货码头车流示意图

为了保证配送中心内车辆行驶秩序井然，一般采用"单向行使、分门出入"的原则。不少配送中心还规定了大型卡车、中型卡车、乘用小车的出入口以及车辆行驶线路。

配送中心的主要道路宽度较大，通常为 4 车道，甚至 6 车道；考虑到大型卡车、集装箱车进出，最小转弯半径不小于 15 米；车道均为高级沥青路面，并标有白色界线、方向、速度等标记。

8.4.3 配送中心内部的设施构造

1．建筑物

从装卸货物的效率来看，建筑物最好是平房建筑，而在城市，由于土地紧张和受地价的限制采用多层建筑的情况较多。

2．地面负荷强度

地面负荷强度是由保管货物的种类、比重、货物码垛高度和使用的装卸机械等决定的。一般地面负荷强度规定如下。

（1）平房建筑物，平均负荷 2.5～3.0 吨/平方米。

（2）多层建筑物：一层，平均负荷 2.5～3.0 吨/平方米。

二至三层，平均负荷 1.5～2.0 吨/平方米。

三层以上，平均负荷 2.0～2.5 吨/平方米。

多层建筑物，二层以上的地面负荷是指通过建筑物墙体而由地总支撑的负荷。因而，随着建筑物层次的增多，各层地面所承载的能力是逐渐减小的。当然，在确定地面承受能力时，不仅要考虑地面上货物的重量，还要考虑所用机器工具的重量。例如，用叉车装卸作业时，也必须考虑叉车的重量。这时，在钢筋混凝土地面作业时，地面上平均每平方米的承载能力，应增加按下式计算的车轮荷重：

$$叉车的最大车轮荷重 =(货叉自重+装载货物重量)\times A\times B$$

式中，A 指装载货物时，平衡重型或伸长型叉车前面两个轮子所承受货物重量的比例，其差别不大，以货叉自重加载货物重量的 0.85～0.88 为宜；B 指另外加上 1.3～1.5 倍的货物短时间冲击力。

3. 天花板高度

天花板高度指在全部装满货物时，货物的计划堆放高度，或是在考虑最下层货物所能承受的压力的同时，堆放货物的高度加上剩余空间的总高度。在有托盘作业时，还要考虑叉车的扬程高度及装卸货物的剩余高度。一般情况下，托盘货物的高度为 1 200～1 700 毫米，其中 1 300～1 400 毫米的高度最多。总之，天花板高度不能一概而论。通常平房建筑的天花板高度为 5.5～7 米；多层建筑物的天花板高度多数情况是：一层 5.5～6.5 米，二层 5～6 米，三层 5～5.5 米。

天花板高度对于建筑费用的影响很大。因此，事先要充分研究作业的种类和内容，确定好合理的天花板高度。

4. 立柱间隔距离

柱子间隔不当，会使作业效率和保管能力下降。因而要充分研究建筑物的构造及经济性，以求出适宜的柱子间隔距离。一般柱子间隔距离为 7～10 米（在建筑物前面可停放大型卡车两辆、小型卡车三辆）。

5. 建筑物的通道

配送中心的通道可分为库区外通道及库内通道。库外通道将影响车辆、人员的进出，车辆的回转，装卸货物等动线；库内通道主要影响配送中心的作业能力和效率。

通道是根据搬运方法、车辆出入频度和作业路线等确定的。建筑物内部通道的设置与内部设施的功能、效率、空间使用费等因素有关，所以，应根据货物的品种和批量的大小，以及所选定机器的出入频度和时间间隔等因素，来决定通道的宽度和条数（有单向通道和往返通道两种）。

通道配置的方案应在充分比较研究的基础上确定。

另外，日常装卸货物时，所占用的停车空间与上述车辆处于静止状态时不同。为了确保卡车装卸作业，应留有必要的侧面通道，或者在卡车前方留有一定宽度的通道，使卡车作业时可以前进和后退。图 8-8 为配送中心通道布置示意图。

6. 卡车停车场

通常情况下，各种车辆都必须有停车场。车辆停止时占用的面积如下。

15 吨重拖挂车	60 平方米
10～11.5 吨卡车	45 平方米
6～8 吨卡车	35 平方米
3～4 吨卡车	25 平方米

图 8-9 为 90 平方米停车场布置图。

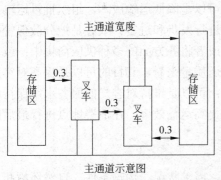 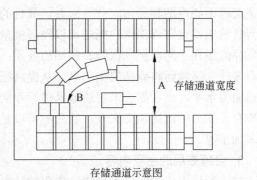

图 8-8 配送中心通道布置示意图

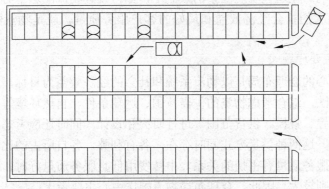

图 8-9 停车场布置图

8.4.4 物流配送中心的合理布局

随着第三方物流的兴起，物流业务范围迅速扩大，经营业务日渐复杂，配送区域和辐射空间也迅速拓展。所以，为了能更好地服务所有客户，取得市场的竞争优势，进行最适合企业目的的物流配送中心规划变成十分重要的问题。物流配送中心的布局，必须以不影响进货时间或进货单位、保障客户服务水平为前提。

1. 物流配送中心布局的概念

物流配送中心的布局就是企业物流网点的设置。根据网点中转物品种类的多少，可以将物流网点粗略地分为单品种网点和多品种网点。前者只中转一种物流，而且品种规格相对简单，如煤炭、水泥等；后者中转多种类型的物资，或者是品种规格相对复杂的同一类型的物资，如机电产品、化工原料、金属材料等。

2. 合理布局的目的

物流配送中心的布局合理与否，是关系到物流系统的合理化和商品流通能否正常进行的重大投资决策问题。对于物流企业来说，它是涉及企业能否持续发展的战略问题。

作为连接生产和消费部门的流通部门，物流配送中心是利用时间以及空间创造效益的机构和设施。对于不同的货物以及不同的流通方式，物流配送中心合理布局的目的是多种多样的。从物流配送中心本身的宏观经济运营业务来说，其目的可以是调整大量生产和大量消费的时间差而进行的保管；也可以是调整生产和消费波动而进行的保管。从物流配送中心内部物品调配业务来看，其目的可以是降低运输成本，组织批量运输或者设置货物集结点向终端用户配送，以经济批量进行发货和进货；或者是把分散保管的库存物品汇集在一起以提高保管、装卸的效率；或者将各方面的多种供应商集中；或者向消费者计划运输而将商品集中起来。从提高配送质量来看，其目的可以是提高对客户的配送服务水平，而在靠近消费的地区进行存储；可以是维持对客户的服务水平保持合理的库存。从方便流通加工来看，其目的可以是提高运输效率，在消费地点进行最后的装配和加工等。

3. 合理布局的主要内容

物流配送中心的布局受到物流资源的分布、需求状况、运输条件、自然环境和周边经济等因素的影响。在这些客观因素的限制下，如何设置物流配送中心，使得以最少的物流费用获得最大的社会经济效益和最好的客户服务质量，就是物流配送中心的合理布局。

1）考虑的主要问题

物流配送中心的合理布局是以物流系统和社会的经济效益为目标，用系统学的理论和系统工程的方法，综合考虑物资的供需范围、运输条件、自然环境等因素，对物流配送中心的设置位置、规模、供货范围等进行研究和设计。同时还应考虑系统中转供货和直达供货的比例。这两种供货方式同时存在，各有利弊，各自所占的比例大小与中转货物的费用水平和服务质量有密切的关系。中转费用低且服务质量好时，直达供货的比例相应较小；反之则较大。因此，合理布局物流配送中心主要考虑：

(1) 计划区域内设置物流配送中心的数目。
(2) 物流配送中心的地理位置。
(3) 各物流配送中心的吞吐能力。
(4) 各物流配送中心的供应商与客户。
(5) 中转供货与直达供货的比例。

解决这些问题一般通过前期详细的资料收集过程，再经过系统分析，确定合适的备选方案，建立模型，然后对模型进行优化求解，最后实施方案的评价，并确定最优方案。

2）物流配送中心的费用

物流配送中心的布局模型是一个以系统总成本最低为目标的函数，主要考虑的费用有：

(1) 物流配送中心的建设费用，即建筑物、设备和土地征用费用等。这一部分费用与配送中心的地理位置和规模有关。
(2) 物流配送中心内部固定费用，即中心建设完成以后的人员工资、固定资产、折旧费以及正常行政支出等与经营状态无关的费用。
(3) 物流配送中心经营费用，即中心在经营过程中所发生的费用，如入库费、出库费、保管费等，与经营状况直接相关。
(4) 运杂费，即在商品运输过程中所产生的费用。主要包括运价、转运费用等，与运输路线、配送中心的地理位置相关。

3）物流配送中心布局的约束条件

(1) 生产单位提供的商品量不超过其自身的生产能力。
(2) 运输到所有客户的商品量等于市场的需求量。
(3) 物流配送中心能提供的商品量不能超过其本身的吞吐能力。
(4) 采用直达方式进货时，每笔调运量不能超过订发货起点的规定。
(5) 采用中转进货的商品应集中在一个物流配送中心，以便提高运转效率。

8.4.5 物流配送中心的合理布局模式

1. 物流配送中心布局模式的类型

按照物流配送中心发挥作用的范围和形式，物流配送中心的布局可以有如下几种模式。

1) 辐射型或吸收型

辐射型或吸收型的物流配送中心位于许多用户的居中位置，较多为配货或集货中心。这种布局一般在用户相对集中的经济区域，以单向物流为主，其起始端或终端和主干运输线形成一个转运站，如图 8-10 和图 8-11 所示。

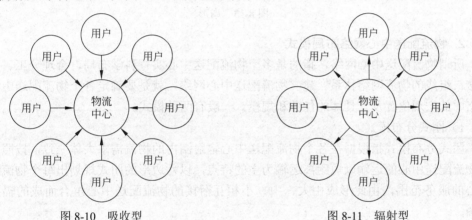

图 8-10　吸收型　　　　　　　　图 8-11　辐射型

2) 聚集型

聚集型适用于经济区域内用户十分密集或受其他条件如交通、土地等条件限制情况下，不可能在经济区域内建立物流配送中心时，可以在尽可能靠近用户的地区设置若干个物流配送中心，实行区域分工、联合服务，如图 8-12 所示。

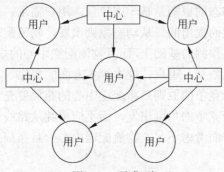

图 8-12　聚集型

3）扇形

当经济区域的产品有一定的流向时，物流中心设立在干线中途或终端，使得物流中心的辐射方向与产品在干线上的运动方向相一致，如图 8-13 所示。

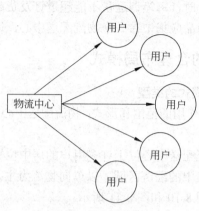

图 8-13　扇形

2. 物流配送中心网络布局模式

所谓物流配送中心网络，指的是多个物流配送中心实行科学布局、合理分工、有机衔接，组成的物流网络体系。建立物流配送中心网络，就是要确定各个物流配送中心在网络中的宏观位置及其具体的任务和规模。一般有两种模式。

1）团式分布模式

团式分布模式指根据在各个物流配送中心辐射圈内的物流需求大体一致，按照用户到物流配送中心的运输以短距离运输为主的特点，以六边形的团式规划出每个物流配送中心的服务范围，由此形成由大、中、小相互衔接的物流配送中心组合而成的辐射服务圈。

2）链式分布模式

链式分布模式指以交通便利为主要依据，以快速物流为出发点，依托铁路、主要公路干线布局物流配送中心，形成一个链状的辐射网。

不论采用何种方式进行物流配送中心网络的布局，都必须充分考虑以下几个方面的原则：

（1）动态的原则。动态的原则是基于用户量、用户需求、交通条件、成本和价格等都是经常变化的动态因素而提出的。从动态原则出发，物流配送中心应当建立在详细分析现状及对未来变化做出预测的基础上，而且物流配送中心的规划设计要有相当的柔性，即要在一定范围内能适应数量、用户、成本等多方面的变化。

（2）竞争原则。基于竞争的原则是指配送中心的布局要充分体现服务性。物流配送中心的布局一定要从市场竞争的角度出发，而不应单纯从路线最短、成本最低、速度最快等角度考虑。如果这方面考虑不足，物流配送中心一旦布局之后就会由于服务性不够而在竞争中失败。

（3）低运费原则。低运费原则实际上是竞争原则在运费方面的具体体现。由于运费和运距有关，所以低运费原则常常简化成最短距离的问题，用各种数学方法求解出物流配送中心与预计供应点和预计用户之间的最短理论距离或最短实际距离，以作为物流配送中心布局的参考。

（4）交通原则。物流配送中心布局时要考虑的交通原则，一方面是指在布局时要考虑现有交通条件，另一方面是指在布局时交通同时作为布局的内容，如果只布局物流配送中心而忽略布局交通，就可能会使物流配送中心的布局失败。

（5）统筹的原则。物流配送中心的层次、数量、布局是与生产力布局和消费布局等密切相关的、互相交织且互相促进的。设定一个非常合理的物流配送中心布局，必须统筹兼顾、全面安排，既要微观地考虑，又要宏观地考虑，这是物流配送中心布局的最高原则。

电子商务之物流配送系统规划解决方案

1. 设计思路

针对目前电子商务配送方面面临的问题，自建物流中心与第三方物流公司、配送公司相结合，加强内部管理与整合社会资源并举是本方案的设计思路。

2. 方案功能

方案分成三个层次：策略规划、系统功能、流程管理。

（1）策略规划

① 建物流体系与物流外包的各自优劣不必细说，但是针对电子商务的特殊性，目前国内难以找到专门为电子商务公司量身定作的完整物流配送服务商，所以就难以得到满意的服务和价格比。

② 整合社会资源的具体方案

通常的物流外包方法是将需要外包的业务和区域内容交给一家物流公司，由物流公司去策划，原来物流公司有的业务和区域可能各方面协调起来比较容易，相反原来没有的业务和区域往往会有服务、费用等各方面的问题。

③ 管理第三方物流资源

面对如此众多又层次不一的第三方物流资源，如何管理是个难题。

（2）系统功能

系统方面的总体特征是整个系统基于 Internet，这样既方便登录，又突破了 ERP 类软件的局域界限，使跨区域系统管理的成本降低，并为其进一步发展创造了条件。

① Web 系统

即电子商务网站的网页系统。

② 订单系统

订单系统是进行订单接收、检查、处理、反馈等业务活动的软件系统。此系统是一个后台处理系统，它的前面是 Web 系统，后面是库存管理系统。

③ 库存系统

库存管理系统是对库存商品进行全面管理的系统。包括商品管理、入库管理、出库管理、库存盘点、条码管理等部分。

④ 配货系统

配货系统是对客户的订单进行系统处理，是介于订单系统和库存系统之间的一个处理系统。系统根据客户订单的情况进行相应的处理，然后对每一种处理结果进行相应的传递。

⑤ 运输系统

运输系统是配货系统的后续，是对运输相关业务进行处理的系统。包括运输安排、车辆调度、运输方式比较分析、运输结算等内容。

⑥ 追踪系统

追踪系统是一个全程追踪系统，对客户从提交订单到客户收到货的每一个环节，系统都进行了相应的记录，而且客户可以通过 Internet 进行登录查询。

⑦ 第三方系统

第三方系统是指第三方配送公司或第三方物流公司的系统，由于部分物流业务需要由物流公司处理，所以与合作方的系统进行连接实现资源共享是必须的。

（3）流程管理

流程是根据实际业务过程进行了策划，将整个业务过程分解成若干子流程，现在分别描述如下。

① 提交订单

客户通过 Web 系统提交订单，然后依据系统中设定的流程逐步确认订购的品种、数量、付款方式、运输方式、无货处理方式等项目，提交订单成功以后，系统会自动生成一个流水订单号码，同时通过公司的服务器向客户发送一封电子信件确认订单提交成功。

② 订单处理

通过订单系统进行订单处理。

③ 配货处理

通过自动配货系统完成配货处理。订单进入配货系统以后，根据库存情况对货物进行自动分配。

④ 库房管理

通过进销存系统实现库房管理。

⑤ 运输安排

根据运输系统实现对运输方式进行选择和安排。

⑥ 全程跟踪

从客户提交订单—订单确认—财务确认—订单处理—库房配货—客户收货等各个环节，系统会记录操作时间并进行自动计算，可以调出进行运作分析。

⑦ 第三方管理

目前是通过系统方面的互联和相应的管理体系实现对第三方配送公司或物流公司的监控和管理。

资料来源：朱殿辉．配送管理商务．北京：科学出版社，2013．

本 章 小 结

物流配送中心的建设是一项规模大、投资高、涉及面非常广的系统工程。要建造设施完整、功能齐全、服务优良的现代物流配送中心，规划设计乃是成败的关键。因此，在对物流配送中心进行规划与设计时，应当遵循：系统原则、价值原则、科学原则、发展原则、经济合理性原则，在进行物流配送的网络布局决策中通常要全面考虑众多影响因素，需要将定性与定量技术结合起来以确定最适合的解决方案。

思考与练习

一、填空题

1. 配送中心的工作是一项系统工程，该系统包括_____、_____、_____、_____、_____、_____、_____、_____等，还包括与供应商、连锁商场连接的网络。
2. 新建配送中心要解决以下几个问题：_____，_____，_____，_____。
3. 单一配送中心选址方法使用的假设条件是：_____、_____、_____、直线运输假设、往往不考虑未来的收益与成本变化。
4. 通常平房建筑的天花板高度为 5.5~7 米；多层建筑物的天花板高度多数情况是：_____、_____、_____、_____。
5. 所谓物流配送中心网络，指的是多个物流配送中心实行_____、_____、_____，组成的物流网络体系。

二、判断题

1. 广义的物流配送中心专指流通商品集散中心与生产企业拥有的物流设施等。（　　）
2. 零售商型配送中心是由批发商或代理商成立的配送中心，是以批发商为主体的配送中心。（　　）
3. 批发商型配送中心是由零售商向上整合所成立的配送中心，是以零售业为主体的配送中心。（　　）
4. 区域配送中心是以较强的辐射能力和库存准备，向省（州）际、全国乃至国际范围的用户配送的配送中心。（　　）
5. 流通型配送中心有很强的储存功能，库存量较大。（　　）
6. 商品存储立体化是指用高层货架存储货物，以巷道堆垛起重机存取货物，并通过周围的装卸运输设备，自动进行出入库作业。（　　）
7. 便利店很少建立完整的配送系统，其物流配送一般采用多个供应商少量多次地向商店供货的形式。（　　）
8. 储存设备包括一般型订单拣取设备（如计算机辅助拣货台车）和自动化订单拣取

设备等。（　）

9. 物流配送中心的布局合理与否，是关系到物流系统的合理化和商品流通能否正常进行的重大投资决策问题。（　）

10. 团式分布模式指以交通便利为主要依据，以快速物流为出发点，依托铁路、主要公路干线布局物流配送中心，形成一个链状的辐射网。（　）

三、简答题

1. 配送中心规划与设计应掌握哪些原则？
2. 配送中心选址应考虑哪些基本条件？
3. 配送中心选址过程中涉及哪些费用？
4. 配送中心功能规划应考虑哪些内容？
5. 配送中心内部布局涉及哪些因素？

四、论述题

1. 简述单一配送中心选址方法。
2. 简述配送中心作业区能力规划内容。
3. 简述配送中心内部布局涉及因素的分析。

五、案例分析

沃尔玛的配送运作

沃尔玛是全球最大的零售商，其集中配送中心是相当大的，而且都位于一楼，使用一些传送带，让这些产品能够非常有效地流动，对它处理不需要重复进行，都是一次性的。沃尔玛所有的系统都是基于一个 UNIX 的配送系统，并采用传送带，采用非常大的开放式的平台，还采用产品代码，以及自动补发系统和激光识别系统，由此沃尔玛节省了相当多的成本。其配送中心的职能如下。

（1）转运。沃尔玛把大型配送中心所进行的商品集中以及转运配送的过程叫转运，大多是在一天当中完成进出作业。

（2）提供增值服务。沃尔玛配送中心还提供一些增值服务，例如，在服装销售前，需要另订标签，为了不损害产品的质量，加订标签需要在配送中心采用手工进行比较细致的操作。

（3）调剂商品余缺，自动补进。每个商品都需要一定的库存，比如软饮料、尿布等。在沃尔玛的配送中心可以做到这一点，每一天或者每一周他们根据这种稳定的库存量的增减来进行自动的补进。这些配送中心可以保持 8 000 种产品的转运配送。

（4）订单配货。沃尔玛配送中心在对于新开业商场的订单处理上，采取这样的方法：在这些新商场开业之前，沃尔玛要对这些产品进行最后一次的检查，然后运输到这些新商场，沃尔玛把它称为新商场开业的订单配货。

沃尔玛公司作为全美零售业年销售收入位居第一的著名企业，素以精确掌握市场、快速传递商品和最好地满足客户需要著称，这与沃尔玛拥有自己庞大的物流配送系统并实施了严格有效的物流配送管理制度有关，因为它确保了公司在效率和规模成本方面的最大竞争优势，也保证了公司顺利地扩张。沃尔玛现代化的物流配送体系，表现在以下几个方面：设立了运作高效的配送中心；采用先进的配送作业方式；实现配送中心自动化的运行及管理。沃尔玛物流配送体系的运作具体表现为：注重与第三方物流公司形成合作伙伴关系；挑战"无缝点对点"物流系统；自动补发货系统；零售链接系统。

资料来源：李联卫. 物流案例与实训. 北京：化学工业出版社，2009.

讨论：

为什么沃尔玛能做到"每日低价"?难道仅仅是因为其规模大吗?

第 9 章

物料搬运系统规划与设计

学习目标

通过本章的学习,熟悉物料搬运的概念、特点;了解物料搬运系统在物流系统中的地位与作用;掌握搬运作业的内容、相关设备及其特性;理解物料搬运活性分析、单元化和标准化;了解物料搬运系统的分析方法和主要程序;掌握物料搬运系统的改善和改善的重点。

关键术语

物料搬运系统　活性理论　SHA 分析

实施精益物料搬运系统带来绩效飞跃

美国印第安纳州 Kokomo 市的 Delphi Delco Electronics 下属的两家工厂,在实施精益物料搬运系统前,现场装卸搬运工作实在有些混乱。经营经理回忆说:"装着采购件的拖车和装着成品的托盘阻碍了过道,过道还被放置于附近的锁柜挡着……我们仅仅保有未来 30~40 分钟所需的原材料……"为了解决搬运问题,工厂有系统地建立了精益物料搬运系统。工厂的运营经理 Kathryn McCombs 说:"我们完全重新设计了这个库存超市,四个分别保存各自生产区域所需采购件的库存超市被合并成了一个,这个超市的位置靠近收货码头。而那些过去存放于制造区域;一天仅一次或两次取走的成品被移至一个靠近发货码头的成品超市。我们还采用了基于时间的路线;将采购件运送给生产单元,并且更加高频率地取走成品……"新的精益物料搬运系统有两个独立的拖车搬运路线——一个搬运采购来的零部件,另一个搬运产成品——为这些生产单元以及两个专门生产的其他工作单元服务。每 30 分钟,一部电动拖车就会拖着 5 辆载有来自采购件中心超市零件的小车到达。插在引导车的金属柜中的是一个从生产控制部门来的透明塑胶信息包,该信息已包括物料的拉动看板和接下来将生产何种型号产品的指示。到达的信息单会告知装配线哪些部件号码需要被生产,需要使用哪些元件和一些相关的质量信息,例如,"确保电线已安置好"。信息包中的每一个拉动(取货)看板卡片指示装配团队的领导者,如何处理来自邻近装配制造区的在制品库存超市的部分完工电路板。

从运营管理的观点来看，一个可靠的精益物料搬运系统通过消除混乱和额外的生产线旁的库存而产生出效益。音频区域的运营经理 Joe Huntzinger 认为："它意味着经理和主管们不再需要担心生产进度和原材料问题了，我们可以将精力集中于制造方面的事情，以此来挤出更多的成本。……据估计，新的物料搬运系统解放了我们日常工作的'2个或3个小时'。"

精益物料搬运系统的改进成果：生存率提高20%；在制品库存降低20%；一次通过质量合格率提高35%；采购件库存降低10%。

资料来源：http://bbs.vsharing.com / Article．aspx?aid=753734.

思考
（1）实施精益物料搬运系统有哪些好处？
（2）案例给了我们什么启示？

9.1 物料搬运系统概述

9.1.1 物料搬运

1．物料搬运定义

物料搬运是指在同一场所范围内进行的、以改变物料的存放（狭义的装卸）和空间位置（狭义的搬运）为主要目的的活动，即对物料、产品、零部件或其他物品进行搬上、卸下、移动的活动。

2．物料搬运特点

物料搬运具有五个特点：移动、数量、时间、空间和控制。移动包括运输或者物料从某一地点搬到下一地点，安全要素是移动这一特点中首要考虑的因素。每次移动的量取决于物料搬运设备的类型和性质，这个过程中也产生了单位的货物运输费用。时间这一特点考虑的是物料能够通过设备的速度。物料搬运的空间特点与存储、移动搬运的设备所占空间，以及物料自身排列、存储所需空间有关。物料的追踪、识别、库存管理都是"控制"这一特点的表现。

3．物料搬运合理化原则

物料搬运合理化的原则可以概括如下。

（1）不要多余的作业。搬运造成的沾污、破损等可能成为影响物品价值的原因，如无必要，尽量不要搬运。

（2）合理提高搬运活性。放在仓库的物品都是待运物品，因此应使之处在易于移动的状态。应当把它们整理归堆，或是包装成单件放在托盘上，或是装在车上，或是放在输送机上。

（3）利用重力。利用重力由高处向低处移动，有利于节省能源，减轻劳力。当重力作为阻力发生作用时，应把物品装在滚轮输送机上。

（4）机械化。由于劳动力不足，应尽可能使搬运机械化。使用机械可以把作业人员或司机从重体力劳动中解放出来，并提高劳动生产率。

（5）务必使流程不受阻滞。应当进行不停的连续作业，最为理想的是使物品不间断地连续流动。

（6）单元货载。大力推行使用托盘和集装箱，将一定数量的货物汇集起来成为一个大件货物以有利于机械搬运、运输、保管，形成单元货载系统。

（7）系统化。物流活动由运输、保管、搬运、包装、流通加工等活动组成，应把这些活动当成一个系统处理，以求其合理化。

9.1.2 物料搬运系统概念及要素

1. 概念

物料搬运过程需要一系列人员、设备、装置，采用一些合适的方式、方法对物料进行作业，完成物料在一定范围内的合理移动。从系统角度讲，这些人员、设备、装置以及物料，再加上相关方法构成一个有机的整体，这个整体就是物料搬运系统。

物料搬运系统（matehal handling system，MHS）是通过将一系列搬运设备和装置用于一个过程或逻辑动作系统中，协调、合理地将物料进行移动、储存或控制；这个系统根据待搬运物料的特性和流动方式、企业生产要素参数等进行设计，具备结构合理、运行高效、转化灵活的特性，能圆满地完成企业物料搬运的任务，也能适应现代制造业生产周期短、产品变化快的特点。

2. 物料搬运系统的三要素

1）搬运对象

搬运对象即为需要搬运的物料。在物流活动中涉及的物料有多种形式，多种特性。因此，在设计物料搬运系统之前要分清每种物料的特性，对它们进行合理分类，对同一类物料采用同种搬运方式。

2）搬运路线

物料搬运路线是各种物料在搬运过程中从起点至终点经过的路径。物料搬运路线分为直达型、渠道型和中心型三种。

（1）直达型。各种物料从起点到终点的路线最短，这种形式比较经济，尤其当物流量比较大、距离较短时可以采用；对于一些时间较紧迫、具有一定特殊性的物料也非常适备。

（2）渠道型。一些物料在预定的线路上移动，与来自不同地点的其他物料一起被运到同一个终点。物料流量较少而搬运距离较长时，采用这种方式较为经济，尤其当布置不规则且分散时更为有利。

（3）中心型。各种物料从起点移动到一个分拣中心，然后再运往终点。当物流量小而距离较大时，选择这种形式比较经济，当厂区布置合理且管理水平较高时更为有利。

3）搬运方法

所谓搬运方法，实际上就是以一定形式的搬运设备，与一定形式的搬运单元相结合，进行一定方式的搬运活动，以形成一定的路线系统。物料搬运方法是物料搬运路线、搬运设备和搬运单元的结合。一个工厂或仓库的每项搬运活动都可以采用各种方法进行，综合各种作业所制定的各种搬运方法的组合就是物料搬运方案。

9.1.3 物料搬运活性理论

1. 搬运活性

物料存放的状态各式各样，可以散放在地上，也可以装箱放在地上，或放在托盘上等，由于存放的状态不同，物料的搬运难易程度也不一样。由于物料的不同存放状态导致的搬运作业的难易程度，称为搬运活性。

2. 搬运活性指数

活性指数用于表示各种状态下物品的搬运活性。规定散放在地上的物品其搬运活性为 0。散放在地上的物品要运走，需要经过集中、搬起、升起、运走四次作业，每增加一次必要的操作，物品的搬运活性指数加上 1，如运动中的物品搬运活性指数为 4。活性的区分与活性指数见表 9-1。

表 9-1 活性的区分和活性指数

物料状态	作业种类				还需要的作业数量	已不需要的作业数量	物料活性 α
	集中	搬起	升起	运走			
散放在地面上	要	要	要	要	4	0	0
集装在容器内	不要	要	要	要	3	1	1
托盘上	不要	不要	要	要	2	2	2
车中	不要	不要	不要	要	1	3	3
运动中	不要	不要	不要	不要	0	4	4

注：α 值越高，物料流动越容易，所要求的工位器具投资费用及其工位器具所消耗的费用水平越高。设计系统时，不应机械地认为物料活性系数越高越好，应综合考虑，合理选择。

9.1.4 物料搬运单元化与标准化

实现单元化和标准化对物料搬运意义非常重大。一方面，物料实行单元化后，改变物料散放状态，提高搬运活性指数，易于搬运，同时也改变了堆放条件，能更好地利用仓库面积和空间；另一方面，实现标准化能合理、充分地利用搬运设备、设施，提高生产率和经济效益。

1. 单元化

单元化是将不同状态和大小的物品，集装成一个搬运单元，便于搬运作业，也叫作集装单元化。集装单元可以是托盘、箱、袋、筒等，其中以托盘应用最为广泛。物品搬运单元化，可以缩短搬运时间、保持搬运的灵活性和作业的连贯性，也是搬运机械化的前提。

使用具有一定规格尺寸的货物单元，便于搬运机械的操作，可以减轻人力装卸从而提高生产作业率。另外，利用集装单元可以防止物品散失，易于清点和增加货物堆码层数，更好地利用仓库空间。

2. 标准化

标准化是指物品包装与集装单元的尺寸（如托盘的尺寸，包厢的尺寸等），要符合一定的标准模数,仓库货架、运输车辆、搬运机械也要按标准模数决定其主要性能参数。这有利于物流系统中各个环节的协调配合,在异地完成中转等作业时不用换装,提高通用性,减少搬运作业时间,减少物品的散失、损坏,从而节约费用。

(1)物流基础模数。物流基础模数尺寸是标准化的基础,它的作用和建筑模数尺寸的作用大体相同,其考虑的基点主要是简单化。基础模数尺寸一旦确定,设备的制造,设施的建设,物流系统中各个环节的配合协调,物流系统与其他系统的配合,就有了依据。目前 ISO 中央秘书处及欧洲各国已基本认定 400 毫米×600 毫米为基础模数尺寸,我国目前尚在研究。

(2)物流模数。物流模数即集装单元基础模数尺寸(最小的集装尺寸)。集装单元基础模数尺寸,可以从 400 毫米×600 毫米按倍数系列推导出来,也可以在满足 400 毫米×600 毫米的基础模数的前提下,从卡车或大型集装箱的分割系列推导出来。以平托盘为例,物流模数尺寸以 1 000 毫米×1 200 毫米为主,ISO 承认的托盘尺寸规格有以下几种:800 毫米×1 200 毫米,欧洲规格;1 000 毫米×1 200 毫米,欧洲一部分、加拿大、墨西哥规格;1 016 毫米×1 219 毫米,美国规格;1 100 毫米×1 100 毫米,亚洲规格。

9.2 物料搬运系统分析

9.2.1 搬运系统分析概述

1. 搬运系统分析

搬运系统分析(system handling analysis,SHA),就是利用科学的分析工具和方法,分析和确定搬运系统的目的、功能、环境、费用与效益等问题,抓住搬运系统中需要决策的若干关键问题,根据其性质和要求,在充分调查研究和掌握可靠信息资料的基础上,确定搬运系统目标,提出为实现目标的若干可行方案,通过模型进行仿真试验,优化分析和综合评价,最后整理出完整、正确、可行的综合资料,从而为决策提供充分依据。SHA 是一种条理化的分析方法。SHA 包括三个基本内容:阶段构成、程序模式和图例符号,适用于一切物料搬运项目。

2. SHA 的主要依据

分析物料搬运问题所需要输入的主要数据,也就是原始资料,包括 P、Q、R、S、T。

3. SHA 分析的阶段

1)外部衔接

把区域内具体的物料搬运问题同外界情况或外界条件相连考虑,这些外界情况有的是能控制的,有的是不能控制的。例如,对区域的各种铁路设施要进行必要的修改以与外部条件协调一致,使工厂或仓库内部的物料搬运的大运输系统结合成为一个整体。

2)编制总体搬运方案

编制总体搬运方案阶段要针对各主要区域之间的物料搬运方法、物料搬运的基本路线、搬运系统、搬运设备大体的类型及运输单元或容器做出总体决策。

3) 编制详细搬运方案

编制详细搬运方案阶段要考虑每个主要区域内部各工作地点物料搬运，要确定详细物料搬运方法。例如，各工作地点之间具体采用哪种路线和容器。

4) 方案实施

方案实施阶段要进行必要的准备工作，订购设备，完成人员培训，制订并实现具体搬运设施的安装计划。然后，对所规划的搬运方法进行调试，验证操作规程并对安装完毕的设施进行验收，确定它们能正常运转。

上述四个阶段是按时间顺序依次进行的。但是为取得最好的效果，各阶段在时间上应有所交叉重叠。总体方案和详细方案的编制是物流系统规划设计人员的主要任务（图 9-1）。

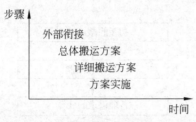

图 9-1 物料搬运系统分析阶段

9.2.2 搬运系统分析程序

1. SHA 程序

综上所述，物料搬运的基本内容是物料、移动和方法。因此，物料搬运分析就是分析所要搬运的物料，分析需要进行的移动和确定经济实用的物料搬运方法。搬运系统分析的程序就是建立在这三项基本内容基础上的。SHA 程序如图 9-2 所示。

2. 搬运系统分析的过程

（1）物料的分类。按物料的物理性能、数量、时间要求或特殊控制要求进行分类。

（2）布置。在对搬运活动进行分析或图表化之前，先要有一个布置方案，即系统布置设计中所确定的方案图。

（3）各项移动的分析。各项移动的分析主要是确定每种物料在每条路线上的物流量和移动特点。

（4）各项移动的图表化。就是把分析结果转化为直观的图形。通常用物流图或距离与物流量指示图来体现。

（5）搬运方法的知识和理解。在找出一个解决办法之前，需要先掌握物料搬运方法的知识，运用有关的知识来选择各种搬运方法。

（6）初步搬运方案。提出关于路线系统、设备和运输单元的初步搬运方案。

（7）修改和限制。在考虑一切有关的修正因素和限制因素以后，对初步方案进一步调整把可能性变为现实性。

（8）需求的计算。算出所需设备的台数或运输单元的数量，算出所需费用和操作次数。

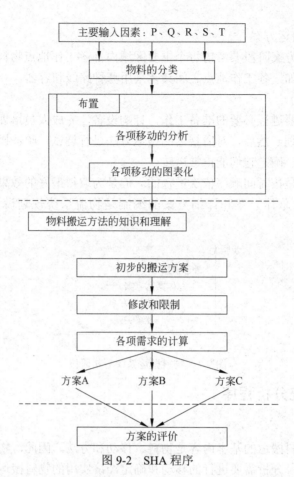

图 9-2　SHA 程序

（9）方案的评价。从几个方案中选择一个较好的方案。不过，在评价过程中，往往会把两个或几个方案结合起来形成一个新的方案。

（10）选定物料搬运方案。经过评价，从中选出一个最佳方案。

9.3　物料搬运系统设计

9.3.1　物料搬运系统设计要素和原则

1. 物料搬运系统设计要素

搬运系统设计要素就是进行物料搬运系统分析时所需输入的主要数据，包括产品或物料 P（部件、零件、商品）、数量 Q（销售量或合同订货量）、路线 R（操作顺序和加工过程）、后勤与服务 S（如库存管理、订货单管理、维修等）和时间因素 T（时间要求和操作次数）。

2. 物料搬运系统设计原则

物料搬运是物流系统的控制与管理活动，在生产领域各个环节上连接与转换，维持生产，保证生产得以正常运行。因此物料搬运系统的合理设计、高效柔性运作将直接提高生产率和企业的经济效益。从最佳经济原则来考虑,物料搬运应尽量减少搬运工作量,搬运只是增加了生产成本,而不增加价值。

物料搬运系统设计应遵循以下原则。

1) 确定方针原则

了解现有方法和问题、实体上和经济上的限制,彻底了解问题所在,以设定搬运系统未来的需求和目标。

应用场合：系统需求定位不明,如物料搬运设备的功能和顾客需求内容不符。

2) 规划原则

建立一个计划,包括基本需求和所有物料搬运和储存活动的应变计划,以达成最大的整体操作效率。

应用场合：缺乏物料搬运的中长期计划,未排定物料搬运设备的短期使用日程。

3) 系统原则

整合搬运和储存活动,将各种搬运活动整合到涵盖供货商、进货、储存、生产、检验、包装、组合、仓储管理、出货、运输和顾客的整体操作系统,使得系统和活动经济有效。

应用场合：物料搬运中发生延迟,物料流程中有障碍,因物料短缺导致停机,作业顺序不平衡,设备及车辆停滞未使用,物料运错地点,到货期不准时,多项订单同时出货,在制品控制不良等。

4) 单元负载、尺寸原则

在实务上,合并货品使单元负载；增加单元载重的数量、大小或重量。

应用场合：缺乏使负载单元化及稳定化的设备,未使用托盘搬运的单元负载,内部使用物料未实施单元化；单元化后效果不明显的。

5) 空间利用原则

充分有效地利用空间,尽量使建筑物容积的使用最佳化。

应用场合：存储空间过度浪费,通道太多,存放空间不足,接收及运送时物料堆放在地板上,不善于使用立体空间。

6) 标准化原则

尽可能将搬运方法及搬运设备种类、尺寸标准化。

应用场合：厂内容器缺乏标准化,缺乏单元负载的标准,作业过程未标准化,搬运设备缺乏标准化,物料搬运系统未模块化,工作站未模块化,托板架的规格不按 ABC 分类法存放,未依零件编号顺序储放,零件编号缺乏标准化。

7) 工效原则

了解人类的能力和限制以设计物料搬运设备和程序,使使用系统的人和系统能有效互动、搬运设备与人力的使用率最佳化。

应用场合：人工装载技术欠佳,操作者为取物料而移动,用手举、升货物存在危险性。

8) 能源原则

考虑物料搬运系统和物料搬运程序的能源消耗。

应用场合：物料搬运设备空转，自动物料搬运设备使用率低，工业机器人使用率低，缺乏能源使用安排以及避免尖峰负荷，电池充电次数太多，照明能源的效率差。

9）生态原则

使用对环境不良作用最少的物料搬运系统和物料搬运程序。

应用场合：充电区通风不良，环境控制区域隔绝设计不良。

10）设备选择原则

在选择搬运设备时应考虑所要搬运物料的各种要素，包括所使用的搬移与方法，减少移动式搬运设备空重与载重的比率。

11）机械化原则

物料搬运过程机械化，以提高效率。

应用场合：利用直接劳动力搬运，搬运设备不足，物料供应的移动技术不合格，用人工装卸托板，缺乏吊车及牵引车。

12）弹性（灵活性）原则

采用可以适应各种工作的方法与设备，使搬运系统可以在不同的状况下做不同的工作，除非必须使用某种特殊的设备。

应用场合：固定路径的搬运工作使用可变路径的搬运设备，现有系统无法扩充或转换。

13）简单原则

通过消除、减少和合并不需要的移动和设备简化搬运。

应用场合：重复搬运，物料流程倒退，存储规划太烦琐。

14）重力原则

在考虑货物损坏、遗失等因素，尽可能使用重力移动物料。

应用场合：物料由高层往低层移动。

15）安全原则

遵循安全原则，使用安全的物料搬运系统和方法，提供合适的方法和设备来加强搬运。

应用场合：简陋、危险的自制搬运设施，物料搬运设备操作者未受正式训练，没有警卫保护物料，用托板悬吊负载，负载超过地板、货架及结构负荷，设备运作超速，货架未标明正反面，缺乏自动洒水装置及火警警报器，危险性及易燃性的物料未给予明确标示和隔离，消防设备不完整，出入口不安全，没有火灾的应变计划。

16）自动化（计算机化）原则

在物料搬运和储存系统使用计算机，以增进物料搬运系统和物料搬运程序对物料和信息的控制，从而实现生产、搬运和储存等功能自动化。

应用场合：引导式通道、轨道缺乏指示记录，出货单未按出货顺序打印，累计的订单以人工分类。

17）系统流（物料流）原则

处理物料搬运和储存时，整合数据流动和物流流动，提供一种最佳化物料流程的作业顺序与设备布置。

应用场合：未及时分派设备，物料因书面作业而等待，未使用自动辨识系统，制造前未预先准备零件，接受工作没有事先告知。

18）布局原则

对所有可行方案，准备操作顺序和设备设计，选择最有效的方案。

应用场合：搬运距离很长，途径交叉，工作场所布置不良，服务区配置不当，检验点位置不当，通道及存储位置未标示，通道长度未规划，缺乏窄道及特窄道存储设备，物料搬运设备与出口未配合，停车站没有升降平台，停车站没有围篱，停车站门的数目不恰当，未适度分散接收及运送作业，灯光、加热器及风扇摆设不当，物料存放的通风、空调及温度不适当，物料、人员或设备移动距离过长，墙及天花板隔离不合理。

19）成本原则

比较不同解决方案的每单位物料搬运成本，采用单位搬运的费用来决定搬运的绩效。

应用场合：掌握过多的物料，搬运设备闲置，过多的承运费用，间接费用很高。

20）维修原则

对所有物料搬运设备，规划其定期保养和维修。

应用场合：物料搬运设备维修成本过高，未清除过多的废品，负荷梁下垂或货架扭曲，没有预防保养计划。

21）淘汰原则

考虑产品的生命周期，对过期的设备更新有长期且经济的合理政策。当发现有更高效率的搬运方法和设备时，应取代过时的方法和设备。

应用场合：搬运设备不适合，没有设备更新计划，搬运设备老旧。

22）管制（生产能力）原则

使用物料搬运活动来改善生产、存货和订单处理的管制（控制）。

应用场合：系统搬运效率不高，各环节衔接松散，物流周期不确定等。

9.3.2 物料搬运系统设计方法

1．物料搬运程式

物料搬运基本内容是物料、移动和方法。在设计之前，应用5W1H方法加强对问题的理解。why（为什么）提示设计者评估环境，正确确定问题。what（什么）是关于移动什么物料的问题。where（什么地点）和 when（什么时间）是关于移动的。how（如何）和 who（谁）是关于方法的。图9-3为物料搬运程式。

2．物料的分类

1）物料分类的基本方法

①固体、液体还是气体；②单独件、包装件还是散装物料。但在实际分类时，SHA是根据影响物料可运性（移动的难易程度）的各种特征和能否采用同一种搬运方法的其他特征进行分类的。

2）物料的主要特征

区分物料类别的主要特征如下。

（1）物理特征：①尺寸：长、宽、高。②重量：每运输单元重量或单位体积重量（密

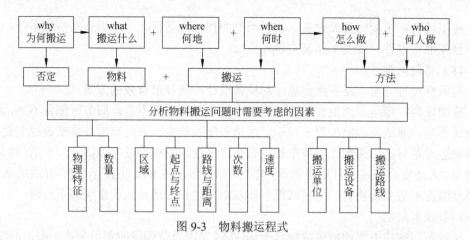

图 9-3 物料搬运程式

度)。③形状：扁平的、弯曲的、紧密的、可叠套的、不规则的等。④损伤的可能性：易碎、易爆、易污染、有毒、有腐蚀性等。⑤状态：不稳定的、黏的、热的、湿的、脏的、配对的等。

（2）其他特征。①数量：较常用的数量或产量（总产量或批量）。②时间性：经常性、紧迫性、季节性。③特殊控制：政府法规、工厂标准、操作规程。

物理特征通常是影响物料分类的最重要因素，就是说物料常是按其物理性质来划分的。

数量也特别重要。不少物料是大量的（物流较快的），有些物料是小量的（常属于"特殊订货"）。搬运大量的物品与搬运小量的物品一般是不一样的。另外，从搬运方法和技术分析的观点出发，适当归并产品或物料的类别也很重要。

考虑时间性方面的影响因素，一般急件的搬运成本高，而且要考虑采用不同于搬运普通件的方法。间断的物流会引起不同于稳定物流的其他问题。季节的变化也会影响物料的类别。

同样，特殊控制问题往往对物料分类有决定作用。麻醉剂、弹药、贵重毛皮、酒类饮料、珠宝首饰和食品等都是一些受政府法规、市政条例、公司规章或工厂标准制约的典型物品。

3. 物料分类的程序

物料分类应按以下程序进行。

（1）列表标明所有的物品或分组归并的物品的名称，记录其物理特征或其他特征。见表 9-2。

表 9-2 物料特征表

产品与物料名称	物品的实际最小单元	单元物品的物理特征						其他特征			类别
		尺寸			重量	形状	损伤的可能性（对物料、人、设备）	状态（湿度、稳定性、刚度）	数量（产量）或批量	时间性	特殊控制	
		长	宽	高								

（2）分析每种物料或每类物料的各项特征，并确定哪些特征是主导的或特别重要

的。在起决定作用的特征下面画红线（或黑的实线），在对物料分类有特别重大影响的特征下面画橘黄线（或黑的虚线）。

（3）确定物料类别，把那些具有相似的主导特征或特殊影响特征的物料归并为一类。

（4）对每类物料写出分类说明。值得注意的是，这里主要起作用的往往是装有物品的容器。因此要按物品的实际最小单元（瓶、罐、盒等）分类，或者按最便于搬运的运输单元（瓶子装在纸箱内、衣服包扎成捆、板料放置成叠等）进行分类。在大多数物料搬运问题中都可以把所有物品归纳为 8~10 类；一般应避免超过 15 类。

4．布置分析

对物料鉴别并分类后，根据 SHA 模式，下一步就是分析物料的移动。在对移动进行分析之前，首先应该对系统布置进行分析。布置决定了起点与终点之间的距离，这个移动的距离是选择任何一个搬运方法的主要因素。

1）布置对搬运的影响

根据现有的布置制定搬运方案时，距离是已经确定了的。然而只要能达到充分节省费用的目的，就很可能要改变布置。所以，往往要同时对搬运和布置进行分析。当然，如果项目本身要求考虑新的布置，并作为改进搬运方法规划工作的一部分，那么规划人员就必须把两者结合起来考虑。

2）对系统布置的分析

对物料搬运分析来说，需要从布置中了解的信息主要有四点。

（1）每项移动的起点和终点（提取和放下的地点）具体位置在哪里。

（2）哪些路线及这些路线上有哪些物料搬运方法，是在规划之前已经确定了的，或大体上做出了规定的。

（3）物料运进运出和穿过的每个作业区所涉及的建筑物特点是什么（包括地面负荷、厂房高度、柱子间距、屋架支承强度、室内还是室外、有无采暖、有无灰尘等）。

（4）物料运进运出的每个作业区内进行什么工作，作业区内部分已有的（或大体规划的）安排或大概是什么样的布置。

当进行某个区域的搬运分析时，应该先取得或先准备好这个区域的布置草图、蓝图或规划图，这是非常有用的。如果是分析一个厂区内若干建筑物之间的搬运活动，那就应该取得厂区布置图；如果分析一个加工车间或装配车间内两台机器之间的搬运活动，那就应取得这两台机器所在区域的布置详图。

5．各项移动的分析方法

（1）流程分析法。流程分析法是每一次只观察一类产品或物料，并跟随它沿整个生产过程收集资料，必要时要跟随从原料库到成品库的全过程。在这里，需要对每种或每类产品或物料都进行一次分析。

（2）起讫点分析法。起讫点分析法又有两种不同的做法：一种是搬运路线分析法；另一种是区域进出分析法。

搬运路线分析法是通过观察每项移动的起讫点来收集资料，编制搬运路线一览表，每次分析一条路线，收集这条路线上移动的各类物料或各种产品的有关资料，每条路线要编制一个搬运路线表。见表 9-3。

表 9-3　搬运路线表

厂名：_____　　项目：_____　　制表人：_____　　参加人：_____
起点：_____　　终点：_____　　日期：_____　　第___页　共___页

物料类别		路线状况			物流或搬运活动		等级依据
名称	类别代号	起点	路程	终点	物流量（单位时间数量）	物理要求（数量、管理、时间要求）	
钢板	a	原料库	穿过露天场地	剪切机旁	平均 60 张/天	与剪切步调一致	
托盘货物	b	物料从托盘运起，有些托盘在货架上	生产厂房、电梯到三楼，有雨雪、冬天4个门	预焊接线（拥挤）	平均 18 托盘/天	与每天油漆进度有关	
小件	e	从料架或料箱中取下放进存放区	夏天两个门，生产厂房底层交通拥挤	小件所用的三个不同料架	平均每天 726 千克，30 种	共计 120 种零件，分别为 1 天、2 天或 1 周	
空盒	J	原料库东北角		无装配件集合点	每天 0~25 盒，平均 18 盒/天	每天一次即可	

区域进出分析法，每次对一个区域进行观察，收集运进运出这个区域的一切物料的有关资料，每个区域要编制一个物料进出表。见表 9-4。

表 9-4　物料进出表

厂名：_____　　项目：_____　　制表人：_____　　参加人：_____
起点：_____　　终点：_____　　日期：_____　　第___页　共___页
区域：

| 产品、物料名称 | 运进 | | | 操作或区域 | 运出 | | | 产品、物料名称 |
| | 每单位时间数量 | | 来自 | | 去往 | 每单位时间数量 | | |
	单位	平均	最大			最大	平均	最大	
1									
2									
3									
4									
5									
6									
7									
8									
9									

（3）搬运活动一览表。为了把所收集的资料进行汇总、全面了解情况，编制搬运活动一览表是一种实用的方法。见表 9-5。

表 9-5　搬运活动一览表

公司：		厂名：		项目：			制表人：		参加人：		
物流量单位：		日期：		第　页　共　页							

路　线	物料类型							路线合计			
从一至双向运输	距离单位	具体情况							物流量单位	运输工作量单位	等级
1											
2											
3											
4											
5											
6											
7											
8											
9											
10											
…											
20											
21											
22											
23											
24											
25											
每类物料合计	物流量										
	运输工作量										
	标定等级							校核总数			

代号	路线具体情况	代号	物流条件、状况或其他说明事项

搬运活动一览表是 SHA 方法中的一项主要文件,因为它把各项搬运活动的所有主要情况记录在一张表上。

6. 各项移动的图表化

做了各项移动的分析,并取得了具体的区域布置图后,就要把这两部分综合起来,用图表来表示实际作业的情况。一张清晰的图表比各种各样的文字说明更容易表达清楚。

物流图表化有几种不同的方法。

1）物流流程简图

物流流程简图用简单的图表描述物流流程。但是它没有联系到布置，因此不能表达出每个工作区域的正确位置，它没有标明距离，所以不可能选择搬运方法。这种类型的图只能在分析和解释中作为一种中间步骤。

2）在布置图上绘制的物流图

在布置图上绘制的物流图是画在实际的布置图上的，图上标出了准确的位置，所以能够表明每条路线的距离、物流量和物流方向。可作为选择搬运方法的依据，如图 9-4 所示。

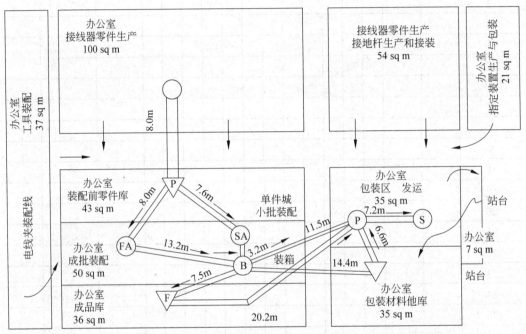

图 9-4　在布置图上绘制的物流图

虽然流向线可按物料移动的实际路线来画，但一般仍画成直线。除非有特别的说明，距离总是按水平上的直线距离计算。当采用直角距离、垂直距离（如楼层之间）或合成的当量距离时，分析人员应该给出文字说明。

3）坐标指示图

坐标指示图是距离与物流量指示图。图上的横坐标表示距离，纵坐标表示物流量。每一项搬运活动按其距离和物流量用一个具体的点标明在坐标图上。如图 9-5 所示。

制图时，可以绘制单独的搬运活动（每条路线上的每类物料），也可绘制每条路线上所有各类物料总的搬运活动，或者把这两者画在同一张图上。

7．物料搬运方法的选择

如果项目的路线和物料类别较多时，可将设备、方法、路线和容器等数据汇总在表上进行综合分析。见表 9-6。

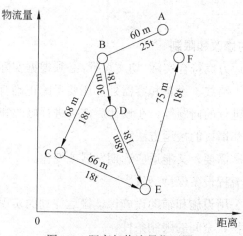

图 9-5 距离与物流量指示图

表 9-6 物料搬运方法工作表

厂名:		项目		制表人:		参加人:	
日期:		第 页 共 页					
路线		物料类别		建议的搬运方法、路线、设备和容器			备注
		桶	a	直达型	叉车	托盘	重建卸货站台
进厂	原料库	袋	b	直达型	叉车	托盘	
		贵重物料	d	直达型	人工	纸箱	
		桶	a	直达型	叉车	托盘	由主管人搬运
原料库⑧	造粒	袋	b	直达型	叉车	托盘	
		贵重物料	d	直达型	人工	盒	
⑧造粒⑤	制成片剂	桶	a	渠道型	二轮手推车	桶	
⑧造粒⑥	药水车间	桶	a	渠道型	二轮手推车	桶	
⑥装瓶及装箱	成品库	纸箱	c	直达型	叉车	托盘	堆放在货架上
成品库	发运	纸箱	c	直达型	叉车	托盘	

物料搬运方法是物料搬运路线、搬运设备和搬运单元的总和。

8. 初步的搬运方案

在对物料进行了分类,对布置方案中的各项搬运活动进行了分析和图表化,并对 SHA 中所用的各种搬运方法具备了一定的知识和理解之后,就可以初步确定具体的搬运方案。然后对这些初步方案进行修改并计算各项需求量,把各项初步确定的搬运方法编成几个搬运方案,并设这些搬运方案为方案 A、方案 B、方案 C 等。

前面已经讲过,把一定的搬运系统、搬运设备和运输单元叫作"方法"。任何一个方法都是使某种物料在某一路线上移动。几条路线或几种物料可以采用同一种搬运方法,也可以采用不同的方法。不管是哪种情况,一个搬运方案都是几种搬运方法的组合。

在 SHA 中,把制定物料搬运方法叫作"系统化方案汇总",即确定系统(指搬运的路线系统)、确定设备(装卸或运输设备)及确定运输单元(单件、单元运输件、容器、托架以及附件等）。

9. 物料搬运方案的修改和限制

要使初步设计的搬运方案符合实际、切实可行，必须根据实际的限制条件进行修改。物料搬运系统的设计除了路线、设备和容器外，还要考虑正确有效的操作设备问题、协调和辅助物料搬运正常进行的问题等。在设计后需要进行修改和限制的方面如下。

（1）已确定的同外部衔接的搬运方法。
（2）既满足目前生产需要，又能适应远期发展或变化。
（3）和生产流程或流程设备保持一致。
（4）可以利用现有公用设施和辅助设施保证搬运计划的实现。
（5）布置方案对面积、空间的限制条件。
（6）建筑物及其结构特征。
（7）库存控制原则及存放物料的方法和设施。
（8）投资的限制。
（9）影响工人安全的搬运方法等。

10. 说明和各项需求的计算

按实际条件和限制做出修改后，一般会出现几个不同的物料搬运方案，这些方案要逐个说明或计算，才能最终决定方案的优劣。通常说明和计算的内容包括以下几方面。

（1）每条路线上每种物料搬运方法的说明。
（2）搬运方法以外的其他必要的变动说明。
（3）计算搬运设备和人员的需求量。
（4）计算投资数额和预期的运营费用。

11. 方案评价

从初选出的几个合理可行的方案中选择最佳的方案即对方案的评价。物料搬运方案评价是 SHA 过程中的决定性步骤，如采用成本费用或财务比较、无形因素比较等。

12. 搬运方案的详细设计

搬运方案的详细设计是在搬运方案的初步设计基础上，制定从工作地到工作地，或从具体取货地点到其他取货地点之间的搬运方法。详细搬运方案必须与总体搬运方案协调一致。需要说明的是，SHA 方案初步设计阶段和方案详细设计阶段采用的是同一方法，只是在实际过程中，两个阶段的设计区域范围不同，详尽程度不同。方案详细设计阶段需要大量的资料、更多更具体的参数和实际现场条件，此时就需要详细掌握与物料分类、布置和移动分析相关的资料。物料搬运总体方案设计和详细方案设计，加上外部衔接和方案的实施，构成了 SHA 阶段的完成内容，也是利用 SHA 方法进行物料搬运系统设计的内涵。

9.4 物料搬运设备规划

9.4.1 物料搬运设备概述

1. 物料搬运设备概念

物料搬运设备是指用来对货物进行装卸或搬运的各种机械、设备和工具的总称,它们是完成装卸搬运作业的物质基础。

2. 物料搬运设备分类

按照用途和结构特点不同,装卸搬运设备可分为起重设备、装卸搬运车辆以及连续输送设备三种。

起重设备也常称起重机、吊车,是一种利用动力或人力将货物吊起并可上下、左右、前后间歇性、周期性进行搬运的设备,主要用于起重、运输、装卸、安装等领域。一般起重设备的一个工作循环包括:取物装置从取物地把物品提起,然后水平移动到指定地点降下物品,接着进行反向运动,使取物装置返回原位,以便进行下一次循环。常用的起重机械,根据其构造和性能的不同,一般可分为轻小型起重设备、桥式类型起重机械和臂架类型起重机等。轻小型起重设备是较为简单的起重设备,一般只有一个升降机构,大多数为手动装置,如千斤顶、葫芦、卷扬机、绞车等。其他种类的起重机多是较为复杂的、起重能力较强的起重设备,下文介绍一些常见的起重设备。

1)桥式起重设备

桥式起重设备(也称桥式起重机)是横架于车间、仓库或料场上空进行物料吊运的起重设备。由于它的两端坐落在高大的水泥柱或者金属支架上,形状似桥,所以又称"天车"或者"行车"。桥式起重机主要由桥架和起重小车两部分组成,桥架沿铺设在两侧高架上的轨道纵向运行,起重小车可以沿铺设在桥架上的轨道横向运行,构成一矩形的工作范围,可使重物在一定的立方形空间内起升和搬运。桥式起重机可以充分利用桥架下面的空间吊运物料,不受地面设备的阻碍,不用预留地面吊运空间,场地的空间利用率很大。桥式起重机是目前使用范围最广、数量最多的一种起重机械,广泛地应用在室内外仓库、厂房、码头和露天储料场等处。

2)门式起重设备

门式起重设备(也称门式起重机)是在固定跨间内搬运和装卸物料的机械设备,它的金属结构像门型框架,在两条支腿上面安装有承重主梁,主梁的外侧两端具有外伸悬臂梁。

门式起重机是桥式起重机的一种变形,它与桥式起重机的区别在于桥架部分,它的大车行走车轮安装在主梁两端的支撑腿的底梁上,因此,门式起重机一般沿着铺设在地面上的轨道做纵向运行。门式起重机一般有轨道式和轮胎式两种,轨道式起重机的支腿沿轨道运动,起重装置在梁上运动,可以将货物进行纵横两个方向的移动搬运;轮胎式起重机运行不受轨道限制,活动范围较大。门式起重机起重量很大,可在重载状态下同时完成装卸和搬运两项作业,因此,门式起重机具有场地利用率高、作业范围大、适应面广、通用性强等特点，被广泛应用于车间、仓库、露天场地及港口等装卸作业场所。

3）臂架式起重设备

臂架式起重设备也称旋转式起重机，主要由起升机构、变幅机构、旋转机构等臂架支撑结构组成，可使重物在一定的圆柱形空间内起重和搬运，因此臂架式起重机能够在环形场地及空间内进行作业。臂架式起重机大多装设在车辆上或其他形式的运输（移动）工具上，包括汽车式起重机、轮胎式起重机、塔式起重机、门座式起重机、浮式起重机、铁路起重机等起重设备。

汽车起重机是在卡车车体上安装悬臂起重机的起重设备，平时可以行驶移动；作业时放下悬臂支架就可以起重装卸，通用性和机动性非常强。门座式起重机也是臂架式起重设备的一种，其底座可沿码头轨道移动，门座上部的旋转式起吊机构可 360° 旋转和俯仰，起重范围覆盖停在码头的货船和货场，可以通过起重臂的旋转完成货场和货船之间的货物装卸。

4）升降机和堆垛起重机

因为和常见起重机稍有不同，这里简要介绍一下升降机和堆垛起重机。升降机的特点是拾物或取物装置只能沿导轨升降，升降机虽只有一个升降机构，但在升降机中通常还有许多其他附属装置，所以单独构成一类，它包括电梯、货梯、升船机等。堆垛起重机是指可以在自动化仓库的高层货架之间或高层码垛场完成取送、堆垛、分拣等作业的起重机。

其突出特点是在可以升降的载货台上装有可伸缩的货叉机构，能方便地从指定的货位上取放单元化货物。

起重机还有多种分类方法。例如，按取物装置和用途分类，有吊钩起重机、抓斗起重机、电磁起重机、冶金起重机、堆垛起重机、集装箱起重机和救援起重机等；按运移方式分类，有固定式起重机、运行式起重机、自行式起重机、拖引式起重机、爬升式起重机、便携式起重机、随车起重机等；按驱动方式分类，有支承起重机、悬挂起重机等；按使用场合分类，有车间起重机、机器房起重机、仓库起重机、储料场起重机、建筑起重机、工程起重机、港口起重机、船厂起重机、坝顶起重机、船上起重机等。

9.4.2 装卸搬运车辆

装卸搬运车辆是由可自由运行的车辆与装卸结构相结合，完成以水平运动为主的搬运、装卸、码垛、拆垛等任务的一种装卸搬运机械。主要的装卸搬运车辆有叉车、搬运车、牵引车和挂车。

1. 叉车

叉式装卸车通常简称叉车，又称铲车，是装卸搬运车辆中应用最广泛的一种。它由轮胎底盘和能垂直升降、前后倾斜的货叉、门架等组成，主要用于成件物品的装卸搬运，是一种既可作短距离水平运输，又可堆拆垛和装卸卡车、铁路平板车的机械。在配备其他取物装置以后，也可用于散货和多种规格品种货物的装卸作业。

1）叉车在装卸作业应用中的特点

（1）机械化程度高。在使用各种自动的取物装置或在货叉与货板配合使用的情况下,可以实现装卸工作的完全机械化,不需要工人辅助体力劳动。

(2)机动灵活性好。叉车外形尺寸小,重量轻,能在作业区域内任意调动以适应货物数量及货流方向的改变,可机动地与其他起重运输机械配合工作,提高机械的使用率。

(3)可以"一车多用"。在配备与使用各种取货装置如货叉、铲斗、臂架、串杆、货夹、抓取器等的条件下,可以适应各种品种、形状和大小货物的装卸作业。

(4)能提高仓库容积的利用率,堆码高度一般可达3～5米。

(5)有利于开展托盘成组运输和集装箱运输。

(6)与大型起重机械比较,它的成本低、投资少,能获得较好的经济效益。

2)叉车分类

叉车可按其动力装置不同,分为手动叉车、内燃叉车和电瓶叉车;按其结构和用途不同,分为平衡重式、插腿式、前移式、侧面式、跨车以及其他特种叉车等。

(1)平衡重式叉车:平衡重式叉车是叉车中应用最广泛的构造形式,约占叉车总数的80%以上。它的特点是货叉伸出在车身的正前方,货物重心落在车轮轮廓之外。为了平衡货物重量产生的倾覆力矩,保持叉车的纵向稳定性,在车体尾部配有平衡重。平衡重式叉车前后移动才能装卸货物。

(2)插腿式叉车:插腿式叉车特点是叉车前方带有小轮子的支腿能与货叉一起伸入货板叉货,然后由货叉提升货物。由于货物重心位于前后车轮所包围的底面积之内,叉车的稳定性好。一般采用蓄电池做能源,起重量在2吨以下。插腿式叉车比平衡重式叉车结构简单,自重和外形尺寸小,适合在狭窄的通道和室内堆垛、搬运,但速度低行走轮直径小,对地面要求较高。

(3)前移式叉车:前移式叉车的特点是货叉可沿叉车纵向前后移动。取货卸货时,货叉伸出,叉卸货物以后或带货移动时,货叉退回接近车体的位置,因此叉车行驶时的稳定性好。前移式叉车分门架前移式和货叉前移式两种。前者的货叉和门架一起移动,叉车驶近货垛时,门架可能前伸的距离要受外界空间对门架高度的限制,因此只能对货垛的前排货物进行作业。货叉前移式叉车的门架不动,货叉借助伸缩机构单独前伸。

2. 搬运车

搬运车是用来完成平面点到点搬运的物流搬运设备,其载货平台很低,起升高度有限或没有起升能力,一般不具有装卸能力,因此主要用于仓库、车间或物流节点一定范围内的短距离货物搬运。搬运车依据动力来源可分为手动搬运车、半电动搬运车和全电动搬运车。

手动托盘式搬运车是手动搬运车的一种,在使用时将其承载的货叉插入托盘孔内,由动力驱动液压系统来实现托盘货物的起升和下降,并由人力拉动完成搬运作业。它是托盘运输工具中最简便、最有效、最常见的工具。无人搬运车(automated guided vehicle, AGV)是工业应用中不需驾驶员的全电动搬运车,以可充电蓄电池为动力来源;一般可通过计算机来控制其行进路线及行为,或利用电磁轨道来设立其行进路线。防爆搬运车是具有防爆性能的一类搬运车,其电机、电器都设计为隔爆型,电源装置设计为防爆特殊型;这种搬运车能对火花、静电、温度等引起爆炸的因素做全面处理,适用于石油、化工、纺织、制药、食品、国防等工业部门存在爆炸性气体混合物的危险场所货物的装卸、搬运、堆码等操作。

3. 牵引车和挂车

牵引车是指具有机动牵引能力，但本身不具载货能力的车辆。根据动力来源不同牵引车可分为内燃牵引车和电动牵引车。根据动力大小则可分为普通牵引车和集装箱牵引车。

挂车是指自身没有动力装置，必须由牵引车牵引才能运行的专门用于装载货物的平台式车辆。挂车可以多个配合使用，由牵引车引导构成挂车序列，进行较长距离的货物搬运。这样的搬运车辆结构具有较高的效率和较好的经济特性。

4. 连续输送设备

1）概念

连续输送设备是以连续、均匀的方式沿给定线路从装货地点到卸货地点连续输送散粒物料或成件小包装物品的机械，简称"输送机"。同使用间歇动作的起重机械相比，沿一定输送路线运输货物的连续运输机械。

2）特点

（1）连续输送机装料和卸料时输送过程不停顿，输送机一经启动就以稳定的输送速度沿一定路线输送物料，连续而高速的物料流使输送机可以获得很高的生产率。

（2）连续输送机沿固定路线输送货物，动作单一、结构简单，便于实现自动控制。但当输送路线复杂时，会造成结构复杂；当输送路线变化时，需要重新布置输送机。

（3）连续输送机通用性较差，每种机型一般只适用一定类型的货种，且多不适于运输重量很大的单件物品或集装容器。

（4）大多数连续输送机不能自行取货，需采用一定的供料设备。

连续输送机的形式、构造和工作原理是多种多样的。按照所运货物的种类连续输送机可分为输送件货的和输送散货的两种；按照安装方式不同，连续输送机可分为固定式和移动式两种。固定式输送机是指整个设备固定安装在一个固定位置，不能移动，主要用于作业量稳定的场合，如专用码头、大型仓库；移动式输送机是指整个设备安装在车轮上，可以移动，设备的机动性强、利用率高，适用于各种中小仓库和堆场。

3）分类

（1）带式输送机。带式输送机根据摩擦传动原理，依靠带条与滚筒之间的摩擦力，由驱动滚筒带动输送带移动输送货物；输送带张紧在托辊上，既是承载构件又是牵引构件，可以连续装载输送散状或小件货物。带式输送机具有输送能力大、功耗小、构造简单、对物料适应性强等特点，是连续输送机中效率最高、使用最普通的一种机型，广泛应用于采矿、冶金、水电站建设工地、港口及工业企业内部流水生产线上。

（2）斗式提升机。斗式提升机是一种利用均匀固接于无端牵引构件上的一系列料斗，在垂直方向内或在很大倾斜角上输送粉状、颗粒状以及块状物料的连续运输机械。一般分为链条式和皮带式两种。斗式提升机的输送工作原理是：料斗把物料从下面的储藏室中舀起，随着输送带或链提升到顶部，绕过顶轮后向下翻转，斗式提升机将物料倾入接收槽内。斗式提升机一般都装有机壳，以防止斗式提升机中粉尘飞扬。斗式提升机具有输送量大、提升高度高、运行平稳可靠、寿命长等显著优点。

(3) 刮板、埋刮板输送机。利用固接在牵引链上的刮板牵引、在敞开的料槽中刮运散状物料的输送机叫作刮板输送机，而牵引部件和刮板受驱动构件的牵引沿封闭料槽运动输送散状物料的运输机则称为埋刮板输送机。它们由料槽(敞开的或封闭的)、牵引链、刮板、头部驱动链轮和尾部张紧链轮等组成，牵引链绕过头、尾链轮构成闭合环路，刮板的外形可为梯形、长方形或长条形。刮板输送机有固定式和移置式两种，移置式刮板输送机的各部件易于拆装，移位后可重新安装使用。刮板输送机可以用于水平或 30°倾角内倾斜，其优点是结构简单牢固，精度要求较低，装载和卸载方便，高度小；缺点是易碾碎物料，噪声和能耗较大。

(4) 悬挂输送机。悬挂输送机是利用连接在牵引链上的滑架带动承载件在架空轨道上运行，进而在三维空间悬空输送成件物品的连续输送物料的设备。线体(架空轨道)可在空间上下坡和转弯，因此可在车间内根据生产需要灵活布置，构成复杂的输送线路。输送的物品悬挂在空中，可节省生产面积，能耗也小，在输送的同时还可进行多种工艺操作。由于连续运转，物件接踵送到，经必要的工艺操作后再相继离去，可实现有节奏的流水生产，因此，悬挂输送机是实现企业物料搬运系统综合机械化和自动化的重要设备，广泛应用于机械、汽车、电子、家用电器、轻工、食品、化工等行业大批量流水生产作业中。

(5) 螺旋式输送机。螺旋式输送机是利用安装在转轴上的、旋转的螺旋叶片将物料沿轴线方向推移而进行物料搬运的连续运输设备。叶片的面型根据输送物料的不同有实体面型、带式面型、叶片面型等形式。螺旋式输送机主要用于输送粉状、颗粒状和小块状物料，如煤粉、纯碱、再生胶粉、氧化锌、碳酸钙及小块煤等，在化工厂中用途较广，不适宜输送易变质、黏性大和易结块的物料。

(6) 辊柱、滚轮式输送机。辊柱输送机由许多定向排列的辊柱组成，辊柱在动力驱动下不停旋转以带动上置货物的移动，也可以在无动力的情况下由人力或货物自重带动货物在辊柱上移动。辊柱输送机适用于底部是平面的物品输送，具有输送质量大、速度快、运转轻快、能实现多品种共线分流输送的特点。滚轮式输送机与辊柱输送机原理相同，只是其采用的传送机制不是辊柱而是一个个小轮子，其外观如算盘一样，有时也称算盘式输送机。这两种输送机的输送构件都有空隙，因此不适合搬运散装货物或粒状、块状货物。

(7) 振动输送机。振动输送机是利用某种形式的激振器使料槽振动，从而使槽内物料沿一定方向滑行或抛移的连续输送机械，适合输送石灰、沙石等粉粒状货物。根据振动方法不同一般可分为弹性连杆式、电磁式和惯性式三种。

(8) 气力输送机。气力输送机是利用流体动力在管道内输送物料的流体输送装置，如气力输送装置、液力输送装置等；它们利用诸如压力空气等介质产生的正压或负压作为动力源沿管道输送经破碎至一定粒度的粉粒状物料，从而完成搬运、装卸甚至运输。通常气力输送机适用于大型粮库的补仓、出仓、翻仓、倒垛以及粮食加工和啤酒、酿造等行业在生产工艺中的散装、散运等机械化作业。但由于粉状货物具有特殊性，气力输送机专用性较强，不可混用于各种不同物料。

除上述连续运输机外，还有很多其他类型和特点的连续运输机械。连续输送机械大多用作物料的水平和倾斜输送,但利用斗式提升机、摇架输送机及流体输送装置也可进行垂直输送,有的还可进行空间输送,或在输送过程中配合进行一定工艺操作。

9.4.3 装卸搬运机具的选择

1. 选择需要考虑的因素

在物流活动中还有很多其他装卸搬运作业需要利用的各种机械,如专业卸车设备、码垛机、集装箱专用装卸设备等。物流作业人员要根据应用目的和装卸现场具体情况选择合适的装卸搬运设备。

(1)从选择装卸作业本身的特征角度来考虑,选择装卸搬运设备要考虑五个因素:作业性质、作业运动方式、作业速率、作业对象体形及重量、作业搬运距离。不同的装卸搬运设备适合不同性质的作业,它们能够完成的作业线路可以是水平、垂直或曲线等,作业速度有快有慢,能够容纳或装载的作业对象重量轻重不同,体形有大小、规则与否的不同,能够实施的作业搬运距离有长短之分,所以,合理选择装卸搬运设备要综合考虑以上五个或更多作业相关因素。

(2)选择搬运装卸设备,还要考虑设备的技术先进性、经济合理性、生产适用性以及无污染或污染小等问题。

2. 选择搬运装卸设备时需遵循的原则

1)适用性原则

适用性原则包括适应性和实用性。物流企业在选择装卸搬运设备时,要充分考虑搬运作业的实际需要,所选设备要符合货物的特性和货运量的大小,能够在不同的作业条件下灵活方便地操作。搬运设备功能不是越多越好,如果设备不能被充分利用,会造成资源和资金的浪费;但设备功能太少也会导致装卸作业效率低下。

2)先进性原则

搬运设备的技术先进性主要体现在自动化程度、环境保护、操作条件等方面,但是先进性必须服务于适用性,尤其是要有实用性,这样才能取得经济效益的最大化。

3)最小成本原则

最小成本原则主要是指设备整个寿命周期的使用成本最低,在先进性和低成本发生冲突时,物流企业要在充分考虑适用性的基础上,进行权衡,做出合理选择。

4)可靠性和安全性原则

可靠性是指设备按要求完成规定功能的能力,是设备功能在时间上的稳定性和保持性。但是可靠性不是越高越好,必须考虑到成本问题。安全性要求设备在使用过程中保证人身及货物的安全,并且尽可能地不危害到环境。可靠性和安全性原则正日益成为选择设备、衡量设备好坏的主要因素。

本 章 小 结

本章在介绍物料搬运系统的基本概念、基本设备和器具及设备管理之后,着重介绍物料搬运系统的分析设计方法(SHA)。搬运是在某一物流节点范围内进行的,借助人力或机械设备的力量，以改变物料的存放状态和空间位置为主要内容和目的的一系列活动。无论在生产领域还是流通领域，搬运都是影响物流速度和物流费用的重要因素，在物流系统中发挥着重要作用，是影响物流效率、减少物流成本和损失、决定物流活动经济效果的重要环节。按照搬运的作业场所、作业性质、使用的机械不同，可将搬运作业进行不同种类的划分，每种搬运具有各自的特点。

物料搬运系统（MHS）是通过一系列搬运设备和装置，协调、合理地将物料进行移动、储存或控制的系统。这个系统有三个要素：搬运对象、搬运路线和搬运方法。搬运对象即为需要搬运的物料，其活性指数、标准化及单元化的程度会对物料搬运系统产生影响。

思考与练习

一、填空题

1. 物料搬运具有五个特点：_____、_____、_____、_____和_____。
2. 物料搬运系统的三要素：_____、_____、_____。
3. 把由于物料的不同存放状态导致的搬运作业的难易程度，称为_____。
4. 搬运系统设计要素就是进行物料搬运系统分析时所需输入的主要数据，_____、_____、_____、_____和时间因素 T（时间要求和操作次数）。
5. 装卸搬运车辆是由可自由运行的车辆与装卸结构相结合，完成以水平运动为主_____、_____、_____、_____等任务的一种装卸搬运机械。

二、判断题

1. 物料搬运是指在同一场所范围内进行的、以改变物料的存放（狭义的装卸）和空间位置（狭义的搬运）为主要目的的活动，即对物料、产品、零部件或其他物品进行搬上、卸下、移动的活动。（   ）
2. 物料搬运路线是各种物料在搬运过程中从起点至终点经过的路径。物料搬运路线分为直达型、渠道型两种。（   ）
3. 所谓装卸方法，实际上就是以一定形式的搬运设备，与一定形式的搬运单元相结合，进行一定方式的搬运活动，以形成一定的路线系统。（   ）
4. 活性指数用于表示各种状态下物品的搬运活性。规定散放在地上的物品其搬运活性为 1。（   ）
5. 将不同状态和大小的物品，集装成一个搬运单元，便于搬运作业，也叫作标准化。（   ）
6. 分析物料搬运问题所需要输入的主要数据，也就是原始资料，包括 P、Q、R、T。（   ）
7. 物料搬运是物流系统的控制与管理活动，在生产领域各个环节上连接与转换，维持生产，保证生产得以正常运行。（   ）
8. SHA 分析法是每一次只观察一类产品或物料，并跟随它沿整个生产过程收集资料，必要时要跟随从原料库到成品库的全过程。（   ）

9. 平衡式叉车特点是叉车前方带有小轮子的支腿能与货叉一起伸入货板叉货，然后由货叉提升货物。（　　）

10. 连续输送设备是以连续、均匀的方式沿给定线路从装货地点到卸货地点连续输送散粒物料或成件小包装物品的机械，简称"输送机"。（　　）

三、简答题

1. 什么是物料搬运系统？
2. 什么是物料搬运基本原则？
3. 什么是搬运活性及搬运活性指数？试问物品在运动着的输送机上其搬运活性指数是多少？
4. 设物流模数尺寸为 800 毫米×1 200 毫米，试问可以由几个物流基础模数尺寸组成？以图示之。
5. 选择搬运机具需要考虑什么因素？

四、论述题

1. 简述 SHA（系统搬运分析）的步骤。
2. 试述物料搬运系统设计要素。
3. 试述 SLP（系统布置设计）和 SHA（系统搬运分析）异同。

五、案例分析

德国大型会展中心物流系统设计分析

（一）德国会展场馆分布概况

德国拥有的展览面积以及会展中心的分布密度在全球是最高的。展览面积在 1.5 万平方米以上的会展中心共有 24 家，总展览面积超过 250 万平方米。拥有大型会展中心的城市大致可分为以下几种类型。

（1）具有重要的政治、经济地位的中心城市，如首都柏林。

（2）重要的商业中心城市或地处交通枢纽的大城市，如慕尼黑、法兰克福、科隆等。

（3）各州府所在地城市，如杜塞尔多夫、斯图加特等。

（4）以会展业为主要特色的城市，如汉诺威、莱比锡等。

（5）拥有某一特定行业专业展览的中小城市，如奥芬堡、奥芬巴赫等。

目前全球五家最大的展览公司就有四家在德国。如处于德国中部的法兰克福，其会展中心自1911年建立以来，凭借其重要的金融、交通中心的地位，以及自身良好的经营策略，成为当前德国销售额最高的展览公司；处于中北部的汉诺威则借世界博览会的契机加速发展，成就了全球规模最大的会展中心，拥有将近47万平方米的展览面积。两展览公司合并后东部地区各行业均在加快建设，会展业作为带动经济发展的重要动力而成为重点发展的产业。

（二）选址模式分析

1. 会展中心与城市的关系

贸易展览是重要的城市功能，因此，会展中心在城市中的地位也相当重要，在德国甚至能成为与火车站、飞机场等场所同样重要的公共设施。其建设多由各级政府和行业协会出资，委托专业展览公司经营管理。会展中心的选址往往能得到政府的支持或政策倾斜,因而能选取较利于其发展的地方。由于现代会展中心动辄拥有超过 10 万平方米的展览场馆,同时还需要大量的室外展场、停车场、货物堆场及发展预留用地和配套设施等,加之需要通畅的人流、物流流线,因此,会展中心往往需要规模庞大的用地和便利的交通条件。通过百年来的发展,基本形成了处于城市边缘、靠近主要交通干线的选址模式。这种模式也基本适用于德国所有的会展中心,但由于建设年代及所处城市发展的不同,各会展中心的具体情况也有很大的差异。

2. 会展中心的外部交通条件

1) 公路交通条件

在德国,公路运输仍是目前主要的运输方式之一,全境都建设有高标准、密集的高速公路网。高速公路和高等级公路是到达会展城市或会展中心的重要途径之一,同时也是重要的物流运输线。因此,多数大型会展中心都建在城市的边缘或是郊区,靠近连接城市间的高速公路入口。不少会展中心甚至就坐落在高速公路边,如柏林、莱比锡和慕尼黑会展中心。

2) 轨道交通及城市公交条件

德国拥有发达的轨道运输网络,全境约有 4 万千米的铁轨,其客运方式由四部分组成:城际特快(ICE)、城际列车(IC)、欧洲城际列车(EC)和地区间列车(IR)。城际列车的时速一般可达 200 千米/小时,因此,乘坐火车是城市之间到达目的地的选择方式之一。与很多欧洲城市类似,大部分的德国城市也是以火车站周边为城市的中心,在火车站往往有便利的公交车或城市轨道交通系统可以通达会展中心。

3) 与航空港的联系

德国地处欧洲的中心,由于地理及经济的因素,形成了几个重要的国际空港城市,如法兰克福、杜塞尔多夫等。德国的主要会展城市一般都拥有自己的机场。乘坐飞机是外国、特别是欧洲以外的参展商和参观者的主要方式。因此,会展中心与机场的高效连接是展会活动顺利开展的重要保障,也是其是否具备国际性的硬件基础。多数会展中心与机场的距离在 15~20 千米,其间有高速公路、城市快速路、城市铁路等相连接,15~20 分钟即可到达。

4) 与航运码头的联系

欧洲的多条大河都穿越德国流向四面八方,如莱茵河、美因河、易北河、多瑙河及其支流等。虽然并不是主要交通方式,但河流航运仍是一些会展中心货流运输的选择途径之一。因此,许多会展城市坐落于河流近旁,有一些会展中心就沿河岸建设,如科隆、杜塞尔多夫会展中心均建在莱茵河岸。为迎送参观人流,靠近会展中心的岸边一般设有小型游船码头。

(三) 场馆规划分析

1. 会展场馆的规模及功能组成

德国的会展中心不仅总量世界第一,而且单个场馆的规模也很大。拥有大量的建筑物;宽阔的室外展场和停车空间几乎是德国会展中心的共同特征。

以展览面积为指标看,超过 1.5 万平方米的会展中心共有 24 个。除了最大的汉诺威会展中心展览面积近 47 万平方米外,还有三家展览面积在 20 万~30 万平方米;五家面积在 10 万~20 万平方米；四家面积在 5 万~10 万平方米；其他 11 家面积在 1.5 万~5 万平方米。虽然面积在 10 万~30 万平方米的会展中心仅占其中的 1/3，但其总展览面积则占到总数的 60%，因此，这类规模已成为德国会展中心的主流，其销售情况也是最好的。

2. 会展场馆的规划及改扩建模式

目前德国会展业发展势头良好，对于展览面积的需求也在不断增长，因此，不断地扩建或翻建几乎是所有德国会展中心所要面临的现实。如杜塞尔多夫会展中心计划在 40 年内扩建的幅度达 2.5 倍；慕尼黑会展中心也计划在 10 年内再增加 50%的展览面积。这样的过程在一些历史悠久的场馆中甚至可以长达百年，如法兰克福会展中心多种风格建筑混杂的情况就是不断翻建、扩建的结果。

根据不同发展时期和扩建方式可以分为以下三种。

（1）异地重建型。如慕尼黑、莱比锡新会展中心均是此类情况。这样的模式多为近年新建的会展中心。它们往往由政府统筹安排规划，提供一定的优惠和政策倾斜，并由各级政府和行业协会参股。

（2）在原有场地基础上扩建或翻建。如法兰克福、科隆和柏林会展中心就采用这种模式。它们逐步拆除老的、不适用的建筑，而以新的大跨度、大规模、高效率的建筑代之，在不断的建设过程中，应用新技术，适应新需求，完善新功能。

（3）上述两种类型的综合。其实，这样的扩建模式也是最为常见的。如杜塞尔多夫会展中心就是重新选址异地重建，继而又在规划场地上不断扩建而达到目前的规模。再如，汉诺威会展中心的建设也是集扩建模式之大成，又利用了世界博览会的契机成为目前的展览巨无霸。

3. 会展场馆的周边交通规划

（1）交通方式的选择。一个国际性的展览会，对于参展商及参观者来说，可选择的交通手段包括公路（高速公路）、轨道、航空、水运等方式。一般而言，在城市中可乘坐公交车、城市轨道或自驾车；来自邻近地区的可选择铁路交通或长途汽车；来自周边国家的可选择高速铁路、航空或游船途径，部分也可自驾车；来自海外的宾客则首先乘飞机到达所处城市，再选择城市公共交通。

（2）主入口的布局。大型会展中心往往需设多个主入口，分布于几个主要的方向，既利于大量人流货流的集散，也有利于同时举办多个展会而互不影响，同时，主要的人行入口和货物入口也须分别布置。各入口须考虑与主要道路、停车场、轨道交通及公共交通站点的关系，这是解决会展中心与外界高效联系和组织内部交通的关键。

（3）停车场的布局。一般德国的会展中心都会在不同的入口附近提供多个停车场（楼）。其中有一两个大的集中停车场，这些停车场还可同时兼作室外展场使用。如科隆会展中心共有 22 个停车场，可停车 1.4 万辆。莱比锡会展中心共有 6 个停车场，7 100 个车位，其中参观者用 6 000 个，参展商用 1 000 个，其中载重货车位 40 个，小卡车位 80 个。它的 1.2 号停车场还是未来建设的预留用地。从停车场到主入口一般不超过两三百米。个别大的停车场远离主入口，则会在这些停车场和场馆之间设专用穿梭巴士。

（4）轨道交通站点的布局。几乎所有德国的会展中心都有包括地铁、轻轨和城市铁路在内的轨道交通的直达站点。轨道交通运力大、效率高，是会展中心集散人流最便捷的交通方式之一。在各会展中心主入口附近设置的地铁或城市轨道交通站点，距离一般也不会超过 300 米。特别像柏林会展中心，城市铁路的轨道直接就铺到了展馆的中心位置，可在展会期间加开专列。法兰克福会展中心更是横跨在一条城市铁路线的两侧，共有四条城市铁路线和一条地铁线可以直达。

（5）公共交通站点的布局。德国的会展中心主入口附近都设有公共汽车、区间穿梭巴士和出租车停靠站。根据会展中心规模的大小，往往能够提供若干条公交线路，一般都有直接通往飞机场和城市中心的线路。

资料来源：万联网信息中心，http://info.10000link.com/newsdetail.aspx?=2010030100021.

思考、讨论
1. 德国大型会展中心物流系统分析流程如何？
2. 德国大型会展中心物流设计前做了哪些规划分析？

第 10 章

物流系统网络规划与设计

学习目标

通过本章的学习,熟悉物流网络的概念、特点与几种典型结构,了解物流网络规划的主要意义;掌握物流节点选址的几种模型;理解物流节点选址的主要意义,了解节点选址的目标,掌握节点选址的方法;掌握节点间距离的计算。

关键术语

物流网络 网络规划 物流节点

匹兹堡设备制造商的物流网络设计

位于匹兹堡的一家设备制造商需要从两个供应商 A、B 那里购买 3 000 箱塑料配件,每箱配件的价格是 100 美元。目前,从两个供应商采购的数量是一样的。两个供应商采用铁路运输,平均运送时间也相同。但如果其中一个供应商能将平均交付时间缩短,那么每缩短一天,制造商会将采购订单的 5%(150 箱)转给这个供应商。如果不考虑运输成本,供应商每卖出一箱配件可以获得 20% 的利润。

目前,供应商 A 正在考虑是否将铁路运输方式改为航空或公路运输以获得更多的收益。各种运输方式下每箱配件的运输费率和平均运送时间见表 10-1。

表 10-1 不同运输方式下的运输费率和时间

运输方式	运输费率(美元/箱)	平均运送时间(天)
铁路运输	2.50	7
公路运输	6.00	4
航空运输	10.35	2

供应商 A 仅根据可能得到的潜在利润选择运输方式。表 10-2 为供应商 A 从自身的角度列出的不同运输方式下可获得的利润。

表 10-2 不同运输方式下供应商 A 可获得的利润

运输方式	销售量（箱）	毛利（美元）	运输成本（美元）	纯利（美元）
铁路运输	1 500	30 000	1 500×2.5=3 750	26 250
公路运输	1 500+(7−4)×150=1 950	39 000	1 950×6.0=11 700	27 300
航空运输	1 500+(7−2)×150=2 250	45 000	2 250×10.35=23 287.5	21 712.5

从表 10-2 的分析可以看出，供应商 A 应该采用公路运输方式。

关于运输方式选择问题，不仅要考虑运输服务的直接成本，而且有必要考虑运输方式对库存成本和运输绩效（时效性、可靠性）对物流渠道成员购买选择的影响。除此之外，还有其他一些因素需要考虑，其中有些因素决策者是不能控制的。

（1）如果分拨渠道中有相互竞争的供应商，买方和供应商都应该采取合理的行动平衡运输成本和运输服务水平，以获得最佳收益。

（2）运输方式变化对价格的影响。假如供应商提供的运输服务优于竞争对手，他很可能会提高产品的价格来补偿（至少是部分补偿）增加的成本。因此，买方在决定购买时应同时考虑产品价格和运输绩效。

（3）运输费率、产品种类、库存成本的变化和竞争对手可能采取的反击措施都增加了运输方式选择问题的动态因素。

（4）运输方式的选择对供应商存货的间接作用。供应商也会和买方一样由于运输方式变化改变运输批量，进而导致库存水平的变化。供应商可以调整价格来反映这一变化，反过来又影响对运输方式的选择。

资料来源：http://www.docin.com/p-6772529.html。

思考

（1）运输方式选择时，要考虑哪些因素？

（2）案例给了我们什么启示？

10.1 物流系统网络的内涵和构成要素

10.1.1 物流系统网络的内涵

1. 物流系统网络

物流系统网络，简称物流网络，就是把物流系统抽象为由节点与链连成的网络。任意一对节点之间可能有多条链相连，代表不同的运输形式、不同的路线。节点也代表那些库存流动过程中的临时经停点，如货物运达零售店或最终消费者之前短暂停留的仓库。

和物流网络相配合的还有信息网络，其中包含关于销售收入、产品成本、库存水平、仓库利用率、预测、运输费率及其他方面的信息。信息网络中的链由两点之间的信息传输构成。信息网络中的节点则是不同的数据采集点和处理点，如进行订单处理、拣选、备货和更新库存记录等。

2. 区域物流网络

在一个经济区域内，各个地区或企业之间经济上的关联性和互补性往往会比较大，经济活动比较频繁，物流规模总量较大，物流成本占整个经济成本的比重大，物流改善潜力巨大。因此，在经济关联性较大的经济区域建立物流网络非常必要。例如，当前我国的几个典型经济区域如环渤海经济区域、珠三角经济区域、长三角经济区域等都在构建或重建物流网络。

按经济区域建立物流网络已经在国际上得到认可。美、日等发达国家的物流网络一般也是按照经济区域构建的，这不但能够承担该经济区域内的物流服务，而且健全、完善的物流网络还能够大大促进该经济区域内的经济活动，带动区域经济发展。因此，在考虑构建物流网络时，要从整个经济区域的发展来考虑。

在一个经济区域范围内，城市成为经济活动的中心，大量的物流活动产生在城市之间和城市内部。城市成为区域物流网络的重要节点，如何有效地将城市联结起来成为构建物流网络需要考虑的一个重要问题。在考虑物流网络结构时，城市作为厂商和客户的集聚点，由于其基础节点建设和相关配套支持比较完备，有成为物流中心的优势。另外，经济区域内中心城市的经济辐射能力比较强，其作为物流中心能更好地发挥物流网络的效用。

3. 服务经营网络

服务经营网络是一种市场竞争战略，一旦企业占领了某一市场，该企业就具有了在这一领域的竞争优势。企业服务网络和经营网络是物流系统规划设计的重要内容，也是构筑物流枢纽的关键问题之一。企业经营网络和服务网络领域应尽量扩大，延伸到区域服务内的所有网点。

服务经营网络可以使企业：①利用企业间的协作拓展自己的业务范围；②利用核心业务能力战略，提升自己的业务服务水平；③加强与客户之间的联系，稳固旧关系，开拓新关系；④尽力满足客户各种服务要求，提高企业信誉；⑤更新企业陈旧设备，提高设备的现代化水平；⑥在服务区域范围内布设服务网点，随时接受客户服务要求；⑦利用物流系统信息平台和相应的管理软件，实现企业内部、企业之间、企业与客户之间的信息实时交换。

10.1.2 物流网络的构成要素

物流网络结构是指产品从原材料起点到市场需求终点的整个流通渠道的结构，包括物流节点的类型、数量与位置，节点所服务的相应客户群体，相应产品类别以及产品在节点之间的运输方式等。

1. 厂商

在物流网络结构中，厂商作为产品或原材料的生产者和供应商，是物流网络的始点。物流网络系统的核心功能就是实现原材料或产品从产地到消费者之间的空间转移。因此，物流网络结构实质上就是在既定的自然和社会环境下，通过中间节点的布局配置，有效地实现物流始点和终点的联结。因此，厂商的分布不但是物流网络结构的一个构成要素，而且还影响着物流网络中其他要素。例如，在厂商分布集中和厂商分布分散两种情况下，无论是分散的厂商还是集中的厂商都是物流网络的重要构成部分，但对应上述分布物流网络的内部结构就会存在明显差别。

厂商分布与物流网络结构有着互动的影响。当大规模的厂商分布既定的时候，物流网络结构往往会把厂商分布作为一个约束条件。而当物流网络初具规模的时候，新的厂商在选址时则会把已有的物流网络作为约束条件。

2．客户

与作为物流网络始点的厂商相对应，客户作为物流网络的终点，也是物流网络的重要组成部分。只有有了网络始点和终点的存在，物流网络的存在才有实际意义，物流网络构建的目标才能够明确。客户自身特征和分布的特点直接决定着物流网络的内部结构，即如何适应特定的客户分布和客户的需求。

客户既是物流网络结构的一部分，也是物流网络服务的对象。物流网络系统是否高效的直接评价标准就是能否为物流客户提供所需服务，换句话说，物流网络系统是客户的导向系统。

3．物流节点

根据不同物流节点的功能和规模，确定合适的物流节点配置，为物流网络功能的实施提供支撑。物流中心和配送中心是物流网络系统的重要节点。

在物流网络系统中可能会存在几个功能不同的物流中心，也可能会存在同时具有几种功能的物流中心。物流中心作为物流网络的一个关键部分，其功能和效率对整个物流网络系统具有重要的影响，因此，在进行物流网络规划时物流中心的规划设计是一个关键问题，决定着整个物流网络系统的效率。

配送中心与物流中心一样，同为物流网络系统建设的关键，两者的区别在于，物流中心的规划建设与厂商联系紧密，而配送中心的规划建设与客户联系紧密。配送中心的效率不仅影响着整个物流网络系统的效率，而且影响着客户对整个物流系统的感受和满意度。因此，配送中心的选址、布局、规模等都要受到客户分布、需求、规模等的直接影响。

4．运输线路

厂商、物流节点和客户构成了物流网络结构的主要构架，要想使这些要素形成一个网络系统，必须有效地把它们连接起来。这些节点之间的实体连接需要通过运输来实现，包括运输线路和运输方式的选择。

在一个物流网络系统中，不同层级的物流中心与配送中心的连接也需要通过运输来实现。显然，只要涉及产品的空间转移，就必须通过运输来实现，提高不同节点之间运输的有效性是物流网络规划中运输线路选择的目标。

5．信息系统

在物流网络各节点之间不仅存在产品实体的流动，而且大量存在物流信息在节点之间的传递。在物流网络系统内，物流信息的及时传递、共享以及信息的处理都会对整个物流网络系统的效率产生重要影响。在构建物流网络构架时，既要考虑有形的硬件节点建设，也要考虑无形的信息网络体系建设。只有有了物流信息管理体系的支持，物流网络才能够真正被激活，才能真正发挥效用。

6. 物流网络组织

物流网络的运行离不开人力资源与组织管理，因此，在进行物流网络资源配置时不仅要考虑节点配置，还要考虑人力资源的配置以及对整个物流网络的组织管理。只有建立一套好的物流网络的组织管理和运行机制，物流网络系统才有可能实现持续良性运转。

如果把物流网络系统比作人的生理系统，那么就可以把厂商、客户、物流中心、配送中心看作人体的骨架和器官，把运输线路和信息传递看作人体的血液循环系统和神经系统，把物流网络组织管理看作人体的调节系统，它们既有明确分工，又相互协作，共同构成物流网络系统。

10.2 物流系统网络的结构

10.2.1 单核心节点结构

物流网络结构是物流网络运行的基本框架，物流网络结构模式则是指物流网络运行框架的主要构成内容。在物流网络体系中，物流中心和配送中心往往影响着核心节点构建和布局的合理与否，决定着物流网络的效率。

单核心节点结构是指在该物流网络体系中只有一个核心节点存在，该节点同时承担物流中心与配送中心的职能。在该物流网络覆盖的区域，绝大多数的物流活动都是通过该核心节点实现的。在这种结构模式中，物流中心同时承担着信息中心的角色，所有的物流信息都汇集到这里进行进一步的传递和处理。

在这种物流网络结构模式下，物流的大量核心活动都发生在该节点，而且没有物流中心与配送中心的明确划分，厂商与客户的物流活动极大地依赖于核心节点来完成。物流活动的完成大致经过如下过程：厂商—核心节点—客户。这种网络结构模式存在于一些小的经济区域或小规模的企业，但随着物流客户导向意识的发展，这种物流网络结构模式将会越来越不适应环境变化。单核心节点物流网络结构图如图10-1所示。

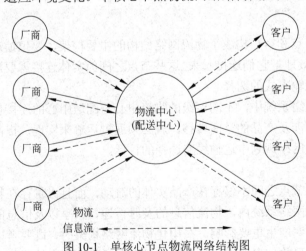

图 10-1 单核心节点物流网络结构图

10.2.2 双核心节点单向结构

双核心节点单向结构是指物流网络体系中存在两个核心节点,即物流中心和配送中心,物流中心更多地侧重于为供应链上游厂商方面提供服务,而配送中心则更多地侧重于为供应链下游客户方面提供服务。物流中心和配送中心不但是物流活动的核心,而且大量的物流信息也汇集到核心节点,并进行进一步的有效传递。

在该物流网络结构模式中,主体物流活动发生在两个核心节点之间,物流活动通过如下过程实现:厂商—物流中心—配送中心—客户。这种物流网络结构模式广泛存在于一些范围较大的经济区域内。一些大型企业的物流活动往往也通过这种模式实现。双核心节点单向物流网络结构图如图 10-2 所示。

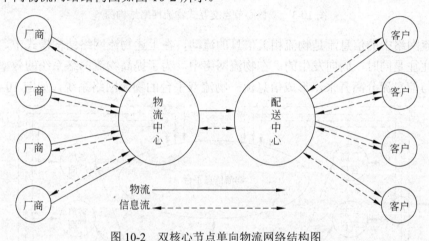

图 10-2 双核心节点单向物流网络结构图

10.2.3 双核心节点交互式结构

双核心节点交互式结构与双核心节点单向物流网络结构非常接近,但两者又存在明显的区别。在双核心节点交互式结构模式下,无论是物流还是信息流都是双向的,也就是说,该物流网络中的每一个节点同时承担双重功能,即物流中心和配送中心。随着环境的变化,两个核心节点的功能会发生调换。在该结构模式下,物流活动的实现过程如下:厂商—物流中心—配送中心—客户。在该模式下,交互式体现为随着环境与厂商和客户需求的变化,物流中心与配送中心功能会对调,或说物流中心和配送中心都同时具备双重功能。双核心节点交互式物流网络结构图如图 10-3 所示。

10.2.4 多核心节点结构

在现实的物流网络中,可能不仅存在一个或两个物流核心节点,而是多个核心节点同时存在,绝大多数的物流活动都是通过这些核心节点完成的。多核心节点物流网络结构的原理和上述几种模式没有本质上的区别,只是上面几种物流网络模式的放大或叠加。在范围比较大的经济区域或大型企业内,一般采用多核心节点的物流网络模式。

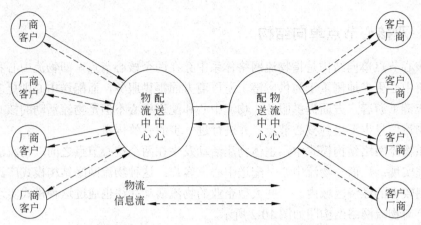

图 10-3　双核心节点交互式物流网络结构图

物流网络中的信息流是物流相关信息的流动，在上述物流网络结构模式中，物流和信息流往往是同时、同向发生的。在物流网络中，为了提高物流网络系统的效率，往往把物流与信息流分离开来，形成信息流—物流双平台的物流网络系统，如图10-4所示。

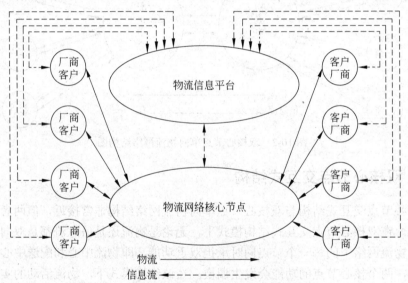

图 10-4　信息流—物流双平台物流网络模式图

物流网络结构模式无优劣之分，只是每种模式适用于不同的环境。多数的物流网络往往不是以一种单一模式存在的，而是多种模式混合在一起的，或者多种模式的叠加。

10.3　物流系统网络规划设计

10.3.1　物流系统网络规划设计的内容及影响因素

1. 物流系统网络规划设计的内容

物流网络规划设计就是确定产品从供货点到需求点流动的结构，包括决定使用什么样的节点、节点的数量、节点的位置、如何给各节点分派产品和客户、节点之间应使用什么样的运输服务，以及如何进行服务。

例如，一个抽象的产品流动网络，可以由基层仓库供给需求，也可以直接由工厂、供应商或港口供给。而基层仓库又由地区仓库供给，或直接由供货点供给。网络结构可以有多种形式，根据流经网络的产品不同，企业的物流网络可以比图10-5中的网络层次更复杂或者更简单，甚至可能存在完全不同的结构。换句话说，一个企业的产品流动可以有不止一个物流网络设计方案。

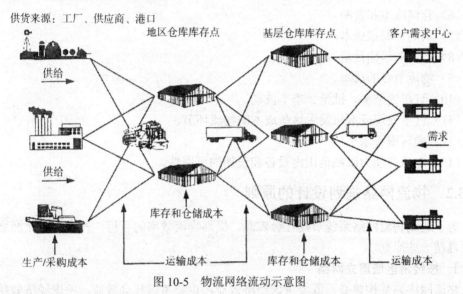

图 10-5　物流网络流动示意图

这种网络设计的问题既包括空间设计问题也包括时间设计问题。空间或地理设计问题指决定各种节点（如工厂、仓库和零售点）的平面地理位置。确定各种节点的数量、规模和位置时则要在以地理特征表示的客户服务要求和成本之间寻求平衡。这些成本包括生产采购成本、库存持有成本、节点成本和运输成本。

物流网络规划的时间性或时期问题是一个为满足客户服务目标而保持产品可得率的问题。通过缩短生产/采购订单的反应时间或者通过在接近客户的地方保有库存，可以保障一定水平的产品可得率。这里首要的考虑因素是客户得到产品的时间。在满足客户服务目标的同时平衡资金成本、订单处理成本和运输成本，决定产品流经物流网络的方式。以时间为基础的决策也会影响节点的选址。

对高层管理者来讲，网络结构问题非常重要。重新规划设计物流网络往往能使物流总成本每年节省5%～15%。惠而浦公司每年的物流成本高达15亿美元，一年节省10%就是1.5亿美元。从该数字不难看出为什么网络重组在规划设计问题中位居前列。除降低成本外，网络规划设计也有助于改善客户服务，提高企业竞争力。

物流网络规划设计就是使物流利润最大化和服务最优化的途径。战略性物流网络规划通常需要解决以下几方面的问题：计划区域内应建立的物流网络节点数；节点的位置；每个物流节点的规模；各物流节点的进货与供货关系，即与客户和供应商的关系；物流服务质量水平以及信息网络的连接方式等。

2. 物流系统网络规划设计的影响因素

（1）产品数量、种类。
（2）供应地和需求地客户的地理分布。
（3）每一区域的顾客对每种产品的需求量。
（4）运输成本和费率。
（5）运输时间、订货周期、订单满足率。
（6）仓储成本和费率。
（7）采购、制造成本。
（8）产品的运输批量。
（9）物流节点的成本。
（10）订单的频率、批量、季节波动。
（11）订单处理成本与发生这些成本的物流环节。
（12）顾客服务水平。
（13）在服务能力限制范围内设备和设施的可用性。

10.3.2　物流网络规划设计的原则

为了达到物流网络系统节约社会资源、提高物流效率的目标，在进行物流网络构建时要遵循一些原则。

1. 按经济区域建立网络

物流网络系统构建必须既要考虑经济效益，也要考虑社会效益。考虑经济效益就是要通过建立物流网络降低综合物流成本。考虑社会效益是指物流网络系统要有利于资源的节约。

在一个经济区域内，各个地区或企业之间经济上的关联性和互补性往往会比较大，经济活动比较频繁，物流规模总量较大，物流成本占整个经济成本的比重大，物流改善潜力巨大。因此，在经济关联性较大的经济区域建立物流网络非常必要，要从整个经济区域的发展来考虑构建区域物流网络。

2. 以城市为中心布局网络

作为厂商和客户的集聚点，其基础节点建设和相关配套支持比较完备，作为物流网络布局的重点，可有效地发挥节省投资和提高效益的作用。因此，在宏观上进行物流网络布局时，要考虑物流网络覆盖经济区域的城市，把它们作为重要的物流节点；在微观上进行物流网络布局时，要考虑把中心城市作为依托，充分发挥中心城市现有的物流功能。

3. 以厂商集聚形成网络

聚集经济是现代经济发展的重要特征，厂房集聚不仅降低运营成本，而且将形成巨大的物流市场。物流作为一种实体经济活动，显然与商流存在明显区别，物流活动对地域、基础节点等依赖性很强，因此，很多企业把其生产基地设立在物流网络的中心。例如，美国很多大规模的跨国公司总部坐落在小城市，大量的商流活动在那里发生。天津经济技术开发区汇集了很多跨国公司的生产中心，形成了巨大的物流市场。因此，在进行物流网络构建时，需要在厂商物流集聚地形成物流网络的重点节点。

4．建设信息化的物流网络

物流信息系统作为物流网络的一个重要组成部分，发挥着非常重要的作用。物流网络的要素不仅是指物流中心、仓库、节点、公路、铁路等有形的硬件，这些硬件只是保障物流活动能够实现，而不能保障高效率。物流信息系统通过搭建物流网络信息平台，通过物流信息的及时共享和对物流活动的实时控制，能够大大提高物流网络的整体效率。有关专家指出，科学、完善的物流信息系统将会把物流活动的效率提高3～8倍，甚至会更高。

10.3.3　物流网络规划设计的步骤

在确定物流网络最佳规划设计方案时，需要考虑诸多因素。设计合适的物流网络需要与物流系统战略总体规划目标保持高度的一致。物流网络的设计归根结底是为了实现物流系统战略规划的目标。

物流网络的规划设计是一个复杂的反复的过程。一般对于战略性和综合性的物流网络设计过程需要以下几个步骤。

1．组建物流网络规划设计团队

一开始，最重要的就是成立负责物流网络规划设计过程各个方面的物流网络规划设计团队。这一团队可以包括企业的高层管理人员、物流经理、物流专家以及生产和销售部门的相关人员等。组建物流网络规划设计团队的关键就是参加人员必须了解企业总体发展战略、企业的根本业务需要和企业所参与的供应链。这个团队需要制定出物流网络设计的目标和评价参数，还要考虑使用物流外包，如第三方物流供应的可能性，以充分利用外部提供的物流网络解决方案和物流资源。

2．物流网络的数据收集

物流网络数据收集的主要目的是全面深入地了解当前的系统并且界定对未来系统的要求。一般来说，数据的收集包括对物流网络中各个节点资料的收集，例如，对于库存系统，需要获取空间利用率、仓库布局和设备、仓库管理程序等具体的数据；对于运输系统，应收集运费等级和折扣、运输操作程序、送货需求等资料；此外，还要收集客户需求情况和关键的物流环境要素的数据，并且界定出企业在相关供应链上的位置。

3．备选方案的提出

在数据收集之后，需要利用各种定量、定性的方法建立恰当的模型，进行节点规划选址分析，提出物流网络规划的具体备选方案。各种用于取舍备选方案的数据来自实地调查、未来要求、数据库分析和客户服务调查，用于选择的方法随网络设计的目的不同而不同。主要的建模方法有模拟仿真方法和启发式方法等，有关规划和设计的方法将在下一章中进行讨论。

4．相关方案的比较

备选物流网络设计方案的比较首先是各个方案实施费用的比较，如添置新的仓库设备、有关建筑物建造整改费用等都是用于进行各个备选方案优劣分析的重要因素。当然，各方案之间不能仅仅依靠经济分析来进行比较，还必须考虑每种方案对于客户服务水平的影响，不能一味地降低成本而使客户满意度下降。在得出结论后，就要制定各主要步骤的时间进度表，包括从现在的系统向未来系统转换等的执行时间表。

5．方案的执行实施

物流网络规划的总体方向一旦确定，有效的执行方案就变得非常重要。这是物流网络规划设计的最后一个步骤，在方案的实施过程中应该不断地收集信息，发现问题，及时将具体实施过程中的问题汇总到管理层和物流规划设计团队，以期得到修正。

10.3.4 物流网络规划设计的方法

物流系统本身就是一个庞大的网络，其中包含众多需要规划设计的问题。对于物流网络来说，规划设计的问题可以抽象地表述为物流网络节点与节点之间的连接链的问题。20 世纪中叶以来，随着运筹学的迅速发展，特别是计算机的广泛运用，许多规划问题能够方便迅速地得以解决，这也使得物流网络规划设计的方法越来越多，为不同方案的可行性分析提供了强有力的手段。以下介绍几种常用的定性、定量方法。

1．德尔菲法

德尔菲法是一种常用的主观、定性的方法，不仅可以用于技术预测领域，而且可以广泛应用于各种评价指标体系的建立和具体指标的确定过程，这在物流网络规划设计的前期准备工作中是非常重要的。德尔菲法的实质是利用专家的知识和经验，对那些带有很大模糊性、较复杂且无法直接进行定量分析的问题，通过多次填写征询意见表的调查形式取得测定结论的方法。在物流网络规划设计过程中，除了用定量的方法得出较为精确的结果外，结合使用德尔菲法，征询专家的意见，将会使最后的结论更加符合实际。

2．解析方法

解析方法是通过数学模型进行物流网络规划设计的方法，是对许多定量的数学方法的一个统称。概括来说，使用解析方法首先要根据问题的特征、外部条件和内在联系建立起数学模型或图解模型，然后对模型求解，以获得最佳的规划设计布局方案。虽然通过解析方法一般能获得精确的最优解，但是对于一些复杂的问题建立合适的数学模型往往是非常困难的，而且即使建立出数学模型，由于模型过于复杂，求解也很困难。即使是在拥有高性能计算机的今天，一些问题依旧无法获得令人满意的答案。因此，使用解析法进行物流网络规划设计，不仅需要掌握物流系统的知识，还要有较强的数学功底，这也使得解析法在实际运用中受到了一定的限制。

采用解析法建立的模型通常有微积分模型、线性规划模型和混合整数规划模型等。对某个问题究竟建立什么样的模型，应具体问题具体分析。

3．模拟方法

物流网络规划设计的模拟方法是指实际问题以数学方程和逻辑语言做出对物流系统的数学表述。在计算机的帮助下，人们可以通过模拟计算和逻辑推理确定最佳设计方案。如果经济关系或统计关系的现实表述已定，就可以使用模拟模型来评估不同设计方法的效果。

解析模型寻求的是最佳的仓库数量、最佳的位置、仓库的最佳规模等，而模拟模型则试图在给定多个方案的条件下反复使用模型找出最优的网络设计方法，分析结果的质量和效率取决于使用者选择分析时的技巧和洞察力。因此，使用模拟方法的效果依赖于分析者预定的组合方案是否接近最佳方案，这也是该方法的不足之处。

4．启发式方法

启发式方法是一种逐次逼近最优解的方法，是相对模拟方法而言的。这种方法要求对所求得的解进行反复判断、实践修正，直至满意。使用启发式方法有助于将问题缩减至可以管理的规模，进行方案组合的个数少，并且能够在各种方案中进行自动搜索，以发现更好的解决方案。虽然启发式方法不能保证一定能得到最优解，但只要进行适当处理，这种方法还是可以获得令决策者满意的近似最优解的。

总之，尽管各种方法模型的适用范围和解法不同，但是任何模型都可以由具备一定技能的分析人员用来得出有价值的结果。物流网络规划设计方法发展的方向就是在前人取得的许多非常有效的研究成果的基础上，使现有技术更容易使用，帮助管理层做出更好的决策。

10.4　物流系统网络的组织设计

10.4.1　物流网络组织设计的原则

在物流网络组织建立过程中，应从具体情况出发，根据物流系统管理的总体需要，体现统一指挥、分级管理原则，体现专业职能管理部门合理分工、密切协作的原则，使其成为一个有秩序、高效率的物流网络组织体系。

1．有效性原则

有效性原则是物流网络组织设计基本原则的核心，是衡量组织结构合理与否的基础。有效性原则要求物流网络组织必须是有效率的。这里所讲的效率，包括管理的效率、工作的效率和信息传递的效率。物流网络组织的效率表现为组织内各部门均有明确的职责范围，节约人力，节约时间，有利于发挥管理人员和业务人员的积极性，使物流企业能够以最少的费用支出实现目标，使每个物流工作者都能在实现目标过程中做出贡献。

有效性原则要求物流网络规划设计在实现物流活动的目标方面是富有成效的。物流网络规划设计的成效最终表现在实现物流目标的总体成果上。所以，有效性原则要贯穿在物流网络组织的动态过程中。在物流网络组织的运行中，组织机构要反映物流管理的目标和规划，要能适应企业内部条件和外部环境的变化，并随之选择最有利的目标，保证目标得以实现。物流网络组织的结构形式、机构的设置及其改善，都要以是否有利于推进物流合理化这一目标的实现为衡量标准。

2．统一指挥原则

统一指挥原则是建立物流管理指挥系统的原则。其实质在于建立物流网络组织的合理纵向分工，设计合理的垂直机构。

物流网络组织机构是企业、公司以及社会的物流管理部门，是负有不同范围的物流合理化使命的部门。为了使物流部门内部协调一致、更好地完成物流管理任务，必须遵循统一指挥的原则,实现"头脑与手脚的一体化"、责任和权限的体系化,使物流网络组织成为有指挥命令权的组织。

在统一指挥原则下,一般形成三级物流管理层次,即最高决策层、执行监督层和物流作业层。高层领导的任务是根据企业或社会经济的总体发展战略,制定长期物流规划,决定物流组织机构的设置及变更,进行财务监督,决定物流管理人员的调配等;中层领导的任务是组织和保证实现最高决策的目标,包括制订各项物流业务计划,预测物流量,分析设计和改善物流体系,检查服务水平,编制物流预算草案,分析物流费用,实施活动管理,进行物流思想宣传等;基层领导的主要任务是合理组织物流作业,对物流从业者进行鼓励和奖励,协调人的矛盾和业务联系的矛盾,进行思想工作。

管理层次的划分,体现纵向指挥系统的分工和分权原则。物流网络组织层次的合理划分,是形成强有力的物流管理指挥体系的前提,而物流管理指挥体系的建立对于实现物流网络组织化、改变人们轻视物流的传统观念具有重要意义。

3. 合理管理幅度原则

管理幅度是指一名管理者能够直接而有效地管理其下属的可能人数及业务范围,它表现为管理组织的水平状态和组织体系内部各层次的横向分工。管理幅度与管理层次密切相关,管理幅度大就可以减少管理层次,反之则要增加管理层次。

管理幅度的合理性是一个十分复杂的问题。因为管理幅度大小涉及许多因素,如管理者及下属人员素质、管理活动的复杂程度、管理机构各部门在空间上的分散程度等。管理幅度过大,会造成管理者顾此失彼,同时因为管理层次少而事无巨细,鞭长莫及;反之,必然会增加管理层次,造成机构繁杂,增加管理上人力、财力的支出,并会导致部门之间的沟通及协调复杂化。因此,合理管理幅度原则一方面要求适当划分物流管理层次,精简机构;另一方面要求适当确定每一层次管理者的管辖范围,保证管理的直接有效性。

4. 职责与职权对等原则

无论是管理组织的纵向环节还是横向环节,都必须贯彻职责与职权的对等原则。其实质在于建立物流网络组织职责,即职位的责任。职位是组织机构中的位置,是组织体内纵向分工与横向分工的结合点。职位的工作责任是职务。在组织体内职责是单位之间的连接环,而把组织机构的职责连接起来,就是组织体的责任体系。如果一个组织体没有明确的职责,这个组织体系就不牢固。

职权是指在一定职位上,在其职务范围内为完成其责任所应具有的权力。职责与职权应是相应的。高层领导担负决策责任,就必须有较大的物流决策权;中层管理者承担执行任务的监督责任,就要有监督和执行的权力。职责与职权的相适应叫权限,即权力限定在责任范围内,权力的授予要受职务和职责的限制。不能有职无权,无职也不能授权,这两种情况都不利于调动工作者的积极性,影响工作责任心,降低工作效率。

要贯彻权责对等的原则,就应在分配任务的同时,授予相应的职权,以便有效率、有效益地实现目标。

5. 协调原则

物流管理的协调原则是指对管理组织中的一定职位的职责与具体任务要协调,不同职位的职能要协调,不同职位的任务要协调。具体地讲,就是物流管理各层次之间的纵向协调、物流系统各职能要素的横向协调和部门之间的横向协调。在这里,横向协调更为重要。改善物流网络组织的横向协调关系可以采取下述措施。

(1) 建立职能管理横向工作流程,使业务管理工作标准化。
(2) 将职能相近的部门组织成系统,如供、运、需一体化。
(3) 建立横向综合管理机构。

物流网络组织的上述原则,都将具体体现在物流组织的结构形式中。

10.4.2 物流节点和线路的统一与协调

线路与节点相互关系、相对配置以及其结构、组成、联系方式的不同,形成了不同的物流网络。物流系统的水平高低、功能强弱则取决于两个基本元素的配置和两个基本元素本身。

物流全部活动是在线路和节点进行的。其中,在线路上进行的活动主要是运输,包括集货运输、干线运输、配送运输等,而包装、装卸、保管、分货、配货、流通加工等,都是在节点上完成的。实际上,物流线路上的活动也是靠节点组织和联系的。如果离开了节点,物流线路上的运动必然陷入瘫痪。

因此,要依据线路和节点的不同功能,进行有效的分工和协调,形成统一的、一体化的运作系统,以保障物流系统输出的最大化。

10.4.3 物流网络组织的模式

物流网络功能的有效发挥需要科学、合理的组织管理。因此,在进行物流网络规划设计时要充分考虑物流网络的组织模式,恰当的物流网络组织模式能够使物流网络产生"倍增效应",而不当的物流网络组织模式则会抑制其功能的发挥。根据物流组织模式的演进,物流网络主要存在如下几种组织模式。

1. 功能一体化物流网络组织

功能一体化物流网络组织就是统一所有的物流功能和运作,将采购、存储、配送等物流的每一个领域组合构成一体化运作的组织单元,形成总的企业内部一体化物流框架。这种一体化的物流组织结构,一方面强调了物流资源计划对企业内部物流一体化的重要作用,另一方面强调了各物流支持部门(仓储、运输、包装等)与物流运作部门(采购、制造物料和配送等)的直接沟通、各部门之间协调工作,使物流任务顺利完成,物流成本达到最低。

2. 流程一体化物流网络组织

在学习型组织理论以及企业流程重组理论影响与指导下,扁平化、流程再造和团队的思想被越来越多的企业理解并接受,企业的组织进入一个重组的时代。物流管理也由重视功能转变为重视流程,通过管理流程而非功能提高物流效率成为整合物流的核心。物流组织不再局限于功能集合,开始由功能一体化的垂直层次结构转向以流程为导向的水平结构的变换,由纵向一体化向横向一体化转变,由内部一体化向内外部一体化转变。矩阵型、团队型、联盟型等物流组织形式就是在以物流流程一体化为导向的前提下发展起来的。

3. 虚拟化物流网络组织

虚拟化物流网络组织实际上是一种非正式的、松散的、暂时性的组织形式，它突破原有物流组织的界限，依靠发达的信息及网络技术，通过整合各成员资源形成一体化经营管理模式（只有一个指挥中心，其他都是操作点）。从实践上讲，现代物流需要一个统一的指挥中心、多个操作中心的运作模式。因为有效控制是现代物流的保证。从物流业务的内容来看，每项内容并不复杂，但协调整个过程的服务必须建立一个高效而有权威的组织系统，能控制物流实施状态和未来运作情况，并能及时有效地处理衔接中出现的各种疑难问题和突发事件。也就是说，需要有一个能力很强、指挥很灵的调控中心来对整个物流业务进行控制和协调。各种界面和各种决策必须联系在一起，才能创建一个作业系统。

本 章 小 结

本章介绍了物流系统网络的内涵和构成要素、物流系统网络的结构、物流系统网络设计及组织设计。物流网络的规划设计是一个复杂的反复的过程，一般对于战略性和综合性的物流网络设计过程需要以下几个步骤：组建物流网络规划设计团队、物流网络数据的收集、备选方案的提出、相关方案的比较、方案的执行实施。在进行物流网络规划设计时，可采用德尔菲法、解析方法、模拟方法、启发式方法。

物流网络的组织设计应遵循有效性原则、统一指挥原则、合理管理幅度原则、职责与职权对等原则、协调原则。物流网络的组织模式包括功能一体化物流网络组织、流程一体化物流网络组织和虚拟化物流网络组织。

思考与练习

一、填空题

1. _____是一种市场竞争战略，一旦企业占领了某一市场，该企业就具有了在这一领域的竞争优势。
2. 物流网络结构是指_____，包括物流节点的类型、数量与位置，节点所服务的相应客户群体，相应产品类别以及产品在节点之间的运输方式等。
3. 在物流网络结构中，_____是物流网络的始点。
4. 配送中心的选址、布局、规模等都要受到_____、_____、_____等直接的影响。
5. 物流网络规划设计就是确定产品从供货点到需求点流动的结构，包括决定使用什么样的_____、_____、_____、_____、节点之间应使用什么样的运输服务，以及如何进行服务。

二、判断题

1. 任意一对节点之间有一条链相连，代表不同的运输形式、不同的路线。（   ）

2. 在考虑构建物流网络时，要从整条供应链的发展来考虑，构建区域物流网络。（   ）
3. 在考虑物流网络结构时，城市作为厂商和客户的集聚点，由于其基础节点建设和相关配套支持比较完备，有成为物流中心的优势。（   ）
4. 当大规模的厂商分布不定的时候，物流网络结构往往会把厂商分布作为一个约束条件。（   ）
5. 客户自身特征和分布的特点直接决定着物流网络的外部结构，即如何适应特定的客户分布和客户的需求。（   ）
6. 重新规划设计物流网络往往能使物流总成本每年节省5%～15%。（   ）
7. 为了达到物流网络系统节约社会资源、提高物流效率的目标，在进行物流网络构建时要遵循按经济区域建立网络的原则。（   ）
8. 物流作为一种实体经济活动，与商流一样，物流活动对地域、基础节点等依赖性很强，因此，很多企业把其生产基地设立在物流网络的中心。（   ）
9. 德尔菲法是通过数学模型进行物流网络规划设计的方法，是对许多定量的数学方法的一个统称。（   ）
10. 在学习型组织理论以及企业流程重组理论影响与指导下，扁平化、流程再造和团队的思想被越来越多的企业理解并接受，企业的组织进入了一个重组的时代。
（   ）

三、简答题
1．物流网络结构的基本构成要素有哪些？
2．什么是单核心节点结构？
3．物流网络规划设计的步骤有哪些？
4．物流网络规划设计的基本原则有哪些？
5．物流系统网络规划设计的影响因素有哪些？
6．什么是德尔菲法？
7．物流网络组织设计的原则是什么？

四、论述题
1．简述物流网络规划设计的方法。
2．简述物流网络结构的主要模式。
3．简述物流网络的组织模式。

五、案例分析

雅芳全球物流网络的规划设计

雅芳是全美500强企业之一，有110多年历史，现已发展成为世界上最大的美容化妆品公司之一。雅芳中国有限公司于1990年成立，总部设在广州，经营护肤品、化妆品、个人护理品、香品、流行饰品、内衣、健康食品等。目前，雅芳中国在大中城市设有75个分公司，拥有5 000家雅芳产品专卖店、开设在各大商场的近2 000个雅芳专柜及100多个仓储式的雅芳专柜，并已开通网上购物服务。2012年雅芳在中国的销售额是12亿元，2013年为24亿元。

雅芳公司从其战略角度考虑，取消了分公司仓库，在广州、北京、上海、重庆、武汉、郑州、沈阳、西安、乌鲁木齐建立九大物流中心，并将仓储、运输（配送）等物流服务外包，通过第三方物流服务商（中国邮政物流、大通国际运输有限公司、共速达和心盟物流运输）将雅芳产品直接配送至专卖店。物流运作方式变为"总部工厂—区域物流中心—送达经销商"。雅芳生产出的货物由工厂运送到各物流中心，订货方式转变为经销商在网上向总部订货，总部将订货信息处理后传给区域物流中心，区域物流中心根据订货信息拣货、包装，并由第三方物流在48小时内进行"门到门"的送货服务。在将物流外包到物流公司以后，雅芳开始专注于企业产品的生产和销售方面的业务，各分公司也从过去的烦琐事务当中摆脱出来，专注于市场开拓，一年间产品销售量平均提高了45%，北京地区达到70%，市场份额不断扩大。

雅芳通过重新规划设计物流网络，顺利完成了商流、物流的分离，成功地实现了其物流重构。

资料来源：http://www.examda.com/wuliu/anll/200608 08/1051 03 952.html.

讨论

雅芳公司从其战略角度进行网络的规划设计给我们什么启示？

第 11 章

物流信息系统规划、设计与仿真

学习目标

通过本章的学习，熟悉物流信息系统及仿真系统的概念、模式与特点，了解物流信息系统的主要功能、主要技术；了解物流信息系统规划的内容，理解其重要性及特点；掌握系统规划的步骤；了解物流仿真的目的、内容，熟悉仿真的步骤；了解仿真核心技术以及仿真技术在物流信息系统规划中的应用等知识。

关键术语

物流信息系统　信息系统规划设计　物流系统仿真

海尔物流信息化建设

建立高效、迅速的现代物流系统，才能建立企业核心的竞争力。海尔需要这样的一套信息系统，使其能够在物流方面一只手抓住用户的需求，另一只手抓住可以满足用户需求的全球供应链。海尔实施信息化管理的目的主要有以下两个方面：

（1）现代物流区别于传统物流的主要特征是速度，而海尔物流信息化建设需要以订单信息流为中心，使供应链上的信息同步传递，能够实现以速度取胜。

（2）海尔物流需要以信息技术为基础，能够向客户提供竞争对手所不能给予的增值服务，使海尔顺利从企业物流向物流企业转变。

解决方案

海尔采用了 EOS、EDI、GPS、GIS 等技术，组建自己的物流管理系统（LMIS）。

LMIS 实施后，打破了原有的"信息孤岛"，使信息同步而集成，提高了信息的实时性与准确性，加快了对供应链的响应速度。如原来订单由客户下达传递到供应商需要 10 天以上的时间，而且准确率低，实施 EOS 后订单不但 1 天内完成"客户—商流—工厂计划—仓库—采购—供应商"的过程，而且准确率极高。

思考

你认为信息化对企业意味着什么？

11.1 物流信息系统规划概述

11.1.1 物流信息系统的概念、结构及功能模块

1. 物流信息系统概念

国家《物流标准术语》将物流信息系统（logistics information system，LIS）表述为：由人员、计算机软硬件、网络通信设备及其他办公设备组成的人机交互系统，其主要功能是进行物流信息的收集、存储、传输、加工整理、维护和输出，为物流管理者及其他组织管理人员提供战略、战术及运作决策的支持，以达到组织的战略竞优，提高物流运作的效率与效益。它具有实时化、网络化、规模化、专业化、集成化、智能化等特点，以物流信息传递的标准化和实时化、存储的数字化、物流信息处理的计算机化等为基本内容。

物流信息化

物流信息化是指广泛使用现代信息技术，管理和集成物流信息，通过分析、控制物流信息和信息流来管理和控制物流、商流和资金流，提高物流运作的自动化程度和物流决策的水平，达到合理配置物流资源、降低物流成本、提高物流的服务水平的目的。

2. 物流信息系统结构

物流信息系统是一个以人为主导，利用计算机硬件、软件、网络通信设备以及其他办公设备，进行物流信息的收集、存储、传输、加工、更新和维护，以支持物流管理人员、行业中高层决策、中层控制、基层运作的领导者控制物流运作的人机系统。物流管理信息系统结构如图 11-1 所示。

3. 物流信息系统的功能

1）订单作业信息管理

客户订单是引发物流过程运转的信息，订单处理系统是物流系统的中枢。信息流的速度与质量直接影响整个运作过程的成本与效率。低速、缺乏稳定性的信息传输不但会导致失去客户，而且还会增加运输、库存和仓储成本。订单处理系统能够为提高物流绩效水平提供巨大潜力。

电子订货系统

EOS 系统是电子订货系统（electronic ordering system）的简称，是指将批发、零售商场所发生的订货数据输入计算机，即通过计算机通信网络连接的方式将资料传送至总公司、批发商、商品供货商或制造商处。因此，EOS 能处理从新商品资料的说明直到会计结算等所有商品交易过程中的作业，可以说 EOS 涵盖了整个物流。在寸土寸金的情况下，零售业已没有许多空间用于存放货物，在要求供货商及时补足售出商品的数量且不能有缺货的前提下，必须采用 EOS 系统。EOS 因内涵了许多先进的管理手段，因此在国

际上使用非常广泛，并且越来越受到商业界的青睐。

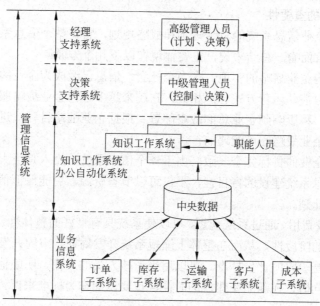

图 11-1　物流管理信息系统概念图

2）库存业务信息管理

库存管理系统以物品管理为基础，重点管理实际物品的入库、出库、库存以及所产生的信息。

3）运输与配送信息管理

配送中心管理最低存货水平的高需求物品，主要在接收和运输两个环节处理产品。因而配送中心收集和控制的数据信息是实时的，配送中心建立的目标是在达到客户交货要求时，实现利润最大化。其管理系统对信息的管理主要在配车计划和单据操作两方面。

4）客户信息管理

客户信息管理是对客户的信息、合同、信息查询等进行管理。

5）物流成本信息管理

此模块功能，对物流成本计算对象的三个维度进行了整合，物流成本信息使用者可从该表中了解到详尽的物流成本信息，既可以了解不同物流功能成本及存货相关成本的发生额，也可以了解不同物流范围的成本发生额；既可以了解单项物流成本项目在不同物流范围的成本明细额，也可以了解单一物流范围所发生的不同的成本项目明细额；既可以了解内部自营物流成本及其具体的成本项目和物流范围成本发生额，又可以了解委托物流成本及其支出明细。

11.1.2　信息系统的规划

信息系统规划是对组织总的信息系统目标、战略、开发工作的战略性综合计划。它是一个长远的计划，是决策者、管理者和开发者共同制订和遵守的计划，是企业总体战略计划的一部分。系统规划是建立管理信息系统的先行工程，是在整个系统开发工作前进行的。系统规划的主要目的是保证建立的系统科学、经济、先进、适用。

1. 系统规划的重要性

系统规划是企业信息系统的总体规划和战略规划，它在整个信息系统设计与开发工作中的重要性不言而喻。总结来说，主要体现在以下几个方面：

（1）直接影响企业战略的实现。在当今社会，信息已经成为企业的生命线，信息系统和企业的文化习惯、运营方式息息相关，它越来越多地为企业战略服务。企业的信息系统如不能实现，将影响到企业总的战略部署。根据企业战略目标，进行合理的信息系统规划，是实现企业战略不可或缺的一步。

（2）保证与企业的目标完全一致。由于一个信息系统的投入是巨大的，科学的前期规划可以减少信息系统建设的盲目性，不仅可以节省资源，更能保证信息系统支持组织实现其长期战略计划。

（3）节约开发费用。通过系统规划，可以使系统具有良好的整体性、较高的适应性，建设工作有良好的阶段性，从而在整体上缩短系统开发周期、节约开发费用。

（4）作为系统验收的评价标准。可以用来考核人员的工作，明确他们的方向，调动他们的积极性。同时，在新系统建成的时候，也要以此作为标准来评价系统的目标、功能与特点。

2. 系统规划的内容

系统规划是系统开发的纲领，决定了整个信息系统的发展方向、规模以及发展进程。它的内容包含甚广，主要包括以下几点：

（1）明确信息系统的总体目标、发展战略和总体结构。总体目标规定了信息系统的发展方向，发展战略确定衡量具体工作的标准，而总体结构则提供系统开发的框架。

（2）分析企业的现状。包括计算机软件、硬件、产业人员、开发费用及当前信息系统的功能、应用环境和应用现状等。

（3）可行性研究。在现状分析的基础上，从技术、经济和社会因素等方面研究并且论证系统开发的可行性。

（4）企业业务重组。对业务流程现状、存在的问题和不足进行分析，使流程在新的技术条件下重组。

（5）预测相关信息技术发展。对规划中涉及的软硬件技术、网络技术、数据处理技术和方法的发展变化及其对信息系统的影响做出预测。

（6）做出资源分配计划、实施计划及制订计划，给出预算，并进行可行性分析。

3. 系统规划的特点

信息系统规划的方法很多，但不论什么方法，都遵照系统工程的观点，采用阶段化、层次化、结构化和自上而下的管理控制方法。系统规划的特点主要有以下几方面：

（1）全局性。系统规划是面向全局的、未来的、长远的关键问题，因此不确定性和非结构化程度较高。

（2）高层性。系统规划是高层次的系统分析，工作主体是高层管理人员。

（3）指导性。信息系统的规划以企业的战略规划为依据，其本身也必须对整个信息系统的开发有指导作用，它的方向目标是明确的、无歧义的。

（4）适应性。合理的规划应使组织资源与企业环境良好匹配，以适应企业本身的组织活动和管理过程，并且随着环境的发展而变化。

（5）管理与技术相结合。系统规划要应用现代信息技术有效地支持管理决策的总体方案。规划人员对管理和技术发展的见识、开创精神、务实态度，也是系统规划成功的关键因素。

4．系统规划的步骤

进行规划一般应包括以下几个步骤，如图11-2所示。

（1）确定问题。确定系统规划的基本问题，包括规划的年限、规划的方法、规划的要求。

（2）收集信息。从企业内外各方面收集各种需要的信息。

（3）现状评估。对企业的现状进行评估，从而发现对整个规划有约束的因素。需要评估的内容包括现存硬件和质量、现存设备及质量、现存软件及质量、信息部门人员、资金、安全措施、人员经验、内外部关系。

（4）设置目标。这里的目标不仅包括信息系统的目标，还包括整个企业的目标，如信息系统开发的服务对象、范围、质量等。

（5）可行性研究。确定项目的优先权，估算成本。

（6）制订实施计划。根据项目的优先权、成本费用和人员情况，编制项目的实施进度计划，列出开发进度表。

（7）管理信息系统规划成文。通过不断与用户交换意见，将信息系统规划书写成文。

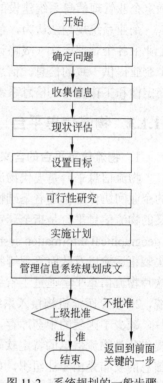

图11-2 系统规划的一般步骤

5．系统规划的常用方法

信息系统规划的方法主要有战略目标集合转移法（strategy set transformation，SST）、关键成功因素法（critical success factors，CSF）、企业系统规划法（business system planning，BSP）。

1）战略目标集合转移法（SST）

战略目标集合转移法（SST），是1978年由William King提出的一种确定管理信息系统战略目标的方法。该方法把整个组织的战略目标看成一个"信息集合"，该集合由组织的使命、目标、战略和其他影响战略的因素等组成。战略目标集合转移法的过程就是将组织的战略目标集合转化为管理信息系统的战略目标。

2）关键成功因素法（CSF）

关键成功因素法（CSF）产生于20世纪70年代。1970年，哈佛大学的William Zani在建立管理信息系统模型中首次使用了关键成功变量，用以确定管理信息系统的成败因素。10年后，John Rockart把关键成功因素应用到管理信息系统的战略规划当中。

任何企业和组织都存在着对该组织的成功起关键作用的因素。决策的信息需求往往来源于这些关键成功因素。通常，关键成功因素与那些能够使企业生存和发展的部门相关。因此，关键成功因素法实际上就是对那些必须经常得到管理人员关注的活动区域的运行情况进行不断地度量，并将度量信息提供给决策活动。

3）企业系统规划法（BSP）

企业系统规划法（BSP）是为指导企业管理信息系统开发而建立起的一种结构化方法。20世纪70年代初，IBM公司使用企业系统规划法进行企业内部信息系统的开发。此后，该方法在管理信息系统开发中得到广泛应用。企业系统规划法帮助企业进行规划，确定企业管理信息系统建设的信息需求，以满足企业长期发展的需要。

企业系统规划法认为，信息系统应支持企业的目标。同时，信息系统应表达并满足企业中各个管理层次（战略计划、管理控制和操作控制）的信息需求。信息系统应向整个企业提供一致的信息。信息系统应在企业管理体制和组织机构发生变化时保持一定的稳定性和工作能力。信息系统的战略规划应由总体信息系统中的子系统开始实现。

11.1.3 物流信息平台

1. 物流信息平台的含义

物流信息平台是现代物流业的重要组成部分，对物流供应链上基于信息交换与共享的企业间协作运营起着基础性的支撑作用。物流信息平台的含义可分为广义和狭义。广义的物流信息平台是指全球定位系统（global positioning system，GPS）、地理信息系统（geographical information system，GIS）、电子商务等多种技术在仓储、货运代理、联运、集装箱运输以及政府管理等物流相关领域的集成应用。例如，2004年9月浙江杭州中药饮片物流信息平台通过了省经贸厅组织的专家鉴定。目前已有多家产品供应厂家进入系统，20余家医疗机构接入系统。该平台推动了现代化的物流配送和定量小包装的中药饮片，减少了医院的中药库存，增加了中药饮片的新鲜度。狭义的物流信息平台是指具体提供各类物流信息的特定软硬件基础设施，软硬件基础设施的建设、管理和维护，以及信息的发布是由专业组织，如物流服务中介组织、物流企业等运营的，这类组织为广大的客户提供物流信息，是依托区域综合物流信息服务中心的一种重要基础系统。

2. 物流信息平台的功能

物流信息平台的功能包括基本功能和扩展功能两大部分。基本功能对应于狭义物流信息平台的业务处理；扩展功能涵盖了广义物流信息平台在先进的信息技术与设备支撑下的业务领域。

仓储管理信息系统（WMS）的主要功能

1. 物品跟踪

用终端扫描器扫描物品条形码，并在物品包装时，打印并粘贴物品的客户信息条码，实现物品跟踪。

2. 标签管理

将物品标签打印并粘贴在物品包装的明显位置，成为跟踪产品流转的重要标志。若物品制造商未提供条形码标签或标签损坏，可利用系统提供的物品标签管理模块，重新生成所需的标签。

3. 入库管理

入库时识读物品上的条形码标签，同时录入物品的存放信息，将物品的特性信息以及存放信息一同存入数据库，储存时进行检查，看是否是重复录入，实现数据的无损传递和快速录入。

4. 出库管理

根据配送中心产生的提货单或配送单，选择相应的物品出库。为出库备货方便，可根据物品的特征进行组合查询，可打印查询结果或生成可用于移动终端的数据文件。产品出库时，要扫描物品上的二维条形码，对出库商品的信息进行确认，同时更改其库存状态。

5. 盘点管理

在库存管理中，通过手持无线终端收集盘点物品信息，然后将收集到的信息由计算机进行集中处理，从而形成盘点报告。

6. 配送管理

配送前将配送物品资料和客户订单资料下载到移动终端中，送达配送客户后，打开移动终端，调出客户相应的订单，然后根据订单情况挑选货物并验证其条形码标签，确认配送完一个客户的物品后，移动终端会自动校验配送情况，并做出相应的提示。

1) 基本功能

（1）数据交换功能。数据交换功能主要指电子单证的翻译、转换和通信，例如，网上报关、报检、结算、缴（退）税、许可证申请、客户与商家的业务往来等与信息平台连接的用户交换信息。这是信息平台的核心功能。

（2）信息发布功能。企业通过互联网连接到 Web 货运信息网上，例如中国货运信息网、传化物流网等，就可获得站点提供的物流信息。这些物流信息包括专业物流信息平台提供的水、陆运价格、新闻和公告、政务指南、航班船期、货源和运力、空车配载、铁路车次、适箱货源、联盟会员、政策法规、职业培训等信息。

（3）会员服务功能。会员服务功能主要包括会员单证管理、会员的货物状态和位置跟踪、交易统计、交易跟踪、会员资信评估等。该功能可为注册会员提供个性化服务。

（4）在线交易功能。物流信息平台的交易系统为供需双方提供一个虚拟交易市场，供方和需方均可发布和查询信息，对自己感兴趣的信息可与发布者进行洽谈，交易系统可为双方提供交易撮合。

2) 扩展功能

（1）智能配送功能。智能配送功能即利用物流中心的运输资源、消费者的购物信息和商家的供货信息，寻求最优化的配送方案，尽可能地降低配送成本。信息平台提供的信息用以有效解决路线的选择、配送的车辆类型、配送的发送顺序、客户限制的发送时间等问题。

（2）货物跟踪功能。货物跟踪功能指采用全球定位系统（GPS）、地理信息系统（GIS）跟踪货物的状态和位置。用户可通过呼叫中心或 Web 站点获得跟踪信息。

（3）库存管理功能。库存管理功能指充分利用物流信息平台提供的信息，对整个供应链进行有效的整合，使库存量在满足客户需求的条件下达到最低。

（4）决策分析功能。通过对已有数据的分析，例如，设施选址、客户服务分析等，协助企业管理层鉴别、评估和比较在物流战略层面制定的可选方案。

（5）金融服务功能。利用物流信息平台实现，银行、保险、税务、外汇等金融服务。物流信息平台对金融服务只起信息传递作用，具体业务需在相关部门内部处理，处理结果通过信息平台返回客户。

11.1.4　物流信息平台的体系结构

根据物流信息平台的特点和应该提供的功能，可以将物流信息平台划分为六部分，这六部分构成了信息平台的基本体系结构。

1. 电子数据交换子系统

电子数据交换子系统主要实现数据交换功能，即电子单证的发送、数据转换、数据传输、数据接收、下载复制与跟踪信息。支持多种通信和数据接入、采集、交互方式，将结构化数据转发给目标用户，并转入中心数据库，经系统自动处理或汇总，再以多种格式提供给用户查询、下载复制、打印或直接传送至目标用户。EDI 传送的信息有：货运通知、订单确认、电子发票、海关申报单和进出口许可证等。物流企业运用的 EDI 系统的基本内容有：参与方管理用户物流链信息和相关作业，表格和报文管理，数据转换，所有功能的记录，差错控制，对接收到的和将要发出的数据的自动存储。该子系统集报关、商检、卫检、动植物检疫等功能于一身，提供 EDI 数据交换服务，通过信息平台提供 EDI 交换表单，可以为自身的商务数据交换以及物流企业客户或合作伙伴提供 Web 形式的数据交换（Web-EDI）功能，真正满足企业电子报关、网上交易的需求，增加联机功能，真正使跨境物流成为无缝物流，使物流业务迅速、及时、准确，为物流客户提供全方位的服务。

2. 管理维护子系统

管理维护子系统包含角色定义、权限管理、动态信息流程管理、信息管理、栏目管理、主页风格管理、用户管理、日志管理、报文传输的存证管理、计费、统计、备份管理等。另外，建立安全管理系统，除系统管理中用户、口令、角色、权限的管理外，还须具备 CA 认证和电子印章与数字签名的功能，以便实现单证的简单流转和必要的安全保护，并为服务信息系统提供用户的身份安全认证。

3. 电子商务子系统

电子商务子系统为客户提供基于互联网方式的网上订单、货物状态查询等全面的物流服务。该系统不仅为用户提供统一的平台服务，还可以实现在线交易，开展网上报价、磋商等。

4. 信息发布子系统

信息发布子系统利用数据仓库技术，从运力、运价、货种、货运量、市场占有率、货源预测、货主信息等方面提供分析数据，为物流业务伙伴和广大客户提供有效的信息增值服务。采用统一消息方式提供信息的 Web 查询：语音服务、传真服务、短消息服务等。具体信息包括：新闻公告，政务指南及相关政策法规，作业信息和业务信息，水路、公路、铁路运输价格，船期表，公路、铁路时刻表，货源和运力，统计信息，会员信息及推荐，业务培训，广告服务，会员服务等。

5. 决策分析子系统

决策分析子系统在提供信息传输和信息增值服务的基础上，实现决策分析功能，即建立物流业务的数学模型，通过对已有数据的分析，帮助管理人员鉴别、评估和比较物流战略和策略上的可选方案。典型分析包括车辆日程安排、物流节点或设施选址、顾客服务分析、运力分析、箱量分析、单证流转效率分析和货主行为分析等。

6. 共享数据中心

提供各功能子系统运行的基础数据并实现存取权限管理。

11.2 物流信息系统设计

11.2.1 物流信息系统的层次结构

现代物流信息系统应高度地集成计划、采购、仓储、分拣和配送等各项物流作业环节的物流信息，按照决策层、管理层、操作层和作业层的四层结构进行设计。

1. 作业层

作业层主要是指对自动化或半自动化设备的调度、控制、监控层面的软件，它是连接物流业务层及实际物流设备的枢纽。一方面，接收物流业务层的指令与计划，分解下达给各执行设备；另一方面，反馈下层设备的完成情况以及设备的故障情况。

2. 业务层

业务层包括采购业务管理与调度、仓库业务管理与调度、加工业务管理与调度、分拣业务管理与调度以及配送业务管理、调度与监控，在准确控制、精确调度、实时监控配送中心的自动化、半自动化设备的基础上，实现对配送中心的采购、仓储、加工、分拣和配送业务的日常管理与运行。

3. 管理层

管理层包括计划管理、采购管理、订单管理、资源管理、费用管理、计费管理、绩效管理、基于 GIS 的综合管理，实现对物流资源的优化配置和对物流中心内部事务全面、实时、准确的综合管理。

4. 决策层

决策层包括由物流的运作监控分析、库存监控分析、物流成本监控分析组成的监控分析系统，以及由计划管理、仓储管理、分拣管理、订单管理等组成的决策分析支持系统。实现仓储、分拣、配送等物流活动的全景式的监控与管理，用于对物流系统的日常运行状况及运作绩效、库存状况和成本状况等实施综合监控与查询对比分析，为物流高层管理人员提供决策依据和支持。

11.2.2 物流信息系统的体系结构

从整个物流行业的角度来看，物流活动以物流企业为中心展开，涉及物流企业与运输设备之间的信息交换，对运输设备进行管理，与用户进行信息交换，并从政府相关部门或物流枢纽来获取信息支撑。因此，可以将物流信息系统划分为物流企业子系统、运输工具子系统、现场子系统、用户子系统、行业管理子系统五个子系统，它们之间的关系如图 11-3 所示。

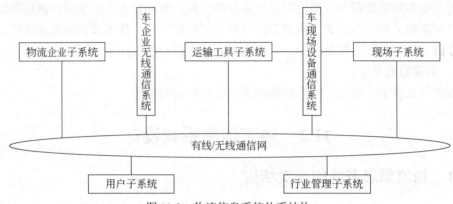

图 11-3　物流信息系统体系结构

1．物流企业子系统

物流企业子系统以运输和仓储为主线，管理取货、集货、包装、存储、装卸、分货、配货、加工、信息服务、送货等物流服务的各环节，控制物流服务的全过程，以提高物流企业战略竞争优势、提高物流效益和效率为目的，支持物流企业的高层决策、中层控制和基层运作。

2．运输工具子系统

运输工具子系统是由安装于运输工具之上的信息接收、发送及采集设备所组成，通过与现场子系统、行业管理子系统、物流企业子系统的通信，实现对车辆等运输工具及货物的监测、跟踪等功能。

3．现场子系统

现场子系统分布于道路、仓库以及场站的物流设施、管理系统中，用来对物流信息进行采集，以及在车辆及货物与行业管理子系统、物流企业子系统之间提供信息交流。

4．用户子系统

用户子系统是为用户提供查询功能的子系统，包括为一般远程用户提供物流服务委托、信息查询及货物跟踪等服务，与大的、稳定的需方及客户进行系统整合，为制造商提供各类、各层次的信息共享服务等。

5．行业管理子系统

行业管理子系统主要是从政府相关部门及物流枢纽等行业管理的角度来定义的，该系统主要是为在各种物流模式下的物流企业提供信息支撑，例如为物流活动中参与各方提供货物、运载工具等的管理、跟踪、识别等服务，提供商品、企业（制造业、批发业、零售业）等的信息，提供政府与企业、企业与企业之间的金融结算、信用等服务，以支持电子商务的发展。

11.2.3 物流信息系统分系统设计

1. 分系统划分的原则

1）分系统要具有相对独立性

分系统的划分必须使分系统内部功能、信息等各方面的凝聚性较好。在实际中我们都希望每个分系统或模块相对独立，尽量减少各种不必要的数据调用和控制联系，并将联系比较密切、功能近似的模块相对集中，这样对于以后的搜索、查询、调试、调用都比较方便。

2）要使分系统之间数据的依赖性尽量小

分系统之间的联系要尽量减少，接口要简单、明确。一个内部联系强的分系统对外部的联系必然很少，所以划分时应将联系较多者列入分系统内部。相对集中的部分均已划入各个分系统的内部，剩余的一些分散、跨度比较大的联系，就成为这些分系统之间的联系和接口。这样划分的分系统，将来调试、维护和运行都是非常方便的。

3）分系统划分的结果应使数据冗余较小

如果忽视数据冗余问题，则可能会使相关的功能数据分布到各个不同的分系统中，大量的原始数据需要调用，大量的中间结果需要保存和传递，从而使程序结构紊乱，不但给软件编制工作带来很大的困难，而且系统的工作效率也大大降低。

4）分系统的设置应考虑今后管理发展的需要

分系统的设置要考虑到一些高层管理决策的要求，否则会出现这样那样的后果。

5）分系统的划分应便于系统分阶段实现

信息系统的开发是一项较大的工程，它的实现一般都要分期分步进行，所以分系统的划分应能适应这种分期分步的实施。

6）分系统的划分应考虑到各类资源的充分利用

一个适当的系统划分应该既考虑有利于各种设备资源在开发过程中的搭配使用，又考虑到各类信息资源的合理分布和充分使用，以减少系统对网络资源的过分依赖，减少输入、输出、通信等设备压力。

2. 物流信息系统分系统划分

1）订单处理子系统

随着分销渠道扁平化和企业管理集中化，企业将面临越来越多的经销商、零售商，由于缺乏足够的流动资金周转，所以大都采用多次小批量的采购，每次订货数量和金额都很小，但是加大了订货频率，从而导致企业日常订单的处理量猛增。如何应对订单数量激增的状况，用最短的时间准确地处理每一张订单，成为首要问题。

订单管理是客户服务部门接受客户下达的印制合同之后，将订单录入系统，从而开始单据在物流系统中的流转过程，同时对订单进行管理和跟踪，动态掌握订单的进展和完成情况，并与客户保持联系，向客户及时地提供订单的执行情况，以满足客户订单交货期的要求。

根据客户的订货数量录入、修改、查看、审核订单，了解订单执行或未执行情况。

业务订单是整个作业的基础，企业除了主动接单，同时也能搭配受托加工的接单模式。但是如果企业处理订单的效能不佳，就会导致对客户服务的响应变慢，同时也会增加物流成本，降低物流效率，从而导致企业的竞争力下降。

2）仓储管理子系统

随着社会经济的发展和工业生产的加速，货物进出仓库更为频繁，仓库信息管理变得更为重要。传统仓库管理完全由人来完成，以手工记录为主，当企业的物流业务成长到一定规模之后，订单数量不断增加，客户需求不断个性化，执行效率就成为物流发展的瓶颈，单纯依靠人力资源的增加已不能提升出入库执行的速度，反而会带来成本的大幅度上升与差错频频。客户对这些大型仓储与配送中心的作业效率、准确率、响应速度、作业量等提出了更高的要求。一个高效的仓储中心将是取得竞争优势和获得更高利润的关键。

仓储管理系统是用来管理仓库内部的人员、库存、工作时间、订单和设备的软件系统。这里所说的"仓库"包括生产和供应领域中各种类型的储存仓库和配送中心。仓储管理信息系统可以对所有的包括不同领域、不同属性、不同规格、不同成本的仓库资源，实现集中管理。采用条码、射频等先进的物流技术设备，对出入仓货物实现联机登录、存量检索、容积计算、仓位分配、损毁登记、状态报告等自动处理，并向系统提交图形化的仓储状态。

3）运输管理子系统

现代运输管理是对运输网络的管理，在这个网络中传递着不同区域的运输任务、运输控制、状态跟踪、信息反馈等信息。运输管理系统是物流管理信息系统的重要组成部分。运输是整个供应链管理中不可或缺的一个环节，运输的效率直接影响整个物流系统的运作。运输的有效运作可以为企业物流节约大量的成本，同时也会给第三方物流企业带来丰厚的利润。然而，如何合理有效地实现运输系统的利润最大化、服务最优化，这是长期困扰物流企业和企业物流部门的问题。保持物流信息的畅通、合理地使用各方资源是物流企业和部门发展的基本条件，运输管理系统的建立是必不可少的。

运输管理系统对物流公司运输单元的所有资源进行实时的调度和跟踪，包括自有的和协作的以及临时的车辆信息进行调度管理，并能够合理安排驾驶员、车辆、任务三者间的关系，提供对货物的分析、配载的计算以及最佳运输路线的选择。

运输管理系统利用先进的全球定位系统（GPS）和地理信息系统（GIS），实现运输的最佳路线选择和动态调配。利用先进的计算机技术和网络技术，增强双向信息交流与监控机能，实现运输的网络化管理，提高货车配置效率，降低运输成本，提供完整的物流运输解决方案，提高物流服务的质量。同时，运输管理系统能够与物流环节中的其他相关的信息系统无缝衔接，保障物资流、信息流、资金流的畅通，增强物流企业的竞争力，为客户提供更加完善的物流运输及增值服务。

4）配送中心管理子系统

经配送中心的信息流是配送中心信息系统的处理对象，配送中心信息系统在物流配送中具有统帅和指导地位，是现代化配送中心的神经系统。

由于配送中心介于供应商与用户之间，一方面要为供应商和用户提供物流服务，同时也担任着用户和供应商之间的信息传递中心的角色；另一方面配送中心每天要面对大量的供应商和用户，处理的产品品种众多、数量不一。因此配送中心信息流具有量大、种类多、涉及面广的特点，这使配送中心信息系统的设计具有很大的难度。

配送中心不仅汇集了信息流，通常还涉及物流、商流、资金流，而且四流交织在一起，关系极为密切。在这四流中，信息流起着沟通和传递物流、商流、资金流的作用，因此在进行配送中心信息系统设计时要考虑其他流的特点，以便提高配送中心信息系统的融合与管理效率。

11.2.4 系统功能设计

根据以上的介绍，可以将物流信息系统分为几个子系统，下面分别对几个主要子系统的功能特点进行介绍。

1．订单处理子系统

订单按照不同的服务部门有各种不同的类型，主要有销售订单、采购订单、维修订单、退货订单等。订单处理是将订单按预期订单类型进行有目标、有计划地定制、管理与执行。因此，订单处理子系统功能主要包括：销售订单管理、采购订单管理、退货单处理和订单的确认。

1）销售订单管理

销售订单管理是实现产品销售的起点，通过订单计划和跟踪完成销售过程的监控，提供销售相应分析数据。销售订单不仅是销售业务的业务处理源，更是工业系统整体的起源单据和最终目标，可以实现以销定产、以销售定计划、以销定购等多种业务模式，因而在整个订单管理系统中处于核心地位。

2）采购订单管理

采购订单管理辅助管理正常采购订单、当前采购订单、未来采购订单和询价单，是准确管理采购行为和供应商行为的有效工具，还能确保收货单的正确管理、跟踪、接收和支付。采购订单模块不仅能为那些需要支付运费、关税等额外费用的公司核算实际的到货成本，还能根据销售订单系统中的续订单自动产生采购订单，同时满足了存货控制模块中的最小存货管理。

3）退货单处理

退货单处理是对退货处理的动作进行定义和过程跟踪。

4）订单的确认

订单的确认、出货和收货等操作的管理，可以对订单进行增加、修改、删除、复制、状态修改等操作，同时该窗口也提供订单的查找，可对发货单进行增加、修改、删除、审核等。

2．仓储管理子系统

仓储管理系统一般具有以下几个功能模块：订单管理及库存控制、基本信息管理、货物流管理、信息报表、收货管理、拣选管理、盘点管理、移库管理、打印管理和后台服务系统。

1）收货

货到站台，收货员将到货数据由射频终端传到系统，管理系统随即生成相应的条形码标签，收货员将其粘贴在收货托盘，经扫描，这批货物即被确认收到，仓储管理系统指挥进库储存。

2）储存

仓储管理系统按最佳的储存方式，选择空货位，通过叉车上的射频终端，通知叉车司机，并指引最佳路径，抵达空货位，扫描货位条形码，以核实正确无误。货物就位后，再扫描货物条形码，仓储管理系统即确认货物已储存在这一货位，可供以后订单发货。

3）订单处理

订单到达仓库，仓储管理系统按预定规则分组，区分先后，合理安排，确定如何最佳、及时地交付订单的货物。

4）基本信息管理

系统不仅支持对包括品名、规格、生产厂家、产品批号、生产日期、有效期和箱包装等商品基本信息进行设置，而且货位管理功能对所有货位进行编码并存储在系统的数据库中，使系统能有效地追踪商品所处位置，也便于操作人员根据货位号迅速定位到目标货位在仓库中的物理位置。

5）上架管理

系统在自动计算最佳上架货位的基础上，支持人工干预，提供已存放同品种的货位、剩余空间，同时根据避免存储空间浪费的原则给出建议的上架货位并按优先度排序，操作人员可以直接确认人工调整。

6）拣选管理

拣选指令中包含位置信息和最优路径，确定拣选指导顺序，避免无效穿梭和商品找寻，提高了单位时间内的拣选量。

7）库存管理

系统支持自动补货，通过自动补货算法，不仅确保了拣选面存货量，还能提高仓储空间利用率，降低货位密集化现象出现的概率。

8）发货

仓储管理系统制作包装清单和发货单，交付发运。称重设备和其他发货系统也能同时与系统联合工作。

9）站台直调

货到收货站台，如已有订单需要这批货，仓储管理系统会指令叉车司机直送发货站台，不再入库。

3. 运输管理子系统

1）车辆管理

车辆管理即对运输车辆的信息进行日常的管理维护，随时了解车辆的运行状况，以确保在运输任务下达时有车辆可供调配。

2）运输业务管理

运输业务管理始于运输业务的登记，主要登记客户需要进行运输的货物、运输要求、起运地、目的地、运输交货时间等信息，以便合理安排运输计划。

3）任务列表管理

根据运输计划，将运输计划分解成 N 项的任务，这样在安排车辆时就可以根据地点、时间、车班情况进行优化组合，同时还能选择最优的运行线路，达到最高的车辆利用率和效率。

4）运单回场管理

驾驶员把货物送达目的地车辆回场后，将客户收货确认单带回，录入本次执行任务后的一些信息，如实际行程、油耗、货物破损及遗失，以及是否准时到达等信息，这些数据将作为相关业务统计分析的基础。

5）查询与报表

查询与报表包括各种车辆运营情况、派车情况、任务完成情况、费用情况、各种时间段等统计报表的处理，反映出运输运营分析的全部情况。

6）车辆和货物跟踪

智能化车辆和货物跟踪系统由 GPS 监控中心系统、GSM 无线移动通信系统、车载 GPS 终端系统组成，实现对货物和承载车辆的实时定位和状态掌握。

7）监控中心管理

由监控中心系统实现，监控中心系统由三部分组成：电子地图、车辆监控调度、通信管理。

4．配送中心管理子系统

配送中心管理子系统功能模块包括有：

（1）订单处理作业。

（2）采购作业。

（3）进货入库作业。

（4）库存管理作业。

（5）补货及拣选作业。

（6）流通加工作业。

（7）出货作业处理。

（8）配送作业。

（9）会计作业。

（10）经营管理及绩效管理业务。

11.2.5　物流信息系统配置设计

物流信息系统配置设计主要包括计算机处理方式设计、软硬件配置设计、网络系统设计和数据库管理系统选择。

1．计算机处理方式设计

根据物流企业的业务特点、系统功能、性能价格比等因素，选择成批处理、联机实时处理、联机成批处理、分布式处理等方式。

2. 系统软硬件配置设计

系统软硬件配置设计主要根据物流企业的财力和物流信息系统需求来配置计算机软硬件。一般对硬件配置的要求是：技术成熟可靠的系列机型，处理速度快，数据存储量大，有良好的兼容性、可扩充性和可维护性，有较好的性能价格比，售后技术服务好，操作方便。不要盲目追求先进、新潮、一步到位。软件配置包括操作系统、应用软件包、开发工具等。

3. 网络系统设计

计算机网络系统设计主要包括中、小型机方案与微机网络方案的设计以及网络拓扑结构、网络模式、网络协议、网络操作系统、网络通信介质等的选择。

4. 数据库管理系统选择

根据物流企业业务特点和系统需求来选择数据库管理系统的类型、品牌及规模等。

11.2.6 物流信息系统的组成要素

构成物流企业信息系统的主要组成要素有硬件、软件、数据库和数据仓库。

1. 硬件

硬件包括计算机、必要的通信设施等，例如计算机主机、外存、打印机、服务器、通信电缆、通信设施，它是物流信息系统的物理设备，是实现物流信息系统功能的基础，它构成系统功能运行的硬件平台。

2. 软件

在物流信息系统中，软件一般包括系统软件、实用软件和应用软件。

系统软件主要有操作系统（operation system，OS）、网络操作系统（network operation system，NOS）等，它控制、协调硬件资源，是物流信息系统必不可少的软件。

实用软件的种类很多，对于物流信息系统，主要有数据库管理系统（database management system，DBMS）、计算机语言、各种开发工具、国际互联网上的浏览器、群件等，主要用于开发应用软件、管理数据资源、实现通信等。

应用软件是面向问题的软件，与物流企业业务运作相关，实现辅助企业管理的功能。不同的企业可以根据应用要求开发或购买应用软件。

3. 数据库与数据仓库

数据库与数据仓库用来存放与应用相关的数据，是实现辅助企业管理和支持决策的数据软件的功能。

11.2.7 物流信息系统实施

1. 系统实施的计划与进度安排

系统实施阶段既是成功地实现新系统，又是取得用户对新系统信任的关键阶段。管理信息系统的规模越大，实施阶段的任务就越复杂。为此，在系统正式实施开始之前，就要制订出周密的计划，即确定出系统实施的方法、步骤、所需的时间和费用，并且要监督计划的执行，做到既有计划又有检查，以保证系统实施工作的顺利进行。

制订计划可采用卡特图或网络计划技术，以达到用最短的时间、最小的资源消耗完成预定的目标。系统实施的计划与进度安排包括以下几个方面的内容：

（1）工作量估计。根据系统实施阶段的各种工作的内容来确定。

（2）进度安排。厘清各种工作的关系，安排各种工作的先后次序，制订进度计划。

（3）系统人员的配备和培训计划。对系统实施过程中所需的各类专业技术人员进行培训。

（4）系统实施的资金筹集和投入计划。为了系统实施过程能够顺利地进行，必须规划好资金的来源，并对资金进行合理的使用。

2. 系统实施的内容和任务

总体看来，系统实施阶段的主要任务有如下几方面的内容。

1）硬件系统安装与配置

按总体设计方案购置和安装计算机网络系统。硬件的购置包括购置计算机及其外围设备、网络设备、环境和电源等辅助设备以及机房设备等。购置设备过程中根据设备性能特点须选择专门的技术人员参与和承担。硬件的安装要严格按照设备安装使用说明进行，处理好供电、防火等问题，安装后要进行必要的试机运行。

2）程序设计或软件购置

程序设计人员按照系统设计的要求和程序说明书的规定，采用某种程序设计语言来实现各个功能模块的程序编写工作。软件配置主要包括系统软件、辅助软件、应用软件和应用软件包的购置。

3）人员培训

人员培训是系统实施阶段必须完成的一项工作。人员培训的内容包括管理信息系统知识、计算机操作培训等。人员培训的过程也是考查及检查系统结构、硬件设备及应用程序的过程。通过操作人员对系统的不断认识与了解，就会发现各种各样的问题，他们及时地向技术人员提出，以便及时地对系统加以改进和完善。这样，就有利于实现系统目标。

4）数据和系统转换

按新系统的要求对现行系统中存在的许多需要继续使用的数据进行重新组织编排和录入，这些工作就称为数据转换工作。当系统基本开发完成后，就要进行系统转换工作，使新系统代替旧系统。系统转换工作要根据系统的特点来选择转换的方法。

3. 系统实施的步骤

系统的实施是继系统规划、系统分析、系统设计之后的重要阶段，因此系统的实施要按步骤、有计划地执行。

（1）建立实施环境。完善基础数据的收集整理，完成基础网络系统的搭建，购置必要的软、硬件设备，从全局入手建立系统实施的环境，避免信息孤岛的出现。

（2）建设核心的实施团队。核心团队不仅需要技术专业人员，更需要业务好手。这些业务好手应该比任何团队中的其他成员更紧密地围绕在项目经理周围，担当业务流程的制定和数据分析的重任。系统的实施是导入一个管理思想，而不只是记录数据的工具，关键的用户如果没有参与流程的设计，就更不要说系统上线后能利用这些数据做出决策了。

（3）进行必要的培训和准备。即对系统实施和运行中所需要的各类人员进行培训工作，包括管理信息系统知识的普及和教育、公司操作流程的再教育、新制度的学习、计算机操作培训等。

（4）系统的调试和转换。将准备好的系统数据按照系统需要的格式输入新系统，对新系统的各项功能进行程序调试。新的信息系统项目上线后随之而来的适应期是不可避免的，研究表明，即使那些在实施阶段非常顺利的项目也无法避免新系统启动后的适应期。因此，企业要充分认识到系统上线初的试用期的存在，通过详细计划、调试将试用期的负面效果减到最小。

4. 物流信息系统实施过程中要注意的问题

（1）数据的准确性和稳定性

要保证输入数据的准确性和稳定性。物流管理信息系统的正常工作应以数据的准确、稳定为前提，否则处理的结果缺乏说服力，如在对货物流动的路线、时间、费用进行优化决策分析时，系统输入数据如时间、海运费等在一段时间内应保持相对稳定，假如数据不稳定，分析就失去意义。同时，要做好数据的备份工作，防止错误操作、断电和网络攻击等造成的数据损坏。

（2）物流业务的透明度和标准化

物流企业要做到职责明确、流程清晰。有些传统企业即使进行了信息化改造，仍然因为权责不明给信息化实施带来不利影响。因此，提高业务流程的透明度，有利于信息系统的开发和应用，有利于企业自身制度的健全。

（3）合作伙伴业务过程的信息化

在第三方物流管理信息系统中，通过信息流将供应链上的各环节组织起来。因此，供应链上的各个合作伙伴的信息化程度的高低都会影响到整个物流管理信息系统的效率。行业信息化水平的一致，可以使行业整体效率提升，物流企业要鼓励提升整个行业的信息化水平。

11.3 系统仿真与计算机仿真基础

11.3.1 系统仿真概述

1. 系统仿真概念

系统仿真是利用一个模型来模仿实际系统发生的运动过程并进行试验的技术。许多工程与科学技术问题都可以通过仿真来解决。这里说的系统是广义的，是指相互联系又相互作用的对象之间的有机结合。这种比较概括的含义包含所有工程的及非工程的系统。机械、电气、水力、声学系统等都属于工程系统；社会、经济、交通、管理系统等都属于非工程系统。工程上的一个设计方案，社会经济中的一种规划，都可以通过仿真试验来验证方案或规划能否达到预期的目标。如果达不到目标，可以及时发现问题，修改方案或规划。这样既省时又安全。

2. 系统分类

系统分类方法很多，主要有以下几种分类方法。

1）连续系统与离散系统

若一个系统的状态是随时间连续变化的，就称为连续系统。这类系统的动态特性可以用微分方程或一组状态方程来描述，也可以用差分方程或一组离散状态方程来描述。究竟采用哪一种方法描述，取决于研究者研究的角度和能取得的数据。例如，在一些社会经济系统中，往往能得到的统计数据也只是按月、季度甚至是按年的，尽管这类系统实际的状态变化是连续的，但人们仅对某些时间点感兴趣，或者是能得到的数据资料仅限于某些时间点，所以只能用差分方程来描述。

还有一类系统，其状态变化只在离散时刻发生，而且往往是随机的，通常用"事件"来表征这种变化，所以又叫离散事件系统。在工程系统和非工程系统中都有许多这类系统，如通信系统、交通管理系统等。这些系统通常规模庞大、结构复杂，一般很难用解析法求得结果，因此有必要用系统仿真技术进行系统分析或设计。

2）静态系统和动态系统

静态系统被视为相对不变，如处于平衡状态的一根梁，如果没有外界的干扰，则其平衡力是一个静态系统；处于稳定运行状态下的电力系统，在没有受到大的扰动时也属于一个静态系统。

动态系统的状态是可以改变的，如运行中的电力系统，在受到外界的干扰后，系统的运行状态（电压、电流和功率）会发生相应的改变，如果调节器起作用，系统就会到达一个新的平衡点。在状态改变过程中的系统就是动态系统。

3）确定系统和随机系统

对于动态系统，可以进一步分为两类：一是系统的每一个连续状态都是唯一确定时，这个系统就是确定系统；二是系统在指定的条件和活动下，从一种状态转换成另一种状态不是确定的，而是带有一定的随机性，也就是相同的输入经过系统的转化过程会出现不同的输出结果时，这个系统就是随机系统。

4）其他的分类方法

常用的分类方法还有：按照方程的类型分为线性系统和非线性系统；按参数类型分为定常系统和时变系统，或分为集中参数系统和分布参数系统；按照变量的个数分为单变量系统和多变量系统。

11.3.2 系统模型与建模

1. 系统模型

系统模型是系统的某种特定性能的一种抽象形式。系统模型实质是用某种形式来近似地描述研究的对象或过程。模型可以描述系统的本质和内在关系，通过对模型的分析和研究，达到对原系统的了解。

模型的表达形式一般分为物理模型和数学模型两大类。

1）物理模型

物理模型分为缩尺模型和模拟模型两种。缩尺模型与实际系统有相似的物理性质，这些模型是按比例缩小了的实物，如风洞试验中的飞机外形和船体外形、用于做动模试验的电力系统装置等。模拟模型是用其他现象或过程来描述研究的现象或过程，用模型的性质来代表原来系统的性质。如用电流来模拟热流、流体的流动，用流体来模拟车流等。模拟模型又可以进一步按模型的变量与原系统的变量之间的对应关系分为直接模拟模型和间接模拟模型两种。

2）数学模型

数学模型是系统的某种特征本质的数学表达式，即用数学公式来描述研究的客观对象或系统中某一方面的规律。通过对系统数学模型的研究，可以揭示系统的内在运动和系统的动态性能。

2. 建模方法

系统模型的建立是系统仿真的基础，而建立系统模型是以系统之间相似原理为基础的。相似原理指出，对于自然界的任一系统，都存在另一个系统，它们在某种意义上可以建立相似的数学描述或存在相似的物理属性。一个系统可以用模型在某种意义上来近似，这是整个系统仿真的理论基础。

一个实际的问题往往是很复杂的，影响它的因素总是很多的。如果想把它的全部影响因素都反映到数学模型中来，那么这样的数学模型是很难的，甚至是不可能建立起来的，即使建立起来也是不可取的。因为这样的数学模型非常复杂，很难进行数学的推演和计算。反过来，若仅考虑数学处理的要求，当然数学模型越简单越好，这样做又难于反映系统的主要特性。实际数学模型的建立一般要遵守的原则包括精确性、合理性、复杂性、应用性和鲁棒性。建立数学模型的一般方法有演绎法、归纳法和混合法。

11.3.3 系统仿真

1. 系统仿真的概念

仿真界专家和学者对仿真下过不少定义，其中雷诺（T.H. Naylar）于 1966 年在其专著中对仿真做了如下定义：仿真是在数字计算机上进行试验的数字化技术，它包括数字与逻辑模型的某些模式，这些模型描述了某一事件或经济系统（或者它们的某些部分）在若干周期内的特征。从一些描述性的定义中可以看出，系统仿真实质上包括了三个基本要素：系统、模型、计算机。而联系这三个要素的基本活动是：模型建立、模型实现和仿真实验。系统仿真过程三项基本活动之间的关系如图 11-4 所示。

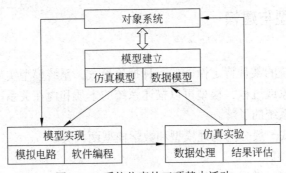

图 11-4　系统仿真的三项基本活动

综合国内外学者对仿真的定义，可以对系统仿真做如下定义：系统仿真是以控制论、相似原理和计算机技术为基础，借助系统模型对现有系统或未来系统进行实验研究的一门综合性新兴技术。利用系统仿真技术，研究系统的运行状态及其随时间变化的过程，并通过对仿真运行过程的观察和统计，得到被仿真系统的仿真输出参数和基本特性，以此来估计和推断现有系统或未来系统的真实参数和真实性能，这个过程称为系统仿真过程。

2. 系统仿真的一般过程和步骤

系统仿真是对系统进行试验研究的综合性技术学科。对于系统的任一项仿真研究都是一个系统工程，研究过程可简可繁。而对于复杂系统或综合系统的总体仿真研究，则是一项难度很大的工作。

1）建模阶段

在建模阶段，通常是先分块建立子系统的模型。若为数学模型，则需要进行模型变换，即把数学模型变为可以在仿真计算机上运行的模型，并对其进行初步的校验；若为物理模型，则需要在功能与性能上覆盖系统的对应部分。然后，根据系统的工作原理，将子系统的模型进一步集成为全系统的仿真实验模型。

2）模型实验阶段

在模型实验阶段，首先要根据实验目的制定实验计划和实验大纲。然后在计划和大纲的指导下，设计一个好的流程，选定待测量变量和相应的测量点，以及适合的测量仪表。之后转入模型运行，即进行仿真实验并记录结果。

3）结果分析阶段

结果分析在系统仿真过程中占有重要的地位。在这一阶段中需要对实验数据进行去粗取精、去伪存真的科学分析，并根据分析的结果做出正确的判断和决策。因为实验的结果反映的是仿真模型系统的行为，这种行为能否代表实际系统的行为往往是由仿真用户或熟悉系统领域的专家来判定的。如果得到认可，则可以转入文档处理；否则，需要返回建模和模型实验阶段查找原因，或修改模型结构和参数，或检查实验流程和实验方法，然后再进行实验。如此往复，直到获得满意的结果。

11.3.4 计算机仿真基础

1. 计算机仿真概念

计算机仿真是指以计算机为主要工具，运行真实系统或预研系统的仿真模型，通过对计算机输出信息的分析与研究，实现对实际系统运行状态和演化规律的综合评估与预测。它是分析评价现有系统运行状态或设计优化未来系统性能与功能的一种技术手段，在工程设计、航空航天、交通运输、经济管理、生态环境、通信网络和计算机集成等领域中有着广泛的应用。

2. 专用仿真语言的优点

目前，有许多计算机仿真软件，如 MATLAB、GPSS、SLAM、SLMAN、GASP、AUTOMOD 等。相较通用高级语言，使用专用仿真语言编制仿真程序有以下优点：

（1）专用仿真语言自动提供大量仿真模型设计所需各种功能，因而能有效地减少编程时间。

（2）专用仿真语言提供了建模的一种自然结构。相比用 FORTRAN 这样的通用高级语言，专用语言的基本模块化设计原则与模型仿真比较吻合。

（3）在程序执行时，大多数专用仿真语言提供了动态存储分配，而通用高级语言则不能提供。

（4）专用仿真语言提供了较完善的查错功能，对许多类型的潜在错误能自动地辨别和检查。由于需要写的语句很少，所以产生错误码的机会就比较少。

3. 专用仿真语言的发展阶段

1955—1965 年，通用仿真程序 GSP 以及专用仿真语言 GPSS、SIMULA 和 GASP 奠定了目前使用的仿真软件的基础。

1966—1978 年，产生了第二代仿真语言，它们分别是 GPSS Ⅱ、Ⅲ、360、V 和 NGPSS 以及 SIMSCRIPT Ⅱ、Ⅱ-PLUS 和 SIMULA67。其特点是功能大大加强，如 SIMSCRIPT Ⅱ 提出了进程概念并增加了连续仿真的功能；GPSS 增加了链接用户书写的 FORTRAN 和 PL／1 子程序功能；NGPSS 语言中加入了图形处理功能。

1979 年至今，专用仿真语言的发展特点和趋势可归结为：

（1）向连续、离散、混合仿真语言发展。如美国 Systems Modeling 公司开发的 SIMAN 混合仿真分析语言。

（2）向多种程序结构发展。如 SIMN 语言支持面向时间、面向事件和面向进程的模块结构，并允许用户用 FORTRAN 语言编写各种非标准的事件子程序，以实现网络、离散事件和连续模型之间的组合。

（3）向综合化、一体化方向发展。如加拿大的 GEST 仿真语言中引入专家系统，以帮助建模、选择算法、分析和判断结果等；美国的 TESS 系统通过数据库系统，将仿真模型建立、仿真实验以及输出分析等组成一个有机完整的系统。

目前应用较多的专用仿真语言，主要有 GASP Ⅳ 仿真语言、GPSS 仿真语言、SIMSCRIPT 仿真语言、SIMAN 仿真语言、SIMLIB 仿真语言等。

11.3.5　动态系统计算机仿真

1. 概述

动态系统计算机仿真是一门以系统科学、计算机科学、系统工程理论、随机网络理论、随机过程理论、概率论、数理统计和时间序列分析等多个学科理论为基础的，以工程系统和各类社会经济系统为主要处理对象的，以数学模型和数字计算机为主要研究工具的新兴的边缘学科。它属于技术科学的范畴。

动态系统计算机仿真的目的是通过对动态系统仿真模型运行过程的观察和统计，获得系统仿真输出和掌握模型基本特性，推断被仿真对象的真实参数（或设计最佳参数），以期获得对仿真对象实际性能的评估或预测，进而实现对真实系统设计与结构的改善或优化。

根据仿真过程中所采用计算机的类型不同，动态系统计算机仿真可分为模拟机仿真、数字机仿真和模拟—数字混合机仿真。20 世纪 50 年代，计算机仿真主要采用模拟计算机,它主要是根据仿真系统的数学模型将一系列运算器（如放大器、加法器、乘法器、积分器、函数发生器等）和无源器件（如电阻器件、电位器等）相互连接形成仿真电路,利用仿真电路进行实验性研究；60年代后,随着数字计算机迅速发展和广泛普及,系统仿真的主要工具逐步由模拟机转向数字机。

2. 动态系统计算机仿真的基本过程

对动态系统计算机仿真而言,仿真包括系统、模型和计算机三个要素。相应地,仿真过程可划分为三项基本活动：模型建立、模型实现和仿真实验。系统仿真本质上是一类面向问题（或对象）、基于模型的活动。动态系统计算机仿真的全过程可划分为四大部分,如图11-5所示。

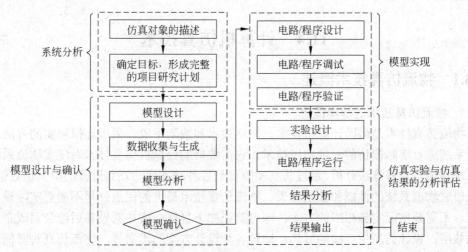

图11-5 仿真研究步骤示意图

1）系统分析

明确仿真研究的对象、目的、系统边界,确定目标函数和控制参量。对于大规模复杂系统,明晰系统内部层次关系、子系统和上级系统之间以及不同系统之间的关系。

2）模型设计与确认

建立系统数学模型,确定系统原始状态和系统与环境之间的信息与能量交换关系,并使之在数学模型中得到恰当的体现。本阶段另一项主要工作是将数学模型转换成相应模拟电路或采用计算机语言可表示和操作处理的仿真模型。在数字仿真的情况下,必须规定仿真时间步长和一些特殊系数发生器计算及方法等。模型的分析与确认是系统建模的关键性环节,它从根本上保证了仿真结果对系统分析的有效性。

3）模型实现

根据系统仿真数学模型研制相应模型电路或在数字机上编制相应的数据处理软件,形成仿真计算的直接工具。

4）仿真实验与仿真结果的分析评估

狭义地说,仿真实验就是对模拟电路加电或在数字计算机上运行仿真程序软件,并观察输出电压电频变化曲线或分析数字计算机计算结果的过程。根据不同研究对象,仿真实验包括确定具体方案（例如,设置初始条件、过程参数、计算步长和仿真重复次数等），启动仿真过程，生成输出信息。仿真实验的目的主要是利用仿真输出信息与实际存在的同类系统进行比较，改进和完善系统。

3. 动态系统计算机的建模

模型分析方法是现代科学的基本研究方法之一。通过对实际系统抽象的或本质的描述，构造出与实际系统之间存在同构或同态关系的、简化的数学模型或物理模型，以模型分析与模型实验为基础，达到对实际系统的认识、控制和优化。建立适合于研究并能较好地体现实际系统各关键特征的模型是模型分析的基础，也是系统仿真的基础。对一个复杂系统而言，基本的建模过程可以划分为提出系统概念、建立结构关系模型和模型的性能分析、评估与综合三个阶段。

11.4 计算机仿真技术

11.4.1 物流仿真技术概述

1. 物流仿真技术的基本概念

物流仿真技术是借助计算机技术、网络技术和数学手段，采用虚拟现实的方法，对物流系统进行实际模仿的一项应用技术。它需要借助计算机仿真技术对现实物流系统进行系统建模与求解算法分析，通过仿真实验得到各种动态活动及其过程的瞬间仿效记录，进而研究物流系统的性能和输出效果。物流仿真技术最大的优点就是不需要实际设备的安装，不需要实际实施相应的方案，即可验证如下目标：增加新设备后给公司或企业带来的效应；设计的新生产线的好坏；比较各种设计方案的优劣等。物流仿真对降低整个物流投资成本而言是不可或缺的。

2. 物流系统仿真的核心技术

物流系统仿真是典型的离散事件系统仿真，其核心是时钟推进和事件调度的机制。离散事件系统是指系统状态在某些随机时间点上发生离散变化的系统。这种引起状态变化的行为称为事件，因而这类系统是由事件驱动的。而且事件往往发生在随机时间点上，亦称随机事件，因而离散事件系统一般都具有随机的特性，系统的状态变量往往是离散变化的。

3. 仿真时钟

仿真时钟用于表示仿真时间的变化。在离散事件系统仿真中，由于系统状态变化是不连续的，在相邻两个事件发生之前，系统状态不发生变化，因而仿真时钟可以跨越这些不活动周期，从一个事件发生时刻推进到下一个事件发生时刻。由于仿真实质上是对系统状态在一定时间序列的动态描述，因此，仿真时钟一般是仿真的主要自变量。仿真时钟推进方法有三大类：事件调度法、固定增量推进法和主导时钟推进法。

应该指出的是，仿真时钟显示的是系统仿真花费的时间，而不是计算机运行仿真模型的时间。因此，仿真时间与真实时间成比例关系。像物流系统这样复杂的机电系统，仿真时间可比真实时间短得多。真实系统实际运行若干天或若干月，用计算机仿真只需要几分钟。

4. 事件调度法

事件调度法是面向事件的方法，是通过定义事件，并按时间顺序处理发生的一系列事件，记录每一事件发生时引起的系统状态的变化，来完成系统的整个动态过程的仿真。由于事件都是预定的，状态变化发生在明确的预定时刻，所以这种方法适合于活动持续时间比较确定的系统。

事件调度法中的仿真时钟是按下一时间步长法来推进的。通过建立事件表，将预定事件按时间发生的先后顺序放入事件表中。仿真时钟始终推进到最早发生的时间，然后处理该事件发生时的系统状态的变化，进行用户需要的统计。这样，仿真时钟不断从一个事件发生时间推进到下一个最早发生的事件时间，直到仿真结束。

5. 随机数和随机变量的产生

物流系统中工件的到达、运输车辆的到达和运输时间等一般都是随机的。对有随机因素影响的系统进行仿真时，首先要建立随机变量模型，即确定系统的随机变量并确定这些随机变量的分布类型和参数。对于分布类型是已知的或者是可以根据经验确定的随机变量，只要确定它们的参数就可以了。

建立了随机变量模型后，还必须在计算机中产生一系列不同分布的随机变量的抽样值来模拟系统中的各种随机现象。随机变量的抽样值产生的实际做法通常是，首先产生一个[0，1]区间的、连续的、均匀分布的随机数，然后通过某种变换和运算产生其需要的随机变量。得到[0，1]区间均匀分布的、有良好独立性的、周期长的随机数后，下面的问题就是如何产生与实际系统相应的随机变量。产生随机变量的前提，是根据实际系统随机变量的观测值确定随机变量的分布及参数。

11.4.2 计算机仿真技术在物流系统规划中的应用

1. 装备设计过程中的计算机仿真

物流系统稳定可靠的动作，离不开装备的保障。随着工业技术的发展，对物流装备的需求越来越大。为了满足经济合理的设计要求，设备的大型化和小型化已经成为目前各种物流装备的发展方向。在这种情况下，经过长期积累的经验设计方法已经不能满足设计要求，因而需要通过动态优化、智能化的设计方法对其进行设计。而为将分析结果清晰地表达出来，又应满足形象化的要求。这些过程从广义上来说，就是对物流装备的计算机仿真。通过对装备动力学仿真可以把设计中的问题显现出来，通过修改设计将问题解决在设计阶段。

2. 物流装备控制系统的计算机仿真

物流系统的自动化、智能化除了要有机械部分作为保障外，良好的控制系统也是不容忽视的。控制系统的功能实现，即控制效果也需要通过计算机仿真对控制系统的功能，运行过程的稳定性、快速性和准确性做出评价和改进。

3. 物流系统规划与设计

在没有实际系统的情况下，把系统规划转换成仿真模型，通过运行模型，评价规划方案的优劣并修改方案，是系统仿真经常用到的一方面。这可以在系统建成之前，对不合理的设计和投资进行修正，避免资金、人力和时间的浪费。例如，一个复杂的物流系统由自动化立体仓库、AGV、缓冲站、堆垛机等组成。系统设计面临的问题经常是，如何确定自动化立体仓库的货位数，确定 AGV 的速度、数量，确定缓冲站的个数，确定堆垛机的装载能力（运行速度和数量），以及如何规划物流设备的布局和设计 AVG 的运送路线等。这里生产能力、生产效率和系统投资常常都是设计的重要指标，而它们又是相互矛盾的，需要选择技术性与经济性的最佳结合点。系统仿真运行准确地反映了未来物流系统在有选择地改变各种参数时的运行效果，从而使设计者全面掌握规划与方案的实际效果。

4. 物料控制

生产加工的各个工序，其加工节奏一般是不协调的。物料供应部门与生产加工部门的供求关系存在矛盾。为确保物料及时准确的供应，最有效的办法是在工厂、车间设置物料仓库，在生产工序间设置缓冲物料库，以此来协调生产节奏。

通过对物料库存状态的仿真，可以动态地模拟入库、出库、库存的实际状况。根据加工需要，正确地掌握入库、出库的时机和数量。

5. 物料运输调度

复杂的物流系统经常包含若干运输车辆、多种运输路线。合理地调度运输工具、规划运输路线、保障运输线路的通畅和高效等都不是轻而易举的事。运输调度是物流系统中最复杂、动态变化最大的一个环节，很难用解析法描述运输的全过程，而系统仿真则是比较有效的方法。

建立运输系统模型，动态运行此模型，再用动画将运行状态、道路堵塞情况、物料供应情况等生动地呈现出来。仿真结果还能提供各种数据，包括车辆的运行时间、利用率等。

通过对运输调度过程的仿真，调度人员对执行的调度策略进行检验和评价，就可以采取比较合理的调度策略。

6. 物流成本估算

物流过程是非常复杂的动态过程。物流成本包括运输成本、库存成本、装卸成本。成本的核算与所花时间直接有关。物流系统仿真是对物流整个过程的模拟。过程中的每一个操作的时间，通过仿真推进被记录下来。因此，可以通过仿真统计物流时间，进而计算物流成本。这种计算物流成本的方法，比用其他数学方法计算更简便、更直观。同时可以建立起成本与物流系统规划（或经济指标）来评价物流系统的各种策略和方案，保证系统的经济性。实际仿真中，物流成本的估算结果可以与物流系统其他统计性能同时得到。

11.4.3 物流仿真技术的发展趋势

1. 物流仿真技术的发展概述

集成化的物流规划设计仿真技术是目前物流仿真技术中发展较快的一项技术。此项技术应用的范围非常广泛，大到物流园区的规划设计，小到企业生产物流的规划设计，都可以利用集成化的物流规划设计仿真技术对规划和设计方案进行比选和优化。其实现的基本功能包括：

（1）可以用三维虚拟物流中心模型来模拟未来实际物流中心的情况。
（2）可以对物流中心的建设进行较精确的投入—产出分析。
（3）在参观客户现场及参阅仓库图纸等的基础上，可以在计算机上构筑模拟仓库，并模拟各种库中作业。
（4）可以模拟生产型物流的现场作业，并提供物流作业效率的评价结果。
（5）可以在计算机上虚拟物流传输和运输业务，模拟配车计划及相关配送业务。
（6）可以灵活地变更物流作业顺序，进行物流作业过程重组分析，优化方案比较等。

2. 物流仿真技术的发展趋势

近年来，集成化的物流规划设计仿真技术在美国、日本等发达国家发展很快，并在应用中取得了很好的效果。如美国的第三方物流公司 Caterpillar 开发的 CLS 物流规划设计仿真软件，能够通过计算机仿真模型来评价不同的仓储、库存、客户服务和仓库管理策略对成本的影响。日本在集成化物流规划设计仿真技术的研发方面处在世界领先地位，其最具代表性的成果是以前从事人工智能技术研究的 AIS 研究所研发的 RaIC 系列三维物流规划设计仿真软件。RaIC 的适用范围十分广泛，在日本，包括冷冻食品仓储、通信产品销售配送、制药和化工行业的企业物流等都有 RaIC 的应用，并且产生了相当的效益。

本 章 小 结

建立物流企业的物流信息系统是物流信息化发展的一个关键环节，本章主要介绍了物流信息系统规划；物流信息系统的总体结构设计、计算机仿真基础和技术。系统地阐述了物流信息化规划与设计的方法、步骤，为现代物流企业信息化建设提供了指导依据。物流信息化的任务就是要根据企业当前的物流过程和可预见的发展，针对信息采集、处理、存储和传输的要求，利用现代物流信息技术、数据库技术、EDI 技术、EPC 及物联网技术等，搭建起一个信息平台使物流管理登上新的台阶。

思考与练习

一、填空题

1. 物流信息系统具有_____、_____、_____、_____、_____等特点，以物流信息传递的标准化和实时化、存储的数字化、物流信息处理的计算机化等为基本内容。
2. _____是引发物流过程运转的信息，_____系统是物流系统的中枢。
3. 客户信息管理是对客户的_____、_____、_____等进行管理。
4. 信息系统规划的方法主要有：_____、_____、_____。
5. 仓储管理系统是用来管理仓库内部的_____、_____、_____和设备的软件系统。

二、判断题

1. 配送中心管理最高存货水平的高需求物品，主要在接收和运输两个环节处理产品。（　　）
2. 系统规划不能决定整个信息系统的发展方向、规模以及发展进程。（　　）
3. 信息系统规划的方法很多，但不论什么方法，都遵照系统工程的观点，采用阶段化、层次化、结构化和自上而下的管理控制方法。（　　）
4. 战略目标集合转移法（SST），是 1918 年由 William King 提出的一种确定管理信息系统战略目标的方法。（　　）
5. 关键成功因素法（CSF）产生于 20 世纪 70 年代。1970 年，哈佛大学的 William King 在建立管理信息系统模型中首次使用了关键成功变量，用以确定管理信息系统的成败因素。（　　）
6. 企业系统规划法（BSP）是 John Rockart 提出的为指导企业管理信息系统开发而建立起的一种结构化方法。（　　）
7. 狭义的物流信息平台是指全球定位系统、地理信息系统、电子商务等多种技术在仓储、货运代理、联运、集装箱运输以及政府管理等物流相关领域的集成应用。（　　）
8. 信息平台基本功能即利用物流中心的运输资源、消费者的购物信息和商家的供货信息，寻求最优化的配送方案，尽可能地降低配送成本。（　　）
9. 根据物流信息平台的特点和应该提供的功能，可以将物流信息平台划分为三部分，这三部分构成了信息平台的基本体系结构。（　　）
10. 智能化车辆和货物跟踪系统由 EDI 监控中心系统、GIS 无线移动通信系统、车载 GPS 终端系统组成，实现对货物和承载车辆的实时定位和状态掌握。（　　）

三、简答题

1. 什么是物流信息系统？
2. 系统规划的重要性有哪些？
3. 系统规划的特点有哪些？
4. 物流信息系统的层次结构有哪些？
5. 物流信息系统实施过程中要注意什么问题？

四、论述题

1. 简述物流信息系统的模块功能。
2. 简述物流信息平台的作用。
3. 简述系统仿真的一般过程和步骤。

五、案例分析

菜鸟网络全国掷千金"筑巢"第四方物流呼之欲出

自从马云 2013 年 5 月 28 日宣布用 3 000 亿元打造中国智能物流骨干网（CSN）——菜鸟网络平台以来，外界纷纷猜测马云要做一个中国邮政，要打造一个普洛斯。昨日，消息称菜鸟网络将在郑州综合保税区，建设投资额不少于 10 亿元的物流项目。

"菜鸟物流"开始步步为营，此次郑州的项目，也是继天津、上海、广州、武汉之后，菜鸟网络的又一个重要物流节点。至此，菜鸟网络在一二线城市的扩张脉络已经逐渐成形。业内也开始高调猜测菜鸟到底在布什么局？物流地产商？显然这样的定义操之过急。

在菜鸟网络计划刚宣布时，对外界称首期投资人民币1 000亿元，希望用5~8年的时间，努力打造遍布全国的开放式、社会化物流基础设施，建立一张能支撑日均300亿元（年度约10万亿元）网络零售额的智能骨干网络。

银泰集团创始人沈国军曾谈到，中国智能骨干网不仅是电子商务的基础设施，将应用物联网、云计算、网络金融等新技术，为各类B2B、B2C和C2C企业提供开放的服务平台，并联合网上信用体系、网上支付体系共同打造中国未来商业的三大基础设施。

菜鸟网络方面曾指出，中国智能骨干网要在物流的基础上搭建一套开放、共享、社会化的基础设施平台。将通过自建、共建、合作、改造等多种模式，在全中国范围内形成一套开放的社会化仓储设施网络。这些菜鸟网络提出的"创新模式"，与西方提出的"第四方物流"模式不谋而合。

未来，不管是电商物流还是整个物流，一定是开放的，信息化正全面渗透和融合到物流活动中，菜鸟网络的横空出世，挑动了其他电商最敏感的神经。同时也无疑加速了其他电商物流平台的社会化进度。

资料来源：汪永幸.物流信息管理.北京：上海交通大学出版社，2016.

讨论

1. 结合以上案例，请你运用所学的相关知识，思考和讨论：菜鸟网络的运作模式是怎么样的？
2. 菜鸟网络具有哪些功能？

教师服务

感谢您选用清华大学出版社的教材！为了更好地服务教学，我们为授课教师提供本书的教学辅助资源，以及本学科重点教材信息。请您扫码获取。

▶▶ 教辅获取

本书教辅资源，授课教师扫码获取

▶▶ 样书赠送

物流与供应链管理类重点教材，教师扫码获取样书

 清华大学出版社

E-mail: tupfuwu@163.com
电话：010-83470332 / 83470142
地址：北京市海淀区双清路学研大厦 B 座 509

网址：https://www.tup.com.cn/
传真：8610-83470107
邮编：100084

答疑解惑

针对读者在学习过程中遇到的疑问、难点，为方便师生及读者，特加入此栏目。读者若在学习过程中遇到问题，可扫下方二维码咨询，本社将及时予以解决并回复。

> ◇ 答疑老师

本书责任编辑、资深编辑田红勇老师

> ◇ 学生篇之

邀请多所知名高校留学生——来自百家姓的10位

清华大学出版社

E-mail: tsinghua@tup.com
网址: https://www.tup.com.cn
邮购: 010-83470235, 010-83470107
地址: 北京市海淀区双清路学研大厦B座 509
邮编: 100084